本书为国家社科基金教育学一般项目"我国高校科技创新促进产业发展研究"（BIA150088）成果；获华南理工大学公共管理学院出版基金资助

社 科 文 库

大学科技创新与产业发展

理论与实践

李胜会 著

Daxue Keji Chuangxin Yu Chanye Fazhan

Lilun Yu Shijian

中国社会科学出版社

图书在版编目（CIP）数据

大学科技创新与产业发展：理论与实践／李胜会著 . —北京：中国社会科学出版社，2021.9

（华南理工大学社科文库）

ISBN 978 – 7 – 5203 – 9010 – 1

Ⅰ.①大…　Ⅱ.①李…　Ⅲ.①高等学校—高技术产业—研究—中国　Ⅳ.①F279.244.4

中国版本图书馆 CIP 数据核字（2021）第 179892 号

出 版 人	赵剑英
责任编辑	田　文
责任校对	张爱华
责任印制	王　超

出　　版	中国社会科学出版社
社　　址	北京鼓楼西大街甲 158 号
邮　　编	100720
网　　址	http://www.csspw.cn
发 行 部	010 – 84083685
门 市 部	010 – 84029450
经　　销	新华书店及其他书店

印　　刷	北京君升印刷有限公司
装　　订	廊坊市广阳区广增装订厂
版　　次	2021 年 9 月第 1 版
印　　次	2021 年 9 月第 1 次印刷

开　　本	710×1000　1/16
印　　张	20
字　　数	334 千字
定　　价	108.00 元

《华南理工大学社科文库》编委会

序

习近平总书记在哲学社会科学工作座谈会上强调："坚持和发展中国特色社会主义必须高度重视哲学社会科学。"哲学社会科学是认识世界和改造世界的重要工具，是推动时代变革和讲好中国故事的重要力量，其代表性成果往往浓缩着时代精神，蕴含着文明精华。在中国特色社会主义新时代，哲学社会科学必须响应时代变革，摸准新时代脉搏，回应新时代要求，与新科技革命、新产业革命、全球治理变革等历史潮流形成合力，创造性地描述、解释和回答重大理论和现实问题，为人类文明交流与国家民族发展提供智识与培养人才，承担起新时代赋予的新使命。

立足新时代，勇担新使命。华南理工大学积极进取、务实担当，深化改革、勇于创新，办学格局深度拓展，办学质量快速提升，综合实力显著增强。2017 年，学校入选国家"双一流"建设 A 类高校，全面建成了国内一流、世界知名的高水平研究型大学。世界一流大学的建设离不开哲学社会科学的有力支撑。一直以来，学校高度重视哲学社会科学发展，紧紧抓住"双一流"建设的契机，深入推进中国特色哲学社会科学建设。近年来，学校哲学社会科学快速发展，整体水平实现质的跃升。社会科学总论进入 ESI 学科排名前 1%，重大项目、重点平台、代表性成果等指标位居全国前列，学术影响力、政策影响力、社会影响力和国际影响力显著提升，为新时代学校哲学社会科学发展打下了坚实的基础。

学校第十七次党代会全面开启了新百年办学的新征程，力争到 21 世纪中叶，通过"三步走"战略实现"全面建成中国特色、世界一流大学"的奋斗目标，贯彻落实"一面旗帜""五大建设""三个领先"的总体布局：高举习近平新时代中国特色社会主义思想"一面旗帜"，深化学术华工、开放华工、善治华工、幸福华工、大美华工等"五大建设"，在"为党育人、为国育才""服务国家战略、引领区域发展""高等教育路径创新、模式创新"上实现"三个领先"。

学校第十七次党代会报告为学校未来发展指明了方向，描绘了新的发展前景，同时对哲学社会科学提出了新的任务和更高的要求——如何以一流的人才、成果和文化服务国家创新体系构建，为我国实现世界科技强国和创新型国家建设目标贡献重要力量；如何提供坚实的智力支持和精神动力，为国家强盛、粤港澳大湾区加速发展作出一流贡献；如何创新性传承文化脉络，开拓性培育学术经典，为坚定文化自信和提升国家文化软实力不懈奋斗；等等。踏上哲学社会科学发展的新征程，我们将紧紧抓住新的发展机遇，回应新的时代挑战，探寻新的研究方法，构建新的知识体系，通过文理交融、理工结合与跨学科跨领域协同，探索"新文科"建设的华工路径。

怀着这样的愿景，我们在推出《华南理工大学社科文库》第一批著作并取得良好反响的基础上，进一步结合新形势新要求，精心策划推动文库第二批著作的出版。我们希望这一批著作能够承载两项使命：一是，展示华南理工大学文科学者的治学洞见。这批著作汇集了学校哲学社会科学研究者的优秀学术成果，凝结了他们对国家和区域发展重大理论和现实问题的深刻思考，是其多年来对学术热点和前沿话题孜孜探求的学术结晶。二是，展示华南理工大学文科的特色发展路径。在学校"理工见长"的办学背景中发展起来的哲学社会科学，更具有解决实际问题的使命感和开展跨学科协同的资源优势，这批著作体现出文理交融、理工结合的鲜明特征。我们确信，这种跨学科、跨领域的知识创造路径具有十分广阔的发展前景和推广价值。希望经过不断的积累与沉淀，该文库既能成为探索国家发展、民族复兴和地方治理战略的智力资源库，也能成为研究中国问题、讲好中国故事的学术精品库。

在新百年办学的新征程中，华南理工大学将立足中国、放眼世界，继承传统、把握当代，关怀人类、面向未来，激昂奋进、勇攀高峰，进一步加强哲学社会科学建设，打造具有华南理工大学特色的新文科学术品牌，提升哲学社会科学办学水平，为建设具有中国特色中国风格中国气派的哲学社会科学作出贡献。

是为序。

华南理工大学校长

目　录

第一章 导论

第一节 背景与意义

一 研究背景

科技创新是经济增长的内生动力之一。在新常态背景下，经济增长的驱动力从要素驱动、投资驱动逐渐向创新驱动转轨，科技创新作为创新驱动的核心内容，在优化创新集聚、促进经济发展等方面发挥着日益重要的作用。随着全球科技革命、产业变革的不断演进，科学技术这一利器重塑了全球的经济结构，使产业和经济竞争的赛场发生了转换，以产业为先导的经济优势实际上代表了科学技术引领的先进生产力。宏观层面上，科技是国之利器，国家赖之以强；中观层面上，科技是业之箭靶，企业赖之以赢；微观层面上，科技是民之福祉，人民生活赖之以好。总体而言，科学技术越来越成为推动经济社会发展的主要力量，创新能力愈发成为国际经济竞争乃至综合国力竞争的关键所在。

科技创新从某种意义上来说，已经成为了一个国家兴衰成败的关键。面对挑战，境外各国政府纷纷发力，将科学技术作为国家发展的重要抓手，为推动本国经济社会发展、促进创新要素集聚保驾护航，从而避免在国际竞技舞台上失去核心竞争力，陷入被动发展的境地。美国政府率先发力，力求在国际科技前沿竞争中居于领先地位，并将攻克高精尖技术作为长远的发展目标，着重发展基于新技术、新材料、新工艺的新兴技术；英国政府把创新作为提高生产效率、加快经济增长的核心驱动力，开启了英国历史上第一个由政府主持的科学技术长远发展规划；日本政府则以科技创新立国为目标，鼓励科技人员长期潜心研究，并进一步提出知识产权立国的国家战略；韩国政府也制定了科技长远规划，争取科技地位领先于亚洲其他国家。众多发达和发展中国家都在建立和完善自己的科技创新体系，力求在未来的国际竞争赛场上占据一席之地。

中国作为世界上最大的发展中国家，一直以来都矢志不渝地把推进科技创新作为国家发展的基本战略。早在改革开放初期，中国改革开放的总设计师邓小平同志便提出了"科学技术是第一生产力"的著名论断，号召"经济发展必须依靠科技和教育"，"振兴经济首先要振兴科技"。2005年12月，国务院发布了《国家中长期科学和技术发展规划纲要（2006—2020）》，把增强自主创新能力作为主线，提出将我国建设为创新型国家的奋斗目标，对我国未来的科学技术发展作出全面规划和战略部署。2012年，党的十八大进一步提出实施创新驱动发展战略，将创新摆在国家发展全局的核心位置，强调科技创新是提高社会生产力和综合国力的战略支撑；党的十八届五中全会更是把创新确立为五大发展理念之首。习近平总书记也多次强调，创新是一个民族进步的灵魂，是一个国家兴旺发达的不竭动力；创新是引领发展的第一动力，是建设现代化经济体系的战略支撑。经过不懈努力，我国科技整体能力持续提升，科技发展取得了举世瞩目的伟大成就。

在科技创新迅猛发展的大背景下，高校科技创新能力作为促进经济和社会发展的重要载体日益受到重视和关注。高校是人才培养的摇篮、科技创新的重镇、文化传承的高地，承担着人才培养、科学研究、社会服务的职能。当前背景下，高等院校一跃成为我国科技创新的主力军与排头兵，我国的科技创新任务越来越多地落实到高等教育机构的肩上，国家也对高等院校在创新主战场上所能发挥的作用寄予厚望。2018年9月10日，习近平总书记在全国教育大会上强调，要提升教育服务经济社会发展能力，调整优化高校区域布局、学科结构、专业设置，建立健全学科专业动态调整机制，加快一流大学和一流学科建设，推进产学研协同创新，积极投身实施创新驱动发展战略，着重培养创新型、复合型、应用型人才。《中华人民共和国国民经济和社会发展第十三个五年规划纲要（2016—2020年）》中明确指出，要发挥科技创新在全面创新中的引领作用，加强基础研究，强化原始创新、集成创新和引进消化吸收再创新，并推进有特色高水平大学和科研院所建设，实施一批国家重大科技项目，在重大创新领域组建一批国家实验室。由此可见，高校是科学技术生产力和精英人才资源的重要结合点、培育点，在创新驱动发展战略中具有重要的地位和显著的作用。

机遇与挑战总是并存，科技创新面临着重大机遇的同时也不可避免地蕴含着潜在的挑战，我们必须深刻认识到，虽然我国已经发展成具有重要影响力的科技大国，但科技创新的基础还不够牢固，科技创新的水平还不够稳定，主要表现为总体创新能力不强、科技发展水平不高、科技对经济社会发展的支撑能力不足、科技对经济增长的贡献率远低于发达国家水平等方面。从目前的发展来看，我国高校的科技创新成果转化率仅维持在10%左右，仍有大部分科技创新成果尘封于信息档案和成果库中，对推进社会生产力发展的作用微乎其微。近年来国家、高校作出诸多努力，旨在提高高校科技创新成果的转化率，虽然取得了部分成效，但最终的成果转化率仍远低于发达国家60%—80%的水平。较低的科技创新成果转化率，不仅限制了高校科技工作对社会发展的贡献，造成科学研究资源要素的浪费，也打击了高校科研人员的研发兴趣和动力。同时，企业也难以及时有效地获取自身所需要的科技创新成果，导致产品更新慢、生产线单一、市场竞争力弱化等问题。

因此，实施创新驱动发展战略，是加快转变经济发展方式、提高我国综合国力和国际竞争力的必然要求和战略举措，必须紧紧抓住科技创新这一核心力量和培养创新型人才这一关键举措，瞄准世界科技发展的前沿领域，不断提高各行各业的自主创新能力和核心竞争力。高等院校作为我国创新矩阵的主力军，其拥有的资源、知识、智力均是区域创新体系和国家创新体系的重要组成部分，是支撑国家创新能力建设的根本动力，也是实现创新驱动发展战略的重要推动力量。作为国家科技创新体系的一部分，高等院校应当协同企业研发机构、科研院所、科技中介组织、科技咨询公司等主体，发挥知识创造、知识传播和知识应用的功能，以科技创新助推产业发展，用新兴技术完善国家创新系统的建设。

国内学者对高校科技创新的共识是，高校科技创新最重要的内容是知识创新和技术创新，但对于两者如何进行结合，不同学者持有不同的观点。为此，探究高校科技创新对于产业发展的贡献，有助于有效加强高校科技创新成果的转化能力，促进我国经济和产业的优化发展。高校作为国家自主创新能力体系的主体之一，在科技创新和成果转化方面具有不可推卸的责任和义务，同时在服务社会发展、支撑经济增长方面也具有无可比拟的优势。深入研究高校科技创新与产业发展之间的深层联系，是高校发挥自身科技优势、服务于社会经济发展的重要体现，同时也不断激发着高校联合科研机构、学术团体与企事业单位，一同打造创新主体同步发展的高地，营造鼓励创新、优势互补、尊重差异的产学研协同发展氛围，激发社会创新潜能，优化配置效率，共同助力国家创新系统的完善与创新驱动发展战略的实现。

二 研究意义

高校科技创新促进产业发展研究具有深刻的理论意义和现实意义。这一研究丰富了高校科技创新和产业发展的研究内容，有助于推进高校科技创新和社会经济发展相关理论的进一步发展，深入贯彻"十三五"规划提出的"创新、协调、绿色、开放、共享"的发展理念，进一步提升我国创新驱动发展战略的建设成效，推动科技创新体系、国家创新体系等理论的进展。

实践层面上，分析我国高校科技创新能力和经济、产业发展的关系，可以全面了解我国高校科技创新的投入和产出效率对我国产业发展的影响，并剖析科技创新效益在不同产业结构中的经济转化能力，从而把握高校科技创新和经济发展的现状和规律，促进高校自身科技创新的发展。本研究一方面利用全国数据作为分析对象，在样本选取和覆盖方面具有较强的代表性，通过对全国层面获取的数据进行考察分析，有助于加深对科技创新和经济发展规律的认识，并从中提取数据经验以应用于具体实践，从而促进我国高校科技创新能力和经济水平的提高；另一方面，在高校科技创新的效率测算上，又选取经济发达省份广东作为对象，通过测算广东省高校的科技创新效率，对高校的科技创新效率进行比较深入的分析，也具有较强的代表性。

（一）理论意义

2012 年底召开的党的十八大明确提出"要坚持走中国特色自主创新道路，实施创新驱动发展战略"，习近平总书记在国家"十三五"规划中，也明确提出要牢固树立"创新、协调、绿色、开放、共享"的发展理念。高校和企业是创新驱动发展战略的关键载体，科技创新是考核高校发展情况的主要指标之一，也是企业追求绩效导向与利润指标的首要驱动因素。高等院校与产业协同发展的理论是我国创新驱动发展战略的重要组成部分，相关的研究能够为创新驱动发展战略提供理论指导，使这一国家层面的战略举措取得更好的发展。

此外，高等院校作为国家创新体系的行为主体之一，研究二者的关系有利于促进我国科技创新体系的完善与发展。高校科技创新体系是国家科技创新体系的重要组成部分，高校自身科技创新的发展会同步促进国家科技创新的发展；企业在国家科技创新体系中占据着重要的地位，企业的创新指数可以从宏观层面上助推国家科技创新体系和创新系统的建设与完善。研究高校科技创新对产业发展的影响有助于厘清国家创新体系内部各主体的协同发展机制，也能够从理论层面上助推国家创新体系理论的发展、完善与更新。

（二）实践意义

在社会运行系统中，高校科技创新不是独立存在的，它与很多行业、部门是相互联系的。对高校科技创新能力的分析，能够帮助高校了解自身科技创新能力的现状，认清自身的优势所在和不足之处，从而引导高校恰当地选择科研的主攻方向，发挥自身的优势，克服短板，促进科技创新能力的不断提高，以高校创新底蕴助推区域乃至国家的创新发展能力。研究高校科技创新对产业发展的促进作用具有深刻的现实意义，有助于深入了解高校与政府、企业等外部主体的关系，加快供给侧结构性改革的步伐，同时协助推动产业结构调整升级，提升高校科技创新的产出和转移效率。

第一，研究高校科技创新促进产业发展的内在机制，有助于在实践层面上厘清高等院校、企业机构和政府之间的关系。通过研究高校科技创新能力与产业发展之间的联系，有助于社会各界主体深度参与其中：企业和科研院所寻求合作伙伴、互通关键信息，协同发展、共同促进，积极开展校企共建、技术成果转移等合作；实现多重主体之间的资源互补和互利共赢，公众更加了解高等教育的运作机制和创新对于高校发展的深刻意义，有利于实现科技创新的公众参与；中介机构通过进一步完善科技信息，为客户技术创新提供支撑和服务，提升科技成果应用率和扩散率。

第二，高校和产业关系的探讨有助于深入推进供给侧结构性改革。随着经济结构改革进入深水区，我国正逐渐摆脱依靠消费、投资和出口三驾马车的需求侧驱动，转向以技术创新为驱动的供给侧改革。高校技术创新和产业结构调整有助于充分激发科技的内在效能，通过科技进步实现供给水平和效率的提高，增强企业的生产能力和创造能力，提升经济增长的质量，实现资源要素的最优配置，推动我国供给侧结构性改革的步伐。此外，高校创新与产业发展的研究为政府配置资源提供相应的决策依据。通过对高校科技创新能力和经济、产业发展的关系进行分析，可以使政府全面、及时地掌握高校科技创新发展的情况，了解高校的内在发展境况，为政府合理配置国家和地区资源、出台相关扶持政策提供依据，针对不同高校出台相关政策文件以匹配其潜在需求，并更有效地推动经济和产业的快速发展，充分发挥高校科技创新与地区产业经济发展之间的联动效应。

第三，深入剖析校企关系有利于拓展产业结构调整和经济转型升级的新思路。创新驱动已成为世界各国加强科技产业发展的大趋势，开展高校科技创新促进产业发展研究，对于扩展应对科技和经济发展挑战的新思路、新方法、新体系，推进科技和经济发展理论体系的深化具有积极的现实意义。以校企协同发展为主要推动力的发展生态，有利于提升产业链的配置结构，加快产业结构调整和经济发展的步伐，使经济增长更多转移到依靠科技进步、劳动者素质提高和要素资源优化方面。高校创新助推产业发展的研究，从更高层面上有助于区域的协调发展。高校一般居于特定的地理位置，与此同时，高校与产业的融合往往选取合适的地理空间以获取独特的地理优势，二者的协同发展在一定程度上提升了区域内部产学研的深度合作，促进了城市资源要素的集聚与优化，推动城市群、湾区经济、泛区域合作的发展与繁荣。

第四，研究高校科技创新的效率及其与创新体系的关联有助于提升高校科技创新的产出和转化效率。高校处于区域创新体系、国家创新体系之中，深入洞察其内在关联并进行相应的实证测算，有助于高校科技创新体系与更高层次的创新体系构建更为契合的耦合协调度。同时，高校在开展科技创新活动的过程中会产出相应的专利和成果，对其投入和产出效率进行衡量和测算有助于明确高校科技创新的效率，了解高校在实现阶段、转化阶段和调整阶段的效率表现如何，从而出台相应的政策文件为科技创新效率的提升保驾护航，提出更具有针对性的举措，进一步提升其创新效率，为大学科技创新实践提供优化思路。

第二节　总体框架与研究方法

一　总体框架

本书的主题是论述我国高校科技创新对产业发展的促进研究，全书包括九个章节，其中，第一章和第九章分别是本书的导论和结论部分，概述了本书的选题背景缘由、总体框架设计、理论基础内容以及最终的结论解读;中间章节是本书的核心内容,从科技创新体系这一主题出发,剖析科技创新体系的内涵、组成和内部运行机制,随后转向科技创新体系的外部运行机制,阐述科技创新与外部环境的关联,以个案研究和实证研究为依托,揭示中国高校科技创新与产业发展之间的内在联系,论述大学科技创新体系与区域创新体系、国家创新体系的关联,并以全国高校和广东省高校为样本,测算大学科技创新的效率水平;最后是本书的政策研究部分,通过梳理国内外高校科技创新体系的政策、功能与实践,总结高校科技创新政策及实践的经验与启示。本书的章节编排脉络见图 1-2-1,具体的框架设置大致包括理论研究、规范研究、实证研究、政策研究四个部分。

第一,本书的第一章从导论出发,论述高校科技创新的选题背景与研究意义,介绍本书所采用的研究方法,梳理可能涉及的概念解析与理论内容,以此为背景开展广泛的国内外文献研究,最终选取科技创新理论、内生增长理论和"三螺旋"理论作为本书的理论基础,基于上述三种理论探析科技创新与产业发展的内在关系,论述二者的协同发展机制,这是本书的理论研究部分。

第二,基于理论研究引入科技创新体系,一方面,基于科技创新体系的研究现状和内涵透视科技创新体系的基本涵义,并通过概述科技创新体系的功能、要素构成和分层运行机制论述科技创新体系的结构,随之以高校科技创新体系为例阐述大学科技创新体系的构成;另一方面,科技创新在驱动经济稳定增长、促进经济增长方式转变和提升社会福利水平方面表现良好,对经济发展有着深刻的推动作用,这是本书的规范研究部分。

第三,从高校科技创新与区域创新、高校科技创新与国家创新之间的耦合关系出发,论述高校科技创新与创新体系的关联。随后采用因子分析法和灰色关联分析法,从实证角度测算中国高校科技创新与产业发展的关系,其中,因子分析法用于判断高校科技创新与产业发展的总体关联水平,灰色关联分析法用于测算高校科技创新各具体指标与产业发展综合指标的灰色关联度,最后采用 DEA 模型测算全国高校在实践阶段、转化阶段和调整阶段的效率,并基于专利视角开展广东省高校科技创新效率的研究。这是本书的实证研究部分,涉及的章节包括第三章、第四章、第五章和第六章。

第四,在以上章节层层分析与深入测算的基础上,进一步剖析国内外

导论

———— 开展广泛的国内外文献研究 ————

科技创新理论 ← 内生增长理论 → "三螺旋"理论

理论研究

科技创新体系

规范研究

科技创新体系及内部运行机制
科技创新体系的内涵和组成
科技创新体系的功能
科技创新体系的外部运行机制

科技创新与经济发展
科技创新推动经济发展
科技创新的扩散机制
科技创新的外溢效应

中国高校科技创新与创新体系

大学科技创新与创新体系的关联
大学科技创新与区域创新体系的耦合
大学科技创新与国家创新体系的耦合

实证研究

中国高校科技创新与产业发展

因子分析法
判断高校科技创新与产业发展
的总体关联水平

灰色关联分析法
测算高校科技创新各具体指标与
产业发展综合指标的灰色关联
度、产业发展各具体指标与高校
科技创新综合指标的灰色关联度

中国高校科技创新与产业发展

大学科技创新效率
我国高校科技创新的实现与转化效率
广东省高校科技创新效率测度

政策研究

国外大学科技创新政策与实践

中国大学科技创新政策与实践

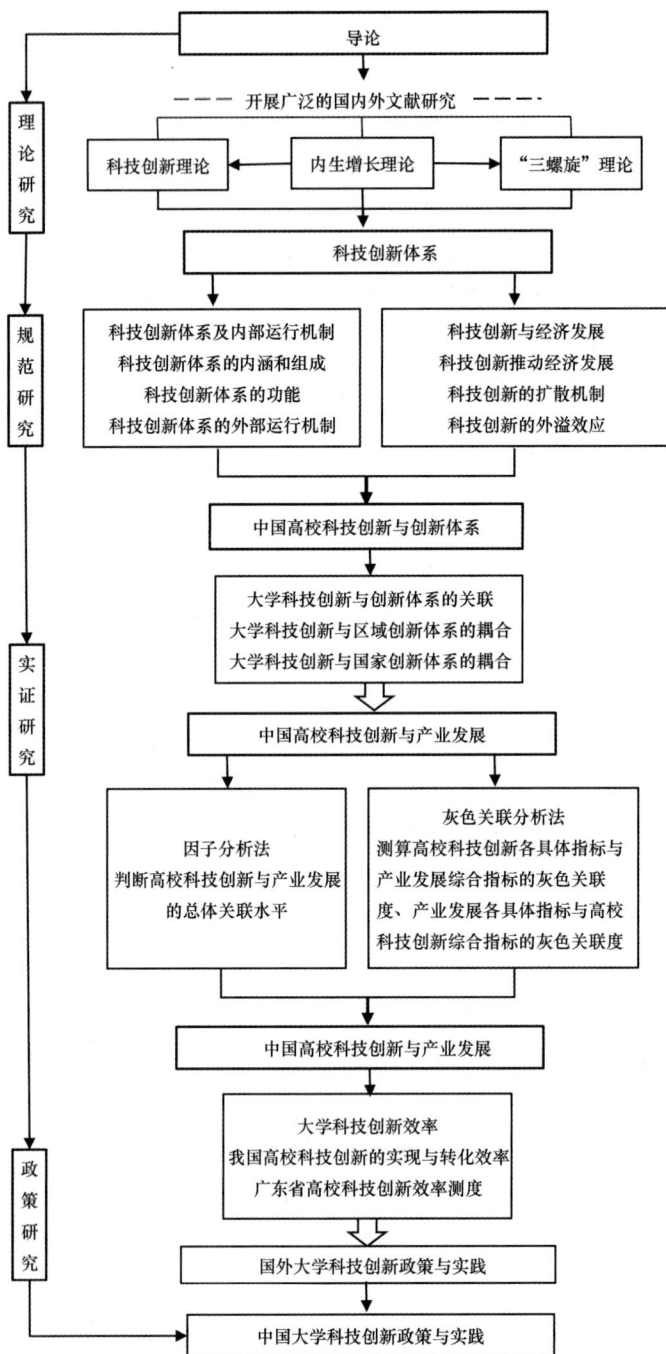

图 1-2-1　本书总体的框架思路图

高校科技创新的政策与实践，剖析中国与国外大学科技创新体系的区别，比较二者的功能表现与实践差异。首先，以美国和日本大学的科技创新政策为例，通过梳理科技创新体系的发展历程与政策文件，总结这两个国家的成功经验与相关启示，随后将研究视角转回国内的大学，通过梳理我国大学科技创新体系的发展和实践，阐述大学科技创新政策的困境与改进思路，以此为本书的结论部分提供更高一层级的导向指引。这是本书的政策研究部分，涵盖的章节为第七章和第八章。

二　研究方法

研究方法的选取主要在于揭示事物内在的规律和本质，不同类型的研究通常基于研究目的的不同采用多样的研究方法。本书基于研究对象的特点，结合高等院校科技创新和产业发展的内在规律，选取了文献研究法、定量研究法、因子分析法、内容分析法、比较分析法等方法，采用定量分析和定性论述相结合的方式，有理有据地论述本文的核心观点和内容，阐述高校科技创新体系与产业发展、经济繁荣的内在关联，以此研究高校科技创新对产业发展的促进作用。

（一）文献研究法

文献研究法主要指搜集、鉴别、整理文献，并通过对文献的研究形成对事实的科学认识的方法。本研究主要通过数据库、期刊、图书和网络等各种途径，收集国内外关于高校科技创新和产业发展分析的文献资料，对已有学者在该领域的研究成果进行整理和分析，通过阅读并消化相关的学术研究成果，进而对本课题的研究和写作提供理论上的支持，形成新的研究思路。在本书的行文逻辑中，多处内容论述了已有学者在科技创新细分领域的相关研究，同时部分章节梳理了高校科技创新体系的演化历史、变革历程、政策文件等，这些内容均是在已有文献的基础上进行梳理、深化和阐述的。

（二）定量研究法

定量研究是与定性研究相对的概念，又称为量化研究，是科学研究的重要方法和步骤之一，该方法主要是将问题和现象用数量表示，采用数学工具对事物赋予数量属性并进行分析、解释、提取和验证，从大量事实经验中总结出事物的规律和本质。本书采用的定量研究方法包括耦合度分析、灰色关联度分析和数据包络分析方法（Data Envelope Analyze，

DEA），采用这三类方法分别验证大学科技创新体系与创新体系的关联，开展大学科技创新推动产业发展的实证研究，测算全国大学和广东省高校的科技创新效率。

本书第四章通过构建高校科技创新指标体系、区域科技创新指标体系和国家科技创新指标体系，采用耦合度模型测量高校和区域、国家科技创新协同作用的大小，最终得出其耦合度和协调度水平。随后第五章基于高校科技创新体系推动产业发展的研究，通过因子分析法和灰色关联度分析法探究中国高等院校科技创新与产业发展的关系，试图剖析高等院校科技创新与产业发展的内在关系，判断二者的紧密程度和关联程度。接着第六章进一步使用数据包络分析方法（Data Envelope Analyze，DEA）综合研究中国大学科技创新的效率，通过处理我国历年来高校科技创新的投入和产出数据，分析我国高校科技创新的效率，剖析现阶段我国高校科技创新能力的不足并尝试作出原因分析，在此基础上，进一步研究专利视角下广东省高校科技创新能力的影响因素及其影响程度。

（三）因子分析法

因子分析用于测算几个指标之间的联系，将相关性较为靠近的变量归在同一类中，以较少的因子反映被探测指标的大部分信息。本书采用因子分析法用于测算高校科技创新与产业发展的总体关联水平，设置 20 个反映高校科技创新水平的指标，并根据指标的初始特征值累积贡献率、提取平方和累积贡献率、旋转后的累积贡献率确定 3 个因子作为解释样本数据的主成分，随后对 3 个主因子建立原始因子载荷矩阵，并运用软件测算因子得分系数矩阵与高校科技创新综合性指标得分，以此探究高等院校与产业发展之间的内在规律。

（四）内容分析法

内容分析法通过总结实践活动中的已有现象，进行归纳、总结与分析，使现象系统化、概念化、理论化，将日常活动上升为经验总结的高度，以此为同种类型或同样性质的活动提供指导。本书在多处章节均体现了内容分析方法，如第三章将科技创新体系的研究现状进行分析、归纳，将已有学者的研究划分为多个不同的维度进行概述；第七章梳理美国科技管理体制的演化历程并总结美国大学科技创新的政策与实践，同时从日本大学科技创新的政策文件中总结成功经验与有益启示。本书较多章节的内容体现了这一方法的运用，通过已有的现象和材料，将其总结凝练为服务于行文主旨的内容。

（五）比较分析法

比较分析法通过将两个相互联系的事物进行全方面比较，从数量、水平、规模、大小等方面得出二者之间的差异，最终达到全面认识事物本质和规律的目的。本书第五章对 2012—2016 年的高校科技创新能力和区域经济、产业发展水平进行比较，对高校科技创新和转化能力的水平进行评估；第六章通过对全国各省市高技术产业与大学科技创新综合指标的关联度进行测算，比较分析得出全国不同省域关联度最高的产业结果；第七章和第八章总结了美国、日本等科技发达国家的大学科技创新体系的成功经验与启示，同时梳理我国高等院校的科技创新体系政策及实践，实现二者的横向比较，以期得到促进我国科技创新的政策启示，为国家科技创新系统的建设提供可供参考的方案。

第三节　概念与理论基础

一　相关概念

（一）创新

创新（innovation）这一概念最早来源于 1912 年经济学家熊彼特（Schumpeter，J. A.）的著作《经济发展理论》，他将创新的概念描述为通过"执行新的组合"，如采用新产品、采用新生产方法、开辟新市场、开采新的供应来源、构建新组织这五类方式实现创新，是一种"具有历史意义和不可逆的行为方式"（熊彼特，1990：73）。在熊彼特阐述了创新和经济发展内在联系的基础上，德鲁克提出"创新是改变资源的产出且被消费者所获取的价值与满足"（德鲁克，2002：40），并分化出科技创新、社会创新、企业创新、管理创新等概念，使创新超越经济学从而与管理学结合起来。在熊彼特和德鲁克的创新思想之后，迈克尔·波特的《国家竞争优势》一书中提出创新驱动理论，指明任何一国的经济发展阶段都得经历要素驱动、投资驱动、创新驱动和财富驱动四个阶段，这四个阶段相互影响、彼此推进，致力于构建国家的创新发展战略。

基于上述学者对于创新这一概念的经典阐述，可以看到，创新在一个国家的发展过程中不仅仅代表着狭义的方法、思想、元素、路径的创新，更是指一个国家科技、制度、理论、体制的创新，与一国的经济、社会存在着千丝万缕的关系。在本书中，创新的特定含义指在大学或区域中学生、教授、大学团体及区域创新集团、区域智库等创造具体科技成果的过程。只有借助创新的力量，才能够在特定情况下将所有研究结果转化为具体的成果，为经济发展提供相关动力和源头支持。

（二）科技创新

传统的科技创新通常发生在工业企业中科学技术领域的创新，近年来逐渐延伸至高技术新兴产业链条，科技创新可以具体划分为知识创新、技术创新和管理创新。知识创新具体体现为创造新概念、新思想、新理论、新方法，技术创新一般是提出新的研究方法，以及基于设备提升或工艺更新的产品创新等，管理创新则是基于知识和技术背景的更高战略视角的统筹。这三种科技创新表现形式是息息相关、相辅相成的，知识创新为技术创新和管理创新贡献理论基础，技术创新则将知识创新的内容具体产出为应用型产品，管理创新则为知识创新和技术创新提供战略指引。本书提到的科技创新是指在具体科学技术实践中，所创造的具有确切科学指导意义的产品和理论方法，只有具备产品或理论层面的创新才能真正被纳入科技创新的范畴。科技创新的意义不仅在于能够促进具体学科知识的发展，而且能够将创新能力转化为具有现实意义的经济发展，改善人们的生活质量，提升国家的经济发展水平。

（三）大学科技创新

大学科技创新是区域科技创新的重要源泉，高等院校能够为区域科技创新发展提供必要的资源，为区域整体的发展提供源源不断的动力，同时在很大程度上助力国家科技创新体系的建设。大学科技创新的内在涵义为：在充分发挥高校各方资源的前提下实现的所有科学技术创造，包括发生在大学内部范围的创新和大学与其他主体之间的协作创新。大学科技创新的行为主体涵盖了学生、教授、学术团体等，通常体现为教授自身的学术水平、学校的技术设备支持、海量电子资料文献资源以及学生自身的勤奋努力，通过企业大学、科技产业园、创新孵化器、产学研协作等项目和平台，开展有关知识创新、技术创新、科技转化和技术交流等活动，产出论文、专著、专利、知识产权、横纵向课题等成果，为产业经济和社会发展间接贡献其效益和成果。

（四）高技术产业

高技术的概念起源于美国，是一系列新兴的尖端技术的泛称，是一个历史的、动态的、发展的概念，目前对高技术没有一个统一、精确的定义。高技术在词典中被解释为"生产或者使用先进或尖端设备的科学技术，特别是指电子学和计算机领域"。在美国，高技术的应用在社会和市场中常常发展成具有开拓意义的前沿导向，美国华盛顿全国科学基金会将高技术产品定义为：科学家和工程师数量占职工数的 2.5% 以上，用于研发的资金占净销售额的 3.5% 以上。在日本，学者认为高技术是一种研究与开发强度大、成系统的技术。反观国内，有学者将高技术定义为：处于当代科学前沿位置，综合知识、人才、投资技术等科学研究基础，对发展生产力、促进社会文明、增加国防实力起先导作用的新技术群。也有学者认为，高技术应是指以最新的科学发现创造为基础，具有重要应用价值的技术群。此外亦有专家基于社会进步的角度，认为高技术是建立在最新科学技术成就上的技术，该技术能够诱发形成新兴产业，或是对人类社会、政治、经济、军事等方面的发展产生重大的影响。

对于高技术产业的界定，《中国高技术产业统计年鉴》将高技术产业分为：医药制造业、航空航天器制造业、电子及通信设备制造业、电子计算机及办公设备制造业、医疗设备及仪器仪表制造业。国家《高新技术企业管理认定办法》将高技术划分为：微电子科学和电子信息技术、航空航天技术、光机电一体化技术、生物工程技术、新材料技术、新能源与高效节能技术、生态科学和环境保护技术、地球科学和海洋工程技术、基本物质科学和辐射技术、医药科学和生物医学工程以及其他在传统产业基础上应用的新工艺、新技术。虽然不同国家的学者对高技术有着不同的理解，但基本上多数学者都认同该概念大致包含以下方面：电子计算机技术和微电子技术、光通信和传感技术、机器人和人工智能技术、生物工程、航天技术、海洋工程、新能源开发、新材料开发等。

二 相关理论梳理

（一）熊彼特创新理论

约瑟夫·熊彼特是现代创新理论的提出者，秉承着技术与经济结合的观点，他在 1912 年的著作《经济发展理论》中首次将创新引入经济发展过程中，并把创新看作是经济增长的源泉。随后，熊彼特在 1943 年的著作《资本主义、社会主义和民主主义》中，对创新理论作了进一步的发展和完善，阐述了创新的涵义与资本主义的发展路径，形成了独特的经济发展理论。熊彼特的创新思想包括创新理论和创造性破坏理论两部分，创造性破坏理论在创新理论的基础上发展而来，是创新理论的进一步深化。

熊彼特将创新视为发明创造投入生产并运用到市场中的过程，并将这种过程叫做"生产条件和生产要素的组合"，从而产生"新的生产函数"，只有建立了新的生产函数并对原有的生产方式或生产系统造成了影响，才能称为创新（熊彼特，1990：73－74）。创新的对象包含新的产品、市场、生产方法、供应来源以及组织，同时创新必然伴随着创新主体收益增加的目的的实现。创新作为经济体系内部运行的核心推动力，不断影响并调整着经济体系内部各种因素的运作。

熊彼特提出的"创新"是经济的概念，新技术必须要在新组织和制度的环境和条件下才能发挥效应，带来一定的经济效益，因此创新不仅仅指纯粹的技术发明，还包括外部环境因素的总和。熊彼特将经济分为"增长"和"发展"，简单的外部增长不能成为经济发展，例如由人口和资本带来的财富增加并没有带来质的变化。在进行创新的过程中，生产要素和生产方式会随着创新要素的集聚得到改变，提升生产效率从而推动经济增长，这种存在"质的变化"的增长才能称之为经济发展。

熊彼特将技术创新的过程总结为五大特征：（1）创新活动具有不确定性；（2）创新活动意味着对某种尚未利用的机会加以运用；（3）创新活动的开展不断激发着正式科研组织的出现，比如开发实验室、政府实验室、大学科技实验室等；（4）创新通常产生于"干中学"；（5）技术进步一般来自于市场变化的激励或生产组织的变革以及制度层面的改进，创新归因于制度的演进。同时，熊彼特还对资本主义经济发展的周期作出了解释，认为创新活动的发生并不是均匀分布的，而是一旦出现，便会成群地、连续地出现，这种非规律性的创新活动导致了周期性的经济波动，并引发周期性的繁荣和衰退。

熊彼特（1990：75）将"新组织"定义为"企业"，将创新的主体界定为企业家，企业家通过执行"新组合"从而完成创新。这一定义不但将企业家的职能与一般的管理经营者区分开来，也强调了创新在企业中的重要性和特殊价值。熊彼特强调企业家不仅仅是生产经营的主体，更是具有企业家精神的创新主体，具有"企业家精神"的企业家通常把创造的过程视为一种愉快的体验，并具有超越常人的个人魅力和组织管理能力。企业家对于经济发展的拓展具有敏锐的洞察力和前瞻力，他们通常怀有建造私人商业王国的理想抱负，拥有勇于面对困难应对挑战的勇气，以及强烈的获得成功的愿望，善于捕捉并把握投资的机会，具有"第一个吃螃蟹的人"的魄力和冒险精神。

在熊彼特的创新理论中，经济发展是资本主义社会持续引入"新组合"，通过"创造性破坏"完成创新的结果。企业家为了追求利润的增加，会将新技术、新产品、新的生产组织和新制度加以运用和组合开展科技创新活动，通过生产组织的改进推动技术的进步，并且在一定时期内利用技术的进步发明新产品，打破原有的"静态均衡"的竞争局面，再通过创新活动建立新产品的竞争优势从而获得额外的利润，但这种额外的利润只是暂时的，其他企业家形成模仿效应，并在模仿的过程中急需改进和完善新技术，以至于创新技术和成果能够普遍被接受，进而创造新的、更高阶的"长期均衡"状态。

熊彼特的创新理论给出了创新的定义，并阐述了资本主义经济发展的本质与特点，打破了简单地以人口、资本增长衡量经济发展的传统研究模式，尤其申明了技术创新为经济发展带来的巨大作用，阐述了创新对于经济增长的指数效应。在熊彼特提出创新理论后，经过实践的发展与理论的探索，创新理论经历了技术创新、制度创新和国家创新系统等不同的发展阶段，学者们致力于探讨创新在不同社会背景下所发挥的作用，以及创新在新的社会形态下呈现出来的特征与表现。

（二）内生增长理论

内生增长理论是产生于 20 世纪 80 年代中期的西方宏观经济理论的一个分支——新经济增长理论，其核心思想是将技术和知识要素内在化，认为经济能够不依赖外力的推动实现持续增长，内生的技术进步是保证经济持续增长的决定因素。在新古典增长模型中，资本的边际收益率递减使得人均增长停滞不前，而且财政政策没有机会影响经济的增长率；而内生增长理论通过克服生产要素收益递减规律而使经济增长率内生化，并通过财政政策解决人力资本积累外部性、技术外部性和知识外部性的问题，同时放弃了新古典主义关于规模收益递减的理论，认为知识作为重要的内生力量，可以使规模收益曲线呈现递增的特征。

内生增长模型包含两条具体的研究思路。第一条研究思路是罗默、卢卡斯等人用全球经济范围的收益递增、技术外部性解释经济增长的思路，代表模型有罗默的知识溢出模型、卢卡斯的人力资本模型、巴罗模型等。

罗默模型第一次在模型中将知识作为和资本、劳动投入并列的一个独立要素加入，而不是以往经济学家采用的外生变量的方式。卢卡斯模型则认为水平的增长是基于人力资本投入增多的自然结果。第二条研究思路是用资本的持续积累解释经济内生增长的思路，代表性模型是琼斯—真野模型、雷贝洛模型等。这些理论将知识或技术作为内生性的因素加入到模型构建与测算中，是在罗默和卢卡斯模型基础上的理论延续和发展。

索洛模型将技术进步视为外生给定的，而没有对这种技术进步的源泉进行解释，内生增长理论是以保罗·罗默为代表的学者对索洛模型的扩展。罗默和卢卡斯的模型从本质上都是以技术和人力资本促进效益的提升，以此推动经济的不断增长；内生增长理论则把技术进步及其增长率放在模型当中得到解释，主要探讨研究与开发模型。总体而言，内生增长理论认为随着技术的进步可以不依赖外力作用，而是依靠技术进步推动经济的发展，由此得出技术进步推动产业发展的结论。该理论作为本书的理论基础，解释了技术进步对产业发展的重要性，在后续章节中有进一步的探讨与论述。

（三）"三螺旋"理论

三螺旋概念最先出现在生物学领域，后来由美国社会学家亨利·埃茨科威兹和罗伊特·雷德斯多夫在 20 世纪 90 年代引入创新体系的研究中。该理论认为，在知识经济社会内部，创新制度环境的三大要素——政府、企业和大学，根据市场需求联结起来，形成了三种力量相互交织又呈螺旋上升的"三螺旋"关系。关于科技创新体系的分析框架，大多数学者将企业、大学和研究院所作为创新系统的执行主体对其进行分析，即形成了企业、高校和科研院所（产学研）三者在国家创新体系中的地位及相互关系，认为这三个要素是科技创新体系的核心，其他社会组织都属于环境因素。

研究科技创新体系的运行机制，必然会探究创新活动的执行主体。早期的产学研理论忽视了政府在创新体系中起到的协调企业、高校、科研院所关系的重要作用。随后，越来越多的学者关注到了政府在创新体系中的重要地位，因此把更多的关注力放在了政府这一行为主体上。三螺旋理论用政府这一行为主体代替了原来产学研模式中的科研院所，更多强调政府、企业和高校三者的互动关系。产官研模式包含的内在运行机制如图 1-3-1 所示，其运行机制中包含政府对企业的引导机制、政府对高校的调控机制以及企业与高校之间的互惠机制，三者之间的相互作用机制最终形成了政府、企业、高校的联合机制，共同推动某一地区甚至是国家的经济发展，促进创新能力的提高。

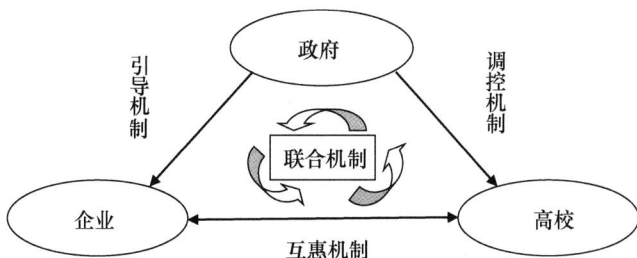

图 1 - 3 - 1　产官研运行机制

从本质上来说，创新体系大致涉及科研机构、政府部门和企业单位三类行为主体，这三类主体在各自的场域中发挥作用，并引发一定程度的技术更新与创造。以高等院校为主的科研机构、发挥宏观调控职能的政务部门、以产业发展和经济利润为导向的企业主体，这三类行为主体共同构成了科技创新活动的主要载体，各自在社会经济的创新活动中发挥着不可或缺的作用。其中，高等院校等科研主体主要基于基础科学和技术科学推动科学发现或技术创新，通过假说、定理、学说等方式在理论和体系方面提出研究想法；企业则在技术开发、工艺创新、产品创新和市场创新方面有所贡献，新样品、新产品、新工艺、新生产线均是企业技术创新的表现；政府在科研机构和企业单位中间实行宏观治理，合理调配创新资源与社会要素，实现创新环境、创新人才和创新主体之间的有机协调。

（四）科技创新体系理论

科技创新体系理论的衍生由来已久，且经过不同学者的研究与发展，这一理论的内涵日渐丰富与成熟。弗里曼、纳尔逊、朗德威尔三位学者分别基于不同的理论视角创立了国家创新体系理论，这些理论代表着"三种不同的学术传统，即以纳尔逊为代表的美国传统、以弗里曼为代表的英国传统和以朗德威尔为代表的北欧传统"（王春法，2003）。除此之外，波特的竞争优势研究以及 OECD 对科技体系进行的研究也丰富了科技创新体系的内涵。

1. 弗里曼的国家创新体系

国家创新系统是英国著名经济学家克里斯托夫·弗里曼（Christopher Freeman）于 1987 年首次提出，在《技术和经验运行：来自日本的经验》一书中，通过对日本经济发展的研究，弗里曼认为在技术创新领域，除了通过市场竞争来调节经济发展，还需通过国家实现资源的优化配置，以此促进经济的快速增长。基于此，弗里曼提出国家创新体系是公私部门等机构组成的网络，它们的活动和相互作用促成、引进、修改和扩散了各种新技术。换而言之，国家创新体系是一种交叉结构，在这一交叉结构中，政府公共部门和企业私人部门相互作用，共同协作，研究开发新的科学技术并将其运用于生产中，进而促进技术创新和产业发展。

如图 1-3-2 所示，弗里曼将国家创新体系的关注点分别放在政策、企业发展及研究、教育和培训以及产业结构这四个方面：通过政府的宏观调控，制定相应的政策，使创新体系处于一个良好的制度环境中；企业通过研发创新，尤其是在技术引进基础上的创新，可以将创新成果运用到实际发展中，实现创新成果的经济价值；通过教育对就业人员进行培训，提高创新人员的知识和技能水平；独特的产业结构和均衡协调的产业发展模式对于区域经济甚至是国家经济发展具有重要作用。通过以上四个要素之间的相互作用，国家可以调整社会经济模式以适应技术经济模式的要求，从而实现创新。

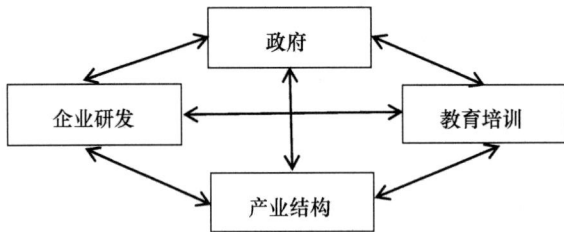

图 1-3-2　弗里曼的国家创新系统结构图

2. 纳尔逊的国家创新体系

1993 年，美国学者理查德·纳尔逊（Richard Nelson）在《国家创新体系：比较分析》一书中，通过对比美国和日本等不同国家的科技创新体系的框架和制度文化，他发现，国家创新体系并非一个简单的体系，一个国家科技创新成果的产出效率受到国家制度设计的影响，由于各个国家的制度结构不同，科学技术在各国发展的适应性也不尽相同，并且技术领域是不断变化的，即使一种创新战略在一国已显有成效，直接将其"移植"到另一个经济体，也可能出现水土不服的情况。科技创新体系需要在国家和政府等提供的政策保证和制度保障下，实现各种技术行为因素的整合，不仅包括致力于公共知识的教育培训机构，还包括政府基金和规划部门。因此，在纳尔逊看来，没有哪一种创新战略具有普适性，一个国家或者经济体的主要任务就是保持"技术的多元结构"，国家创新体系是"一整套制度，其相互作用决定着一国企业的创新实绩"（Nelson R.，1993）。

3. 朗德威尔的国家创新体系

朗德威尔是国家创新体系理论微观学派的代表人物，他把学习看作是技术创新的源泉，认为人们在现实生活中的实践主要是通过学习过程来增加知识储备，从而推动现代经济增长，国家创新体系就是"各种因素和关系相互作用，从而生产、扩散和使用有价值的新知识的过程"（Lundvall，1992）。因此他把学习放在国家创新体系的中心位置，以国家创新体系作为基本框架来考察用户与创新者之间的相互作用，通过研究国家创新体系的各组成部分，从创新主体的角度出发，探讨企业、科研机构以及高校的互动关系，由此探讨这一体系对经济水平发展的影响（图1-3-3）。

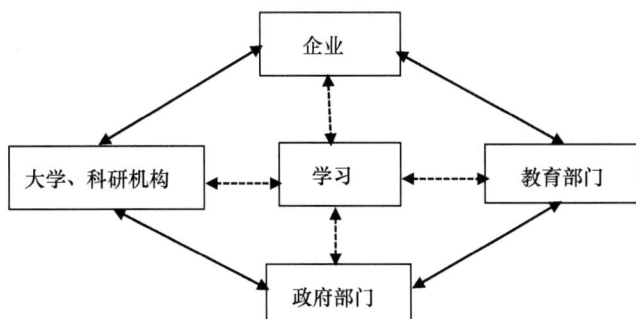

图1-3-3　朗德威尔的国家创新系统结构图

4. 波特的国家创新体系

弗里曼和纳尔逊提出的国家科技创新体系，主要是从宏观层面分析国家制度、社会历史文化等与国家国情有关的因素，即国家专有因素对于一国创新绩效的影响；迈克尔·波特则将微观机制与其宏观运行实际联系起来，他在《国家竞争优势》一书中提出了国家创新系统钻石图（图1－3－4），并且申明国家是否具备竞争优势主要在于四个因素：国家的要素条件、需求条件、相关的支持产业以及企业的战略与竞争状况。国家的竞争优势主要体现在成功实现科技创新的企业，从这个角度来说，国家只是为企业提供外在的环境，并通过不同的方式去加强或者削弱企业的竞争力。

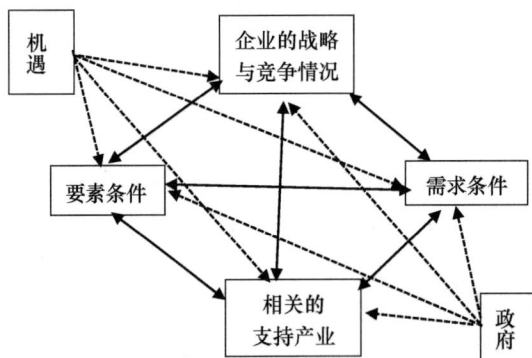

图1－3－4　波特的国家创新系统钻石模型图

5. OECD 的国家创新体系

自国家创新体系这一概念出现以来，世界各地掀起了研究国家创新体系活动的浪潮。其中，最为重要的是经济合作与发展组织（OECD）的研究，OECD 在发表的《国家创新系统》报告中指出："创新是不同主体和机构间复杂的互相作用的结果：包含企业、公共或私有的研究机构、大学和中介组织等创新主体以及系统内部各要素之间，寻求一系列共同的社会目标和经济效益，相互作用和反馈，启发、引进、修改和传播新技术的过程。"

OECD 针对当下的知识经济时代提出了国家创新体系的概念，即创新需要不同行为者（企业、实验室、科学机构和消费者等）之间进行交流，并且在科学研究、工程实施、产品开发、生产制造和市场销售之间进行反馈。也就是说，科技创新是一个多主体互动的过程，即行为—反馈—调整的动态调适过程。OECD 强调的重点在于，作为创新源泉的知识在科技创新体系内部的循环流转，同时科技中介机构取代原有的用户群体，成为科技创新体系搭建的四大支柱之一。

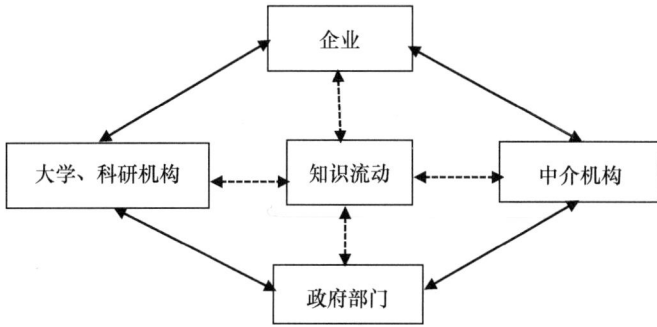

图 1 - 3 - 5 OECD 的国家创新系统结构图

第二章 科技创新体系及运行机制

自 20 世纪 90 年代以来，伴随着国家经济发展，"科技创新"一词在国家的政策文件、人们的社会生活中出现的频率越来越高。从"创新"到"技术创新"再到"科技创新体系"概念的提出，创新这一主题在不同的时期具有不同的内涵，映射出不同情境下的时代背景和社会需求。在知识经济占主导地位的今天，科技创新被提到了前所未有的高度，发展高科技产业成为各国跻身国际创新强国的有力抓手，建立健全适应国情发展的科技创新体系成为了各国政府的重要任务。

习近平总书记指出创新是引领发展的第一动力，是科技进步的动力源泉。创新是推动一个国家进步甚至一个民族前进的动力源泉。创新是一个民族进步的灵魂，是一个国家兴旺发达的不竭动力，是一个地区加快发展、科学发展的强大引擎（任仲文，2014：139）。创新型国家的建设征程刻不容缓，完善科技创新体制机制，全面激发创新的引擎作用，建立健全现代化经济体系建设，构建以创新驱动经济发展的良性发展模式，对于我国在科技创新领域实现陪跑乃至领跑是至关重要的。因此，厘清科技创新体系的概念，了解科技创新体系的组成与结构、功能及其运行机制，对于探究科技创新体系下的高校创新活动具有十分重要的意义。

第一节 科技创新体系的组成

学者们对中国科技创新体系的研究十分丰富，虽然至今仍未有统一的时间划分，但基本上统一认同至新中国成立时期开启我国科技创新体系的建设，改革开放后科技创新体系由国外引入国内，学者们才开展相关的研究工作。针对科技创新体系的研究由来已久，且在不同的时代被赋予不同的涵义，甚至上升到政治战略的高度，将科技创新与顶层设计结合起来，作为国家创新体系建设的重要抓手。这一章节主要概述国家科技创新体系、大学科技创新体系的源起和历程，阐述科技创新体系的深层次内涵。

一 科技创新体系的研究及内涵

（一）科技创新体系的研究

从科技创新活动的范围看，科技创新体系的内容包括科学创新、技术创新与技术应用创新，其中，科学创新按学科分类可划分为自然科学创新和社会科学创新，技术创新按照主体的差异可以划分为劳动工具创新、劳动对象创新和劳动技能创新。从科技创新活动的过程看，科技创新体系的内容可以划分为科技创新组织、科技创新管理体制、科技创新资源、科技创新活动、科技创新成果、科技创新的经济和社会效应，这些内容基本涵盖了科技创新体系构建过程中的方方面面。

学界针对科技创新体系的研究成果十分丰富。从体系组成维度来看，学者柳卸林（1995）指出，国家创新体系由政府、企业、科研院所与高校以及支撑服务等要素和它们彼此之间的相互作用构成。李志仁（2005：199）等认为，国家创新体系是一个国家内部有关部门和机构相互作用形成的网络系统，它是推动国家经济发展和科技创新的重要力量。玄兆辉（2019）认为，经过多年发展，中国已经形成了类型丰富、规模庞大的创新主体队伍，企业已经成为技术创新的主体，高等学校成为创新人才培养和基础研究的主体，政府研究机构成为科学研究、前沿高技术研究的主体，各类创新服务机构蓬勃发展。

从机制演化角度出发，包海波（2002）所定义的科技创新体系，是关于科学技术在经济增长过程中的制度安排，即在科技知识的生产者、传播者、使用者以及政府机构相互作用的基础上，所形成的科学技术知识在整个社会领域内循环流转和应用的良性机制。陈凤娣（2008）对我国科技创新的运行机制进行了理论重构，并指出构建与社会主义市场经济体制相适应、科学、完善的科技创新运行机制，要认识和把握好四个关键环节：一要真正确立企业在科技创新中的主体地位；二要准确把握政府在科技创新中的职能定位；三要充分发挥资本市场在科技创新中的助推作用；四要积极推进产学研在科技创新中的有效结合。

从长期发展层面来看，罗平（2006）和王浩、朱长艳（2007）论述了我国的国家创新体系亟须解决的问题，并根据我国的国情和创新体系运行的实际情况，提出了健全国家创新体系建设的思路和对策措施。张来武（2011）分析了推动科技创新的三种力量：市场、政府和第三种力量（非正式关系），并提出我国转变经济发展方式就是从传统生产要素驱动经济增长的方式转到由科技创新驱动经济发展的方式。

从政策演变角度来看，刘凤朝和孙玉涛（2007）以 289 项创新政策为样本，分析了 1980—2005 年我国创新政策的历史演变路径，发现我国创新政策呈现从科技政策单向推进向科技政策和经济政策协同转变、从政府导向型向"政府导向和市场调节"协同型转变、从单向政策向政策组合转变的发展趋势。基于政策相互作用视角，徐喆和李春艳（2017）在对科技政策进行量化的基础上建立计量模型考察了我国 1985—2014 年间科技政策相互作用对创新绩效的影响。

在科技创新体系的研究方向和研究内容上，中西方学者存在一定的差异：一方面，西方学者将研究的注意力集中在经济系统对科技创新成果的吸收，以及如何更好地实现这一制度安排；而中国学者的研究则是从政策需要出发进行研究，将研究主题和政策设计联系在一起，因而并不侧重于国家创新体系内部的微观机制。另一方面，西方学者的研究是从科学技术进步与经济实绩之间的内在联系与相互作用出发的，而中国学者的研究视角则是站在科技体系改革的角度，通过探究科技体制的改革途径去寻求一个良好的制度大环境，从而推动科技创新体系的发展。

（二）科技创新体系的内涵

根据学界现有的研究，科技创新体系应该是指一个国家或地区，在政府主导和社会参与下，各行为主体或机构为寻求共同的社会或经济目标，在进行创新实践过程中，进行与创新要素有关的资源和信息交换，相互作用而形成的网络系统。科技创新体系涉及政府、企业、科研院所、高等院校、国际组织、中介服务机构、社会公众等多个行为主体，包含人才、资金、基础设施、制度建设、创新氛围等多个要素，是各创新主体在创新要素的交互作用下发生的复杂现象。

1. 国家科技创新体系的内涵

国家创新体系的提出最早可以追溯到德国历史学派弗里德里希·李斯特，他首次申明基于政治经济学的国家体系概念，并提出国家在技术遭受封锁情境下应该采取的国家技术战略，这一思想雏形为后来国家创新体系的提出奠定了重要的基础。随后，英美等发达国家发展迟缓，日本抓住发展机遇一跃成为世界首屈一指的技术强国和经济强国，韩国和中国台湾等国家和地区纷纷效仿日本施行的政策和战略，后续的英国经济学家克里斯托夫·弗里曼，美国学者佩特尔、帕维蒂、迈克尔·波特和丹麦学者本特阿克·伦德瓦尔等纷纷开启对国家创新体系的研究，以此解释国家创新系统和经济效应、社会发展的内在关系。

国家创新体系的概念在1992年引入国内，但正式提出是在1999年，并且国内学者的研究工作大多落后于国外学者。1992年，《技术进步与经济理论》一书首次将国家创新体系的概念引入中国。1995年，国家科学技术委员会委托加拿大国家发展研究中心对中国科技体制改革问题进行评估，加拿大方所提交的《十年改革：中国科技政策》评估报告中，第一次运用国家创新体系理论对中国的科技体制改革进行分析研究，并且指出，中国要运用国家创新体系这种分析方式，以此作为辨认未来科技改革需要、确定科技系统与经济社会活动关系的手段。1999年8月召开的全国技术创新大会更是将完善和发展科技创新体系当作一项长期战略服务提了出来。《国家中长期科学和技术发展规划纲要（2006—2020年）》中指出：国家创新体系是以政府为主导、充分发挥市场配置资源的基础性作用、各类科技创新主体紧密联系和有效互动的社会系统。

国家创新系统囊括了知识创新系统、技术创新系统、知识传播系统和知识应用系统，这四个系统相互交叉、纵横交错，共同发挥着引领创新的作用。在这其中，各参与主体之间既分工明确又相互合作，他们之间更多是相互促进、协同推动的"软"结构，而不是个体独立发挥作用且互不相干的"硬"组织。可以看到，不同情境、不同地域的国家创新系统也会呈现不一样的状态，一般情况下，当国家创新系统内的参与者、协调者、组织者、推进者之间处于良好的合作形态，那么我们可以认为国家创新体系是有序发展且稳步推进的。

从内涵上来说，国家创新体系主要包括政府机构、企业单位、高等院校、中介机构、科研院所等主体的创新活动，这些行为主体对一国创新系统的构建和推进具有无可比拟的作用，正是有了不同场域中创新活动的开展和创新思维的活跃，一国的国家创新系统才得以生生不息地发展。此外，国家科技创新体系还包含着参与主体所涉及的法律规章、政策文件和道德规范。总体而言，国家创新系统是创新行为主体及其制度网络的总和。

2. 大学科技创新体系的内涵

1999 年，国务院批转了教育部颁布的《面向 21 世纪教育振兴行动计划》，随后中共中央和国务院颁发了《关于深化教育改革，全面推进素质教育的决定》，对我国高等教育体制、高层次创新人才培养、学科建设与创新体系的建立作出重要部署。2002 年 6 月 28 日，科技部和教育部联合印发了《关于充分发挥高等学校科技创新作用的若干意见》，该文件对我国高等学校的科技创新发展重点提出了重要而又具体的指导性意见；同年7 月 31 日至 8 月 1 日，教育部在"高等学校加强科技创新工作座谈会"上明确提出了高等学校创新体系的建设问题；11 月 25 日，由上海市高新技术成果转化服务中心和上海交通大学共同主办的"中国高等学校科技创新体系建设上海论坛"会议隆重开幕，这次会议标志着我国高等学校科技创新体系建设的理论研究与实践探索全面兴起。

"高校创新体系"是一个尚待完善的概念，虽然近些年陆续有研究者发表论文论及大学科技创新体系，但鲜有人就这一概念进行明确的界定。从目前已有的文献资料来看，有研究者根据创新原理将其定义为：以培养大学生创新素质、加速知识和技术创新、增强服务功能为主要目标的教育思想、制度、机制、理论、内容、环境、形式和方法等的综合结构。这一定义主要从目标和内容等方面揭示了高校创新体系这一概念的内涵。本书认为，高等学校创新体系是一种特定制度安排所形成的以市场为导向，以高等学校为主体，以基地、平台和中介体系为依托，以项目为载体，集"创新人才培养、基础研究、高技术领域原始创新、技术转移、成果转化"于一体而嵌入在国家创新体系之中的部门创新体系之一。这一表述包括以下几层涵义：

第一，高等学校创新体系的本质是一种特定的制度安排，或者是一种高等学校科技运行的机制与管理体制。这表明高等学校创新体系并不是纯粹自发生成的，而是需要在政府的政策和法律法规的引导和约束下，以及高等学校之间通过协议组成的一种联合体（或联盟）。组建这种联合体并非要求高等学校一定要进行实质性的合并，各高等学校在创新体系中既拥有各自相对的独立性，又要遵守事先约定好的分工协作的各种"游戏"规则。

第二，高等学校创新体系必须坚持以市场为导向。在社会主义市场经济体制下，社会对技术的需求要通过市场反映出来。所以，这里所强调的以市场为导向就是以市场对技术的需求为导向。正如恩格斯所指出的那样，当"社会上一旦有了技术上的需求，则这种需求就会比十所大学更能把科学推向前进"。换句话说，社会对技术的需求决定着技术的供给，社会需求也是科学技术产生与发展的内驱动力。因此，要求参与创新体系建设的高等学校，既要瞄准科技前沿，又要深入研究经济社会发展中的关键性技术问题。在前沿研究中创新理论、开拓新的应用方向；在解决实际问题中寻求新发现、新发明，同时获得必要的支持，形成高等学校科研工作本身的良性循环。

第三，高等学校创新体系中的主体可以是广义的高等学校，也可以是狭义的高等学校。前者是指在一定时期内，一个国家或地区内由实施高等教育的组织机构结成的具有特殊理念、特定性质、功能和作用的有机整体；后者是指单一的实施高等教育的组织机构，是在一定的时空条件下作为一个相对独立的、构成广义高校的子系统。相应地，这里所讨论的高等学校创新体系也自然分成了广义和狭义两种。从广义高等学校创新体系来看，创新主体是以那些有潜力成为研究型大学的高校（或称为"准研究型大学"），以教学科研型高等学校为基础的高等学校群体；从狭义高等学校创新体系来说，创新主体则是指单一的有潜力成为研究型大学的高等学校或单一的教学科研型高等学校。对含义的进一步分析可以看出，无论是广义的还是狭义的高等学校创新体系都暗含着同样的结论，即高等学校创新体系是以那些拥有异质型人力资本（创造知识的特殊才能）的教授群体作为创新主体的。

第四，高等学校创新体系涉及"基地""平台""中介体系""项目"以及"多功能"等内容，本书所提出的高等学校创新体系，是在有选择地吸收既有表述部分内容的基础上，进行功能上的重新划分和内涵上的进一步拓展后形成的。具体来说，"基地"是指高等学校从事知识创新活动所必须依托的各级各类实验室所构成的子系统；"平台"是指开展技术创新、科技成果工程化和产业化活动所必须依托的不同级别的"大学科技园"和不同级别、不同类型的"工程中心"（包括工程研究中心和工程技术研究中心）、技术转移中心、生产力促进中心等构成的子系统，以及提供公共服务（包括提供资源、大型精密仪器设备、信息、数据的共享服务，提供优良科技环境方面的共享服务）的子系统；"中介体系"是指为高等学校创新活动提供支撑的主体所构成的子系统，其支撑作用主要有发展战略研究咨询、投资融资、信息服务、教育培训、技术经纪、技术转移、评估评价、法律顾问等；"多功能"的提法涉及高等学校创新体系建设与发展的目标，高等学校创新体系要成为培养高层次创新人才的重要基地，成为开展基础研究和高技术领域原始创新的主力军，成为解决国民经济重大科技问题、实现技术转移和成果转化的生力军。在既有的高等学校创新体系的各种表述中，并没有将高层次创新人才的培养功能纳入其中，这是一个很大的缺陷。高等学校创新体系建设与发展的目标定位应该是"既出成果，又出人才"，如果脱离了科技创新过程和相关的创新活动来培养高层次创新人才，那就完全背离了这类特殊人才培养的内在要求和规律。

第五，高等学校创新体系是嵌入在国家创新体系之中的部门创新体系之一。高等学校创新体系是国家创新体系的重要组成部分，它是通过特定的制度安排嵌入在国家创新体系中的部门（高等教育部门）创新体系之一，而不是自发地或天然地成为国家创新体系的组成部分，它与国家创新体系中的其他创新体系（如企业技术创新体系、国立研究机构的知识创新体系、各类专业的创新体系等）及其主体要素之间存在着内在的互动作用。

二 科技创新体系的组成结构

前面的内容论述了科技创新体系的发展历程和深刻涵义，基于对科技创新体系的基本了解，有必要进一步深入剖析科技创新体系的组成结构，通过体系内部主体与周围环境的协同合作，将科技创新体系涉及的要素分别梳理，并在此基础上，阐述科技创新体系不同层级之间的关系，最终落脚到更具体的主体——高校科技创新体系，进而论述高校科技创新体系的组成结构，以及内部不同体系之间的互动与状态，为透视科技创新体系的内部架构提供一个更为聚焦的视角。

（一）科技创新体系的要素构成

科技创新体系作为一个由多种要素组成的完整系统，具有整体性、动态性、协调性的特点。通俗一点来讲，科技创新体系是作用于科技创新活动各种要素之间的有机组合，通过整体协调和相互合作，形成整个创新系统的良好运作。考虑到科技创新主体及周围环境的互动，我们将科技创新体系的要素分为创新行为主体、创新基础设施、创新资源三个方面。

1. 创新行为主体

创新行为主体指的是具有创新需求和创新能力，并借助于一定的方式或手段，产生新知识、新产品或新服务的具有能动性的活动者。整个创新过程都离不开创新主体的创造性活动，只有创新主体具备创新意识主观能动性，能作出创造性的决策行为，创新活动才可能顺利开展。正因如此，在创新过程中必须把创新主体放在首要位置，把调动创新主体的积极性和提高创新主体的素质作为最重要的内容。一般而言，科技创新体系的主体是指企业、高校、政府科研机构、咨询中介机构和非营利性民间研究机构等。

（1）企业

企业是技术创新的主体，必须通过企业才能体现出技术创新成果的应有价值，发挥潜在的经济和社会意义。企业作为社会物质产品的最终提供者，本身就是进行物质产品交换的重要节点。一般来讲，企业将技术和创意转化为产品和服务，通过营销、推广、扩散等方式和手段，使创新行为产生市场价值。当企业实现了技术创新，并将其转化为现实的生产力后，才算真正实现了创新的意义。

企业作为在技术轨道背景下的需求拉引与技术推进的复合体，由于技术的积累性、企业专有性等特点，创新主要是以企业为主体的。这主要反映在：企业是研究开发的主体，是创新投入、产出及其收益的主体，在创新活动中与其他社会组织发生联系时通常处于主动和主导的地位。企业的创新能力直接关系到企业自身的发展，关系到整个国家社会和经济的发展。对企业来说，起主要支配作用的是市场，其研发动力主要来自市场的需求。企业的创新行为是在市场经济下的行为，企业行为也要符合市场的走向，而且市场也是推动企业创新的重要手段。企业创新是为了赢利，因此企业的创新活动都是围绕市场进行的。

（2）高校

技术要实现创新，就要有相应的基础知识来源，而高校是科技创新的发源地。高校凭借其学术价值创造、人才培养体系、科学研究架构、社会服务相结合的职能设计，在基础研究、高新技术等领域的原始创新和成果转化方面，承担了国家和地方大量的科研工作，成为了知识创新体系的主力军。高等院校的作用主要体现在以下几个方面。

首先，作为知识传递、培养人才的重要场所，高校挖掘并开发了具备一定知识和创造能力的人力资源，它是培养创新型人才的摇篮。一方面，高校拥有大量的教授、学者等高级人才，是开展科技创新活动的中坚力量；另一方面，高校通过教学和科研活动培养学生，为社会输送高素质的精英人才，他们是科技创新的骨干和后备力量。其次，由于基础研究产生的新知识具有外溢效应，以及研发周期长、风险高、研发结果具有不确定性，导致企业进行基础研究的自主性降低。而高校作为知识生产的学术组织，凭借其独特的人才优势、技术优势和组织优势成为基础研究的中心，旨在从事大量的基础性研究，为一定的创新活动提供知识支持。

另外，高校是推进协同创新的主体之一。按照"高等学校创新能力提升计划"的精神，高校是推进协同创新中心项目的主体和牵头单位。高校不但从事理论研究，还肩负着应用技术的开发与研究，承担着培养创新型人才、开展科学基础研究和前沿技术原创性研究、牵头组织科技创新成果转化应用等任务，并担负着与企业、科研院所等其他成员单位的联络、沟通和组织协调的职责。

（3）科研机构

科研机构是指按照法律程序规定建立的，具备合理的人员设置、结构形态以及开展研究工作的基本条件的机构，秉承着明确的研究方向和任务，可以长期有组织地从事研究与开发活动。科研机构的主要作用是开发具有社会价值和经济意义的知识技术资源，从而为创新主体提供知识供给。

科研机构是企业孵化与新技术转化的主要基地，同时，科研机构还可以提供技术咨询和技术支撑。一般而言，国立科研机构开展的科研活动多属于战略性和基础性研究，主要承担与国家利益紧密相关、涉及国计民生的高风险耗资大的项目；而民间科研机构则多利用其自身的灵活性填补研究空白。

（4）科技中介机构

科技中介机构是科技创新体系的重要部分，它是指在国家创新目标的指引下，通过机构拥有的专有知识和专业技能，在市场经济的法则下，为科技创新主体提供社会化、专业化的创新决策和咨询服务的机构，具有技术扩散、成果转化、科技评估、创新资源配置的功能。

在科技成果转化过程中，科技中介机构不只是交易信息的媒介，它还可以直接参与服务对象的技术创新过程。在科技成果转化的过程中，包括科技成果和产品市场两大主体。① 一方面，由于高校和科研院所是知识创新的主力军，大多科技成果来自这两大主体，但一般情况下，这类主体在进行技术研发后，可能由于缺乏商业意识和市场思维，或是转而申报下一个课题或项目，最终使很多科技成果无法得到转化；另一方面，在没有发现科技成果的应用前景和市场价值前，企业不敢贸然接受和应用这些科技成果，以免使自身的用户和利润市场受损。这时，科技中介机构可以通过充当"润滑剂"的角色，解决由于缺乏畅通的信息沟通机制而带来的科技成果转化率低的问题。

（5）政府

政府不直接参与创新过程，不属于创新主体，但却是十分重要的创新行为主体，是科技创新体系的协调者。科技创新体系建立的基本目标是实现国家创新资源的有效配置。要实现这一目标，有两种方式可以对创新体系中各要素之间的相互作用进行调节：市场机制和政府的宏观调控。政府的宏观调控可以解决创新过程中存在的"市场失灵"和"系统失灵"。科技创新体系是一个以市场为基础资源配置手段的系统，企业创新活动的推力由市场来提供。但是，由于内在技术和权益分配的不确定，以及市场机制在激励创新中的不完善，外部效应会导致市场在配置社会资源时的偏离，因此需要政府在这一过程中进行一定程度的干预和引导。

我国创新主体面临的问题是外部市场秩序较为混乱，创新主体在面对不良竞争时，市场的不规范在一定程度上削弱了创新主体的创新能力。因此政府可以制定相应的政策和规范，加大执法力度，维护市场竞争的正常秩序，创造一个良好的创新环境，从而激发创新主体的创新积极性。具体来说，政府可以通过制定、实施法规和政策，提供良好的政策环境和基础设施，并通过自己拥有的社会资源引导和干预技术创新活动，为国家科技的创新保驾护航。同时，政府可以通过多种手段支持创新活动，协调创新体系中各要素之间的关系，加强创新主体以及相关部门的交流与合作，促进创新活动的开展。比如通过直接资助分担创新的风险；增加税收补给对创新活动进行鼓励；采用信贷支持对新产品与新服务的开发予以扶持和鼓励。此外，政府还可以通过出台产业政策、提供风险基金、实行技术转

---

① 转引自秦洁、王亚《科技中介机构在科技成果转化中的定位》，《中国高校科技》2015年第 4 期。

移、优化基础设施等途径支持创新主体开展的活动。

2. 创新基础设施

工欲善其事，必先利其器。创新基础设施是创新体系的基本保障和必备条件。随着科学研究的持续深入，人类的认知极限不断被挑战，而每次重大科学的发现都离不开功能强大、系统集成的创新基础设施，包括实验室、各类研究场所，以及进行科技创新所需的先进仪器、电子设备、实验装置、信息网络等。

作为政府主导的支出项目的一部分，基础设施投入被视为经济长期持续稳定发展的重要前提，近年来有更多的学者关注到科技基础设施的投入对于科技创新的促进作用。王卷乐、彭洁（2007）详细阐述了科技基础设施投入和创新能力之间，同时存在着支撑与被支撑的外在关系和科技基础设施在发展过程中所体现的内在关系。李平和黎艳（2013）通过建立知识生产函数，对1997—2010年中国30个省市的面板数据进行回归，得到科技基础设施的投入可以显著促进技术创新的结论。

创新基础设施要与体制创新、管理创新相结合，坚持高目标、高起点、高要求，统一规划，分步实施，重点突破，全面推进。建设创新基础设施的基本原则是瞄准国际科学前沿和国家发展战略目标，有所为，有所不为。国家、企业机构等不同层面的行为主体应加大科技投入，提高研发的软实力和硬实力。

3. 创新资源

创新资源是指科技创新过程中的各种资源投入，包括知识、人才、信息、专利、标准、资金和自然资源。其中，最为重要的是人才资源，没有创新主体的参与就没有创新的过程推进。在创新系统中，创新主体所开展的创新活动是一个积极的变量，它支配或决定着创新资源要素的输入和输出。科技创新体系的良好运行，离不开各种创新要素的集聚和协调。创新要素和资源的良好配置，可以提高创新效率，降低风险，提高国家的竞争力。

创新活动的成功与否，很大程度上取决于创新主体的创新能力。这种创新能力可以分为两个方面：认知水平和实践能力。首先，创新主体的理论基础来自于对专业知识的学习，通过学习可以提高创新主体的认知水平；其次，创新活动能否正确开展和操作非常重要，创新主体必须善于识别创新机会，果断作出相应的决策行为，并有效地实施各项工作。总之，创新主体应当具备一定的创新实践能力，把自身的开拓性思维与周围环境中的创新资源结合起来，着力提升持续创新能力，并在创造的成果中反观自身、认识自身，以此为新的出发点开展更高层次的创新。同时要注意人才交流与引进，大力培育、引进科技领军人才和高水平创新团队。

（二）科技创新体系的分层系统

科技创新运行机制可以视为是创新主体、创新资源、创新设施以及创新环境等创新要素之间通过有机配合，形成的结构完整、运行有效的创新体系。国内学者王全（2015）将企业技术创新体系分为环境层（外部条件）、公司层（内部条件）以及核心层（组织基础）。本书以这一分层方法作为科技创新体系运行机制的分析基础，将科技创新体系划分为不同层级之间运作及合作的结果，分别阐述创新主体层、创新要素层、创新环境层所涉及的行为主体和创新活动。

1. 创新主体层

在前面的内容中，我们论述了科技创新体系涉及的要素，这些要素的集合与互动构成了科技创新体系内部层面的基本活动。在这一层次中，首先涉及各行为主体间的有效联系和合作，其次是各种创新资源在行为主体间的高效流动和交换。不同要素之间的联系形式和作用方式是多种多样的，有企业与企业之间的联系、企业与科研机构的联系、企业与政府的联系、政府与科研机构之间的联系，具体来讲可以概括为以下四种作用模式。

（1）企业之间的相互作用：主要指不同企业之间的合作研究活动和其他技术合作，企业之间通常存在着竞争与合作两种互动模式，不同企业之间可以通过专利、产权等途径保护自身的创新成果，或将创新资源与其他企业共享，以此实现互利共赢。

（2）公私相互作用：主要指企业、大学与公共研究机构之间的相互作用，包括合作研究、专利共享、合作出版和更正规的联系。除了研究开发合作外，高校和公共研究机构还充当了特定科学技术领域的储备基地，大量公共研究成果是无偿向社会公开提供的。

（3）政府与其他主体的相互作用：主要是通过制定适宜创新活动的法规和政策，规范各创新主体的行为方式，通过出台相关政策、提供优惠政策，作为企业、中介机构和高校之间沟通联系的有力桥梁，引导知识、创新成果在创新体系中的流动。

（4）中介机构与企业、高校、公共研究机构的相互作用：科技中介机构作为科技服务的提供者、优化者，擅长提供其所属领域的专业服务，为科研机构提供技术咨询和市场指导，同时，还能面向高校和公共科研机构寻找适合产业化的科技成果，与其他主体产生有机互动。

2. 创新要素层

创新要素在不同主体之间的互动构成了内部层的基本内容，如果将行为主体的视角抽离，而从创新活动涉及的层次和内容进行划分，那么可以说已经触及到了科技创新体系的核心层面，即基于若干要素构建的科技创新体系的核心组织结构。根据涉及的内容、所处的阶段，体系内部可以具体归纳为知识创新体系、技术创新体系、体制创新体系和中介服务体系四类，以下内容将对这四个体系进行阐述。

（1）知识创新体系

所有的创新活动和实践都离不开创新理论、理念和方法，原创型知识是国家的核心优势。知识创新体系是科技创新体系的组成部分，它是由与知识生产、扩散和转移相关的机构和组织组成的网络。知识创新体系为其他创新体系提供前沿知识，是创新活动的源泉。高校和科研机构是知识创新的主体，近年来，各国政府已经制定了多项支持高校开展研究的政策。OECD 在《以知识为基础的经济》中明确指出，知识经济不仅依赖于知识创造和技术开发，更依赖于基础性的科学研究。[①]

（2）技术创新体系

技术创新是经济增长的源泉和动力，它是将实验室阶段的科技成果转化为商品并实现商业价值的过程。技术创新的主体是企业，根据市场反馈的信息，当企业具有创新需求时，便会投入人力、资源等创新要素，从而形成新产品、新服务和创新成果。这些创新成果通过转化、扩散，为企业带来经济效益的同时，也在推动国家经济的发展。

（3）体制创新体系

管理创新既包括宏观管理层面上的创新——社会、政治、经济和管理等方面的制度创新，也包括微观管理层面上的创新，其核心内容是科技引领的管理变革，其直接结果是激发人们的创造性和积极性，促使所有社会

---

① 转引自游小珺、杜德斌、张斌丰、李恒《高校在国家知识创新体系中的作用评价——基于部分创新型国家和中国的比较研究》，《科学学与科学技术管理》2014 年第 7 期。

资源的合理配置，最终推动社会的进步。制度创新为创新主体的创新活动提供激励机制与保护功能，缺乏激励机制和利益保障的知识创新与技术创新，是很难形成规模且具有可持续发展能力的。体制创新为我们提供了一种经济秩序的合作与竞争发展模式，而这种模式能提高生产力，实现经济的稳步增长。

（4）中介服务体系

科技中介机构是中介服务的主体。随着我国行政体制改革的深入，科技管理体系也需要理顺其个中职能，调整发展架构。在市场经济体制下，政府科技管理部门的工作重心应该放在构筑科技基础平台、完善科技政策上，而对于通过市场机制能够解决的大量事务性问题和微观管理协调职能，可以交给社会科技中介服务组织承担。

知识创新、技术创新与管理创新以及中介服务这四个体系是相辅相成的。知识创新产生的理论是其他体系的文化基础，没有新的理论学说和公理体系，就不可能有技术创新和制度创新，反过来技术创新所产生的技术成果，以及成果转化之后所带来的经济价值又为知识创新和管理创新奠定了必要的物质基础；管理创新则为知识创新和技术创新提供了必要的微观与宏观环境。技术创新是社会发展的"硬件"，而知识创新和管理创新则是社会进步的"软件"，它们对国家发展和社会进步起着关键性的作用，是社会进步的动力源泉。中介服务体系则是知识创新和技术创新之间的桥梁。

要形成合理的体系结构，就应该保证创新主体组织（企业、高校、科研院所、中介机构）内部设置明确的创新目标、合理的奖惩制度、有效的创新激励制度和良好的责任意识。同时，各创新主体组织之间清晰定位自身在创新体系中的角色及价值所在，各司其职，通力合作，共同推进科技创新体系核心层的建设。

3. 创新环境层

OECD 在《国家创新系统》报告中指出，创新环境是指为创新活动提供标准和规则的国家体制和结构因素。[①] 创新环境是政策法规、管理体制、市场和服务的统称，是鼓励创新的关键，一般可以分为内部环境和外

---

① OECD. Innovative Networks：Cooperation in National Innovation Systems［R］. Paris：OECD. 2001. 31 – 41.

部环境两类。创新环境涉及创新主体层、创新要素层与外界的互动，包括政治、经济、文化、社会等方面的内容，创新环境在很大程度上影响着科技创新活动的开展。

（1）内部环境

内部环境是各创新主体组织内部的物质、文化环境的总和，由组织内部的管理机制和政策、组织文化等组成。内部环境可以从内在视角厘清组织的运行机制，有利于剖析各创新要素之间的关系，是制定战略的出发点、依据和条件。

内部环境的质量和优势决定了创新的基础条件及其吸引和留住各种流动性资源的能力。这种内部环境并非简单的物质条件，主要包括物质环境、管理机制和文化环境。具体而言，创新的内部环境在一定程度上决定了科技创新成功的可能性，而这不仅要求创新主体拥有良好的技术环境和物质基础，还要求创新主体具有相应的内部竞争机制、开放机制、激励机制等管理机制，促使创新活力充分迸发。同时，创新活动与其他活动一样，依然会受到创新文化的影响，创新主体对创新的价值认同程度越高，越会激发起更多的激情和创造灵感。创新文化通过引导创新主体的思维方式、价值观念、行为方式，协调创新组织内部的配置，进而影响创新绩效。

总之，创新产出的增加既依赖于创新过程的资金与科技投入、人才存量与增量，又取决于内部创新环境中物质环境、管理机制与文化环境的匹配及良性发展：物质环境为科技创新提供了物质基础和保障；管理机制规范了评价导向，优化资源配置；文化环境孕育创新思想、激发创新活力。只有三者良好互动、相辅相成，才能实现内部创新环境的最大程度耦合，促进创新活动健康、持续、稳定发展。

（2）外部环境

外部环境是指处于创新主体之外的影响因素，这些因素的变动会对科技创新体系产生一定的影响，主要由市场环境、服务、社会氛围、国家方针政策和国际环境等组成，这些环境因素对鼓励科技创新的积极性起到了很大推动作用。

外部环境中，市场是创新活动开展的基本场所。作为一种资源配置的方式，市场对企业及其他主体的创新活动具有重要影响。一国市场的发育程度、规范程度、灵活程度和运行效率，对该国创新活动的规模、效益、效率等具有至关重要的影响。国家出台的政策方针也是外部主体发挥作用的表现形式之一，创新政策通常分为供给、需求和环境等几个方面，一般是指一个国家或地区的政府为了鼓励大规模的创新活动、提高创新能力和效率而制定的对创新活动产生影响的法律、法规和政策的总和。

此外，国际环境是外部环境中唯一涉及国别跨越的类型，外部层主要涉及国内外创新要素之间的交换以及国际创新活动的合作与交流，通过创新要素的国际流动，使创新资源实现跨国界流通，使创新成果实现远程共享。国际联系是各个国家创新活动交流的纽带，通过国际交流和合作，可以大大促进国内创新成果的涌现，为国内的创新活动提供一个大致的方向。全球化进程的不断加快在促进各国交流、拉近各国距离的同时也增加了各国竞争力，不仅有利于各国科技创新体系的境外交流，也有助于在全球层面上助推科技创新体系的发展。

（三）高校科技创新体系的构成

高校作为我国科技创新能力提升的重要主体与生力军，是我国科技创新体系的重要组成部分，针对我国科技创新环境的不断变化，高校科技创新体系的重要地位愈加凸显。但是我国高校科技创新体系还不健全，所以，逐步健全高校科技创新体系不仅具有时代意义，更有现实意义。而针对我国高校科技创新体系的构成，不同学者有不同的看法。对文献进行梳理，国内学者的主流观点可从两方面进行划分：一方面从高等院校的职能出发，另一方面从高校科技创新体系的组织结构出发，以下将对主流的观点进行分析。

张林（2003）从职能角度将高校科技创新体系细致划分为"知识创新系统""技术创新系统"和"管理创新系统"三部分，知识创新系统的主要功能是知识的生产、扩散与传播，其作用是将研究发现的新现象、新规律和新原理进行扩散与传递，以此启发并产生新产品、新工艺、新产业领域；技术创新系统的主要功能是创造、革新、学习和传播新技术，充分依靠和利用高校的知识创新优势，开展高新技术的开发研究，促进科技成果向现实生产力的转化；管理创新系统的主要功能是进行体制改革，通过制定新的政策，合理优化配置各类创新资源，执行主体为高校科研、教学、产业及相关的管理机构。随后，学者将高校科技创新体系拓展为观念创新、管理创新、教学创新和科研创新，以全面地概括高校科技创新体系的职能划分（王敏，2009）。

戴军（2003）为全面表述高校科技创新体系的构成，从其内涵构成和组织结构两方面进行分析。高校科技创新体系的内涵由"知识创新""技术创新""科技推广与传播"和"成果转化"四部分组成，科技创新不止关乎知识技术的研发与创新，还有必要对科技成果进行推广与转化应用。高校科技创新体系的组织结构由三部分组成，分别是"龙头体系""支撑体系"和"保障体系"：龙头体系指适应知识经济发展的学科结构；支撑体系包括人才支撑体系建设、创新基地支撑体系建设和科研任务支撑体系建设，而人才是支撑体系的核心；保障体系指政策保障体系和后勤保障体系，通过体制创新和机制创新，构筑有利于科技创新的管理模式和良好的政策环境，可激发科技人员创新的积极性，后勤保障体系通过完善和高效的后勤服务，解决科技人员的工作条件和生活条件，为人才进行科技创新解决后顾之忧。

还有学者从内部系统和外部系统两方面对该体系进行解读。黄建（2009）认为高校科技创新体系由内部系统和外部系统组成，内部系统由核心体系、支撑体系和保障体系组成，其中核心系统包括科研团队和学科结构两大要素，支撑体系包括科技创新平台和产业化平台两大要素，保障体系包括制度创新和后勤保障；外部系统有政府、企业、科研院所和中介机构四大要素。结合内部系统和外部系统的分析，傅小勇（2009）认为高校科技创新体系是一个复杂的开放网络系统，作为国家创新体系的一个子系统，与有关政府部门、中介机构、企业和科研院所等其他国家科技创新体系子系统密切配合、互相推动，在不断变化中构成一个有机整体，在运作过程中，高校应重点围绕科技创新队伍、科技创新基地、科技成果转化、公共服务平台和创新科技管理体制这五方面进行建设。

总体而言，大部分学者认为高校科技创新体系由龙头体系、支撑体系和保障体系三个系统构成。龙头体系的主要任务是构建适应知识经济时代发展要求的学科结构；支撑体系的主要任务是建设人才支撑体系、创新基地支撑体系以及科研任务支撑体系；保障体系的主要任务是构建政策保障体系（创新管理模式和建设良好的政策环境）、后勤保障体系（保证科技人员的工作条件和生活条件）。结合以上学者的观点，本节从"三螺旋"理论和动力机制对高校科技创新体系的构成进行分析，"三螺旋"理论认为市场（政府）、企业和高校在科技创新活动中产生协同作用（Loet Leydesdorff，1995）以保证科技创新活动的高效运作，该理论表明高校科技创新体系的分析不可脱离于高校所处的环境。政府为高校提供资源投入、科研环境与政策支持,企业与高校之间的协作将互相刺激创新成果的转化,科研院所与高校的关系相辅相成,其中大部分科研院所离不开高校科研团队的支持。结合已有研究对高校科技创新动力机制的探讨,本书将高校科技创新体系划分为核心体系、支撑体系、动力体系和保障体系四部分。

核心体系。高校科技创新的核心体系以科研团体、重点课题和学科结构为主要元素。科研团队是高校科研活动的主体、创新成果的活力源泉,科研团队的建设好坏将直接决定高校科研成果的水平,高质量的科研团队将为重点课题的完成提供智力和动力支持,在多元学科结构环境下碰撞出新型成果;重点课题将作为重要的科研项目为高校吸引重要的科研人才与科研资源,同时它也是重大科研成果的孵化载体;学科是人才培养的基本单元,当代交叉学科与新旧学科之间的交融将为科研创新产生新的内容和形式。以上三方面内容是构建高校科技创新体系必不可少的核心部件,不同高校可运用其优势不断地拓展新兴学科领域,构建跨学科的科研创新团队,全方位提高高校的科技创新能力,与世界科技前沿发展接轨。

支撑体系。核心体系的作用发挥必须在支撑体系的协助下完成。支撑体系包括科创平台、人才培养机制和科研规模三部分。科创平台是高校孵化创新项目的重要场所,自 2014 年李克强总理提出"大众创业,万众创新"的口号后,全国高校加强了科创平台建设,为创业创新项目提供各方面的支持,健全了科技创新平台建设;高校的重要职能之一是教书育人,新时代对高校培养高素质人才提出了新的要求,能否培养出高素质创新人才是衡量大学乃至全国科技创新水平的标准;我国过去的高校科技创新能力的发展模式为投资导向型,科研工作受制于科研规模的局限,而现在全国高校总体出现规模不经济的问题,科研规模是否匹配当前的科研资源投入将影响总体的创新效率,必须全面提升平台构建和规模效率。

动力体系。动力体系可从主动力和被动力两方面进行理解[1],主动力是指创新主体主动从事科技创新活动的推动力,主要包括学科建设、社会价值和经济效益三个导向。为保证本校某些学科领域的优势地位,高校将不断通过科技创新提升其知名学科的社会地位,在市场经济环境下积极发

---

[1] 转引自范英《论高校科技创新的动力机制》,《黑龙江高教研究》2004 年第 6 期。

展和培育新的学科；除了迫切需要保持住的学科优势之外，科技人员在完成基本工作后，为追求个人的社会价值和事业上的成就感，会主动与学界同行和企业接触，为科技创新成果的研发提供新的活力；通过创新成果的商品化和产业化，科研人员将获得经济上的收益，在国家政策的支持下，科研人员的自主权得到加强，以市场经济的方式刺激高校科研活动的动力得到提升。被动力是指创新主体受制于社会竞争、系统运行障碍等因素，被动进行响应开展创新的动力，高校被动力体系主要包括竞争压力和科研全球化的冲击两方面因素。高校的发展逐渐与市场经济接轨，不同高校之间需要在竞争中不断发展，以巩固自身的科技优势，竞争压力将防止高校间的怠惰行为，源源不断地为社会提供创新成果；在经济全球化和中美贸易战的背景下，国外技术从各方面逐步介入国内科技市场，同时西方先进技术的"模仿壁垒"将阻碍高校的前沿技术发展，"内忧外患"的情境刺激着国内高校科技创新能力的进一步发展，为高校科技创新体系提供不竭动力。

保障体系。保障体系是以上三大体系的"后勤总务部"，它为高校科技创新体系提供政策保障和后勤保障。政策保障体系包括产权制度和科技政策支持，这两方面是相辅相成的，完善的产权制度将为研发人员的产权进行清晰的界定与保护，在专利成果商品化和产业化的过程中，保证科研团队的利益分配公平，有效地调动广大科研人员的积极性、主动性和创造性；后勤保障体系确保政府和企业的资源投入精准投放至目标高校，确保基础设施和科研实验室的良性运作，营造适宜科研人员生活的环境，为核心体系、支撑体系、动力体系提供保障。

总体而言，这四大体系共同构成了高校科技创新体系，核心体系的主要工作在于研发创新成果，支撑体系为核心体系提供环境支撑，动力体系刺激高校科技创新能力的不断提升，保障体系为整个高校科技创新体系的良性运作保驾护航，这四个体系相互配合、通力合作，共同促使高校科技创新体系的正常运转，发挥人才培育、科学研究、社会服务的功能。

第二节　科技创新体系的功能及其运行机制

"机制（mechanism）"一词源于希腊，指机器的构造和运作原理，后来被生物学用来借以表示事物因其内在结构和外部条件而形成某种模式化过程或状态的客观必然性。"运行机制"是构成系统整体的各部分或要素之间所进行的有序运转和相互联动的所有活动的总和。所谓科技创新体系的运行机制，即对科技创新体系实现过程的模式化或规范化的描述，是推动科技创新能力产生和提高所需动力的产生机理，以及维护和改善这种作用机理的各种内在关系的总和。

英国学者凯思·帕维蒂（Keith Pavitt）通过研究得出，国家创新系统是一种竞争力的表现，是经济发展的激励机制，也是国家的一项制度，它引导着本国的科研方向，并推动一国高新科技的发展进程。他强调了国家创新体系对一国发展的重要性，并且认为在经济全球化的情况下，通过国际贸易，先进的高新技术被带到了不同的国家，使得发展中国家的经济得到了迅速增长。国家创新体系可以指引一国政府制定和颁布合理的投资政策，针对不同的国情，在科技方面实施不同的技术和资金投资，从而提高这些国家的科技水平，缩小与发达国家的差距，同时，凯思·帕维蒂也重点指出了高校在国家创新体系中的关键地位。

凯思·帕维蒂的观点放在今天也毫不过时，不管在哪一个时代，建设科技创新体系的必要性和重要性是不言自明的。科技创新体系是一个涉及多个要素的复杂系统，只有内部各要素相互协调，形成良好的科技创新体系运行机制，才能保证创新活动的正常开展，提高整体的创新能力和效率。由此，了解科技创新体系的功能、特点及其内在的运行机制，对于科技创新体系的建设是事半功倍的，也有利于各国实施更适合本国国情的创新战略。

一　科技创新体系的功能与运行机制

从内在来说，科技创新体系的根源来自创新意识，创新体系建设的成效在于行为主体乃至整个国家创新意识的高低，科技创新体系的功能发挥通过创新意识的培养和提高得以体现。了解科技创新体系的功能，需要先了解创新意识对于科技创新体系的作用，创新意识在人才素质提升、推动社会进步、助推国家发展方面具有显著的作用。

首先，创新意识是决定一个国家和民族创新能力最直接的精神力量。在今天，创新能力实际上可以说是国家和民族发展能力的代名词，是一个国家和民族解决自身生存和发展问题能力的最客观和最重要的标志。创新能力的发挥主要在于创新意识的培育和积累，很多国家致力于以教育、科学研究、意识形态培育等方式，推动全民创新的氛围建设。

其次，创新意识促成社会多种因素的变化，推动社会的全面进步。创新意识根源于社会生产方式，它的形成和发展必然进一步推动社会生产方式的进步，从而带动经济的飞速发展，促进上层建筑的进步。创新意识进一步推动人的思想解放，有利于人们形成开拓意识、领先意识等先进观念；创新意识会促进社会政治向更加民主、宽容的方向发展，这是创新发展需要的基本社会条件。这些条件反过来又促进创新意识的扩展，更有利于创新活动的进行。

最后，创新意识通过促成人才素质结构的变化提升人的本质力量。创新实质上确定了一种新的人才标准，它代表着人才素质变化的性质和方向，它输出了一项重要的信息：社会需要充满生机活力的人、有开拓精神的人、有思想道德素质和现代科学文化素养的人。它客观上引导人们朝这个目标提高自己的素质，使人的本质力量在更高的层次上得以印证。它激发人的主体性、能动性、创造性进一步发挥，从而使人自身的内涵获得极大丰富和扩展。

（一）科技创新体系的功能

创新体系的功能主要体现在：科技创新可以助推生产力发展，促进产业升级，稳固国家发展的经济基础，经济基础决定上层建筑，这是国富民强、提高国际地位的根本；科技创新可以增加工业产品的附加值，改变我国在国际市场上的从属地位，从初级产品到高级产品转变，增加本国收益，增强我国在国际贸易中的话语权；科技创新可以减轻我国对外国的技术依赖，打破发达国家的技术壁垒，科技自主才能最大限度地保证国家独立，这一点在军工上尤为重要，这是自保的根基所在；科技创新还可以调整产业结构，改善环境，降低能耗，降低工业产品成本，造福于民的同时也维护了国家的执政之基，促进社会和谐稳定。具体来说，科技创新体系具有以下功能：

1. 优化自然资源配置效率

科技创新不仅为现代自然资源管理提供技术支撑，还是自然资源事业高质量发展的动力和引领。在经济社会发展中，自然资源事业属于基础事业，具有支撑性的作用，利用科技创新的成果支撑自然资源事业高质量发展，深化自然资源科学技术应用研究，可以有效增强自然资源管理的效能，全面提升自然资源系统的管理水平。例如，将江苏省沿海地区的综合地质调查成果整理成一系列专报上报给当地政府；利用境外矿产勘查信息服务平台为"一带一路"创新发展提供技术上的支持。

科技创新可以有效保障民生。新时期，科技创新在民生方面的应用体现在不动产登记、地质灾害防治和海洋预报减灾等方面，如推行证件网上电子登记、强化地灾和海洋防灾远程预警等工作，大大增强了群众的获得感，保障了群众财产安全，维护了群众利益。除此之外，科技创新还可以推进节约用地，提高节地水平和产出效益。通过科技创新成果的集成应用，如国土空间规划、产业用地指标、土地整治技术及标准，实施"空间优化、五量调节、综合整治"三大战略。同时，科技创新在统筹山水林田湖一体化生态保护中发挥着重要作用，通过卫星遥感、地理信息系统实现全方位山水林田湖监管，基于"互联网＋"建设"慧眼守土"综合监管体系，利用云计算、大数据、物联网、智能感知、移动互联等最新信息技术，强化滨海盐碱地改良技术，加强生态环境的利用开发。

2. 促进企业生产全过程

在当下的信息时代，科技创新与人们的日常生活联系越来越紧密，人们越来越依赖手机、电脑等科技产品，这也为企业生产提供了新的思路，企业在研发、生产与推广过程中越来越重视科技元素的参与，换句话说，科技应用可以为企业管理助力良多，推动企业生产朝着更高效率的方向前进。总体而言，科技创新体系的功能，可以从社会生产总过程的生产、流通、分配、消费四个环节进行考察。

在生产领域，科技创新节约企业生产成本。信息化与工业化是经济发展的强有力引擎，随着生产技术与生产工具的创新发展，人类社会逐步进入了智能化与自动化生产时代，无人工厂成为现实。科技创新带来的高新技术具有革命性与颠覆性，机器人不仅可以替代人的生产，还可以替代人的服务。凭着科技的成本节约功能，人类自身将得到一定程度的解放，在这一过程中，劳动力成本和物质成本将降到最低限度。同时，科技创新降低了企业的管理运营成本，有利于提高产品质量从而实现节约。先进机器设备和优质原材料在生产中投入应用，使产品的性能良好、功能增加、精密度提高、耐用性增强，提升科技创新成果的产出水平。

在流通领域，以"互联网＋"为标志的流通领域的科技创新，通过电子商务等网络经济的迅猛发展，开创并拓展了一个全新的平台与网络渠道，为生产企业提供了全新的商务通道，减少了传统商业模式的仓储、批发、零售等所需要的场地和运输工具，节约了大量的人力和物力费用。尤其是在时间方面，几乎实现了流通时间等于零或接近于零，大大提高了商品流通的效率。

在分配领域，科技创新促进了资金分配的多元化与灵活性。比如，互联网金融的出现，拓展了资金利用的深度与广度，符合我国市场经济发展的迫切需要，有助于克服长期以来资金分配效率低下造成的巨大浪费难题。同时，随着科学技术的不断进步，各类物资可以根据需要及时准确地进入生产领域。人才分配方面，供需双方可以通过互联网进行双向选择，通过大数据手段筛选、匹配符合自身需求的多元选择，减少寻求适配人才或企业的时间精力。

在消费领域，科技创新通过电子商务等新商业模式突破了传统消费行为的时间与空间限制，使消费者能够便利消费，极大释放了广大居民的购买力，促进了消费的多样化，节约了消费成本，实现了消费效率的提高。同时，科技创新以其信息反馈的便捷性和仿真性，网络设计的灵活性和多样性，加工过程的简便性和高效性，使消费需求及时、准确地为生产者所掌握，相比传统的生产主导型经济能大量节约社会资源。

3. 提高社会智能化治理水平

习近平总书记在会见"嫦娥三号"任务参研参试人员代表时提出："科技创新是提高社会生产力和综合国力的战略支撑，必须把科技创新摆在国家发展全局的核心位置，坚持走中国特色自主创新道路。"党的十九届四中全会公报提出建设"科学支撑的社会治理体系"，从科技创新的角度来说，公报强调了新时代社会治理智能化和安全技防的重要性，新时代中国特色主义社会属于信息化社会，社会建设更加依赖于科技创新带来的信息支撑，互联网成为社会治理的关键所在。科技创新有利于巩固社会治理体系，在现有的社会治理模式下，不断完善和创新机制体制建设；同时高效利用互联网飞速发展带来的信息资源，最大程度防范和化解人民内部矛盾，让社会治理早日迎来"智治"模式，并让"智治模式"成为常态，从而让国家治理体系和治理能力现代化的百年目标早日实现。

新时代的社会治理，是在中国共产党的领导下以政府为主导的多元治理模式，强调社会协同、公众参与，运用现代科技手段服务于科技创新的成果产出，更好地统筹利用社会的各方资源，充分发挥社会组织的效能和个人能力的贡献，形成共建共治共享的新格局，推动创新社会治理系统化。互联网技术融入社会治理中，可以协调各主体间的互动，打破信息壁垒，提高信息的利用率，在短时间内完成对信息的分析以及对问题的统筹决策，巩固现代化科技治理，更好地服务社会群体，有利于推动和创新社会治理能力高效化。同时，科技创新带来的信息数据的开放共享，将物联网、云技术、区块链等技术融入社会治理中，在很短的时间内可以对碎片化的信息进行分析整合，将跨学科、跨领域的技术革新服务于新时代社会治理，构建智慧城市和智慧治安管理，实实在在打造共建共治共享的社会治理格局。

科技创新给社会生活带来了快节奏、高速化、高质量的影响，以创新驱动引领未来社会治理新常态，逐步打破以往老旧的"事后应对"的治理模式，如今的高科技手段可以在社会治理方面变被动为主动，提高社会治理的事先预警能力和风险排除能力。举例来说，某地区推进的"红色网格"管理化模式，按照"连点成线，连格成网"的基本框架思路，在发挥基层党组织和党员的模范引领作用的前提下，将当地居民和信息按照地域特征进行整合和动态分析，保证实时监控，限时解决问题，化解矛盾风险，这些都体现出未来社会治理信息化、精细化、动态化的发展趋势。但是当今社会治理面临的问题具有多源头、层次性的特点，互联网信息大爆炸时代，社会信息呈现出碎片化且真假难辨的特点。治理手段的多样化也会带来信息不匹配、沟通不及时等现实问题，导致治理效率降低，这是我们在提升社会智能治理水平时需要思考并解决的问题。

（二）科技创新体系的运行机制

在前面的分析中，我们已经将科技创新体系进行分层，以此来探究科技体系内部的运行层次。而从创新主体的定位来看，可以把科技创新的运行机制分为企业机制、政府机制、市场机制、社会机制。科技创新体系的运行机制如图 2-2-1 所示，无论是从发挥作用的主体来看，还是该体系对经济调节功能的方式来看，科技创新体系的运行机制至少包含着科技创新必需的几个基本要素，即政府运作机制、社会组织机制、企业机制和市场调控与竞争机制，每个基本要素都具备完善的组织结构，能基于自身的结构属性发挥各自的效能，由此推进科技创新体系运转机制的协同发展。由上述框架我们可以得出以下结论：

首先，科技创新体系是在各行为主体基础上形成的稳定框架，在整体

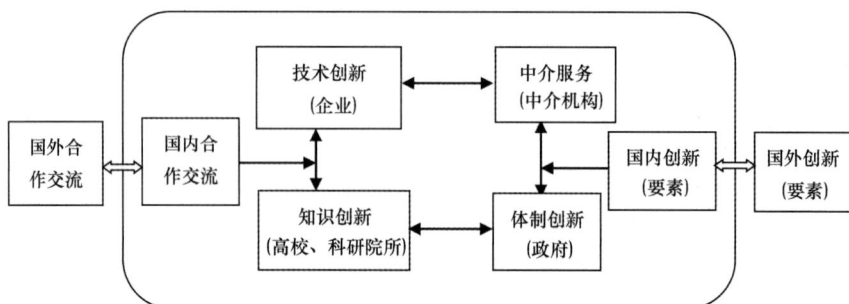

图 2 - 2 - 1　科技创新体系运行机制框架图

框架中各行为主体基于自身角色发挥着特定的作用，企业、中介机构、高校和科研院所、政府之间基于创新要素和业务合作，形成一个多方交叉的循环系统。同时，各主体又与体系外部的主体保持着信息交换和要素流动，实现多主体的跨领域联动。

其次，体系内各主体的职能发挥具有不同的特点。中介服务机构作为其他系统的支撑服务体系，往往基于各类要素的组合，为各方开展的创新活动提供有效的支持。高校和科研院所作为高技术人才的集结地，应从创新人才的建设入手，提高科研院所内部职工，尤其是科研人员的综合素质，制定鼓励员工创新的激励机制。同时将创新人才的培养纳入国家层面的战略性建设方案，在教育系统中将相应学科纳入科技创新政策研究体系，有针对性地培养顶尖科技和特定科研领域的人才。

最后，政府作为实现科技创新体系有效平稳运行的维护者，旨在制定兼具远瞻性和务实性的战略规划布局，完善相关科技政策和法律法规，营造良好的国内创新氛围，提高大众创新意识。而企业作为进行创新体制建设的组织载体，需要着眼于未来的发展，其根本职责在于满足市场实际需求。作为科技创新体系经济发展的支柱，产业发展必须围绕产业链形成紧密合作的关系，不断开辟不同企业之间的有效沟通渠道，建立企业和大学、企业和科研机构之间稳定的联系模式，通过契约方式形成稳固的产业合作关系，在创新体系中实现产学研结合。

1. 企业运行机制

首先，从科技创新的阶段划分来看，科技创新可以分为融资投资、科学研究、技术开发、技术扩散、生产制造和市场营销六个阶段。其中，融资投资作为科技创新的前提和起点，关系到企业科技创新全盘工作的开展，而科学研究则是新技术产生的基本前提，技术开发直接关系着科技成果能否最终形成生产力，技术扩散则是科技成果向社会传播、实现社会共享科技成果的必要途径，生产制造则是将科技成果最终转化为物质的必要手段，市场营销、实现利润则是企业进行科技创新的最终目标。因此，从科技创新的阶段着手，企业的运作机制必须建立在上述六个阶段的基础上，同时还要兼顾考虑其整体的科学性、互动性和完善程度，结合创新的目标指引、过程监控及成果验收，只有这样，才能构建起一套科学、合理、高效的企业科技创新运行机制。

　　总体上可以将影响企业科技创新的因素归结为外部因素和内部因素两个方面，其中，外部因素包括环境因素、政府行为因素和整个社会对创新的态度三个方面；而企业的内部因素主要是企业自身融筹资金的能力、企业自身拥有和吸纳人才的能力以及企业管理水平等。因此，要构建科学有效的企业科技创新运行机制，其前提就是要构造与之对应的良好的外部运行机制和内部运行机制。内部运行机制的构建又包括资金机制、人才机制和管理机制三个方面。首先，从资金投入上来说，减少企业对政府投入的依赖，明确企业主体在研发投入方面的地位，构建多元化的、全方位的资金管理机制，开拓多途径的融资渠道，确保科技创新研发的资金供给，改变科技创新研发投入长期不足的现状。其次，改变人才机制，企业首先要做到充分尊重人才和人尽其才，通过提高科技人才收入水平和完善人才激励机制防止人才流失，既要注重人才引进，又要重视人才培养，注重智力资本，并将智力资本作为收益分配的重要依据，同时构建竞争与宽容的企业文化，鼓励参与竞争，同时宽容科技创新的失败。最后，深化产权制度和分配制度改革，构建科学、合理、动态的管理机制，坚持以市场为导向，将科研决策、科研过程管理、成果管理有机结合。

　　2. 政府运作机制

　　政府作为科技创新的护航人和把关者，在科技创新的各个环节都起着至关重要的作用，因此能否构建合理、高效的政府机制事关科技创新的成败。构建政府机制首先要构建资金投入机制，政府是重要的科技创新资金来源，有效的资金投入机制不仅可以给科技创新提供必要的资金，还能有效减少重复投资和节约有限的资源，从而更好地扶持部分先进科技领域。同时政府作为教育的主要投资方，承载着人才培养的任务，构建高效的人才培养机制，加大人才培养力度，为中国科技创新储备人力资源，是科技创新得以成功实现的重要保障。科技创新是高回报与高风险相伴的行为，因此，政府必须构建合理的风险分担机制才能减少企业对创新的顾虑，协助企业更好地推进科技创新。因为政府在科技创新活动中具有"服务生"和"管理者"双重身份，有义务和责任为科技创新构建良好的法律环境，为科技创新保驾护航。

第一，构建政府资金投入机制，要以减少政府直接科技投资占总投资的比重为前提，扩大间接投资资金，并引导资金投入的良性使用和管理。充分利用财税扶持和金融工具，通过财政倾斜和税收优惠等政策间接加大科技创新投入力度；通过设立专项贷款、发展资本市场、创建风险投资等形式，开拓企业科技创新的融资渠道，为企业进行科技创新打造一个良好的资金投入、退出环境。

第二，人才作为科技创新最为关键的因素，从国家整体上看，完善人才培养、任用、评价、激励机制是国家科技进步和创新成功的重要保证。一方面，要构建科学有效的人才培养机制，其一，要完善教育体系，从培养人才做起，彻底改变现行的"应试教育"模式，唤醒人才的个性和潜能；其二，要从人才激励方式的探索上下手，完善科技人才奖励制度，拓宽奖励渠道，加大奖励力度，廓清人才成长环境，扩大科研经费中的人员费用投入，充分体现创新价值；其三，增加专利保护措施，充分保护科研成果和尊重知识；其四，减少对科研机构的束缚，给科研机构充分的自主权，使科技人员真正成为自己的管理者；其五，在科技人员的收益上予以充分考虑，通过技术和成果入股等形式深度挖掘知识、技术的价值。另一方面要建立完善合理的人才引进和流动机制，根据国家战略需求，实施积极的国际人才竞争战略，建立人才流入和人才回流通道，同时减少对人才的束缚，为人才成长构造宽松的环境，形成合理的人才流动、组合机制，最大限度发挥人才的创造性。

第三，正如熊彼特所说"企业家从来不是风险的承担者"。科技创新的风险性决定了科技创新投资者收益的不确定性，所有企业家在考虑科技创新利益的同时也会对创新带来的风险作出权衡。许多时候由于要独自承担风险带来的损失，企业不敢轻易作出科技创新的决定，分散风险则成为科技创新的迫切需求。政府不仅可以通过宏观调控、制定风险投资政策和法律法规来为科技创新营造良好的环境，还可以通过避险引导、风险管控，开设针对科技创新风险的保险、实施风险补偿、创立多元化的风险投资基金以及专门的财政拨款和银行低息贷款等办法，与企业共同分担风险或将部分风险转向社会。同时也要建立完善的风险投资退出机制，使风险投资能够顺利退出市场，为下次风险投资做好资金储备。这样不仅拓宽了科技创新资金的获取渠道，还有利于科技创新风险的分散，从而推动科技创新。

第四，法律法规是保障经济和科技发展有序进行的外部依据，是保持科技创新热情、持续推动创新的必要手段。政府作为立法者又是执法者，有责任为科技创新活动的正常开展制定相关法律、法规和政策。建立完善的科技法律保障机制，构建良好的、公平的市场交易环境，通过知识产权的有效实施保护科技创新者的既得利益。

3. 市场竞争机制

科技创新具有获取商业利润的内在属性，因而科技创新又具有市场性。构建完善的市场机制首先要构建需求拉动机制，市场需求是科技创新的导向和动力源，而创新则是企业对市场的回应。市场的异动直接影响企业科技创新的方向，同时也决定了企业对创新的需求。其次是要构建有序的市场竞争机制。市场竞争在推动科技创新的过程中起到催化剂的作用，加速了产品的新旧更替和产品实用性能的提高，同时还能对产品的价格起到很好的调节作用。因而，良好的竞争机制在给企业带来持续压力的同时，还不断推进企业科技创新以适应市场竞争的需求，提供市场所需要的产品和服务。再次，要构建有效的市场激励机制，通过市场反馈给企业的回报或惩罚来激励企业的创新活动和再创新行为。

4. 社会组织机制

科技创新是一个多元素参与的系统性过程，其中科技中介机制的建立和产学研合作机制的构建是营造良好科技创新环境不可或缺的一环。科技中介机构是知识流通的重要环节，科技中介服务作用发挥的好坏直接影响着知识的社会共享程度和知识向产品转化的有效程度。因此，构建通畅的科技中介服务机制事关知识传播效率和应用市场的转换率。构建科技中介服务机制，首先要建立一个完善的中介服务网络；其次，要构建一个完善的市场服务机制。产学研合作机制是以企业、科研机构和高等院校这"三驾马车"有机结合为基础的，以实现三者优势互补、共同投入、共同受益为前提。企业为科研院所提供市场需求信息和资金支持，将成果推广至市场实现应用价值，而科研机构和高等院校则以其优异的科技人才和实验资源参与科技创新，获取最新成果，为企业提供产品的原始来源。这三者的有机结合和良性循环不仅能缩短科技创新的周期，提高创新效率，还能减少科技项目的重复开发，从而规避不必要的资金资源和人力资源的浪费。

二 大学科技创新体系的特征及运行机制

前面部分对科技创新体系的功能及其运行机制做了大致阐述，根据科技创新过程中行为主体开展的创新活动，对其内在的运作机制进行分类及介绍，这是基于科技创新体系的整体思维进行论述的。接下来的章节内容将视角聚焦到大学科技创新体系，从本质上来说，高等学校知识创新体系是一种科技运行的机制和管理体制，理顺大学科技创新体系的特点及其内在机制，有助于让大学这一创新载体更好地发挥自身的优势作用，为国家创新体系的建设和完善助力。

（一）大学科技创新体系的特征

1. 高度融合性

大学科技创新体系首先需要履行大学的基本功能，即传承人类文明与文化，将原有的学术知识与理论基础传承下去，传授于下一代人。当代国家科技创新体系要求大学科技创新系统在传承的同时满足创造的要求，所以高度融合性的第一表现为传承与创造的结合，在传承与创造之间寻找新的道路；同时，大学科技创新体系是理论与实践高度融合的平台，高校作为文化的引领者，在学术科研道路上不断推陈出新，基础研究与应用研究同步进行，高校是理论与实践高度结合的"舞台"，大学科技创新体系的构建将这一"舞台"拓展至区域、全国甚至是国际，实现基础理论研究与应用实践相结合，不断促进经济增长和社会进步；高度融合性的第三个表现为教学与科研的融合，教学是高校培养复合型人才的基本职能，但是教学并不是唯一的活动，大学科技创新体系要求高校在教学的同时，有必要向人才灌输创新思维，培养创新精神，激发创造性思维，而科研是培养创新型人才的重要活动。以上三种表现体现了大学科技创新体系的高度融合性，强调高校在传承与创造、理论与实践、教学与科研等方面的复合协作，为国家创新体系发展提供充足活力。

2. 效益强外部性

科技创新具有明显的效益性，表现为微观经济效益与宏观经济效益。前者指科技创新为创新主体带来直接的财富增长以及由此引发的经济效益，后者指科技创新带来的社会经济效益，即国民经济持续快速发展的根本保证。大学科技创新体系将科技创新的效益外部性进行了强化，在建立大学科技创新体系之前，各个高校仅仅以自身学科建设为主要职责，在校内进行学科合作本就存在重重困难，推动高校科技创新能力提高面临研发投入不足、科技成果难以应用等问题，高校内弱势学科受到的冲击则更大。而大学科技创新体系能够平衡高校间的优势与劣势，在科技创新最终成果产生时，其经济效益不仅服务于单个高校，更服务于高校联盟，产生广泛的扩散效应，具有很强的外部性。同时这种外部性对社会创新能力提升是有益的，一方面加深产学研合作程度，另一方面刺激创新投资的积极性和动力，在政府构建的专利保护环境下，以市场竞争机制反作用于高校创新体系，在大学科技创新体系给社会带来利益增长的同时，高校自身也得到提高。

3. 跨国际接轨性

大学科技创新体系的跨国际接轨性产生于全球化合作与国内发展窘境的现实背景。在全球化背景下，高校作为提升国家科技创新能力的中坚力量，大学科技创新体系的构建必须面向世界并逐步加快全球化科技合作步伐。首先，高校间、高校与企业之间的产学研合作逐步加强，而且这种合作模式普遍存在于发达国家，我国提出"创新驱动发展战略"后不断强调产学研合作，国内学者对产学研的投融资机制、权益机制、政府扶持机制、社会服务机制等进行了深度探索；其次，越来越多以政府为主导的科研项目涉及多国合作，大学科技创新体系承担着国内先进科技研发的重担，根据国家创新发展指数与国家创新指数排名，我国存在"创新水平低、创新能力强"的现实窘境，为解决"卡脖子"问题，国内高校通过大学科技创新体系逐步实现与国际接轨，在互利共赢的协调机制中实现科技创新能力的发展。

4. 多层次互动性

大学科技创新体系包含至少三个层次的互动，即学科层、高校层、国家层三个层次的有效互动，也就是说，大学科技创新体系可以从微观、中观、宏观三个层次进行构建。"学科层"保证高校不同学科或学科群之间的协同作用，交叉学科激发科研创新已经成为重要的科技创新方法；"高校层"保证同一领域高校的紧密接触，进一步促进不同高校之间相同优势学科的协作，以构建科学实验室与科研孵化基地的手段，加快科研产品的迭代更新；"国家层"在高校与政府之间构建高效、稳定、良好的沟通平台，一方面加大高校科研投入，另一方面加强高校监管。以上三个层面的有效互动在创新理念、组织机构、基础设施、人才队伍、运行机制、科研环境等方面保证了一个完整的大学科技创新体系的构建。

（二）大学科技创新体系的运行机制

大学科技创新体系的运行机制可从微观、中观和宏观三方面进行分析，从微观上看，包含大学自身开展学术科研的动力机制以及灵活积极的反馈协调机制；从中观上看，包含高校之间资源共享的开放机制以及互利双赢的协调机制；从宏观上看，主要分析高校进行科技创新所处的科研环境，特别是国家的经济体制，我国科技创新的运行机制经历计划经济与市场经济两种不同的经济体制，不同经济体制下大学科技创新的运行机制存在很大的不同。

计划经济体制下的科技创新体制具有典型的"国家化"特征，一方面要求科学组织的国家建制化，另一方面要求对科研活动进行全面的国家干预。从 20 世纪 50 年代至 70 年代，我国组建了包括中国科学院、高等院校科研机构、部门机构及地方科研机构等科技组织体系，这一组织体系完全归国家或政府管理，并完全服务于国家。计划经济体制下的科技创新体系存在明显的弊端，即牺牲科学组织的自主性与积极性，导致高校、企业与政府之间存在明显的沟通阻碍，抑制了科技创新的鲜活动力，形成了严重的科技与经济相脱节的现象。改革开放以来，我国经济体制转变为市场经济体制，科技创新体制的外在环境发生变化，科技体制改革逐步挣脱计划经济时代的束缚，政府不断加大对基础性和应用性研究的支持力度，鼓励企业自主建立科研机构，提升自主研发能力，推行产学研合作模式，不断促进科技成果转化。大学科技创新体系在市场经济体制的科研环境下，逐渐形成适应时代发展的有效运行机制。

1. "目标导向"的动力机制

大学科技创新体系受到三方动力因素的影响而形成"目标导向"的动力机制，亦可称为拉力机制，其动力机制由外部动力因素、内部动力因素与主体动力因素三方面组成。三方动力因素共同构成了大学科技创新体系的动力机制，其背后存在的基本保障是知识产权制度，通过对科技人员的利益、科技成果的占有权和利益的分配权进行监管与保证，制定有益于科研人员进行科技创新的政策与制度，真正意义上实现"目标导向"的动力机制。

外部动力指社会、政治、经济发展给高校科研环境带来的变化与影响，包括全国乃至国际社会科技进步与环境变化带来的迫切需求与压力，政府科研投入与科技强国政策所带来的支撑作用，经济发展带来的推动力，文化传统传承与创造带来的舆论压力与价值趋向，可具象解释为我国的宏观政策、竞争、市场需求、经费支持与文化传承，这些因素共同组成了大学科技创新体系发展的社会背景，即外部动力因素。

内部动力源自于高校科技创新内部存在的体系结构，这种内部动力可划分为主动力与被动力。主动力指高校的学科建设面临追求领先地位的需求、科技人员为实现个人社会价值与经济价值的现实需求以及科研组织追求事业成就感与创新精神等多方面存在于高校与科研人员的自主创新需求；被动力相近于外部动力，即市场经济条件下带来的竞争压力与国际社会科技发展的逐步渗透，国内高校科研活动不仅仅是单打独斗的"个人项目"，而是全国乃至国际范围的重要科研活动，以合作形式存在的压力无形中激发了高校科技创新的动力。归根结底，内部动力其实是一种以"利益"作为内在驱动力的自主创新动力。

主体动力主要指高校科技创新体系管理人员的领导魅力，高校科研成果投入应用避免不了与科研环境产生互动，其中产学研合作模式是促进科研成果转化的主要途径，而高校管理者的领导魅力、企业家精神与高校科技产业发展的创新战略成为重要的推动力量，保证高校科技创新拥有持续不断的竞争力。

2. "积极活跃"的反馈机制

大学科技创新体系运行机制不仅仅是一个动力机制，还是一种反馈调节机制。在动力机制的驱动下，各所高校以及科研人员之间存在着较为激烈的竞争，体现出多层次、全方位的竞争态势。为保证各个大学、教师和学生在这种竞争机制中得以生存并发展，只有不断努力，才能保持领先地位，所以各高校根据自身的竞争优势与劣势，不断地调整自己的研究方向或是开拓新的研究领域，逐步形成别人无法与其竞争的"绝对竞争优势"。这种行为的内在主动性十分强烈，为大学科技创新体系注入新的活力，即大学科技创新体系的运行机制能够不断地激发科研人员探索新的研究领域与方向，不断地弥补自身存在的科研缺陷，实现研究成果的增加与质量的飞跃。

3. "知识共享"的开放机制

知识共享是科技创新平台构建的重要内容之一，涉及资源管理与科技管理等诸多领域。一个科研团队除了需要创新型领军人物之外，更重要的是个体将所有知识在团队中与其他人共享。知识共享可有效提升科研成果的研发效率，提高团队整体的科研竞争力，有效推进科研成果产业化。不同学科不同高校之间的合作虽然面临沟通上的障碍，但是知识共享带来的便利将打破知识壁垒面临的阻碍。大学科技创新体系能够整合不同区域的高校形成高校科研联盟，在保护专利成果产权的基础上，实现科研团队的知识与资源共享，并采取分散与集中相结合的原则，利用专管共用的管理方式有效提高仪器设备的使用率，根据科研要求有效地配置高精尖设备与大型仪器，同时建立设备信息化管理系统，避免仪器的重复浪费。

大学科技创新体系作为一个开放的系统，面向全国吸纳人才与科研资金，同时向企业和社会源源不断地输送大量科研成果与科技人才，这种互动关系也可以在其他的科研机构中灵活流转，实现资源共享。虽然高校与企业之间的生态位是分离的，但是两者占用的环境资源存在着重叠与交叉，共生关系于此产生。高校研发的新型技术需要得到产业第一线企业的支持与验证，才能实现商业化并步入产业化；企业需要借助高校科研机构的创新成果和服务平台，与自身的产品、服务、技术对接形成创新平台，逐步实现知识共享，共同推进高校与企业科技创新的发展。

4. "利益共赢"的协调机制

大学科技创新体系的根本目的是构建一个"共赢"的创新网络，通过整合各个创新主体的优势，实现互惠互利、共同成长，最终实现共创、共赢与共享。相同生态位的高校培养出的人才常常出现相近的知识缺陷，虽然其思维模式与知识背景存在一定的差异，但是其科技创新的服务内容与最终成果通常会出现相似的问题。为寻求创新价值增值，组建大学科技创新体系将力求打破固有的生态位。在共同受益的原则下，将有限的科研资源进行合理利用，实现不同领域、不同学科、不同高校之间的跨越，增加大学科技创新体系的外部性效益，使得各个创新主体和谐共存，避免在创新资源有限的环境中产生激烈的恶性竞争。

5. "互利共生"的促进机制

大学科技创新体系经历计划经济体制向市场经济体制的转变，当代科研环境的改变趋向于提升大学自身的科研自主性，在政治、经济、文化等方面支撑大学稳步推进科技创新。根据创新价值链理论，一个完整的科技创新过程包括大学、科研院所以及企业的科技研发过程，和以企业为主体的相关组织将前一个过程的科技成果进行经济转化的过程。① 政府、企业和社会均直接或间接地同高校建立联系，形成适宜大学科技创新体制发展的"互利共生"的科研环境。

政府资金作为大学科研投入的主要来源，一方面可通过资源调配对大学科研活动进行直接扶持，另一方面可通过国家发展战略与政策，宏观调控市场经济，间接调整大学科技创新的发展方向，同时在企业与高校之间建立合作桥梁，以外力的形式推动大学科技创新；企业作为产业发展的基本单元，在市场经济体制下逐步建立自身科研创新机构，嫁接高校科研孵化基地，有效地将高校的专利成果转化为现实生产力，创造经济效益；社会环境为高校提供一个和谐的科研环境，为高校科技创新提供现实需求，此外，社会组织的捐款也是大学获得科研经费的途径之一。政府、企业与社会三者共同推动着高校科技创新活动，高校科技创新体系为社会提供源源不断的创新型人才与专利成果，推动社会发展。在天灾人祸面前，高校科研团队更是解决问题的中坚力量，2020 年年初爆发的新型冠状病毒肺炎疫情从湖北省逐渐蔓延至全国，政府、企业、高校、中介机构等多方力量共同"战疫"，高校作为重要的科研基地，积极开展新型冠状病毒的相关研究，凝聚力量打赢防控阻击战。

高校科技创新体系内部科研体制与科研环境的相互适应、相互促进，形成了一种有效的运行机制。政府、企业和社会提供了充足的科研投入和适宜创新的科研氛围，高校充分运用"互利共生"的科研环境所带来的支撑作用，在大学科技创新体系的内部运行机制中提升自身科研能力，向企业、社会提供源源不断的科技创新成果，推动国家科技创新体系稳步前进。

① 朱建新：《基于产出效率和转化效率的我国区域科技创新的对策研究》，载《第四届中国科学学与科技政策研究会学术年会论文集（Ⅰ）》，中国科学学与科技政策研究会，2008 年，第 13 页。

第三章　科技创新与经济发展

当前学界对科技创新与经济发展的关系进行了大量的研究，研究文献显示，科技创新与经济发展之间存在相互促进的关系。一方面，经济发展通过金融投入和产业结构等方式推动科技创新，科技投入是资本要素在创新领域的集聚与规模化，是创新能力形成的基础，甚至在一定程度上决定着科技创新的发展趋势及作用空间；另一方面，科技创新能力的提升能够有效提升科技投入的产出效率，改善其经济增长质量效应，科技创新在一定程度上可以提高经济增长率，从而提升 GDP 总量，对经济发展有明显的促进作用。

已有的文献显示，科技创新对不同地理区位的经济促进作用显著不同。在区域层面上，科技创新对各地的经济发展具有显著的正向作用，从地理区位上看依次是东部地区、西部地区、中部地区；在省际层面上，科技创新对经济的贡献程度正逐步超过投资和外向型经济的贡献，并且当前科技创新能力的区域差距大于经济发展水平的区域差距；在市际层面，吴建南等（2015）归纳了美国四个城市的创新驱动经济发展模式，分别是圣地亚哥市的构建创新网络模式、奥斯汀市的扩大基础创新资产模式、夫勒斯诺市的公私合作模式以及利特尔顿市的打造"经济花园"模式。

随着经济全球化、信息化以及知识时代的到来，科技创新对经济发展的促进作用愈发显现，科技创新有其内在的"驱动力"效能，往往由产业结构调整、产能持续优化带来一定的经济增长。基于此，本章主要关注科技创新对经济发展的积极作用，集中探讨以下问题：科技创新推动经济发展有哪些具体表现？科技创新通过什么作用机制来提高经济发展水平？科技创新主体如何参与其中发挥自身作用？

第一节　科技创新推动经济发展

党的十九大报告作出关于中国特色社会主义进入新时代的论述：我国经济从高速增长阶段转向高质量发展阶段，且正处在转变发展方式、优化经济结构、转换增长动力的攻关期。同时，习近平总书记在十九大报告中也指出，当前我们的工作仍存在许多不足：发展不平衡不充分的一些突出问题尚未解决，发展质量和效益还不高，创新能力不够强，生态环境保护任重道远，城乡区域发展和收入分配差距依然较大……总体而言，我国经济增长在质与量之间存在着明显的差距①，质量与数量发展背后折射的是经济的发展模式。因此，我们必须扬弃过去追求数量的经济发展模式，探索高质量的经济发展道路，以供给侧结构性改革为主线，以创新为经济高质量发展的第一动力，实现遵循规律的科学发展，转向中高速增长，迈向中高端结构，走文明发展道路。

综观科技创新推动经济发展的相关文献，国内学者钞小静和任保平（2011）把高质量经济增长的内涵概括为四个维度：经济增长的稳定性、结构合理性、福利变化与成果分配、资源利用率和生态环境代价。这为经济增长质量提供了一个较为合理的解释框架，这一框架在国内学界具备一定的权威性。因此，本章节借鉴这四个维度的划分思路，探究科技创新在经济增长、结构调整、福利分配和生态保护方面产生的影响，剖析科技创新推动经济发展的具体路径。

一　科技创新驱动经济稳定增长

关于经济持续增长的原因分析，学术界已经形成一个系统的理论逻辑。马克思认为劳动生产力提高的根本原因在于科学技术的发展，伴随着科学技术的发展，自然力得以代替人力，从而代替劳动。在马克思看来，人均资本或者说资本技术构成的提高就是技术进步，资本积累和技术进步不是独立的，在资本和劳动不变的情况下保持长期的技术进步是不可能的，即在资本和劳动不变的情况下，长期的产出增长是不可能的。

---

① 引自《中国共产党第十九次全国代表大会文件汇编》，人民出版社 2017 年版，第 7 页。

　　20 世纪 50 年代发展起来的新古典模型认为经济生产函数中只包括两种生产要素——资本和劳动，而资本来源于储蓄。但是该模型无法通过分析要素积累本身来解释经济何以增长，当不存在外生的技术和人口增长时，长期的稳定路径下总资本和总产出的增长率只能为零，这显然是难以让人信服的。到了 20 世纪 60 年代，Arrow（1962）等人把技术、知识与总资本、人均产出、人均资本等宏观变量联系起来，把技术看作是这些宏观变量增长的副产品，从而使经济长期得到增长。①

　　进入 80 年代以后，新增长理论突破新古典模型对经济增长的解释，使技术进步内生于经济的发展过程中。模型可分为新古典修正型的经济增长模型和新古典拓展型的经济增长模型，前者认为经济增长可以通过物质资本积累的过程来解释，而后者一方面承认新古典增长模型关于物质资本的技术表现为边际生产率递减并最终趋于零的假设是合理的，另一方面认为应该注意到生产过程中一些相对物质资本而言更为重要的、可积累的生产要素的作用，主要包括人力资本理论、专业化生产，即社会分工、新产品增加和内生技术进步模型等三种。Lucas 在 1988 年指出生产和积累人力资本的能力直接决定了经济持续增长的潜力。如果一个社会将更多的成本投入到人力资本积累，那么该社会的经济增长率会较高，因此我们要通过把一部分人力资本用于教育学习等活动而生产出更多的人力资本。专业化模型的基本观点认为经济发展的重要动力是分工，中间投入种类的增加速度决定着最终产品的增长率。内生技术进步模型强调技术创新内生于经济增长过程，并且对经济稳定发展起到重要作用。20 世纪 90 年代以来，Aghion 和 Howitt 引入垂直创新思想，在熊彼特的"创造性破坏"思想基础上形成了著名的 A－H 模型与内生增长理论。

　　根据创新理论，经济增长的解释因素已经从资本、劳动逐步过渡到人力资本、新思想等方面，科技创新作为经济持续增长的根本动力越来越得到学者的认可。值得注意的是，如果经济要保持持续的增长，就意味着科技创新不能只是暂时性的活动，而是长期累积之后获得的创新突破。一个企业或许可以通过创新优势来获得企业发展的比较优势，但是在网络化、信息化和国际化的知识经济时代，企业之间的信息传播速度加快，技术模

---

① 转引自赵辉《新古典经济增长理论的发展脉络及评论》，《生产力研究》2010 年第 12 期。

仿的成本大幅度降低，其他企业可以在此基础上进行二次创新从而获得新的技术优势，如此往复形成技术创新的循环圈。换句话说，在市场中第一家进行科技创新的企业能获得的收益很有可能是短期的、有限的，如果想获得持续性的收益，就必须进行长期持续的科技创新。总体而言，科技创新驱动经济持续获得增长。

（一）科技产出及成果：专利申请和专利授权

我们用专利申请和专利授权指标来说明我国的科技创新情况。从图 3−1−1 可知，2000—2017 年我国的专利申请数、发明专利申请数、专利授权数和发明专利授权数都呈现持续的增长。2000 年我国的专利申请数为 170682 件，其中发明专利申请数为 51747 件，专利授权数为 105345 件，其中发明专利授权数为 12683 件；而到了 2017 年，这些指标对应的数字分别为 3697845 件、1381594 件、1836434 件和 420144 件。[①] 专利申请和授权增长率方面，无论是专利申请还是专利授权，都呈现出逐年持续增长的特征。但是，这种持续增长在某种程度上是震荡式的，发明专利授权数的增长率尤其明显，在 2002—2003 年和 2014—2015 年发明专利授权数的增长率达到了两个峰值，分别是 73.02% 和 54.06%，而在其后几年增长率持续下跌（图 3−1−2）。总的来说，21 世纪以来，我国的科技产出及成果数量是逐年攀升的，科技创新水平不断提高，势头迅猛，但是尚未形成稳定的增长速度。

但是，正如刘易斯强调的"自然资源绝不是经济增长的充分条件"，专利数量并非是科技创新和经济发展的充分条件，专利的总体创新含量，即高质量的科技创新才能对经济增长起到稳定且积极的推动作用，海外申请的专利一般质量更高，价值更大，更能反映一个国家或地区科技创新的高度和深度。遗憾的是，中国的海外专利申请占所有发明专利的比重较低，这与国家五年科技发展规划设置的目标有关，该规划把本国发明专利年度授权量作为科技发展的主要指标，但却没有纳入海外专利申请量这一指标。地方政府为了执行中央层面颁布的政策，完成设置的指标数量，忽视甚至牺牲了海外发明专利申请。[②] 与此同时，海外专利申请比重较低的

---

① 参见 2000—2016 年的《中国统计年鉴》。

② 转引自吴建南、赵志华《目标设置至关重要吗？来自专利喜与忧的证据》，《科学学研究》2018 年第 9 期。

（十万件）

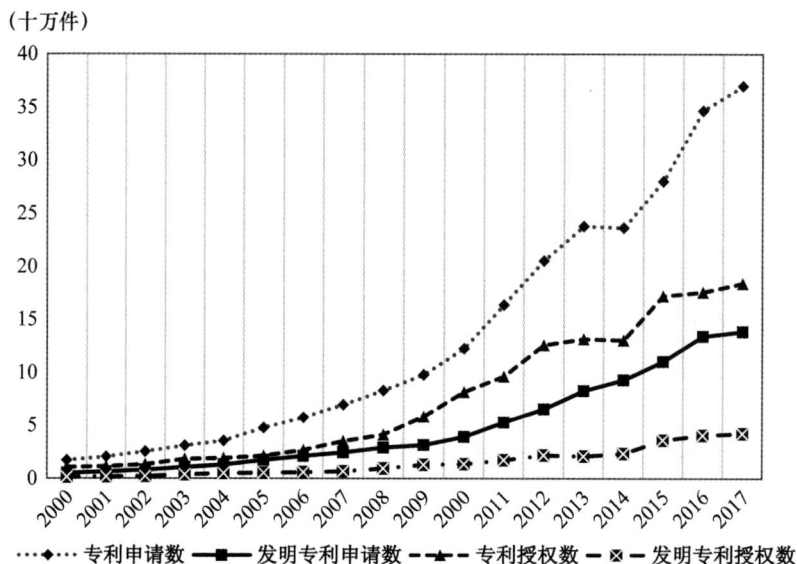

图 3 - 1 - 1　2000—2017 年我国科技产出及成果（专利）情况折线图

（%）

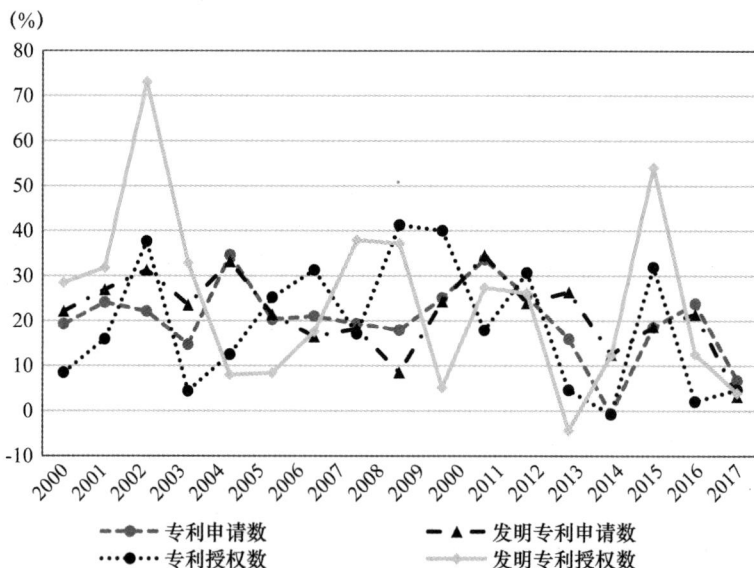

图 3 - 1 - 2　2000—2017 年我国专利增长率折线图

情况也反映中国科技创新下一步必须要进一步提高创新含金量和质量，使中国创新走向世界，获得国际社会的高度认可。

（二）经济增长的稳定性：经济波动、价格波动、就业波动

我们用经济波动程度、价格波动程度和就业波动程度来反映经济增长的稳定性，它们对应的基础指标分别是国内生产总值指数、居民消费价格指数和失业率。我们搜集了 2000 年至 2018 年的国内生产总值指数[①]、居民消费价格指数[②]和城镇登记失业率[③]，并分别绘制折线图（见图 3－1－3 至图 3－1－5）。从下图可见，我国国内生产总值获得了持续增长，整体的增速表现如下：21 世纪前十年超过 10%，2012 年左右逐渐回落至 8%，目前稳定在 6% 至 7% 之间。国内生产总值的增速反映了我国经济发展的良好势头，但并非意味着增速越高越好。经济增长的效应是滞后的，当一个地区或国家在短期内集中力量追求经济的增长数值时，有可能会陷入经济盲目增长的怪圈，忽略了民生福祉、收入分配、生态环境等社会问题。

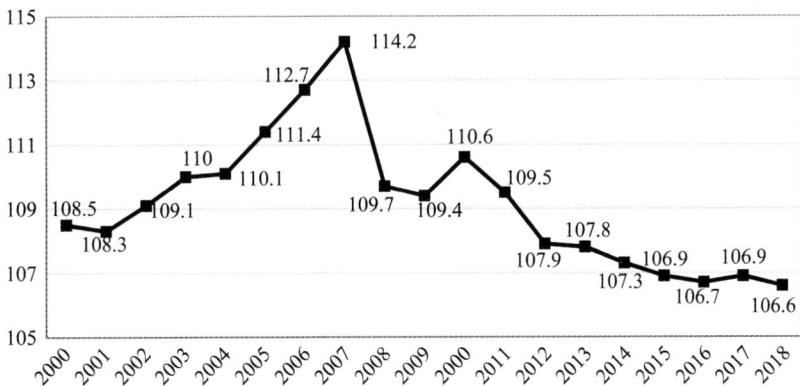

图 3－1－3　2000—2018 年我国国内生产总值指数折线图

①　不变价国内生产总值是把按当期价格计算的国内生产总值换算成按某个固定期（基期）价格计算的价值，从而使两个不同时期的价值进行比较时，能够剔除价格变化的影响，以反映物量变化，反映生产活动成果的实际变动。国内生产总值指数就是根据两个时期不变价国内生产总值计算得到的。

②　居民消费价格指数是反映一定时期内城乡居民所购买的生活消费品和服务项目价格变动趋势和程度的相对数，是对城市居民消费价格指数和农村居民消费价格指数进行综合汇总计算的结果。通过该指数可以观察和分析消费品的零售价格和服务项目价格变动对城乡居民实际生活费支出的影响程度。

③　城镇登记失业人员与城镇单位就业人员（扣除使用的农村劳动力、聘用的离退休人员、港澳台及外方人员）、城镇单位中的不在岗职工、城镇私营业主、个体户主、城镇私营企业和个体就业人员、城镇登记失业人员之和的比。

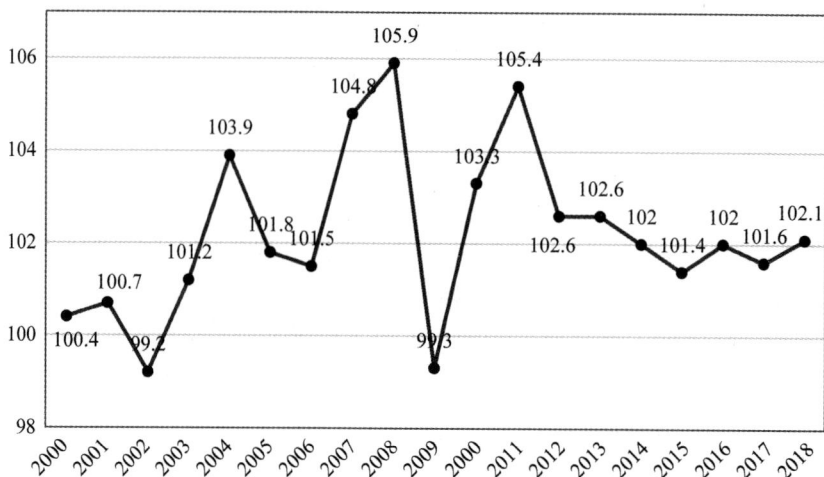

图 3 - 1 - 4 2000—2018 年我国居民消费价格指数折线图（上年 = 100）

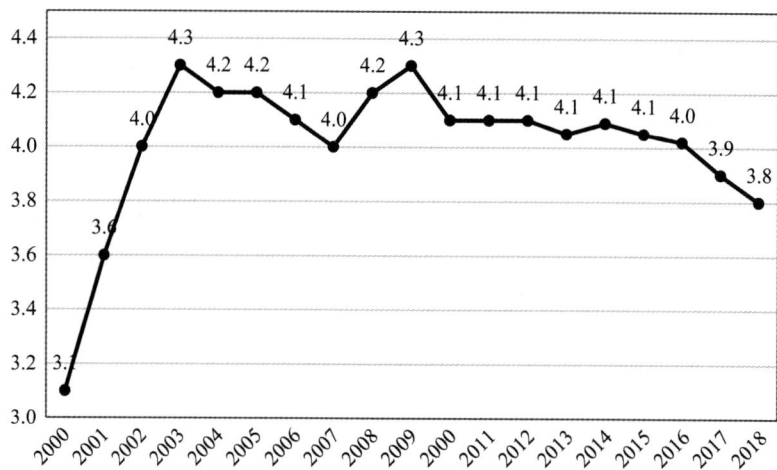

图 3 - 1 - 5 2000—2018 年我国城镇登记失业率折线图（%）

值得庆幸的是，我国政府的宏观调控手段发挥了积极的作用，引领社会重视创新创业问题，推动经济平稳增长：2014 年 9 月，李克强总理在夏季达沃斯论坛中提出要形成"大众创业，万众创新"的新态势；在此后的首届世界互联网大会、国务院常务会议以及这几年的《政府工作报告》中，创新创业这一关键词被频频提及；2018 年 9 月 26 日，国务院发文《国务院关于推动创新创业高质量发展，打造"双创"升级版的意见》[1]，强调要推动创新创业与经济社会发展继续深度融合，增强创业带动就业能力，提升科技创新和产业发展活力，总之，中华民族的创业精神和创新基因被逐步激发，国内生产总值也以平稳的速度在持续增长。

居民消费价格指数方面，以上一年居民消费价格为100作为参照数，我国居民消费价格指数的波动区间为［99，106］，在2008年达到最高峰值105.9，并在次年回落至99.3，2012年至今平稳地围绕在102附近波动。居民消费价格指数的波动能反映居民家庭一般购买的消费品和服务项目的价格变动情况，一般而言，消费价格指数越高，意味着物价上涨水平越高。最近几年，我国居民消费品价格指数比较稳定，体现了我国经济水平稳中前进的特点。

城镇登记失业率方面，最高峰值出现在2003年和2009年，这两年的城镇登记失业率均为4.3%，从2012年开始，每年的城镇登记失业率均没有高于4.1%，甚至在某些年份跌破4%，2018年为3.8%。城镇登记失业率反映了一个国家或地区的整体就业状况，我国城镇登记失业率的稳定回落既是经济稳步增长、各行业领域共同发展的体现，亦是创新创业与扩大就业深度融合的结果。

总体而言，随着科技创新水平的持续提高，我国经济增长的稳定性得到增强，经济发展呈现出平稳前进的趋势。科学技术是第一生产力，科技创新是生产力持续增长的关键和根本动力，特别是在现代社会，经济增长成为各国普遍追求的第一发展目标，而使得经济持续稳定增长的根本方法在于对科技创新的长期投入，并且在此基础上形成稳定的创新成果。因此，经济增长的稳定性在客观上要求我们必须注重科技创新。

二　科技创新推动经济增长方式转变

（一）"创造性破坏"思想与经济发展

熊彼特在《经济发展理论》中阐释了经济系统内部导致经济变迁的因素，他把这种内在的力量归结为企业家实施供给方面的"新组合"，并

---

[1]　国务院：《国务院关于推动创新创业高质量发展，打造"双创"升级版的意见》，国发〔2018〕32号，2018年9月26日，http://www.gov.cn/zhengce/content/2018-09/26/content_5325472.htm。

将它界定为创新。在后面的研究中，熊彼特在创新性质的基础上进一步阐明了"创造性破坏"的概念——创新不断地从内部破坏旧的经济结构，并以一种新的经济结构取而代之。其中存在两个层次的"创造性破坏"，分别是垄断不断出现又不断被打破的产业层次和资本主义最终被社会主义所取代的社会制度层次。[①]

基于"创造性破坏"思想，一方面，Nelson 和 Winter 通过引入个体的"满意—搜寻"活动，发展了演化新熊彼特主义理论，其基本观点是市场中的企业个体组成了企业群体，企业之间的竞争导致企业群体之间经历"自然选择，适者生存"的过程，具有较高盈利率的企业群体不断扩大规模，而盈利率较低的企业群体则缩小发展规模，从而引起市场、企业及产业的结构变迁，最终找到企业群体间均衡的发展结构，总体经济也随之增长。另一方面，正如前文所言，Aghion 和 Howitt 进一步引入垂直创新思想，即旧产品过时，创新成功后，旧技术完全被淘汰，但这种创新是逐步进行的，竞争程度增强会促使水平部门进行革新，同时减弱非水平部门的创新动机，因此水平部门和非水平部门之间的份额分配直接决定着竞争程度，竞争程度的增强又给总体经济带来了创新和增长的机会。

演化熊彼特主义理论和新古典熊彼特主义增长理论共同发展了熊彼特的内生经济变迁思想，在创新的过程中，经济增长的结构会不断主动或被动地进行调整，科技创新的系统推进则会逐渐使经济增长方式得到优化。如果说科技创新推动经济增长是内生地"从 0 到 1"的过程，那么，科技创新推动经济增长方式转变这一功能体现的就是"从 1 到 n"的过程。前者更强调的是质变，后者则强调量变与质变并重。

图 3-1-6 是改革开放以来人均国内生产总值的变化折线图，显而易见的是，改革开放显著提高了国民的物质生活水平，生产总值逐步上升，并且在 2003 年之后增速明显提升：1978 年，我国的人均国内生产总值只有 381 元，2003 年达到 10542 元，2018 年更是高达 64644 元。但需要警醒的是，国内生产总值增长和人均国内生产总值增长都不等于经济发展，前者只是后者的必要条件，经济发展的另一关键维度是经济发展方式，即经济增长结构。只有当经济增长结构优化有序、经济平稳增长时，一个地

---

① 转引自刘志铭、郭惠武《创新、创造性破坏与内生经济变迁——熊彼特主义经济理论的发展》，《财经研究》2008 年第 2 期。

区或国家的经济才是真正在发展，并且在经济发展的基础上，政治、文化等领域逐步呈现"百花齐放"的状态。根据世界银行的统计数据，我国于 2010 年已经进入中等收入阶段，即人均国内生产总值达到 3000 美元左右。这就意味着，我国在这一阶段面临着"中等收入陷阱"，能否跨过"中等收入陷阱"的门槛走向持续发展之路，直接决定着我国的国际地位和人民的生活质量，如果我们无法摆脱"中等收入陷阱"，社会的改革变迁就难以为继，民族的振兴富强也会止步不前。

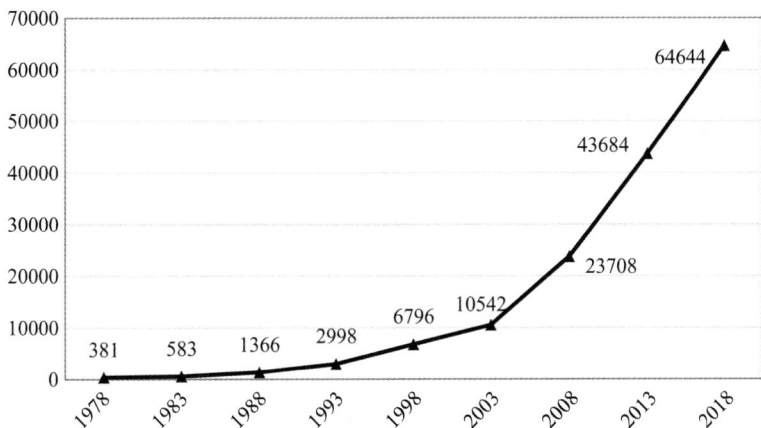

图 3 - 1 - 6　改革开放以来中国人均国内生产总值变化折线图（元）

（二）转变经济增长方式

经济增长的结构是由多个部分组成的，包括产业结构、投资消费结构、金融结构和国际收支等。随着高新技术的出现和产业化发展，经济结构不断调整升级，充分体现了科技创新的主要特点：高度的探索性、创新性、复杂性、渗透性、智能性和密集性等。[1] 这一部分的内容分别以三次产业和三大需求对国内生产总值的贡献率为例，探讨自改革开放以来，经济实现增长的同时经济结构是如何变化发展的。

三次产业的划分是世界各国较为常见的产业结构分类，我国的第一产业是指农、林、牧、渔业（不含农、林、牧、渔服务业）；第二产业是指采矿业（不含开采辅助活动），制造业（不含金属制品、机械和设备修理

---

[1]　转引自袁望东等《科技创新与社会发展》，湖南大学出版社 2010 年版。

业），电力、热力、燃气及水生产和供应业，建筑业；第三产业是指服务业，即除了第一产业、第二产业以外的其他行业。

从产业自身特征而言，第三产业的创新力和科技含量是最高的，尤其能体现一个地区或国家的科技创新力量。改革开放之初，三大产业对国内生产总值的贡献率分布失衡，以第二产业为主要推动力，第三产业的贡献较小，经济发展以粗放型增长为主。到了 2015 年，第三产业对国内生产总值的贡献率第一次超过第二产业，并在随后几年大幅度超过第二产业，2017 年，第一、第二产业国内生产总值的贡献率分别为 4.9% 和 36.3%，而第三产业的贡献率为 58.8%，经济发展逐渐朝着创新驱动、产业优化的方向稳步前进。

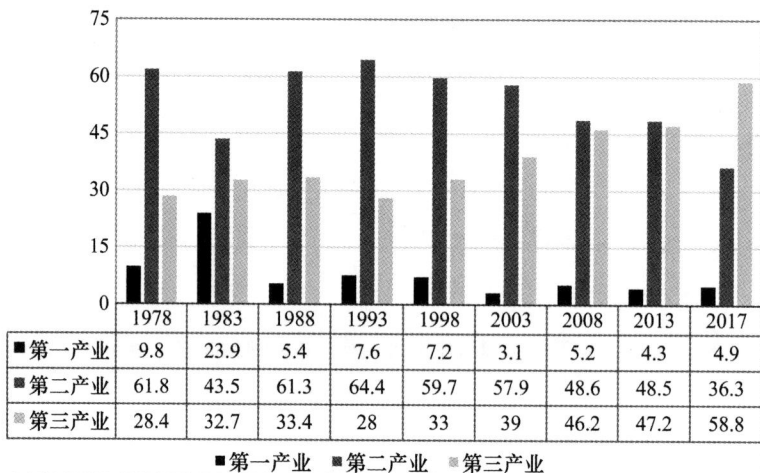

	1978	1983	1988	1993	1998	2003	2008	2013	2017
■第一产业	9.8	23.9	5.4	7.6	7.2	3.1	5.2	4.3	4.9
■第二产业	61.8	43.5	61.3	64.4	59.7	57.9	48.6	48.5	36.3
▨第三产业	28.4	32.7	33.4	28	33	39	46.2	47.2	58.8

■第一产业　■第二产业　▨第三产业

图 3 - 1 - 7　三次产业对国内生产总值的贡献率（%）（按不变价格计算）

那么，"三驾马车"对国内生产总值的贡献又是如何的呢？在我国，"三驾马车"是指消费、投资和出口。消费，即最终消费支出，是指常住单位为满足物质、文化和精神生活的需要，从本国经济领土和国外购买的货物和服务的支出，它不包括非常住单位在本国经济领土内的消费支出，消费可以分为居民消费支出和政府消费支出。投资，即资本形成总额，是指常住单位在一定时期内获得减去处置的固定资产和存货的净额，包括固定资本形成总额和存货变动两部分。出口，即货物和服务净出口，是指货物和服务出口减去货物和服务进口的差额。出口包括常住单位向非常住单位出售或无偿转让的各种货物和服务的价值；与出口相对应的是进口，包括常住单位从非常住单位购买或无偿得到的各种货物和服务的价值。

在21世纪以前，我国三大需求对国内生产总值的贡献分布呈现出严重失衡的局面。1978年和1985年，出口对国内生产总值产生了负增长的影响，而1990年，资本形成总额对国内生产总值的贡献率为 -74.6%。随着改革开放的深化进行，并且我国于2001年正式加入世界贸易组织，三大需求对国内生产总值的贡献逐渐稳定下来，但国际贸易环境复杂且多变，"三驾马车"的贡献率随着国际、国内政治经济环境的变化而不断变化，货物和服务净出口对国内生产总值的贡献率呈现出飘忽不定的特点。近20年，货物和服务净出口对国内生产总值的最低贡献率为2009年的 -42.6%，贡献率最高为2006年，达到了15.1%。

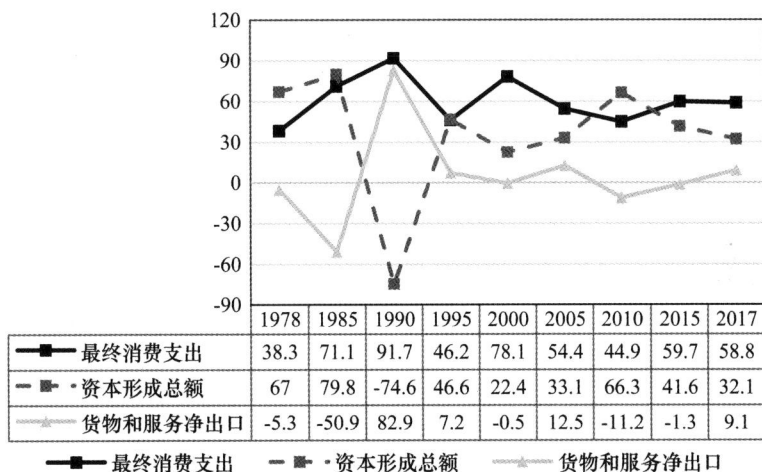

	1978	1985	1990	1995	2000	2005	2010	2015	2017
最终消费支出	38.3	71.1	91.7	46.2	78.1	54.4	44.9	59.7	58.8
资本形成总额	67	79.8	-74.6	46.6	22.4	33.1	66.3	41.6	32.1
货物和服务净出口	-5.3	-50.9	82.9	7.2	-0.5	12.5	-11.2	-1.3	9.1

图3-1-8 三大需求对国内生产总值的贡献率（%）（按不变价格计算）

然而，根据经济增长理论的内容，依靠资本投入是无法推动经济持续增长的，因为物质资本投资达到一定程度后就会出现投资报酬递减效应，甚至负效应，现实生活中出现的产能过剩、供过于求就是投资报酬递减效应的体现。可见，投资和出口对于国内生产总值而言是重要的，但不是最重要的，更需要重视的是最终消费支出对国内生产总值的拉力。最终消费支出一般受居民可支配收入、物价、商品的供求情况等因素影响，它对国内生产总值的贡献率既是居民主动消费的结果，也反映着该时期内国民物质生活水平与经济增长方式的概况。最近几年，国民的购买力和购买欲望得到激发，最终消费支出对国内生产总值的贡献率稳定在 55% 以上：2015 年为 59.7%，2016 年为 66.5%，2017 年为 58.8%。种种迹象表明，我国的供给侧结构性改革取得了一定的进展，消费、投资和出口的比例较为适中，经济增长方式较为健康，经济结构不断得到优化。

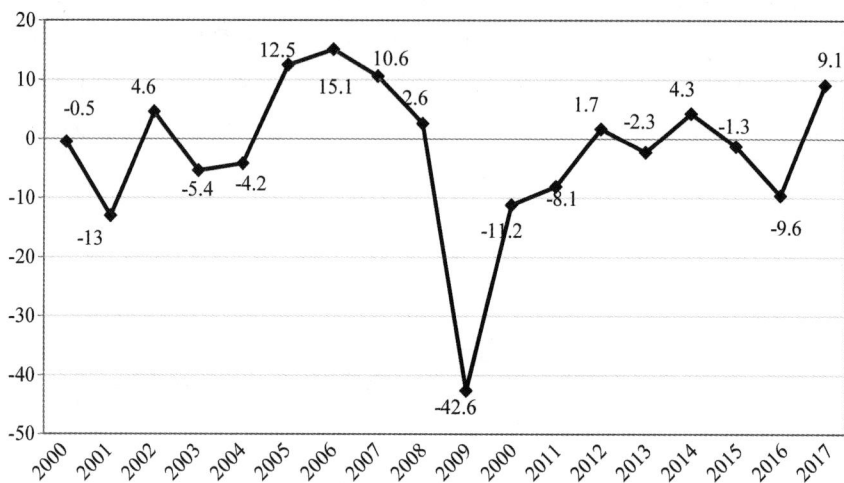

图 3 - 1 - 9　货物和服务净出口对国内生产总值的贡献率（%）

（按不变价格计算）

值得注意的是，产业结构均衡并不等于绝对平衡，我们强调第三产业和最终消费支出对国内生产总值的贡献率，这并非意味着第一、二产业和资本形成总额、货物和服务净出口等对国内生产总值的贡献就不显著。相反，只有当这些产业和需求对国内生产总值产生了稳定的推力或拉力后，第三产业和最终消费支出的作用才能被更好地激发出来。另外，产业结构的转型升级不只是数量上发生变化，更重要的是质量上的提升。旧产品和旧服务的过时往往也体现在原来的供给质量无法满足人民美好生活的需求，引发经济增长结构的老化从而催生供给模式的改革。供给侧结构性改革就是在这样的环境下进行"创造性破坏"产生的，逐步转变经济增长方式，从重速度、重数量、重体力逐步走向更重效益、更重质量和更重智力，真正走向以创新驱动为导向的经济发展。

（三）科技创新与经济发展的实践：独角兽企业

科技创新促进经济发展的实践中，有一类发挥着重要作用的主体——独角兽企业，这类企业是成立时间较短（不超过 10 年）、发展很迅速（估值超过 10 亿美元）的新生态公司，相比于普通公司，独角兽企业的科技含量更高。独角兽企业的发展情况既能反映一个国家或地区的经济活跃度和科技创造水平，亦能体现该国家或地区范围内的供给侧改革进展。根据 CB Insights 发布的全球独角兽创企榜单和恒大研究院发布的《中国独角兽报告：2018》，截至 2018 年 12 月 31 日，全球独角兽企业总数为 313 家，占比最高的两个国家分别是美国和中国，其中有 151 家分布在美国，88 家分布在中国（包括中国香港特别行政区），全球 22 家超级独角兽企业①中有 7 家是中国企业。

按照创新形态进行划分，可以将独角兽企业分为平台生态型和技术驱动型。前者主要基于互联网平台"共享"而发展，如今日头条、滴滴出行和小红书等企业；后者则以高新科技（如云计算、人工智能和区块链）为主要推动力而发展，比如柔宇科技、优必选等企业。需要注意的是，不管是平台生态型的独角兽企业还是技术驱动型的独角兽企业，其发展都必须依托科技创新，创新成效带动的企业发展反过来会进一步推动科技创新的发展。平台生态型与技术驱动型相结合会产生更大的能量，通过平台建立用户数据库和资本关系，运用大数据、人工智能等技术手段使企业运营产生十足的后劲。

本书梳理了国内估值排名前 15 位的独角兽（见表 3－1－1），从行业上看，这些企业普遍集中于金融科技、汽车交通等与科技创新紧密联系的行业。另外，巨头企业的拉动对我国独角兽的发展产生重要作用，这类企业能为独角兽企业提供较高的资本支持和平台依靠。根据恒大研究院和胡润研究院的相关报告，近年来红杉资本参与资助了 27 家独角兽，投资金额超过 50 亿美元，腾讯系资助了 21 家，阿里系资助了 11 家。分析被选中的独角兽企业，可以发现它们都具备一个共同特征——这类科技公司都拥有一定的技术"门槛"，或者区别于其他公司的高精尖技术。这也从侧面反映出，我国的投融资方向已经逐渐从传统的重固定资产企业转向重科技、重创新、有技术的轻资产企业。

---

① 超级独角兽是指在独角兽的基础上，估值超过 100 亿美元的初创企业。

表 3 - 1 - 1 　　　　　　　　　中国独角兽估值榜单（前 15 位）

公司名字	所属行业	估值（亿美元）
蚂蚁金服	金融科技	1500
今日头条	文娱媒体	750
滴滴出行	汽车交通	450
陆金所	金融科技	300
饿了么 + 口碑	本地生活	205
京东金融/京东数科	金融科技	200
菜鸟网络	物流	150
快手	文娱媒体	134
京东物流	物流	110
微众银行	金融科技	66
车好多（瓜子 + 毛豆）	汽车交通	55
微医集团	医疗健康	50
威马汽车	汽车交通	50
优必选科技	硬件	50
WiFi 万能钥匙	工具软件	50

资料来源：恒大研究院。

　　独角兽企业的发展一方面集中反映出我国科技创新取得了重大进步，这是政策环境、资本投入、技术升级等多重因素共同作用的结果；另一方面也体现了科技创新对转变经济发展方式的作用，即在"创造性破坏"条件下经济发展方式从"追赶型经济"向"创新型经济"的转变。例如，大数据、云计算等科技手段的出现催生了滴滴出行等公司，传统面对面交易的出租车公司市场受到了一定程度的压缩；语音智能识别工具的出现使得传统翻译行业领域受到了严重冲击；建筑机器人的出现使得传统"搬砖"工人面临被取代的风险……

　　旧的产品过时了，新的创新必然会替代旧的创新，科技创新的产物为国民提供了新的消费动力和消费体验。竞争会成为产业结构优化、投资消费结构升级的催化剂，而竞争力则更多地取决于科技创新水平。另外，国内生产总值是科技创新的滞后变量，经济增长方式的转型升级也是一个漫长的过程。在这期间，既要保障经济发展不停滞，激发基础设施建设、城镇化和工业化的发展潜力，又要把更多的资源投入到科技创新中，通过金融资本、劳动资本、政策资本以及社会资本的投入，在全社会培育出"大众创新"和"不惧竞争"的氛围，刺激新技术、新产业的出现，从而实现以创新驱动经济增长的发展模式。

三 科技创新改善整体福利水平

1981 年，党的十一届六中全会召开，会上指出我国社会的主要矛盾在于"人民日益增长的物质文化需要同落后的社会生产之间的矛盾"；2017 年，习近平总书记在中国共产党第十九次全国代表大会上作报告时指出："中国特色社会主义进入新时代，我国社会主要矛盾已经转化为人民日益增长的美好生活需要和不平衡不充分的发展之间的矛盾。"[1] 习近平总书记的讲话具有重要意义，步入发展的新时代后，我们每一项工作的落脚点都是人民的美好生活需要，人民的美好生活需要能否得到满足直接体现在国民福利水平的高低上，后者是高质量经济增长的重要衡量维度之一。这一章节主要论述科技创新对国民福利水平的影响、在经济增长过程中社会福利发生的变化以及科技创新在其中发挥的作用。

（一）社会福利的内涵

有学者研究了上海创新型城市的建设过程，指出创新驱动发展战略的实施落到城市层面时，城市建设的战略导向是制度创新驱动福利发展，以民生为本，进而做好"上海的上海"；核心内容是科技创新驱动产业发展，注重创新生态，引领建设"中国的上海"；关键抓手是金融创新驱动贸易发展，发挥国际优势，融入全球经济体系，成为"世界的上海"（卢超等，2016）。也有学者提出技术创新使企业提供的"产品"对消费者产生了更高的经济效用冲动，换句话说，消费者可以从生产者的技术创新中获得更高的消费者效用，因为当新的技术经过传播成为普适性技术时，创新企业一开始的超额利润就会逐渐转化为消费者剩余，形成消费者的社会福利（齐建国、梁晶晶，2013）。可见，创新在客观上具有正外部性，能为国民带来额外的或更高的福利效用。

福利（welfare）的本源是指幸福与美满，而社会福利（social welfare）

---

[1] 引自《中国共产党第十九次全国代表大会文件汇编》，人民出版社 2017 年版，第 9 页。

的概念一直都处于争议之中。西方对于社会福利的理解是宽泛的，是指一切改善和提高人民物质生活和精神生活水平的社会措施，既包括社会保障内容，还包括公共卫生、生态环境和家庭津贴等内容；而狭义的社会福利是在社会保障范畴内的，一方面是维持国民基本的生活水平，另一方面是尽量提高生活质量的社会保障制度。社会福利具有以下特征：保障对象的普遍性和特殊性、保障水平的高层次性和发展性、保障目标的公平性和保障方式的多样性以及责任主体和实施主体的非同一性。[①] 结合我国的实际情况和对于社会福利已有概念的理解，本书认为社会福利是一个渐进的、动态变化的多维概念，不局限于维持国民基本的生活水平，也并非是宽泛的公共服务，而是一种符合社会交换思想的行为逻辑，福利水平的高低取决于国家经济的发展水平。

迈克尔·波特以竞争优势考察一国的经济表现，构建了经济发展阶段论，提出国家经济发展的四个阶段分别是生产要素驱动（factor – driven）阶段、投资驱动（investment – driven）阶段、创新驱动（innovation – driven）阶段和财富驱动（wealth – driven）阶段，其中前三个阶段是国家竞争优势的主要来源，而最后一个阶段则是经济从进步走向衰退的转折点。在国家较为贫穷落后的阶段，社会福利是一种保障型服务，致力于解决人民的温饱问题；当进入小康社会时，社会福利是一种促进型服务，关注人民的精神生活水平和幸福感，将更多的注意力放在公平与效率的平衡上。目前我国已经步入创新驱动发展阶段，政府通过向国民提供相应的社会福利服务以换取公共治理的合法性与合理性。

（二）社会福利的变化：预期寿命比较、基尼系数和升学率

鉴于改革开放四十年来我国的社会状况发生了巨大的变化，全国人民的温饱问题基本得以解决，现在已经进入中国特色社会主义新时代，社会的关注焦点落在人民的美好生活需要方面。因此，本书以出生时的预期寿命比较、基尼系数和升学率三个方面的数据为基础，分析最近几十年我国社会福利的变化情况。

出生时的预期寿命即假设出生时的死亡率模式在一生中保持不变，一名新生儿可能生存的年数，这个指标既能反映一个国家或地区当期的死亡率，还能反映各种生存条件的综合情况。如图 3 – 1 – 10 所示，改革开放

---

① 转引自李珍《社会保障理论（第四版）》，中国劳动社会保障出版社 2017 年版。

初期，我国国民出生时的预期寿命仅有 65.85 年，而美国为 73.36 年，东亚与太平洋地区为 65.41 年，中美之间存在着巨大的差距，我国国民的生存条件不甚理想，仅以微弱优势高于东亚与太平洋地区的平均水平。到了 2017 年，美国国民出生时的预期寿命为 78.54 年，在 40 年间提高了 5 年，而中国国民出生时的预期寿命为 76.41 年，比 1978 年提升了 10 年，增速是美国的两倍，同时进一步拉大了和东亚与太平洋地区平均水平的差距。可见，我国的人口死亡率在逐步降低，国民预期寿命逐步提高，生存环境日趋优化。

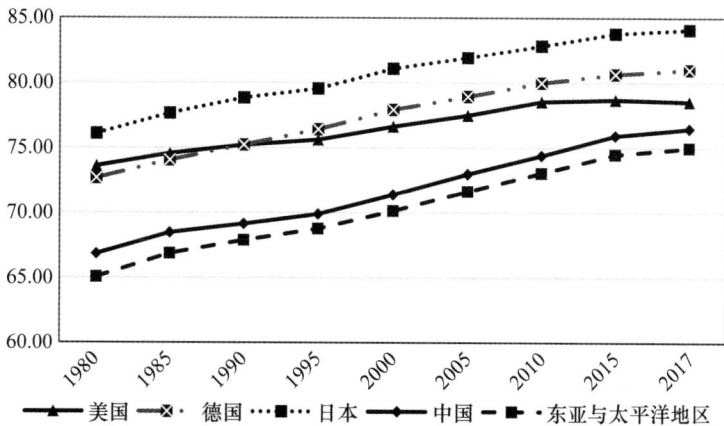

图 3 - 1 - 10　国家与地区间出生时的预期寿命比较
数据来源：世界银行。

基尼系数是一个在国际上通用的、用以衡量一个国家或地区收入差距的常用指标。其数值介于 0—1 之间，数值越大表示居民收入差距越大，国际上一般把 0.4 作为贫富差距的警戒线。如图 3 - 1 - 11 所示，我们从相关数据库中整理了从 1978 年到 2015 年基于税前国民收入的基尼系数。在过去很长的一段时间内，人们把按劳分配当作收入分配的唯一原则，改革开放初期，我国的基尼系数处于 0.35—0.36 的水平上。随着"引进来，走出去"战略的深化进行和社会主义市场体制的逐步确立，1987 年党的十三大报告提出"以按劳分配为主体，其他分配方式为补充"的分配体制，1993 年十四届三中全会通过《中共中央关于建立社会主义市场经济体制若干问题的决定》，指出"个人收入分配要坚持以按劳分配为主体、

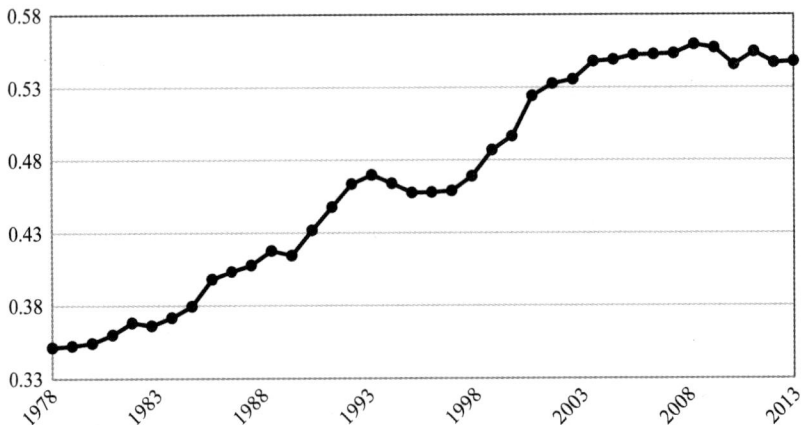

图 3 - 1 - 11　中国 1978—2013 年的基尼系数折线图

（基于税前国民收入计算）

数据来源：World Inequality Database。

多种分配方式并存的分配制度"。在这样的分配体制下，人们的劳动积极性大大提高，"能者多得"成为了初次分配的主要原则之一，因此，这个时期的基尼系数逐渐突破 0.4，甚至达到了 0.55，国内居民的收入水平差距较大。

　　教育常常被视为福利国家的主要产品之一，在我国亦是社会福利事业的一项重要内容，其意义不仅在于满足居民需要，更重要的是提高劳动力素质，从而推动整个国家社会的发展。小学学龄儿童净入学率和各级普通学校毕业生升学率既能反映一个国家或地区所能提供的公共教育资源的多寡，亦能反映该区域内居民对教育的重视程度。当两者都较高时，教育资源作为一种社会福利更能提高一个家庭的幸福感。从图 3 - 1 - 12 可见，从 90 年代初期开始，我国的小学学龄儿童净入学率一直都处于较高水平，且远高于小学、初中和高中升学率，后三者在 1990 年的升学率仅为 74.6%、40.6% 和 27.3%，直到 2014 年，高中升学率才突破 90%。最近 30 年来，我国居民享受到的教育资源大幅增多，目前来看，小学升学率达到了 98.8%，初中升学率达到了 94.9%，高中升学率达到了 94.5%。

　　（三）科技创新提升社会福利水平

　　让国民真正享受经济发展成果，提高民生福祉才是高质量经济增长的

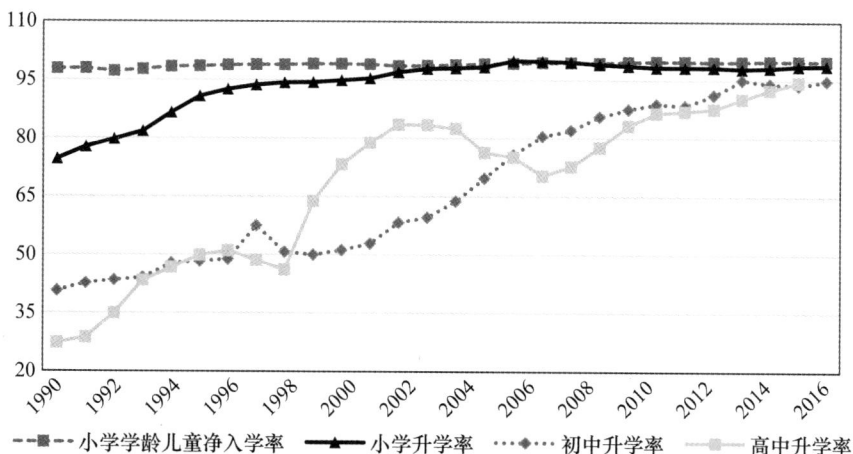

图 3-1-12　中国 1990—2016 年小学学龄儿童净入学率和
各级普通学校毕业生升学率（%）

数据来源：《中国统计年鉴》（2018）。1991 年以前的入学率是按 7—11 周岁统一计算的；从 1991 年起入学率是按各地不同入学年龄和学制分别计算的；高中升学率是普通高校招生数与普通高中毕业生数之比。

最终目的和真正归宿。虽然目前我国的居民收入差距仍然较大，但这是一国在经济体制转型过程中必然要面临的问题，即在经济发展的同时如何兼顾效率与公平。值得注意的是，我国的社会福利水平在改革开放之后不断得到完善，那么，在这个过程中，科技创新是如何提升社会福利水平的呢？

前面我们提到过，社会福利是一种社会性的服务，其惠及的对象包括了全体人民，即保障对象具有普惠性，同时，社会福利的服务供给是动态变化的。换句话说，一般情况下，社会福利是一种公共产品，一方面，它的供给取决于公共支出水平；另一方面，社会福利是科技创新正外部性的体现。现代政府具有资源配置、收入再分配与社会稳定三大职能，这些职能必须通过公共财政制度来实现。社会福利通过推动资源合理配置，促进社会公平，维持社会稳定，从而提高政府治理的有效性。

从 1985 年开始，我国的国家财政科技拨款逐年攀升，1985 年为102.6 亿元，2004 年突破 1000 亿元，到 2016 年更是高达 7760.7 亿元，拨款金额是 1985 年的 75 倍。基于多年来的数据表现，我们可以看到国家

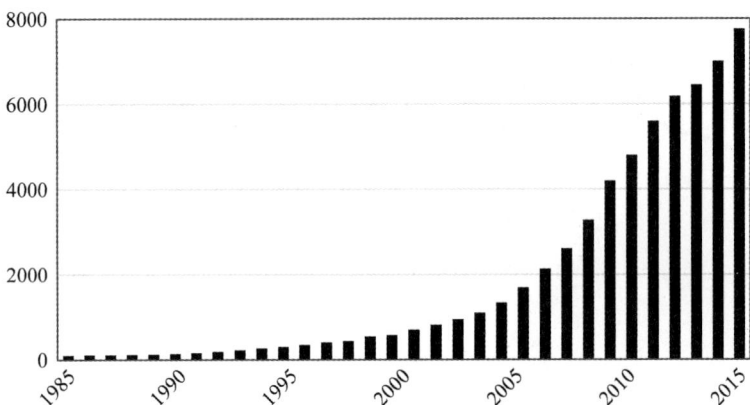

图 3 - 1 - 13　中国 1985—2015 年国家财政科技拨款情况（亿元）

财政科技拨款力度不断加大，国家越来越重视科学技术水平的发展，我国的科技创新水平有了不断提高的基础。同时，我们也应该留意到，科技创新具有较大的外部效应，后文我们会对此进行详细论述，在这里我们主要关注社会福利何以通过科技创新的发展得到不断完善。

第一，科技创新为社会福利的供给创造了更便利的条件，如移动支付手段的更新升级使老年人、残疾人等人群无需离开住所，便可远程确认获得的福利津贴金额，而过去很长一段时间内，老人们都得在发放津贴后拿着存折本到银行营业厅，刷卡确认自己获得的福利金额。第二，科技创新水平的提高推动社会福利往高水平、高层次的方向发展，如"电子书包"利用信息化手段作为教学的便携式终端设备，使学生享受到更加多样化的教育资源，"哪里不会点哪里"使随处可学成为可能；新型医疗设备的使用有效延长了人们的健康寿命；大数据和云计算的使用使不同医院的医生能够共享转诊病人的健康状况，减少重复筛查和交叉感染……另外，技术创新的外溢性能够打破垄断，使产品市场上的生产厂商作为创新者、紧跟者或跟进者参与市场活动，有效避免垄断造成社会福利损失。

综上所述，科技创新能较好地提高社会福利水平，在更高层面上满足人们的美好生活需要，同时还能为政府的公共治理提供相应的合法性支撑，使政府能获得更多的民众支持。因此，我们在追求科技创新发展的同时，还可以进一步推动科技创新对社会福利的正向影响，提高社会福利供给的有效性。此外，在现阶段，我们还应把注意力更多地分配到社会公平与效率的均衡上，在社会发展的同时兼顾稳定，提高居民的幸福感与获得感。

四 科技创新是经济"绿色"增长的根本动力

党的第十八届五中全会提出"创新、协调、绿色、开放、共享"的发展理念，提出要把创新摆在国家发展全局的核心位置。创新驱动发展战略是我们党放眼世界、立足全局和面向未来作出的重大决策，要发挥科技创新在全面创新中的引领作用；要坚持协调发展，正确处理发展中的重大关系，其中既包括城乡区域协调，政治经济文化各领域协调的关系，还包括经济发展与生态环境之间的协调关系；要坚持绿色发展，走生产发展、生活富裕、生态良好的文明发展道路，推进建设资源节约型、环境友好型社会；要坚持开放发展，以和平共处的原则施行"引进来"和"走出去"，深度融入世界发展潮流中，使"中国的中国"成为"世界的中国"；要坚持共享发展，发展成果应该在全社会范围内共享，使全体人民在共建共享发展中拥有更高的获得感、安全感和幸福感。前面我们已经论述过创新与协调、共享方面的内容，接下来我们将论述科技创新与经济"绿色"增长的关系。

经济要想获得长远发展，必须在"绿色"环境得到有效保护的前提下进行。"绿色"经济意味着转变发展方式，进行产业结构和生产体系转型升级的改造，在不破坏自然的条件下进行生态、生产、生活的一系列活动。只有基于"绿色"底蕴的发展，科技创新的效用才能得到更好的发挥，经济也才能获得长远的发展。经济"绿色"增长意指在整个宏观社会"绿色"发展的环境下，经济水平的提高是伴随着绿色生态、绿色生产和绿色生活三个方面同时进行的。① 这三个维度环环相扣，共同推进人类社会与自然环境和谐有序的发展状态。

（一）科技创新与绿色生态

"绿水青山就是金山银山"，在经济发展的同时必须保护好大自然原有的生态条件，只有顺应大自然的规律，以技术创新为先导的经济发展才有源源不断的动力，依托良好生态获得长效发展。生态技术不仅在节约能

---

① 转引自黄娟《科技创新与绿色发展的关系——兼论中国特色绿色科技创新之路》，《新疆师范大学学报》（哲学社会科学版）2017 年第 2 期。

源和要素的基础上满足人们的日常生活需要，而且最大程度地保护了自然环境的原生态面貌。科技创新是绿色生态的技术引领，体现为资源节约、污染防治和生态保护三个方面。

资源节约方面，为了奖励在环境保护科学技术活动中作出突出贡献的单位和个人，国家环境保护总局在 2002 年设立"环境保护科学技术奖"。2017 年获得该奖励的项目既涉及污染物的排放与治理技术、环境检测和监控技术，还涉及节能技术等（见表 3 - 1 - 2）。除此以外，党的十九大对加快生态文明体制改革、推进绿色发展作出了战略部署，明确指出"必须坚持节约优先、保护优先、自然恢复为主的方针，形成节约资源和保护环境的空间格局、产业结构、生产方式、生活方式"，"推进资源全面节约和循环利用，实施国家节水行动"。以节水为例，技术创新使得水资源利用效率不断提高，用水结构不断优化，不合理的用水需求不断减少，如中水技术、雨水回收利用技术、节水型用水器具的发明与利用等。

表 3 - 1 - 2 　　　　　2017 年环境保护科学技术奖获奖项目名单

序号	获奖等级	项目名称
1	一等奖	燃煤细颗粒物及其前体物治理技术与集成应用
2	一等奖	城市大规模再生水系统多屏障高标准水质保障技术及应用
3	一等奖	工业集聚区污水深度净化新型技术
4	二等奖	微生物农药生态环境安全性评价与安全使用技术
5	二等奖	重点工业源烟气重金属等有害污染物的排放与控制
6	二等奖	养殖业中抗生素的环境影响及风险评估技术研究
7	二等奖	三峡水库运行初期水环境演变特征与风险防控技术研究及应用
8	二等奖	超大城市环境空气多维高精度监测和污染追踪网构建及示范
9	二等奖	环境内分泌干扰物的筛选与控制技术
10	二等奖	中国核电厂设备可靠性数据库的创建和应用
11	二等奖	危险废物全过程动态管理技术创新及应用
12	二等奖	精细化工园区清洁生产与循环经济关键集成技术开发与应用
13	二等奖	设施农业土壤环境质量演变规律、环境风险与管理对策
14	二等奖	车用柴油机选择性催化还原和颗粒捕集系统关键技术与工程应用
15	二等奖	主要外来生物入侵机理及控制关键技术研究
16	二等奖	高排放标准下 AAO 污水处理工艺节能降耗关键技术与集成示范

续表

序号	获奖等级	项目名称
17	二等奖	湖库污染过程识别与系统调控技术及其应用
18	二等奖	工业副产盐石膏制备 α 型高强石膏关键技术及产业化研究
19	二等奖	钢铁窑炉烟尘细颗粒物超低排放技术与装备
20	二等奖	城市生活垃圾处理处置的人群暴露与健康风险评估技术
21	二等奖	生活垃圾渗滤液高效低耗全量处理系统与基于全过程监控的后台技术支撑系统
22	二等奖	基于全省发电数据中心的节能减排智能化决策支持系统的研究与应用
23	二等奖	聚氯乙烯干法乙炔电石渣新型干法水泥清洁生产项目
24	二等奖	典型农业活动区环境与人群健康风险评估及污染防控
25	二等奖	超、特高压交流输变电工程电磁环境控制关键技术及应用
26	二等奖	土壤气相抽提设备系统研发及工程应用
27	二等奖	农业源污染水环境综合控制技术体系研究与应用
28	二等奖	绿色供应链管理制度研究与实践创新
29	二等奖	生活垃圾焚烧关键技术及应用
30	二等奖	核电厂在役检查关键技术研究及指导性文件编制
31	二等奖	转 Bt 基因作物的成分检测和环境风险评价技术
32	二等奖	大型燃煤电站 PM2.5 排放控制电除尘技术和应用
33	二等奖	中国废弃物处理温室气体清单编制研究
34	二等奖	医疗废物处理处置 BAT/BEP 技术研究及应用
35	二等奖	恶臭污染评估技术及环境基准研究
36	二等奖	染整、热电污染协同控制技术及工程应用
37	二等奖	中国绿色印刷政策和技术体系研究与应用
38	二等奖	低低温高效燃煤烟气处理系统
39	二等奖	Fenton 及异相 Fenton－流化床废水处理技术研究与应用
40	二等奖	宁蒙灌区农田退水污染全过程控制技术及应用
41	二等奖	三峡库区城市水污染控制与治理关键技术与应用
42	科普类奖	自然生态保护

数据来源：国家生态环境部数据中心。

污染防治方面，近年来我国不断加大在污染防治方面的投入，国务院印发《"十三五"生态环境保护规划》，中央财政分别安排大气、水、土壤污染防治专项资金 112 亿元、140 亿元、91 亿元，发挥政府与社会资本合作（PPP）示范项目的引领作用，生态环境保护领域入库项目 630 多个、总投资额 6500 多亿元。① 2017 年《中国生态环境状况公报》显示中央财政有关大气、水、土壤污染防治等专项资金规模达 497 亿元。另外，我国在污染防治方面的技术支持和创新也不断加强，启动了大气重污染成因与治理攻关项目，成立国家大气污染防治攻关联合中心，组织实施多项重点科技专项，如水体污染控制与治理、场地土壤污染成因与治理技术、典型脆弱生态修复与保护研究等。② 2014 年，第一批污染场地修复技术目录出台，整理了适用于污染地下水、污染土壤和重金属等 15 项污染场地修复技术；2015 年共有 444 项水专项获得"十一五"授权实用新型专利成果，其中生活污水治理类专利成果 110 个，监测技术类 68 个，农业面源污染类 87 个，工业污水治理类 45 个，饮用水安全保障类 64 个，其他70 个。

随着相应技术成果的不断发展，我国环境状况亦在不断改善：2016年，全国 338 个地级及以上城市③中，有 84 个城市环境空气质量达标④，占全部城市数的 24.9%；到了 2017 年，有 99 个城市环境空气质量达标，占 29.3%。2016 年 338 个地级及以上城市平均优良天数⑤比例为 78.8%，比 2015 年上升 2.1 个百分点；2017 年 338 个城市环境空气质量级别，优占 25.6%，良占 52.4%，轻度污染占 15.6%，重度污染占 3.9%，重度污染占 1.9%，严重污染占 0.7%。水资源方面，在 2016 年全国地表水1940 个评价、考核、排名断面（点位）中，Ⅰ类、Ⅱ类、Ⅲ类、Ⅳ类、Ⅴ类和劣Ⅴ类分别占 2.4%、37.5%、27.9%、16.8%、6.9% 和 8.6%；与 2016 年相比，2017 年Ⅰ—Ⅲ类水质断面（点位）比例上升 0.1 个百分点，劣Ⅴ类下降 0.3 个百分点。6124 个地下水水质监测点中，水质为优良级、良好级、较好级、较差级和极差级的监测点分别占 10.1%、25.4%、4.4%、45.4% 和 14.7%；2017 年，原国土资源部门对全国 31个省（区、市）223 个地市级行政区的 5100 个监测点（其中国家级监测

---

① 资料来源：2016 年《中国生态环境状况公报》。
② 资料来源：2017 年《中国生态环境状况公报》。
③ 地级及以上城市：含直辖市、地级市、地区、自治州和盟。
④ 空气质量达标：参与评价的污染物浓度均达标，即为环境空气质量达标。
⑤ 优良天数：空气质量指数（AQI）在 0—100 之间的天数为优良天数，又称达标天数。

点 1000 个）开展了地下水水质监测，评价结果显示：水质为优良级、良好级、较好级、较差级和极差级的监测点分别占 8.8%、23.1%、1.5%、51.8% 和 14.8%。2016 年 897 个地级及以上城市在用集中式生活饮用水水源监测断面（点位）中，有 811 个全年均达标，占 90.4%；2017 年全年均达标的有 813 个，占 90.5%。

生态保护方面，一般通过综合衡量植被覆盖度、生物多样性和生态系统稳定情况来构建生态环境状况指数以评价生态环境质量。[①] 虽然我国环境污染防治任务依然任重道远，但是在科技创新的驱动下也取得了不错的成绩。实践表明，科技创新是改善生态环境质量的重要力量，卫星遥感技术、生物工程技术、地理信息系统应用、系统科学和工程等，都在推动生态环境朝着不断改善的方向前进。2016 年，全国 2591 个县域中，生态环境质量为"优""良""一般""较差"和"差"的县域面积分别有 534 个、924 个、766 个、341 个和 26 个；"优"和"良"的县域面积占国土面积的 42.0%，"一般"的县域面积占 24.5%，"较差"和"差"的县域面积占 33.5%。2018 年，全国生态环境质量"优"和"良"的县域面积占国土面积的 44.7%，"一般"的县域面积占 23.8%，"较差"和"差"的县域面积占 31.6%。

（二）科技创新与绿色生产

科技创新是绿色生产的根本动力，詹姆斯·史伯斯（2007：157）在《朝霞似火》中写道："减少污染和能源消耗，但同时又能达到预期的经济增长，主要方法就是对当今制造业、能源、交通和农业各领域所普遍使用的技术进行一场全面的改革。"绿色生产的关键在于构建绿色生产方式与产业结构，现阶段主要体现在低碳经济、循环经济和新能源产业上，这三个方面联系密切，相互促进，且都紧紧依靠科技创新开展相关活动。

国家发展和改革委员会、财政部《关于开展城市矿产示范基地建设的通知》[②]（发改环资〔2010〕977 号）要求建立与完善交投服务体系、回收物流体系、监控追踪体系、信息服务体系、统计分析决策等技术系统，即通过科技创新来促进城市生产开发。

---

① 依据《生态环境状况评价技术规范》（HJ 192-2015）评价，生态环境状况指数大于或等于 75 为优，55—75 为良，35—55 为一般，20—35 为较差，小于 20 为差。

② 国家发展和改革委员会、财政部，2010 年 5 月 12 日，http://www.ndrc.gov.cn/zcfb/zcfbtz/201005/t20100527_ 349482. html。

近年来，减量化技术、再利用技术和资源化技术等不断发展的技术为有效开发和利用我国资源提供了强有力的支撑，不断更新升级的技术渗透进我们生活的方方面面：包装薄壁化技术、轻量化技术等在实现产品包装功能的前提下，实现了外包装量的减少，从源头上节约了材料的使用，减少了废弃物的数量；工业水循环技术的应用有效减少了水资源消耗，污水厂污泥采用再生利用装置使难降解的固体性物质变为易降解的溶解性物质，使其更容易为微生物所利用，并通过污泥泵回流至厌氧池中循环利用，提高生物处理污水的效率，减少剩余污泥量；稻米收割后余下的脚料和玉米秆茎经过混合堆肥发酵成底料后，放在恒温恒湿的培育房里可以培育出食用杏鲍菇；建筑垃圾经过捣碎加工变成混凝土骨料，或经过高温煅烧变成耐火砖、海绵砖，利用电池回收技术减少废旧电池的二次污染，等等。

最近十年来，新能源产业在节能减排技术、核能技术、可再生能源技术以及清洁煤技术等的创新驱动下快速发展。另外，在技术升级的驱动下，我国能源加工转换效率不断提高，2000 年能源加工转换总效率为 69.4%，到了 2016 年已经上升到 73.85%（见图 3-1-14），反映了我国能源加工转换装置和生产工艺日益先进，管理水平日益提高。同时，发电及电站供热总效率从 2000 年的 37.8% 提高至 2016 年的 44.6%，炼油总效率一直维持在 97% 左右的水平，而炼焦总效率从 2000 年开始即维持在较高水平（96.2%），到了 2008 年达到 98.5%，之后炼焦总效率逐年回落，2016 年仅为 92.76%。①

（三）科技创新与绿色生活

科技创新是影响绿色生活的关键因素，绿色生活是技术创新的应用场景。科技创新为人们提供新的消费热点，绿色产品的科技含量一般都相对较高，往往需要科技创新来生产与提供。纵观人类开展的科技革命，历次革命都在技术革新的基础上造福于人们的日常生活，对人们的消费、出行、居住等生活方式产生了全方位的影响，逐步"推动全民在衣食住行游等方面向勤俭节约、绿色低碳、文明健康的方式转变"②。

科技创新使人们的生活方式更加人性化、绿色化，从火车和电动车的

---

① 数据来源：中华人民共和国国家统计局—国家数据中心。
② 《大力推动生活方式绿色化，加快推进生态文明建设》，《中国环境报》2015 年 5 月 7 日。

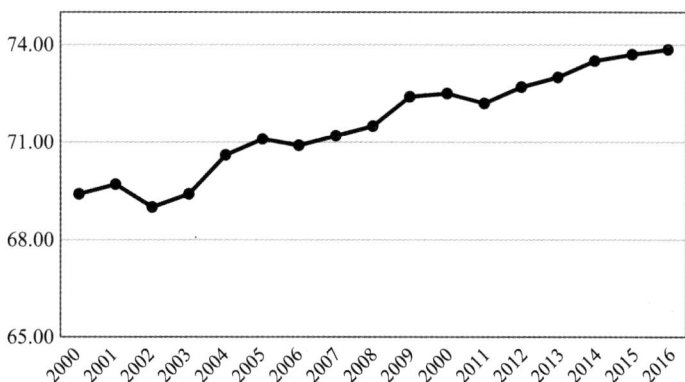

图 3 - 1 - 14　中国能源加工转换总效率变化折线图

发展历程即可见一斑。从 1825 年的"旅行者号"蒸汽机车至内燃机车、电力机车、高速列车和磁浮列车等，科技的进步使得火车获得了快速发展，也使人们的出行方式越来越快捷舒适、平稳安全和节能环保。以车载电源为动力，用电机驱动车轮行驶的电动汽车的出现不仅为人们提供了更多样的消费选择，还减轻了人们出行的负外部性。根据全球能源机构（IEA）整理的《2018 年电动汽车展望报告》，2017 年中国电动汽车策划销量是美国的两倍以上，占全球的一半多，占本国汽车整体销售市场份额的 2.2%。另外，中国电动汽车存量占全球的 40%，是最大的电动汽车市场，其中轻型电动商用车的存量为 17 万量（全球仅存有近 25 万量）。

　　除此以外，大数据、移动互联网、云计算和物联网等的发展使得 P2P、C2C 等模式逐渐发展成熟，个人与个人之间的电子商务或其他交易行为日益普遍，人们通过互联网轻轻一点即可买到需要的商品，大大减轻了消费时间成本；移动支付技术的成熟使人们只需带着可联网的手机即可外出消费，二维码逐渐取代了人们以往随身携带的纸币，使消费者不再需要"负重消费"。高德副总裁、首席交通数据分析师董振宁在 2014 年中国移动互联网年会上指出："仅 2014 年 7 月一个月的时间，使用高德地图躲避拥堵服务的用户行驶里程就超过 60 亿公里。据高德地图抽样统计估算，使用高德地图躲避拥堵功能智能出行，平均每月为用户节省的时长总计可达 700 年，节省的油耗高达 1840 万升，折合人民币 1 亿 3 千万元。"

　　经济的"绿色"增长不只是经济领域的数字变化，还涉及绿色生态、绿色生产和绿色生活等方面，一个社会只有在生态环境足够稳定安全，生产方式和工具足够先进高效，居民生活方式足够舒适环保，即在生活水平与环境质量之间达到一个平衡的时候，该地区或国家的经济才能真正高质量地增长，经济对其他领域的渗透作用也才能安全且有效地进行。在这个过程中，科技创新发挥着根本性的驱动作用，是绿色生态的技术引领，是绿色生产的根本动力，同时也是绿色生活的关键影响因素，因此，若要经济高质量"绿色"增长，就必须更加重视科技创新的作用。

第二节　科技创新如何推动经济增长

前面我们论述了科技创新推动经济高质量增长的表现，即从稳定性、增长方式、整体福利水平以及"绿色"增长方面，讨论一国经济水平高质量发展的驱动因素，以及科技创新分别在哪些领域发挥重要作用。在承接上述内容的基础上，接下来的章节主要阐述科技创新推动经济增长的内在机制，即科技创新如何推动经济获得长效发展。作为关系国家发展全局的首要技术手段，科技创新在政治、经济、文化等多领域发挥着重要的驱动作用。我们应该明晰技术在社会发展中的核心位置，透视科技创新推动经济发展的内在因素与作用流程，顺应十九大报告中提出的"深化科技体制改革，建立以企业为主体、市场为导向、产学研深度融合的技术创新体系，加强对中小企业创新的支持，促进科技成果转化"[①]。

有学者经过研究指出，影响创新驱动的一个重要因素是协同创新，具体包括制度创新、知识创新、技术创新以及商业模式的创新，同时还涉及不同创新主体在其中发挥的协同作用（洪银兴，2013）。从这个层面上理解创新驱动带来的内生增长，就是以知识、技术、商业模式以及企业组织制度或其他社会制度等无形要素对现有的劳动力、资本和物质资源等有形要素进行新组合的过程，这些物质要素经过新知识或技术的投入提高了创新水平，逐渐形成内生性增长。另外，创新驱动的发展战略还在于科技创新的溢出效应，即科技创新在一个开放的系统内进行，同时不排斥新知识、新技术的广泛应用，且新技术的应用具有规模报酬递增的作用。

---

① 引自《中国共产党第十九次全国代表大会文件汇编》，人民出版社 2017 年版，第 25 页。

一　创新的扩散机制

(一) 创新扩散路径

科技创新作用于经济增长的方式之一，就是创新成果沿着多种路径进行输出，并在一定的制度环境内进行创新成果的转化。成果转化是一个梯次扩散和多方辐射的过程，涉及多主体、多阶段和多方面的转化，具有相当程度的复杂性，创新成果只有进行扩散和普及，才能在助推经济发展的过程中发挥相应作用。同时，成果的转化并非是一蹴而就的，通常需要历经一定时期的沉淀与积累，才能呈现出最终的转化结果。

熊彼特把技术进步和扩散的过程划分为发明、创新和扩散三个阶段。有学者通过构建科研机构—高技术企业—工业企业的链式创新过程模型，发现中国科技创新的扩散是一个链式耦合过程，即不同的创新群落之间是相互促进的耦合协同关系 (张宝建等，2018)。根据创新扩散理论，技术创新扩散是指技术创新在一定时间内通过某种渠道或方法在整个社会系统中进行传播并被接受的过程，其中应具备的三个重要因素是技术创新源、扩散媒介和采纳者，具体的扩散阶段可划分为知识扩散、技术扩散和产品扩散 (纪占武、卢锡超，2010；黄静波，2005：15 – 16)。

张宝建等人 (2018) 通过研究发现，科技创新扩散的链式耦合分为两个阶段，第一阶段是科技研发机构与高技术企业之间的耦合，主要是二者间科技传递与技术吸收的协同互动；第二阶段是高技术企业和工业企业间的协同耦合，主要是技术在新兴产业和传统产业之间的扩散。洪银兴 (2013) 指出，创新所要求的要素新组合是对科学发现工作、对发明成果进行转化工作以及采用新技术进行新组合，即科研机构和企业之间进行知识创新和技术创新的新组合。进一步而言，科研机构的知识创新经过高新技术孵化阶段，与瞄准市场需求的高科技企业合作，把知识推向应用。在这个知识扩散的过程中，将学术价值与市场前景结合起来，把知识创新与商业价值结合起来，使新知识或新发现获得了以市场为导向的商业价值，从而使科学新发现的真正价值得以实现——经过科学家和企业家的协同研发创新多种新技术。

1. 科研机构知识获取：自主钻研、交流借鉴

创新的来源为开展科技活动获得的新知识或新发现，主要通过两个途径实现：一是本土大学或研究院等科研机构进行的自主研究；二是从境外

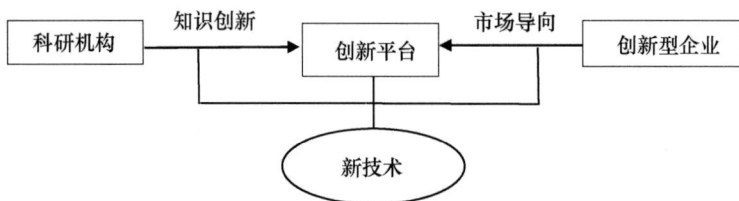

图3-2-1 不同主体间创新扩散的路径

地区或国家引进的先进技术，即自主钻研和交流借鉴学习。近年来我国科研事业发展迅速，从科学研究与开发机构的基本情况即可见一斑。虽然近几年我国科学研究与开发机构数量呈较明显的下降趋势，从 2009 年的 3707 个下降到 2017 年的 3547 个，但是投入其中的人力资本量却大幅度增加，2009 年科研和开发机构研究与试验发展人员折合全时当量是 27.7 万人年，到了 2017 年，这一数值上升到 40.57 万人年，是 2009 年的 1.5 倍。

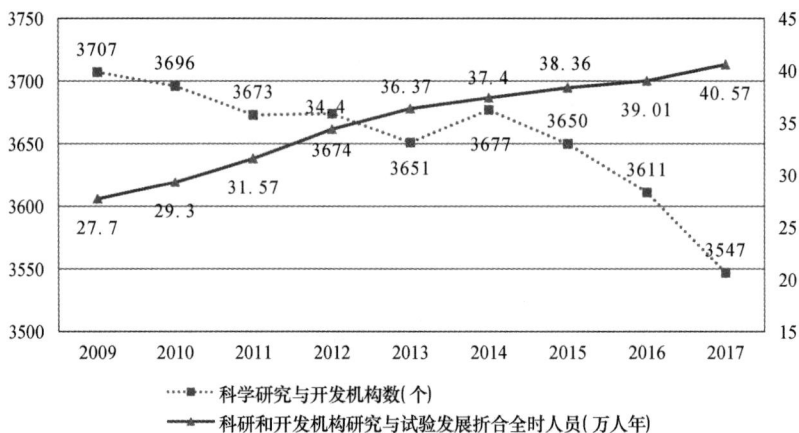

图3-2-2 中国近几年科学研究与开发机构基本情况

数据来源：《中国统计年鉴》（2009—2017）。

另外，我国在科研和开发机构研究与试验发展方面的经费支出也在不断增长，2009 年经费支出为 996 亿元，2012 年突破 1500 亿元，2017 年经费支出 2435.7 亿元。该发展经费的支出结构比较稳定，历年来占比最低的支出项均为基础研究经费支出——为了获得关于现象和可观察事实的基本原理的新知识（揭示客观事物的本质、运动规律，获得新发现、新学说）而进行的实验性或理论性研究方面的经费支出，所占比例逐年略有上升，从 2009 年的 11.1% 升至 2017 年的 15.8%；其次是应用研究经费支出——为了获得新知识而进行的创造性研究方面的经费支出，但其占比略有下降，从 35.2% 降至 28.7%；占比最高的是试验发展经费支出——利用从基础研究、应用研究和实际经验所获得的现有知识，为产生新的产品、材料和装置，建立新的工艺、系统和服务，以及对已产生和建立的上述各项活动作实质性改进而进行的系统性工作方面的经费支出，比重维持在 53% 至 55% 之间。除此以外，政府与企业也越来越重视科研和开发机构的研究与试验发展，其中的政府资金经费支出从 2009 年的 849.5 亿元上升到 2017 年的 2025.91 亿元，企业资金经费支出从 2009 年的 29.8 亿元上升到 2017 年的 91.85 亿元，分别比 2009 年的支出增加了 1.38 倍和2.08 倍。

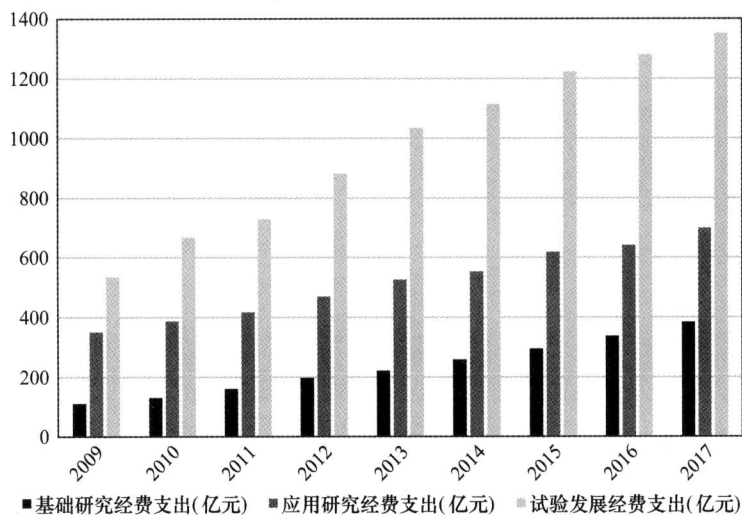

图 3 - 2 - 3　科研和开发机构研究与试验发展经费支出情况

数据来源：《中国统计年鉴》（2009—2017）。

2012 年以来，我国每年都统计年度参加国外科技活动人次和接待国外专家学者人次，统计数据显示这两个指标数据近年来都有比较明显的上升趋势，尤其是参加国外科技活动人次。2012 年，我国科技协会系统共接待国外专家学者 19337 人次，同时共有 16811 人次参加国外科技活动；到了 2017 年，共接待国外专家学者 38898 人次，且有 38581 人次参加国外科技活动。可见，我国越来越重视科技开放与交流，积极与境外国家开展交流活动，加强沟通、互相借鉴，在"走出去"与"引进来"两方面"双管齐下"。

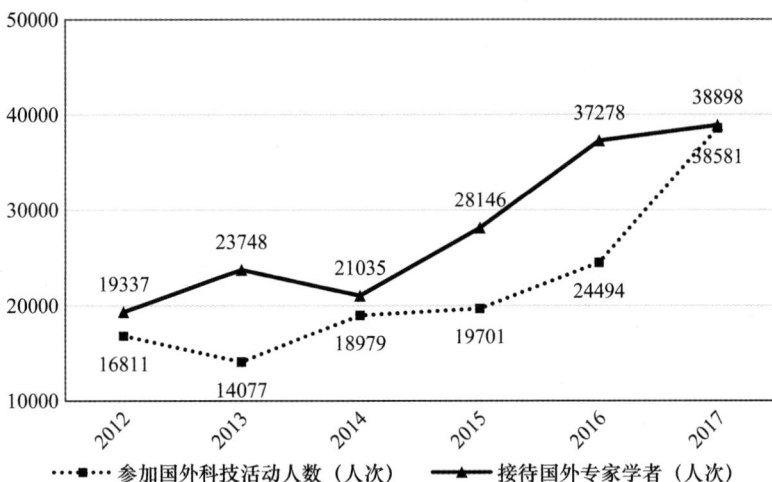

图 3-2-4　2012 年以来科技开放与交流情况

数据来源：《中国统计年鉴》（2012—2017）。参见科协系统科技活动情况部分。

2. 创新平台构建：科技企业孵化器

如果把科技创新过程比作供应链的话，那么新知识和新发现就是配套零件，需要通过知识扩散到核心企业或其他组织进行"加工"，使知识创新转化为技术创新，推动"中间产品"或"最终产品"的形成。通过加大对科研机构的投入以及推动科研人才之间的交流，有利于为创新提供资金保障和人才保障，促进新知识和新发现的产生，为知识扩散奠定良好的基础。有学者认为协同创新最关键的就是实现知识创新和技术创新的协同和集成，换句话说，衡量一个地区或国家的科技创新水平和协同创新体系的完善程度除了需要关注研发投入外，还需要关注孵化器之类的创新平台。

由首都科技发展战略研究院和科学技术部火炬高技术产业开发中心共同发布的《中国创业孵化发展报告 2018》显示：2017 年全国科技企业孵

化器总数已达 4069 家，其数量比 2016 年增长了 24.8%，数量最多的前 5 个地区分别为广东、江苏、山东、浙江和上海；而在孵科技型中小企业有 17.5 万家，累计毕业企业 11.1 万家，培育高新技术企业 1.1 万家，占全国高新技术企业的 8.2%；拥有有效知识产权 30.7 万项，其中发明专利 5.2 万项，占全国有效发明专利数的 2.5%，新增发明专利授权 2.1 万项，占当年度全国发明专利授权数的 5%；毕业后上市和挂牌企业达到 2777 家，占创业板上市企业的 1/7，占新三板挂牌企业的 1/10。另外，众创空间以降低大众创新创业门槛为目标，助推高成长、新模式的创业企业涌现并占领市场。2017 年，全国纳入火炬计划统计的众创空间达 5739 家，服务的创业团队和初创企业超过 41 万个，空间内新注册企业超过 8.7 万家，举办的各类创业活动和创业培训超过 25 万场。[①] 可见，知识创新主要是科研机构通过孵化器或众创空间等创新平台进入创新型企业形成新技术。

3. 创新型企业：以市场需求为导向的商业模式

创新型企业获得新技术或进行技术创新后，将新技术应用到产品开发或技术改良中，这不仅关乎技术应用的细节，还涉及出色的商业模式。一项新的技术也许能生产出更成功的产品，但是如果产品不被消费者接受，那么这项技术也许只能成为技术库里面的一个"备胎"；当产品在市场中被接受时，创新成果的价值才充分体现出来。因此，协同创新既是知识创新和技术创新的结合，又有赖于科技创新与商业模式创新的协同。

科技创新体系不仅可以拓展企业业务范围，还可以提升企业经济循环效益。"十三五"背景下，中小型企业要想在新时代中保持自身稳定发展，在日益激烈的竞争中占有一席之地，必须提升自身的市场竞争力，积极预防和应对科技创新带来的市场风险。把握机遇，迎接挑战，基于企业当前的发展状况，充分利用现有的资源完善企业管理和科技创新体系建设，提高企业的业务能力和生产能力，促进产业结构转型。

科技创新不仅可以强化企业创新理念。还可以完善企业管理与产业结构。当今，中小型企业要想自我完善，首先要对自身内部管理积极创新，不断为企业输入新型人才，积极完善管理理念，科技创新体系带来的科技信息技术，提升了企业内部管理效率，加快了企业生产结构转型升级，有效强化了中小型企业工作人员的创新意识，同时有利于树立企业主体的管

---

① 数据来源：《中国创业孵化发展报告 2018》。

理观念，设计更加完善、更加科学、更加契合企业需求的管理标准。

科技创新体系不仅可以改善企业当前的管理水平，还可以提升企业的核心竞争力。现如今市场竞争越发激烈，中小型民营企业在发展中具有很多不确定性，但正所谓"生于忧患，死于安乐"，这种不确定性也推动着企业之间相互竞争。企业必须提升自身市场竞争力，积极预防以及应对市场风险，才能在竞争中立于不败之地。对企业来说，最重要的是提升自身的核心技术能力，纵观现如今的科技品牌，华为、苹果、三星、微软，都掌控着自己的核心技术。民营企业必须强化自身科技水平，才能适应新一轮的科技创新改革潮流。

以第五代移动通信技术为例，2013 年 2 月，欧盟宣布拨款 5000 万欧元投入到 5G 移动技术的发展中，同年 5 月，韩国三星电子有限公司宣布已成功开发第 5 代移动通信的核心技术，新技术的成功研发为多个行业领域带来了发展潜力：奥迪与爱立信在 2018 年宣布率先将 5G 技术用于汽车生产；重庆建设完成 5G 连续覆盖试验区，5G 远程驾驶、5G 无人机、虚拟现实等多项 5G 应用获得了行业内的关注与认可。另外，5G 技术本身传输速率高、时效低的特征使其能较好地应用在车联网与自动驾驶领域、医学领域以及智能电网领域。2019 年，中国一名外科医生利用 5G 技术实施了全球首例远程外科手术，这给医学界带来了巨大的发展希望。根据预测，5G 技术将在 2025 年实现自动驾驶汽车的量产，市场规模高达 1 万亿美元。①

（二）创新主体的协同

科技创新按照活动开展的不同阶段进行划分，大致可以归纳成研发阶段、成果转化阶段和市场应用阶段。在一定的制度环境下这三个阶段分别涉及知识创新、技术创新和商业模式创新，只有在知识扩散、技术扩散和产品扩散都有效完成的情况下，科技创新的价值才能充分体现出来。那么，在不同的创新阶段，分别涉及哪些参与主体？每个行为主体的参与度又如何呢？

综观学界已有的研究，温小霓和李俊霞（2015）认为在研发阶段政府的参与度最高，科研院所和高等院校在成果转化阶段发挥着主要的作用，而企业则在市场应用阶段成为"领头羊"，把科技创新的价值充分发

---

① 参见 2019 年龙湾论坛上李德艺院士的发言。

挥出来。事实上，不同的创新主体在不同阶段都各司其职，发挥着独特的作用。借用耦合的概念，可以将创新主体之间的耦合理解为在一定时间和空间范围内，创新主体之间相互促进、协同发展，促使群体内各创新要素之间互动、共生、协同，从而达到优化资源配置、带动产品甚至产业升级的目标。创新主体之间的耦合协调度直接影响着科技创新的高度和深度。

高校（科研院校）在创新扩散的过程中发挥着非常重要的作用：在研发阶段，高校是新知识的主要来源，也是知识扩散的源头。虽然不少研究认为科技创新的主体在于企业，但是企业进行技术创新的重要前提是获得新知识，而知识创新的主体或源头从客观上来说是高校，对于国际最新的科学知识而言尤其如此。由于知识产权方面的阻碍或者不同国家政府之间的保护主义壁垒，科学知识和新技术在企业间的国际流动是困难的。而基于知识无国界的理念，新知识和新发现在大学之间的流动较少面临这些问题，大学可以通过学术交流或国际会议将知识、发现传播到更广阔的疆域。在成果转化阶段，高校与创新型企业通力合作，把新知识孵化成新技术并不断进行改良以适应更广泛的市场应用。

2017 年，我国有高等学校 2631 所，高校的 R&D 机构数量高达 14971 个，平均一所学校就有 5.7 个 R&D 机构，是规模以上开展 R&D 活动企业[①]的 7 倍。从表 3 – 2 – 1 可见，高校近几年的 R&D 项目、科技产出及成果数量都在不断增多，为科技创新作出了巨大贡献。以科技产出及成果情况为例，2017 年全国发表科技论文共有 170 万篇，其中高等学校发表 1308110 篇，占比约 77%；2017 年全国出版科技著作 54204 种，其中高等学校出版 45591 种，占比约 84%；2017 年全国获得专利授权总数为 1836434 件，发明专利 420144 件，其中高等学校获得专利授权 169679 件，发明专利 78254 件，分别占比 9.2% 和 18.6%。

此外，规模以上工业企业以及创新型企业在科技创新过程中也发挥着无可替代的作用。对于企业而言，一方面要与高校等科研机构进行知识的交流和技术的孵化，另一方面在技术创新后还要投入较大的成本来进行新产品的开发和推广。当产品到达消费者手中并获得市场认可的时候，科技创新的一个完整链条才算大致完成。正如洪银兴所言："科学新发现的价值就在于经过科学家和企业家的协同研发创新多种新技术"，企业在进行

---

① 规模以上工业企业是指年主营业务收入为 2000 万元及以上的法人工业企业。

产品研发、技术更新的同时还要注重与其他主体的交流合作。2017 年，规模以上工业企业开发新产品项目 477861 个，新产品开发经费支出 13497.8 亿元，新产品销售收入 191568.7 亿元，其中新产品出口 34944.8 亿元，有效发明专利 933990 件，这一量级分别是 2004 年的 6.27、14、8.4、6.58 和 30.81 倍。[①]

表 3 - 2 - 1　　　　　　2013—2017 年高等学校科技活动情况

项目 ＼ 时间	2013 年	2014 年	2015 年	2016 年	2017 年
R&D 项目（课题）数（项）	711010	766731	841520	894279	966780
R&D 项目（课题）人员全时当量（万人年）	32.4	33.5	35.4	36.0	38.2
R&D 项目（课题）经费支出（亿元）	662.7	701.8	765.6	777.2	877.0
发表科技论文（篇）	1127210	1152147	1220467	1267881	1308110
出版科技著作（种）	37866	39326	43136	44518	45591
专利授权数（件）	84390	85006	127329	149524	169679
发明专利（件）	35873	39468	55021	66419	78254

数据来源：《中国统计年鉴》。

创新成果的外溢性和公共性特征，使得科技创新需要政府投资的适度介入，同时政府还应该优先采购自主创新的产品和服务，引领社会把消费热点聚焦到创新型产品中来。一方面，政府的投资不能取代或挤出企业在科技创新和研发上面的投入；另一方面，政府更不应该认为企业在科技活动方面的支出能够替代政府在创新领域理应履行的义务和职能。对于政府而言，其最主要的任务包括了创新思潮引领和科技财政支持两个方面。

创新思潮引领方面，政府通过制度保障和政策制定及实施，在全社会形成科技创新的思潮，鼓励社会大众参与到科技创新的潮流中，通过社会各界的群策群力将科技创新贯彻到各个领域之中。吴建南等人（2015）通过分析发现，政府在创新驱动过程中的职能和角色为：区域经济发展战略的规划者、区域创新资源存量的评估者、区域创新网络构建的协同者和

[①]　数据来源：《中国统计年鉴》（2017）。

区域经济衡量指标的优化者。总之，政府在区域科技创新过程中必须发挥出相应的宏观与微观作用。

以5G发展为例，2017年，中国工信部发布《关于第五代移动通信系统使用3300－3600MHz和4800－5000MHz频段相关事宜的通知》，确定了5G中频频谱能够满足系统覆盖和大容量的基本需求；2018年12月，工信部正式对外公布，已向中国电信、中国移动、中国联通发放了5G系统中低频段试验频率使用许可，这意味着各基础电信运营企业开展5G系统试验所必须使用的频率资源得到了保障，同时也昭示着我国5G产业链的逐步发展成熟。

科技支持方面，政府从财政总量池中适当拨款，为社会各界的科技创新活动提供资金支持。统计数据显示（图3－2－5），2009—2017年间，政府的研究与试验发展资金经费的支出不断提高，但与此同时，政府和企业在这方面的支出差距也在不断扩大：2009年，研究与试验发展政府资金经费支出1358.27亿元，企业支出4162.72亿元，前者仅占后者支出的三分之一左右；2017年，研究与试验发展企业资金经费支出13464.94亿元，而政府在这方面支出3487.45亿元，前者是后者的3.86倍，二者对研究实验发展的贡献差距不断扩大。

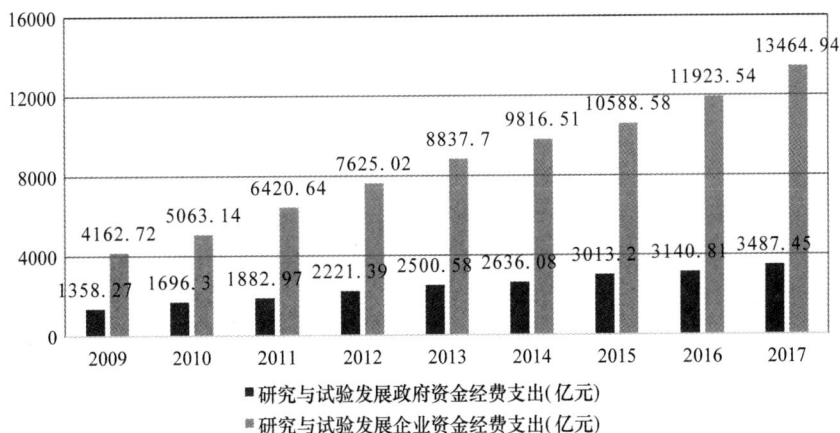

图3－2－5 2009—2017年研究与试验发展资金经费支出情况

图3－2－6反映出近年来我国科技拨款占公共财政支出的比重，可以看到，科技拨款支出在整体财政中所占的比例不升反降，曲线走向呈现出

较为波动的态势。应该注意的是，社会主体对科技发展的重视及其资金支持并不能代替公共财政对科技事业发展所负有的责任，科技事业的发展进步依然不能懈怠，国家和政府必须为此营造良好的社会环境并且提供稳定的资金、制度等支持，从而进一步刺激社会的创新创造精神。

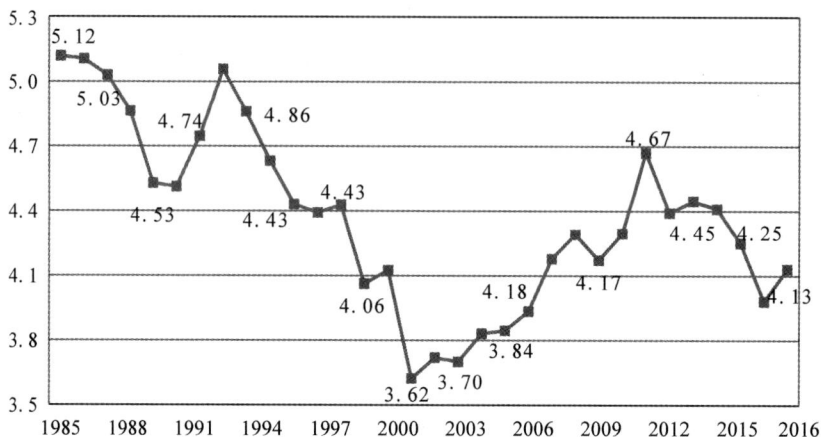

图 3 - 2 - 6   中国 1985—2016 年科技拨款占公共财政支出的比重折线图（%）

二   科技创新的溢出效应

如前所述，科技创新在促进经济高质量增长、改善整体福利水平、推动绿色发展模式等方面表现活跃，具有非常重要的作用。此外，知识和技术等创新资源作为特殊的生产要素，具有规模报酬递增的特点。新知识和新技术的使用是"多多益善"的，其广泛投入使创新成果表现更好，产生更高的效益。上述章节也分析了创新是如何扩散的，技术创新源通过扩散媒介从而被采纳者认可并进一步应用，这一过程涉及知识扩散、技术扩散和产品扩散。但是，一个组织或区域内科技创新所产生的效益未必局限于这个组织或区域本身，科技创新对外部环境具有一定程度的溢出效应。基于此，这一部分的内容主要论述一项新技术是如何进行扩散并且产生效益的。

（一）科技创新如何产生外溢效应

因自身构成要素的特殊性和具体性，创新活动具有时间和空间的形式，即具有明显的地域化特征。以中国为例，有学者研究中国区域创新能力的空间分布，发现中国东中西部三大地区的区域创新能力差距悬殊，而全国的科技创新曲线与东部地区的科技创新曲线形状大致一样，表明基本上由我国东部地区决定国家区域的创新能力（李恒，2012）。但全范围的利益行为者都想瓜分小范围内科技创新带来的收益，事实上，科技创新确实能突破地域的限制将效益向外输送。熊彼特在其创新理论中指出，企业在成功通过科技创新而获得垄断利润的同时，利润的诱惑必然会引起其他企业对该项新技术的争相模仿，这种大规模或大面积的技术模仿既是创新技术扩散的过程，同时也是科技创新发挥外溢效应的过程。经过对相关文献的梳理研究，科技创新的外溢效应可以通过跨国贸易、外商直接投资、城市群协同发展这三种途径实现。

1. 跨国贸易

贸易溢出模型（CH 模型）认为技术知识是通过贸易传递的，即出口国通过把创新型产品传输到贸易进口国，后者可以通过对产品的分析和研究而提高自身的知识资本（David T. Coe，1995：859 - 887）。一方面，新技术使得新产品能够出口到其他国家并被当地的企业所接纳和认可，这是产品扩散的体现，反映了科技创新的价值得以实现，创新主体也会因此获得较高的利润。另一方面，东道国在输入进口商品时可能会在当地引起新的消费热点和消费动力，对该国的经济增长具有促进作用。而消费作为生产的第一动力，东道国必然会基于自身的研发能力，对进口商品背后反映的技术和生产模式进行效仿甚至突破，从而产生新的知识资本或者获得新的技术。

已有研究也表明中国的贸易进口对本国的技术进步产生重要作用，出口国的研发投入、财政科技投入等都对中国的全要素生产率起促进作用，但在不同地区或不同阶段，技术进步却具有相当的滞后性（方希桦等，2004）。具体而言，贸易进口对东部地区和中部地区的技术进步都有显著的促进作用，但西部地区或许囿于地理位置的劣势，尚未从贸易进口中获取技术溢出效应（张经强，2009）。最近十年来，中国一直维持贸易顺差的状态，高新技术产品、医疗仪器及器械以及机电产品的进口金额都大于出口金额。2017 年，中国高新技术产品进口和出口金额分别约为 5840 亿美元和 6674 亿美元，分别是 2009 年的 1.88 倍和 1.77 倍。[①] 对于中国而言，高新技术产品的引进为本国技术进步提供了良好的契机，高新技术产

---

① 参见 2009—2017 年的《中国统计年鉴》。

品的出口也为不发达国家或地区的技术进步提供了较好的资源。值得注意的是，如图 3 - 2 - 7 所示，中国的飞机进口金额呈不断上升的态势，但尚未有飞机出口，表明中国目前在航空领域对境外先进技术和产品的依赖较为严重。

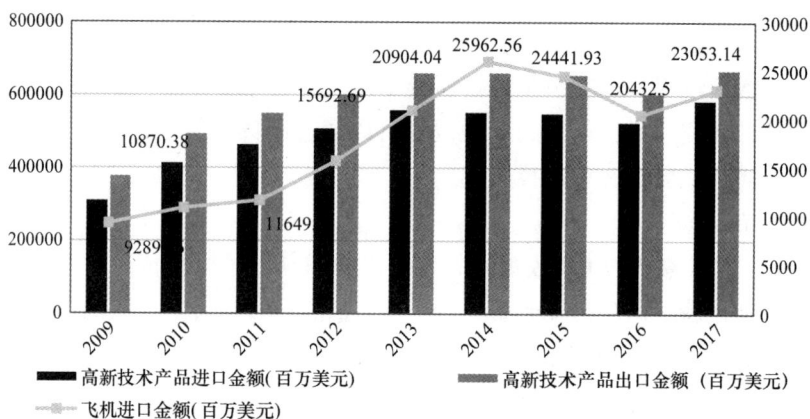

图 3 - 2 - 7　2009—2017 年中国部分产品进出口金额（百万美元）

注：飞机进口金额数据为次坐标轴。

2. 外商直接投资

外商直接投资是指外国投资者在本国境内通过设立外商投资企业、合伙企业，与中方投资者共同合作以及设立外国公司分支机构等方式进行投资，外国投资者可以通过现金、实物和技术等进行投资，还可以用从外商投资企业获得的利润进行再投资。跨国公司对外直接投资可以"内部化"地实现技术转移，给东道国带来较大的外部经济，实现外资技术溢出。一方面，本地技术人员可以近距离接触外资企业的生产过程，较大程度地减少信息不对称，降低模仿外资技术的成本，进一步降低新产品可能面临的不被市场接受的风险（Golder & Tellis，1993：158 - 170）；另一方面，外资的进入能在一定程度上加剧当地的市场竞争程度，刺激本地企业改善生产技术水平，提高市场竞争力，形成"鲶鱼效应"（唐未兵等，2014）。

近年来，中国的外商直接投资（FDI）发展迅速，截至 2018 年 11 月，全年外商直接投资项目共有 54703 个，分别是 2017 年和 2009 年项目数量的 1.53 倍和 2.3 倍。由图 3 - 2 - 8 可见，多达 19 个行业领域均有外商直接投资项目，2009 年至 2017 年间，各年度签订外商直接投资项目中占比较高的行业主要有制造业、批发和零售业以及租赁和商务服务业。2017 年，这三大行业签订外商直接投资项目数分别为 4986 个、12283 个和 5087 个，分别占总签订项目的 13.99%、34.45% 和 14.27%。

值得注意的是，制造业签订外商直接投资项目数和所占比例都在逐年降低，而在批发和零售业以及租赁和商务服务业签订外商直接投资项目占比越来越大。2009 年，制造业签订外商直接投资项目占比是最高的，而到了 2016 年，批发和零售业签订的外商直接投资项目占比已经遥遥领先于制造业，甚至租赁和商务服务业所签订的项目占比也已经超越了制造业所占的比重。我们再看另外一组数据，2009 年，中国实际利用外商直接投资金额约为 900 亿美元，2012 年为 1117 亿美元，2018 年为 1350 亿美元。这些数据都表明实际上中国利用外商直接投资的水平在不断提高，外资技术溢出的空间也越来越大，对中国科技创新水平和技术进步都起到较大的促进作用。

但是，外商直接投资并非直接带来经济效益和技术水平的提高，也就是说外商直接投资并不是科技创新的充分条件，只是一个地区或国家科技创新的进步在达到一定条件的前提下，可以通过外商直接投资来实现其空间溢出效应。已有研究表明，外商直接投资对当地科技创新发挥促进作用需要先跨越一定的门槛，Borensztein 等人（1998：115 – 135）指出，东道国只有具备一定的劳动技术水平和基础设施才能跨越门槛，从而享受外商直接投资带来的外溢效应；陈柳等人（2006）也发现外商直接投资本身所具备的外溢对经济增长的作用并不十分显著，在与人力资本相互作用的情况下，外商直接投资才能更有效地发挥促进经济增长的作用。

3. 城市群协同发展

前面主要论述了科技创新空间溢出效应的国际途径，但我们不能忽视，在一个国家或地区范围内的科技创新依然存在明显的空间溢出效应，尤其是那些以协同合作为发展战略的城市群或城市发展联盟所形成的城市群创新网络对促进创新有着重要作用。美国旧金山湾区、纽约湾区，日本东京湾区和中国粤港澳大湾区作为世界四大湾区，在各自范围内既形成了比较完整的协调创新体系，也发挥着显著的科技创新空间溢出效应。

以中国粤港澳大湾区为例，湾区内知识创新网络紧密，已经逐渐形成了以"广州—香港—深圳"为核心的创新集聚结构，而地理、语言、技

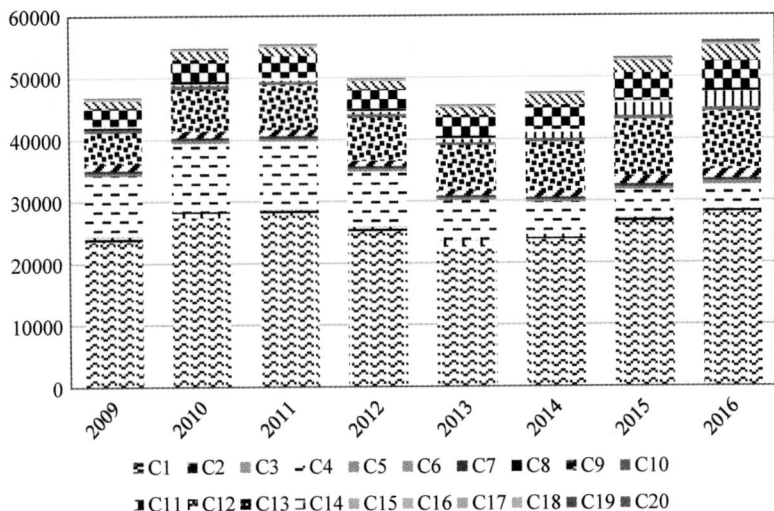

图 3 - 2 - 8　2009—2016 年各行业分外商直接投资项目数（个）

数据来源：《中国统计年鉴》（2009—2016）。C1 为签订外商直接投资，C2 为农、林、牧、渔业签订外商直接投资，C3 为采矿业签订外商直接投资，C4 为制造业签订外商直接投资，C5 为电力、燃气及水的生产和供应业签订外商直接投资，C6 为建筑业签订外商直接投资，C7 为交通运输、仓储和邮政业签订外商直接投资，C8 为信息传输、计算机服务和软件业签订外商直接投资，C9 为批发和零售业签订外商直接投资，C10 为住宿和餐饮业签订外商直接投资，C11 为金融业签订外商直接投资，C12 为房地产业签订外商直接投资，C13 为租赁和商务服务业签订外商直接投资，C14 为科学研究、技术服务和地质勘查业签订外商直接投资，C15 为水利、环境和公共设施管理业签订外商直接投资，C16 为居民服务和其他服务业签订外商直接投资，C17 为教育签订外商直接投资，C18 为卫生、社会保障和社会福利业签订外商直接投资，C19 为文化、体育和娱乐业签订外商直接投资，C20 为公共管理和社会组织签订外商直接投资。

术结构和经济等方面的相似性或互补性为它们之间的创新溢出提供了更便利的条件（许培源、吴贵华，2019）。有学者认为粤港澳大湾区已经构建了"香港、广州进行知识创造—深圳进行知识转化—珠三角利用新技术进行产品应用"三位一体的协调创新体系（陈广汉、谭颖，2018）。换句话说，广州、深圳和香港作为粤港澳大湾区城市群的领头羊，其科技创新水平在湾区内处于第一梯队，基于协同发展、有效竞争和多方交流，这三座城市进行科技创新所产生的效益必然会蔓延到其他城市，或通过技术传播提高其他城市的生产效率和经济增长质量，或通过市场竞争刺激其他城市进行技术创新，从而推动经济增长方式的转变。

　　总体而言，在这样的环境下，粤港澳大湾区的整体创新水平不断提高，同时各个城市的创新活力亦会被不断激发。《粤港澳大湾区协同创新发展报告（2018）》[①] 以专利作为衡量粤港澳大湾区创新能力的重要尺度，以大湾区 500 个创新机构样本及其发明专利总量为依据，分析湾区内 11 个城市的协同创新水平。该报告指出粤港澳大湾区近几年的创新活力、创新动力以及创新水平都居全国前列。以新兴行业[②]和科研智力支持[③]方面的专利总量为例，2015—2017 年新兴行业专利总量共 238227 件，其中超过半数集中在深圳，共 121699 件，其次在佛山市、东莞市等；大湾区近三年在科研智力支持方面的专利总量共计 72803 件，广州和深圳的专利占比超过 80%，其中广州为 35218 件，占整个湾区的 48.34%（见表 3 - 2 - 2）。

表 3 - 2 - 2 　　2015—2017 年粤港澳大湾区各城市在新兴行业和
科研智力支持方面的专利总量

城市	新兴行业专利总量（件）	排名	科研智力支持方面的专利总量（件）	排名
深圳	121699	1	25451	2
广州	7342	6	35218	1
珠海	24179	4	2116	5
佛山	38506	2	3006	3
东莞	25929	3	1485	6
惠州	10265	5	415	9
中山	5233	7	1201	7
肇庆	390	10	609	8
江门	1740	9	318	10
香港	2900	8	2956	4
澳门	44	11	28	11

――――――――

　　① 广州日报数据和数字化研究院（GDI 智库），《粤港澳大湾区协同创新发展报告（2018）》，2018 年 9 月 20 日，http：//www.sohu.com/a/256149408_ 658521.
　　② 新兴行业包括计算机、通信和其他电子设备制造业与电气机械和器材制造业等行业。
　　③ 科研智力支持包括高等院校与科学研究和技术服务业。

另外，通过竞争方式获得的科技创新溢出效应，并非仅由单个企业的某种具体行为即可实现，而是由行业内不同企业间或不同科研机构之间的"进攻"和"回应"的互动行为决定的，这些竞争行为反映出溢出效应作用过程中不同主体的积极性、反应速度、多样性和差异性（张诚、林晓，2009）。

（二）科技创新溢出效应的影响因素

从某种程度上来说，科技创新存在着正向的外部效应，可以有效改善企业的生产方式和产业结构，提升社会群体的满足感与获得感；但科技创新的溢出效应并非稳定不变，它在一定的环境内发挥作用，也随着周围环境的变化而变化，具体可以概括为企业外部—城市状况和企业内部—自身发展情况两个方面，其中比较显著的影响因素有空间距离、人均 GDP、本土创新能力、人力资本投入四个方面。

1. 空间距离

我们可以把科技创新的溢出效应理解为一个创新主体技术进步以后对其他主体散发的余热，显然，距离该创新主体越近就越能感受到热度。从技术扩散的角度来看，空间距离越短，越能加快扩散速度，越有利于技术创新扩散，因为创新通常沿着空间梯度逐步扩散（王珊珊、王宏起，2012）。一方面，空间距离的缩短，能有效降低人们享受创新成果的运输成本，更快被科技创新主体"辐射"；另一方面，较短的空间距离更能推动不同城市或不同企业间技术人员的流动，而人才的流动必然能促进知识的流动或溢出，从而有利于在技术进步的基础上进行再创新。

2. 人均 GDP

人均 GDP 是一个国家或地区经济发展状况和人民生活水平的重要指标，既能反映当地的消费水平，还能体现该地区进行科技创新或技术迭代的经济基础。中国已经步入了中等收入国家行列，创新驱动发展战略已经成为国内大多数城市当前发展的核心战略安排。2018 年北京市人均地区生产总值为 140211 元，上海市为 134982 元，均远高于全国平均水平64644 元。对于这两个城市而言，自身雄厚的经济基础为它们提供了科技创新的财政支持，同时作为国家的经济发展中心，这两个城市与国内其他城市以及国际发达城市联系密切，有利于新技术的"引进来"以及把科技创新的效益更好地"溢出"到国内其他城市。

3. 本土创新能力

多项研究表明，本土技术的创新能力对经济高质量增长具有显著的正面作用，甚至在很大程度上影响着各区域经济发展的平衡程度。从某种意义上来说，本土创新能力是衡量一个地区或城市在科技创新方面是否为"可塑之才"的重要指标。科技创新的溢出效应本来就是一个双方或多主体互动的过程，当一项新技术进入到某个地区时，该地区本身的创新能力决定着其是否对创新成果具有较好的吸收能力和领悟水平。如果科技创新的溢出客体和溢出主体之间的高低位势差距过大，新技术的溢出和扩散就会缺乏动力（李莉，2007）；而某个城市或地区的本土创新能力越强，意味着其对新技术和新知识的吸收能力越强，其越能突破空间距离的限制，放缓知识和技术溢出空间衰减的速度，从而能获得更多的创新溢出（陈傲等，2010）。

4. 人力资本投入

人才一直以来都是中国以及世界其他先进国家高度重视的发展要素，人力资本的高投入意味着这个领域具有较大的发展潜力。科技创新是以人才为重要支撑的发展内容，这也是各大先进城市或高技术企业不断推动人才流动甚至发起"抢人大战"的原因。只有充分的人力资本投入，包括教育培养、科研人员及资金的投入等，才能提升本土创新能力，促进经济更高质量地增长，推动科技创新更好地发挥溢出效应。可以说，人力资本投入是科技创新发挥溢出效应的充分和必要条件，同时对科技创新溢出效应的其他影响因素具有较大的作用空间。

除了上述四种因素之外，有学者从群体动力学视角分析科技创新与金融创新的耦合机制，发现这两类创新群体的耦合状况不断改善，耦合协调度呈上升趋势，但同时还要进一步建立完善信息共享与交叉学习机制，提高政府在协调科技与金融方面的能力（刘湘云等，2018）。另外，郭文伟等人（2018）以粤港澳大湾区为例，发现大湾区科技创新与金融集聚都存在显著的空间自相关性，同时金融业对科技创新的影响存在显著的行业异质性，保险业的区域聚集能有效促进科技创新发展。科技创新的主要作用在于提高社会的技术水平，而科技与金融的深度融合能有效提高社会的资源配置效率，推动产业的高度和深度发展。

还有研究关注科技创新的空间扩散，认为空间距离、产业联系和技术差距是影响技术空间扩散的主要因素，其中空间距离所产生的空间依赖性及产业联系对新技术的空间扩散产生正向影响，而技术差距不利于技术扩散；另外，产业联系对技术空间扩散的影响程度最高，空间距离次之，技术差距最小（周密，2009）。先不论这些研究的精确程度，但它们都为我们认识科技创新及其溢出效应的影响因素提供了特殊的参考视角，有助于相关研究的后续开展。

第四章　大学科技创新与创新体系关联的实证研究

伴随着高等学校科技创新政策的制定与实施，高校科技创新地位的提升以及科研活动的发展得到重视。党的十八大以来，党中央和地方政府出台了一系列全面推进高校科技创新、科研经费管理的相关政策措施，强调要全面深化高校科技制度改革，充分释放高校科技创新活力，加强营造有活力的高校科技创新环境，增强高校办学水平和核心竞争力。党的十九大报告进一步提出要加快建设一流大学和一流学科，实现高等教育的内涵式发展。高校作为国家科技创新的主要组成部分，在国家科技创新体系中具有绝对的不可替代性，不断为国家科技发展培育高素质人才、提供科技创新平台、组织学术研究与科研实验，进一步巩固了高校在国家科技创新活动中的重要地位。

在当今社会，不论是在发达国家还是在发展中国家，大学科技政策在国家科技创新政策中的地位日渐上升，大学成为科技创新发展的载体，也是一国科技创新与他国进行交流学习的窗口。对内，大学科技创新政策主要用于调配创新资源的分配，实现创新资源的有效整合，激发大学科技创新的热情；对外，大学科技创新政策主要保障国内大学与国外大学科技创新项目的合作和交流学习等交互活动的有效进行。一方面给政府科技创新政策的选择预留了可以影响大学科技创新活动的空间，另一方面不断调整科技创新政策，以适应国际科技创新的新形势和新变化。

面对国际高速发展的竞争环境，世界各国将建设一流的科技创新生态作为实现飞跃性发展的重要战略举措，从而实现以科技创新带动产业发展并促进区域经济发展的目标。因此，大学科技创新体系的建设成为区域科技创新能力发展的重要切入点，创新型高校成为促进国家经济、区域经济发展的重要引擎。随着"创新驱动发展战略"对全国科技创新能力要求的提高，高等院校、科研院所在创新体系中发挥的作用也越来越大。因此，研究大学科技创新与产业创新、区域创新体系与国家创新体系的关联对于创新体系以及国家经济的发展具有重要意义。

第一节　大学、区域及国家科技创新的关联

高校创新体系是国家创新体系的重要组成部分，这主要是由高校创新体系的特点与功能决定的。首先，高校创新体系以培养各类高级专业人才为主要任务，而具有创新精神的开拓型人才是国家创新体系的核心，因此，高校创新体系是国家创新体系的人才基础。从事科学创造的人，进行技术创新者甚至未来所有进行产品创新的人都依赖高等学校的培养，所以没有高校创新体系就难以形成国家创新体系。其次，高校创新体系是国家创新体系的知识基础。知识是国家创新体系的基本因素，国家创新体系的作用就是促进知识的创造与转化，而高校创新体系具有知识创造、积累和传递、传播的功能。

同时，国家创新体系建设推动着高校创新体系建设，国家创新体系建设为高校创新体系建设提供了良好的发展契机。创建中国高校科技创新体系，就是要实现高校科技创新体系与国家创新体系的有效对接。高校科技创新体系已成为国家创新体系不可分割的有机组成部分，其自身的发展实力也将决定其在国家创新体系内的发展空间和竞争空间。总体而言，高校科技创新体系是指高校将各种资源（包括有形资源和无形资源）通过重新调整、组合、优化配置而形成的一个完整的保障体系，同时，其作为一个开放系统，与其他国家创新体系的子系统在不断互动的过程中构成一个有机整体。

一　大学科技创新的现状

从高校参与科技创新的过程来看，高校科技创新主要包含投入和产出两方面。投入方面主要体现在教学与科研人员的投入、高校科技创新经费的投入、信息和物力等方面的投入；产出则主要包含成果产出和成果转化两个方面。科技成果一般指科技专著、科技奖励、论文、专利以及鉴定成果等产出，科技成果的转化主要指高校把科技专著、科技奖励、论文、专利、技术以及鉴定成果等转化为生产力，促使科技创新成果通过商业化、

市场化和产业化等方式转化为新产品。

在进行大学科技创新与区域创新体系的耦合分析时，为考察当前我国大学整体和各省域大学科技创新的发展现状，本书以《高等学校科技统计资料汇编》为数据来源，以大学的科技创新表现为微观视角，以各省域大学的科技创新表现为中观视角，分别从投入和产出两个角度设置评价指标，以研究各省域 2016 年的高校科技创新能力的现状，并从人员投入、经费投入、创新成果和技术转化四个层面分别设置多个二级指标进行分析，构建指标体系如表 4 - 1 - 1 所示。

表 4 - 1 - 1　　　　　　　大学科技创新能力指标体系

一级指标	二级指标	单位
人员投入	R&D 当年人员投入	人年
	教学与科研人员合计	万人
	教学与科研人员中科学家与工程师的高级职称占比	%
	研究与发展人员合计	万人
	研究与发展人员中科学家与工程师的高级职称占比	%
	折合全时当量	万人
经费投入	科技经费当年拨入	亿元
	科技经费当年内部支出	亿元
	科技经费当年使用占比	%
	R&D 项目数	万项
	R&D 成果应用及科技服务经费	亿元
	科技课题总数	万项
	科技课题当年支出经费	亿元
科技成果	专著数量	部
	学术论文合计	篇
	鉴定成果数	项
	成果授奖合计	项
	成果授奖中的国家级奖占比	%
技术转让	技术转让签订合同数	项
	技术转让当年实际收入	亿元

（一）人员投入情况

大学拥有丰富的创新人才和研发精英，大学内部的教授、副教授、博士生、硕士生等研究人员均是开展科研工作不可或缺的要素，从另一个层面来说，人才培养是大学承担的基本职责之一，是大学在开展日常活动时着重考虑的内容。我国政府在全国范围内，对高校的师资力量、创新人才的培养提供了必要的政策支持，为研究人员营造良好的环境。在本书中，大学科技创新人员投入从各省份的教学与科研人员、研究与发展人员、研究与发展人员折合全时当量及其科学家与工程师的高级职称占比来进行分析，分别研究全国大学的整体情况和各省域大学的突出表现，探究全国大学和区域大学科技创新体系的内在联系。

教学与科研人员方面，全国合计人数从 2012 年的 8.6 万增长到 2016 年的 10.27 万，总体的增长幅度为 19.3%，平均每年增长 4.5%。从柱状图 4-1-1 可以发现，教学与科研人员的合计人数在 2012 年和 2013 年增长较为平缓，而在 2014 年至 2016 年间有较大的增长，说明人员数量呈现上升趋势，同时也意味着，教学与科研人员的需求在不断地增加，各高校

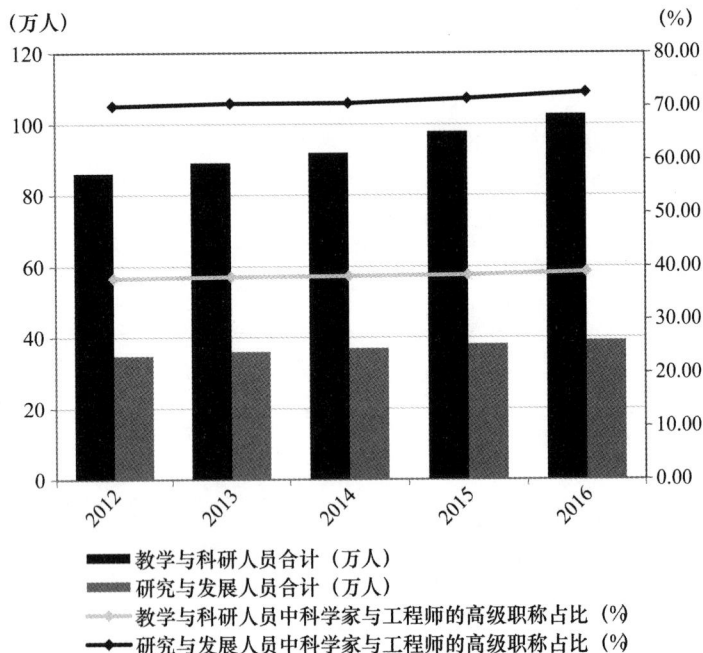

图 4-1-1　全国高校科技创新人员投入概况

在提高科研水平、提升学生创新能力方面注入了更多的活力。教学与科研人员中科学家与工程师的高级职称占比也是逐年增加，从 2012 年的 37.76% 增长到 2016 年的 38.97%，其占比增长较为缓慢，增长速率有增快的趋势，说明教学与科研人员中高级职称人数占比在不断增多，高校科研能力也不断加强。

同教学与科研人员合计人数一致，我国高校研究与发展人员合计人数呈现出逐年增长的态势，从 2012 年的 34 万人增长为 2016 年的 39 万人，总体增长幅度为 12.5%，平均每年增长 3.0%，相较于教学与科研人员增长率而言较低，但是仍保持着逐年增长的态势，其折合全时当量也是逐年增长，背后折射出国家对人员投入不遗余力的支持；研究与发展人员中科学家与工程师的高级职称占比相比教学与科研人员中科学家与工程师的高级职称占比更大，前者约为后者的两倍，也是呈现逐年上升的态势。

基于全国高校的创新人员投入来看不同省域的人员投入情况，可以发现不同省域、不同类型的研究人员数量占比是有所差别的。如图 4-1-2 所示，教学与科研人员在不同地方有较大的差别，其中北京市的教学与科研人员数量最多，约为 7.6 万人，排在后面的省份依次为江苏省、广东省和山东省，同时，研究与发展人员在这些省份也占有较大比重，反观人员投入较少的省份大多分布在西藏自治区、海南省、青海省等，这说明我国大学科技创新人员大多投入在城镇化水平高、经济发展水平高、创新相关政策支持较多的省份。

总体来看，教学与科研人员中科学家与工程师的高级职称在各省份占比都相对稳定，基本保持在 35% 左右。研究与发展人员中科学家与工程师的高级职称占比相较教学与科研人员中比例更高，不同省份的差距较大，但总体保持在 70% 左右，占比最低的宁夏回族自治区仅为 49.87%，占比最高的青海省则达到 88.85%，说明我国在培养科学家与工程师等高级职称方面还有待加强，不同地方的人员投入有较大的差距，应当大力扶持人员投入较少的省份，提高我国地方大学科技创新人员的投入水平。

将 2017 年全国大学科技创新指标人员投入一共分为 8 级，并且统一采用自然断点法选取中断点进行处理，对教学与科研人员同研究与发展人员使用点密度方法进行分析，可以发现，我国大学科技创新人员投入强度大的地区普遍分布在我国东部沿海地区，突出省市为北京市、上

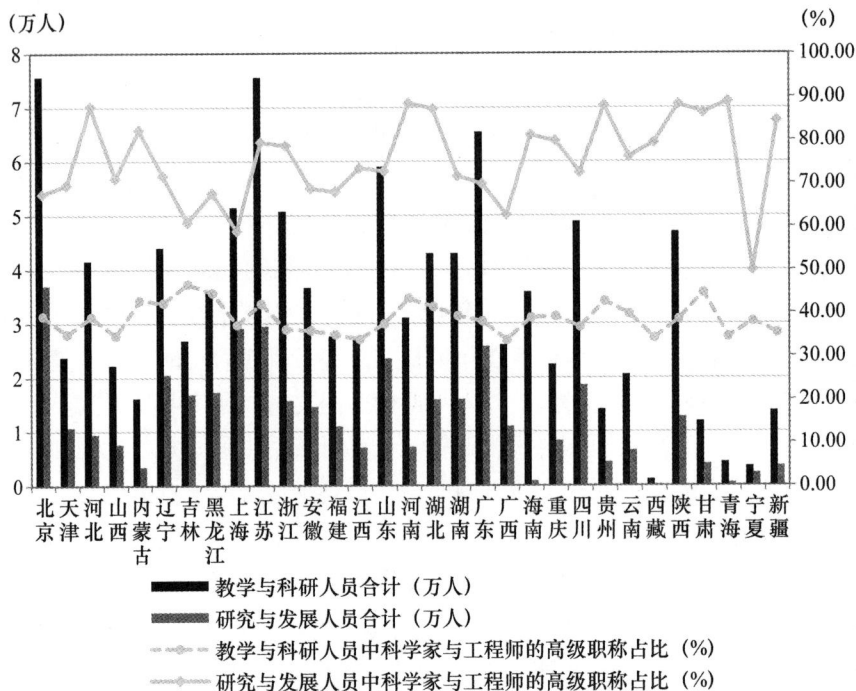

图 4 - 1 - 2　全国各省市高校科技创新人员投入概况

海市、江苏省和广东省，教学与科研人员和研究与发展人员这两项指标在分布上基本一致，东部地区人员投入力度较弱的省市为浙江省、江西省和贵州省。从全国范围来看，地方发展水平是影响人员投入的一大关键因素，人员投入在东西部地区的分布不平衡，且东部地区内部也存在不均衡投入现象，地区之间的差距较为明显。

（二）经费投入情况

科技经费的投入保证了科研工作的经济基础，为大学开展科技创新活动提供经济动力，推动了科研工作的有序进行，经费资助的获取是大学开展科学研究必不可少的条件之一。在本书中，大学科技创新经费投入从科技经费当年拨入、当年支出、R&D 项目数、R&D 成果应用及科技服务经费、科技课题总数及科技课题当年支出进行分析，研究全国大学整体的经费投入情况，以及地方大学的区域经费投入具体表现如何。

图 4-1-3 中显示了近 5 年全国高校经费投入的分析结果，可以看到，我国大学科技经费每年拨入金额从 2012 年的 1108 亿元增长到 2016 年的 1483 亿元，其中，2014 年有明显的增加趋势，增长率上升幅度较大。此外，科技经费当年支出随着经费当年拨入的增加而增加，从 2012 年的 957 亿元增长到 2016 年的 1251 亿元，支出与拨入占比保持在 85%—90% 之间，说明科研工作对经费有十分巨大的需求，基本上将当年拨入的经费悉数使用完毕。

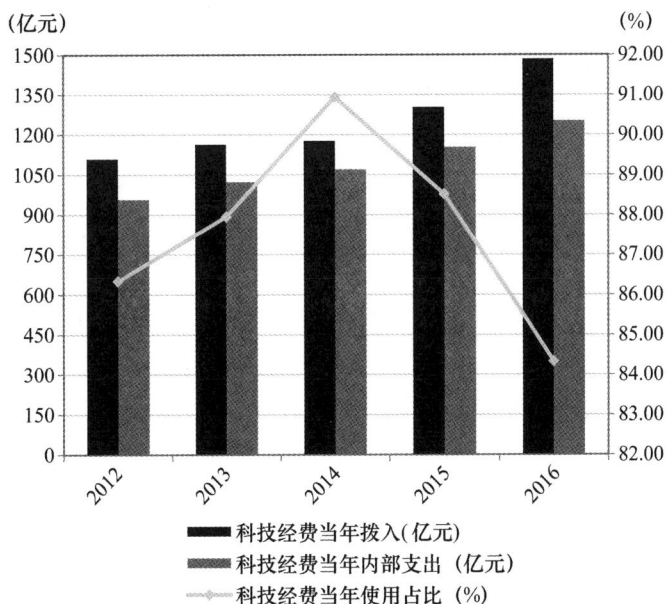

图 4-1-3 全国高校科技经费投入支出概况

在高校中，获取科研经费的主要途径为科技课题的承接与开展，从科技课题的表现可以一窥高校整体的经费收支情况。图 4-1-4 统计了全国科技课题的数量和支出经费概况，可以发现，科技课题的总数呈现逐年稳定增加的态势，从 2012 年的 42.3 万项增长到 2016 年的 55.2 万项；同时，科技课题当年支出经费也随着课题数目增加而逐年增多，从 2012 年的 731.73 亿元增长到 2016 年的 896.77 亿元，二者呈现同比例增长的趋势，这与现实中的经费投入支出使用情况是相吻合的。

将研究视角投射到不同省域的高校经费投入情况，可以发现 31 个

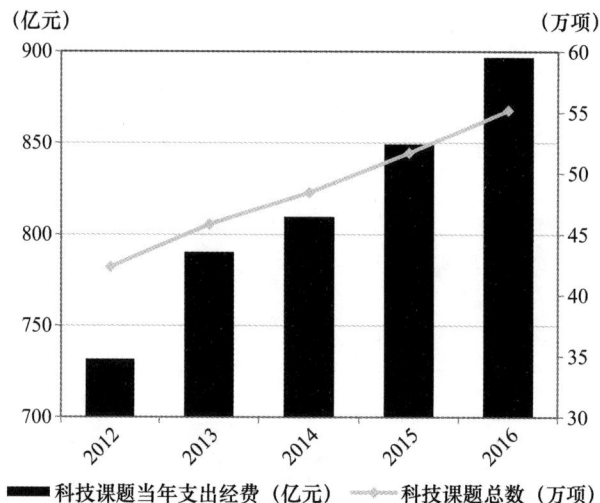

图 4-1-4　全国高校科技课题的经费与数量概况

省市的大学科技经费呈现出不一样的特点。北京市 2016 年的科技经费拨入最多，一共拨入了 231 亿元，内部支出的科技经费金额也最多。位列之后的省市依次为江苏省、上海市和广东省。除此之外，其他省份所获经费参差不齐且存在较大差距，科技经费最少的是西藏自治区，2016 年拨入的科技经费仅为 9645 万元。全国各省份科技经费当年支出与当年拨入的比重大致保持在 80% 左右，未出现透支的情况。其中对科技经费使用最充分的省份为吉林省、辽宁省和黑龙江省，这些省份均处于东北地区；投入使用率最低的省市为北京市、上海市、山东省和广东省，这些都属于我国科技发展的重点省市，这说明提高高校科技创新能力，科研经费需要得到充分利用；科技能力总体偏低的省份则需要投入更多的科研经费。

　　将 R&D 项目和科技课题总数进行综合分析，可以发现两者之间的变化趋势基本一致，但科技课题无论是项目总数和科技经费都高于 R&D 项目数。科技课题最多的是北京市，2016 年课题总数达 61006 项，科技课题当年支出约达 147 亿元，其次为江苏省、上海市、广东省和陕西省。从 R&D 项目来看，其总体变化趋势与科技课题基本一致，但也有不同的地方，R&D 项目数最多的是江苏省，2016 年 R&D 项目数达 6501 项，R&D 成果应用及科技服务当年投入经费 16 亿元，其次为上海市、河北省、广

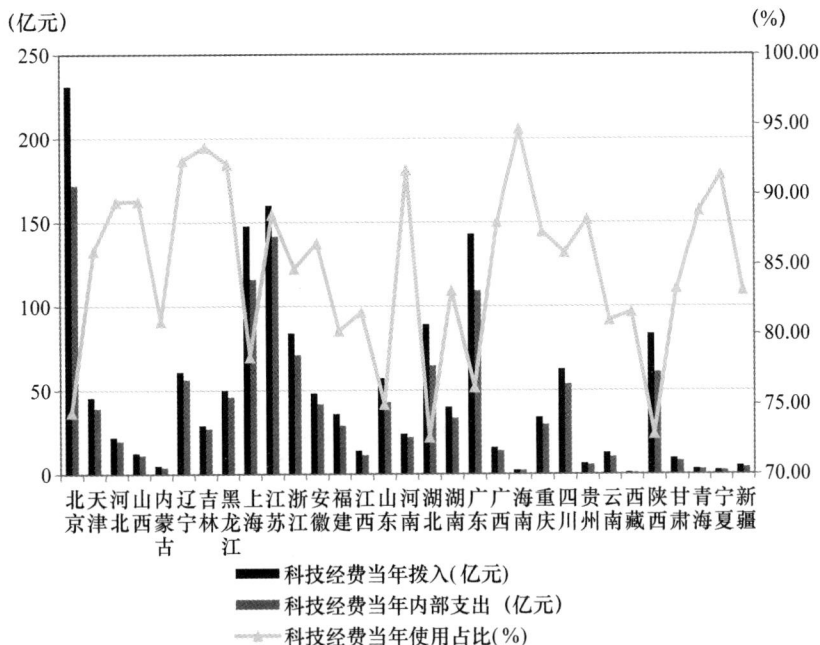

图4-1-5 全国各省市高校科技创新科技经费投入支出概况

东省和陕西省。总体而言，全国科技经费投入的主要省市多数是我国科技人员投入和科技课题分布较为密集的省市。

将高校科技创新的经费支出和使用占比数据分为8级，形成相应的展示图并进行地域上的分析。可以发现我国高校科技创新的经费投入呈现东多西少的分布格局，东部沿海地区的经费支出金额最多，中部地区次之，西部地区只有新疆维吾尔自治区和甘肃省有零星的分布。同时，科技课题经费的投入与科技课题总数相关，科技课题总数多的省市获得了更多的科研经费，二者呈同向增长的关系。

与科研支出经费不同，科技经费的使用率则呈现出反比增长的关系，科技经费拨款较多的省份使用率反而比较低。科研经费使用率较高的省市主要分布在我国部分中部和东北部地区，与科技经费支出的地区分布大致错开，这说明我国不同地区的高校科技创新发展具有不协调性，东部高校科技创新能力较高的省市未能实现对科研经费的充分使用，高校科技创新能力偏低的省市所获得的科研经费偏少，但保证了该高校内部科研经费的

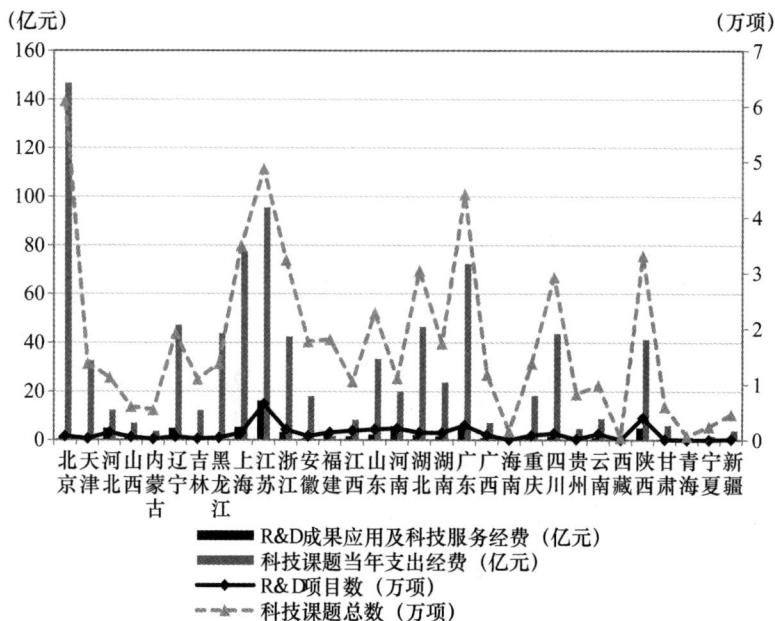

图 4-1-6　全国各省市高校科技创新 R&D 项目与科技课题
经费投入支出概况

充分使用，相比其他经费充足但没有得到充分利用的大学经费利用率反而
更高。

（三）创新成果情况

R&D 项目和成果应用是科技创新成果的重要体现，这两个指标反
映了我国高校科技创新的整体情况。从 R&D 项目上看，我国高校 R&D
项目数逐年增加，从 2012 年的 28135 项增加到 2016 年的 34856 项，增
速存在一定的波动。R&D 成果应用及科技服务经费在 2013 年有明显的
下降，但从 2013 年起开始逐年增长，于 2016 年达到了 70.24 亿元的经
费总额。

总体而言，大学科技课题总数在不断增加，经费投入存在一定的不稳
定性，但总体呈现逐年增长的态势。大学科技创新项目中还有许多正在孵
化或是筹备孵化的项目，经费的投入支撑着项目的有序开展，同时也推动
着创新项目的孵化落地。对高校科技活动的开展而言，科研经费的投入是
必不可少的，所以我国高校要把握好科研经费投入与支出的平衡关系，实

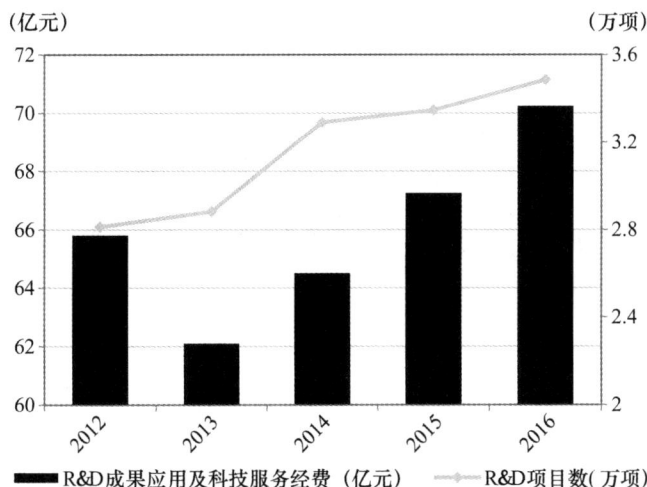

图 4 - 1 - 7　全国 R&D 项目发展概况

现高校科技创新能力的高效提升。

对于不同省域大学的科技创新成果，则从各省份的专著数量、鉴定成果数、成果授奖数、国家级授奖占比和学术论文篇数来分析。如图4 - 1 - 8 所示，学术论文的数量与当地高校的数量乃至质量有非常大的关系，高校数量较多的省份发表的学术论文同样也更多，区域创新成果较为显著。学术论文篇数发表最多的省份是北京市，有 87213 篇，其次是江苏省、广东省和上海市，大部分省份发表学术论文篇数保持在 2 万—3 万篇之间，而最少的是西藏自治区，仅有 712 篇。

除学术论文外，专著、鉴定成果、成果授奖也是体现区域大学创新成果的重要指标。全国 31 个省市的专著数量总体在 200—400 部之间，北京市最多，发表了 597 部；鉴定成果数目最突出的是吉林省，共有鉴定成果1071 项，其次是河南省和河北省，其他省份保持在 200 项左右；成果授奖数总体上没有较大的差别，各省市授奖数为 300 项左右，最多的北京市授奖数有 442 项；大多数省市成果授奖中的国家级奖占比较低，最高的北京市为 14.48%，有部分省份没有国家级奖项。

从空间上分析，全国科技成果分布基本一致，以东部省市为主力，中部地区的陕西省、四川省和湖北省也保持较高的科技成果产出。相较于科技经费的较大差距，各省份的科技成果差距较小，但仍存在科技成果数量

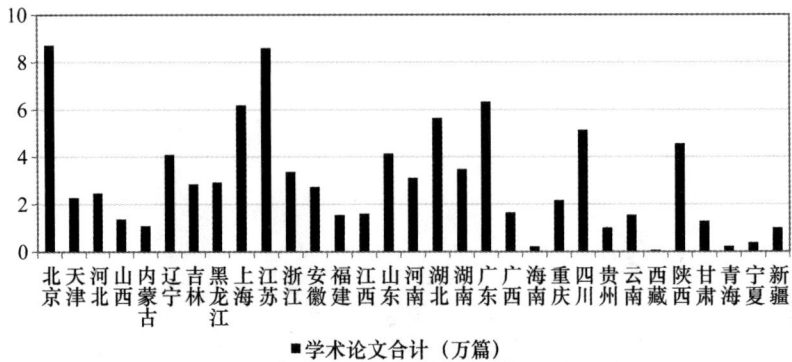

图4-1-8　全国各省市学术论文概况

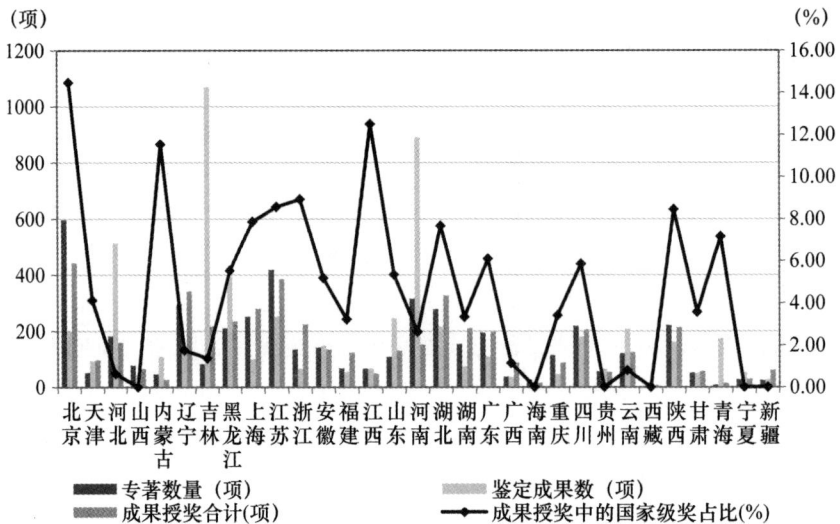

图4-1-9　全国各省市高校科技创新科技成果概况

较少的省份，如海南省、西藏自治区。广东省和上海市在人员投入与科技经费上表现突出，但产出的科技成果不能匹配其人员与经费投入的强度，同科技成果产出较高的北京市和江苏省相比较为逊色，这说明科技成果的孵化存在效率较低的问题。

（四）技术转让情况

一般将科技创新过程中所创造的技术产品转让给企业、政府等大学外部人员的过程称为技术转让。大学的科技产出一般处于前期研发或基础研究阶段，直接参与后续科技商业化应用的情况较少。一般来说，大学的科技创新项目在孵化落地后，其技术常常通过转让给企业、研究机构或政府的方式，实现创新价值的产出和商业转换。本书通过技术转让签订合同数和技术转让当年实际收入，分析大学技术转让成效的具体情况。

全国高校的技术转让概况如图 4 - 1 - 10 所示，可以看到，我国高校技术转让签订合同数从 2013 年的 10275 项减少到 2015 年的 9592 项，在 2015—2016 年逐渐回升，技术转让成果总体下降，说明成果转让方面还有做得不足的地方，学校与企业和政府的对接还有待加强；技术转让当年实际收入总体呈下降趋势，从 2013 年的 27.56 亿元减少到 2016 年的 23.42 亿元，在 2017 年回升到 26.7 亿元，同签订合同数的状况基本一致。

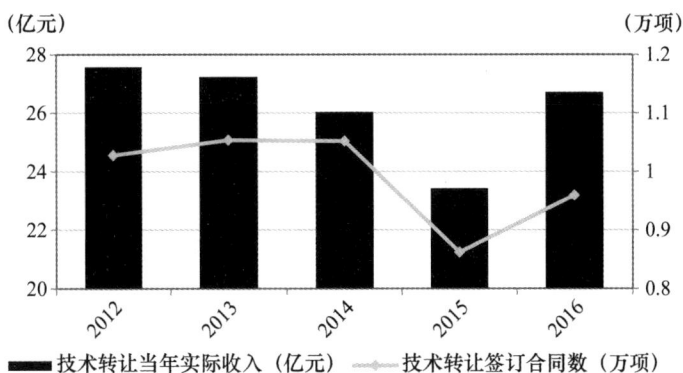

图 4 - 1 - 10　全国高校科技创新技术转让概况

总的来说，全国技术转让的状况呈现出一定的波动，没有强劲的动力使每年的技术转让以稳定的态势逐年增长，同时也暴露了大学科技创新成果转化存在着一定的问题，成果转化的效率和效益还有待提高，没有达到最优的效果。技术转让有助于推动高校科技进一步创新，对社会价值有显著的提升作用，其成果有助于通过大学科技创新推动国家创新体系的建设。

不同省域的大学技术转让情况如图 4 - 1 - 11 所示，总体而言技术转让收入和技术转让签订合同数呈同比增长的关系，技术转让签订合同数高的省市，其转让实际收入相应也较高。从全国来看，技术转让签订合同数最多的是江苏省，共有 2349 项，其次是北京市，西藏自治区和青海省为

0，其他省份保持在 400 项左右；技术转让当年实际收入最高的北京市达
6.6 亿元，其次是江苏省，部分省份的实际收入几乎为零，说明技术转让
情况不佳，整体科技水平不高。

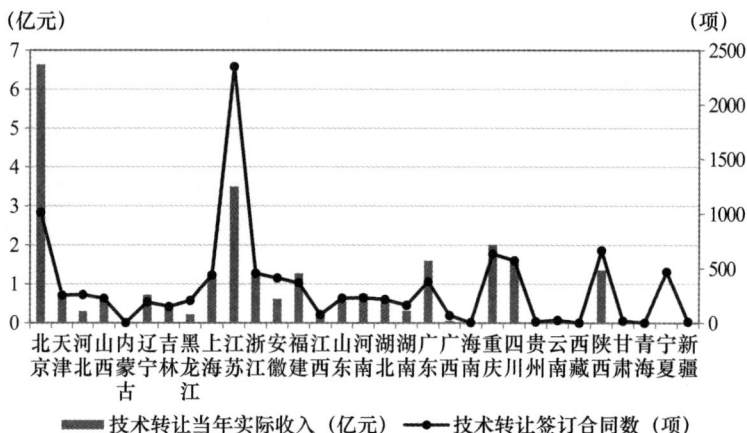

图 4-1-11　全国各省市高校科创新技术转让概况

从空间上看，技术转让签订合同数较多的地区在东部，中部以四川
省、陕西省和重庆市为主。随着技术转让签订合同数目的增加，地方的当
年实际收入也增加，唯一例外是宁夏回族自治区，二者表现呈反向关系。
总体而言，全国各省市的技术转让签订合同数没有较大的差距，收入水平
东高西低，整体技术转让水平同地方科技创新成果相挂钩，转让水平的提
升需要人员、经费等多方面的长期支持。

根据以上数据显示，我国高校科技创新水平较高的地区是北京
市、江苏省、广东省和上海市。在人员投入和科技经费方面，以上四
个省份都具有较高的支撑能力。在科技成果与技术转让方面，北京市
和江苏省保持领先的优势，而广东省和上海市相对力不从心，存在未
能高效转化高校科技成果的问题。大学科技创新水平较弱的地区主要
是内蒙古自治区、青海省、西藏自治区、宁夏回族自治区、新疆维吾
尔自治区和海南省。从全国范围来看，我国大学科技创新能力存在地
区发展不平衡的现象，创新能力存在较大的差距，人员投入与经费支
持跟不上创新发展的速度。

二　区域和国家科技创新的现状

基于相关参考文献对地方区域科技创新水平研究的指标选取与体系设置,本书分别从《中国统计年鉴》《中国高技术产业统计年鉴》和《中国科技统计年鉴》中搜集数据,以 2016 年的数据为参考,以各省域的科技创新表现为中观视角,以全国整体的科技创新表现为宏观视角,从投入支持和产出结果两个方面设置相应的指标进行研究,以此分析全国范围内的相关机构数目、科技投入强度和创新产出成果情况,具体而言分别为各类型科技活动机构数目、科技投入支持、成果转化产品产出和无形资产支出。具体的指标体系内容如表格 4 - 1 - 2 所示。

表 4 - 1 - 2　　　　　　　**我国省域科技创新能力指标体系**

一级指标	二级指标	单位
科技活动机构数目	科研机构数目	个
	高等院校数目	个
	企业数目	个
科技投入支持	研究与发展投入经费	亿元
	研究与发展经费投入占 GDP 的比重	%
	地方财政科技拨款	亿元
	科技拨款占公共财政支出比重	%
	地区工业企业研究与发展经费支出	亿元
	研究与发展人员	亿人
	县以上部门属科技机构研究与发展人员折合全时当量	万人年
成果转化产品产出	高新产业新产品销售收入	亿元
	高新产业新产品销售收入占主营业务收入的比重	%
	规模以上高技术制造业利润总额	亿元
	规模以上高科技制造业利润总额占规模以上工业利润总额比重	%
	高新技术产品出口额	亿美元
	高新技术产品出口额占全省出口额比重	%
无形资产支出	专利授权数	万项
	有效发明专利数	万项
	技术市场技术输出地域合同成交金额	亿元

（一）科技机构支撑情况

科技创新活动需要相对应的科技资源支撑，有了充足的科技要素和创新资源，开展科研工作的必要条件才有了基本保证。在各类科技支撑要素中，信息、人力、资本、创意等要素占据着至关重要的位置，当论及区域创新体系和国家科技创新体系时，这些要素也是非常重要的。不过从更宏观的视野来看，科研机构对于科技创新活动的正常开展有着重要作用，科技活动机构是创新活动有所突破的主要场所，创新活动的有序开展有赖于科技机构发挥的支撑作用。

地方区域的科技机构支撑情况从三方面进行研究，分别是各省份地方的科研机构数目、高等院校数目和企业数目，如图 4 - 1 - 12 所示。科研机构数目最多的是北京市，以遥遥领先的态势居于全国首位，其科研机构数目明显高于其他省份，高达 396 所，数量几乎是位居第二的山东省的两倍；高等院校数目最多的是江苏省，全省共有 166 所高等院校，紧随其后的省份是广东省和山东省。

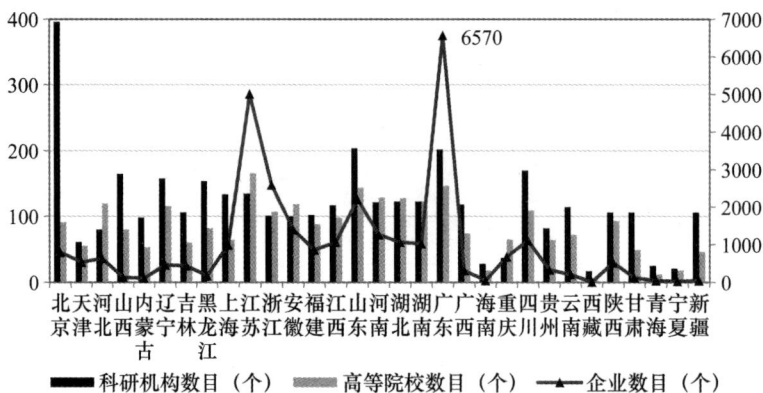

图 4 - 1 - 12　全国各省市地方科技创新机构支撑概况

将图 4 - 1 - 12 展示的数据和信息进一步分析，将各省份企业数目一共分为 8 级，可以看到，全国高等院校主要分布在我国中部和东部沿海地区，各个省份的高等院校数目较为平均。一般来讲，高等院校数目较多的省市中科研机构的数量也较多；企业主要分布在我国东部和南部沿海地区，企业数目最多的是广东省，全省共有 6570 家企业，其次是江苏省和山东省。

从 2012 年到 2016 年，全国科技创新活动的科研机构支撑数量总体呈现逐步上升的趋势，其中高等院校数目从 2012 年的 2442 所上升到 2016 年的 2596 所，企业数目从 2012 年的 24636 个上升到 2016 年的 30798 个；全国的科研机构数目呈现一定的波动，但总体稳定在 3650 个左右。这说明全国科技创新活动在全国科研机构、高等院校和企业的支撑下稳步前进，支撑机构保持不断增多的趋势，为全国科技创新能力的提升提供重要支撑力量。

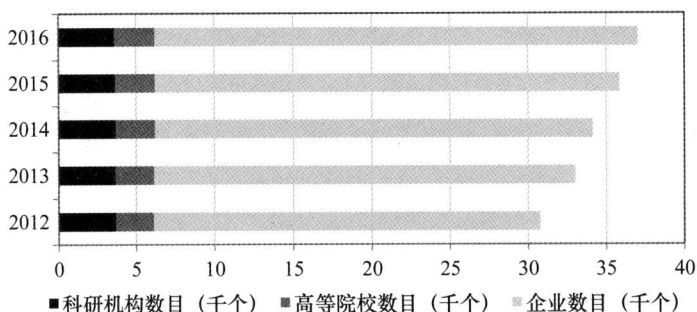

图 4 - 1 - 13　全国科技创新活动机构支撑概况

（二）科技投入支持情况

地方科技创新投入支持情况从经费投入、财政支出和人员投入三个方面展开分析。研究与发展投入经费除了较为突出的北京市、上海市、江苏省、浙江省、山东省和广东省外，其余省份获得的经费投入较低，江苏省和广东省两大沿海省份投入的经费最大；研究与发展投入经费占 GDP 比重最大的是北京市，经费投入较低的省市占其 GDP 的比重也相应较低。

根据各省份统计年鉴披露的科技公共财政支出，本书搜集了地方财政科技拨款的数据，需要说明的是，宁夏回族自治区因缺少数据没有被纳入统计分析的范畴。从各省的表现来看，地方财政科技拨款最高的是广东省，高达 742.97 亿元，占其公共财政支出的 5.53%，其次是江苏省和上海市；对科技拨款支出较高的省市来说，其拨款占公共财政支出的比重不一定也高，二者并不是绝对的比例关系，比如科技拨款支出在全国居于中间位置的福建省，其拨款支出占公共财政的比例却是最高的，接近 6%，另外有一些拨款支出较高的省份其占据公共财政的比例也较高，如支出比重位于福建省之后的是广东省和上海市。

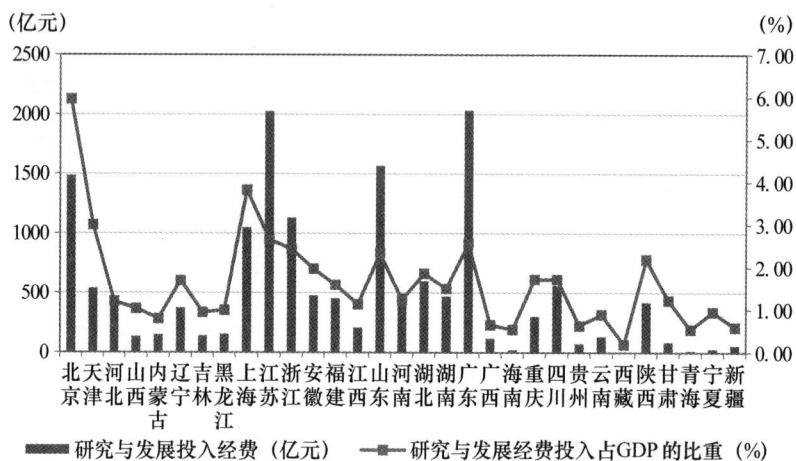

图 4 - 1 - 14　全国各省市地方研究与发展投入经费概况

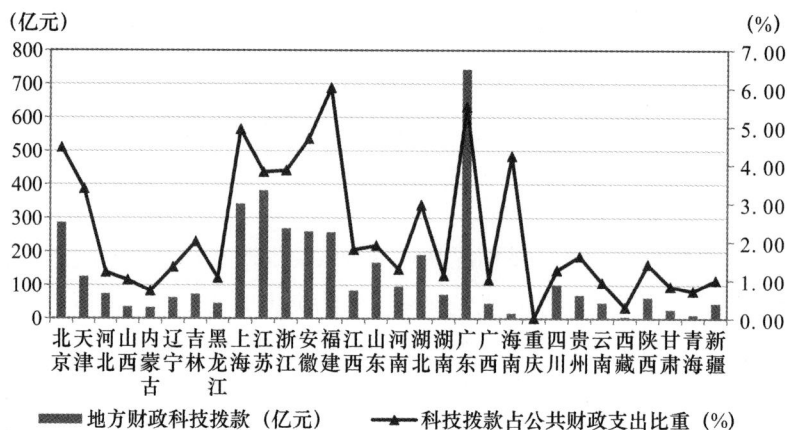

图 4 - 1 - 15　全国各省市地方财政科技拨款概况

全国 31 个省市的研发人员和工业企业研发经费支出如图 4 - 1 - 16 所示，可以看到，研发人员数量较多的省份依次为江苏省、广东省、浙江省、山东省和北京市，这与当地数量众多的高等院校和研发机构息息相关。同样的，除个别省份外，研发人员的数量与工业企业研发经费支出的多少是构不成绝对比例的。举例来说，研发人员总数位居第二的广东省，其工业企业研发经费支出排全国首位；研发人员数量挤进全国前五的北京市，当地企业的研发支出排名较为靠后，两者形成较大反差，说明部分省份对于二者的发展方向有失偏颇，还存在着优化的空间。

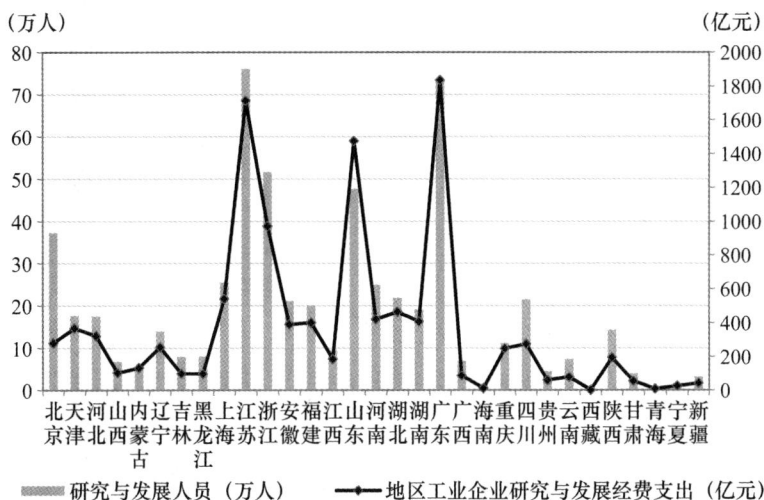

图 4 - 1 - 16　全国各省市地方研究与发展人员投入、经费支出概况

将人员投入与地区工业企业的研究与发展经费支出进行对比分析，可以发现二者有很高的契合度，研究与发展人员较多的省份分别是江苏省、广东省、浙江省和山东省，企业经费支出较多的也是这三个省份，其经费明显高于其他省份，县以上部分政府部门属科技机构研究与发展人员折合全时当量也有相同的趋势。总体而言，广东省和上海市的科技投入表现在全国领先，全国地方财政科技拨款集中在我国东部沿海地区，可见东部沿海地区的省份为科技创新提供了更大的经济支持。

全国科技创新投入支持情况从科研机构数目、高等院校数目、研发人员数目等方面进行研究。全国整体的科技创新投入总体呈现逐步上升的趋势，其中，研究与发展投入经费从 2012 年的 10298 亿元上升到 2016 年的 15676.7 亿元；研究与发展经费投入占 GDP 的比重也逐年上升，由 2012 年的 1.98% 上升至 2016 年的 2.11%，但总体增幅不大；工业企业研究与发展内部经费支出也呈逐年上升的趋势，从 2012 年的 7618.52 万元上升至 2014 年的 11549.59 万元。地方财政科技拨款逐年上升，从 2012 年的 5600 亿元上升至 2014 年的 7760 亿元，增幅达 38.6%；而科技拨款占全国公共财政支出的比重则总体下降，2013 年最低，为 3.98%，2016 年回升至 4.13%。

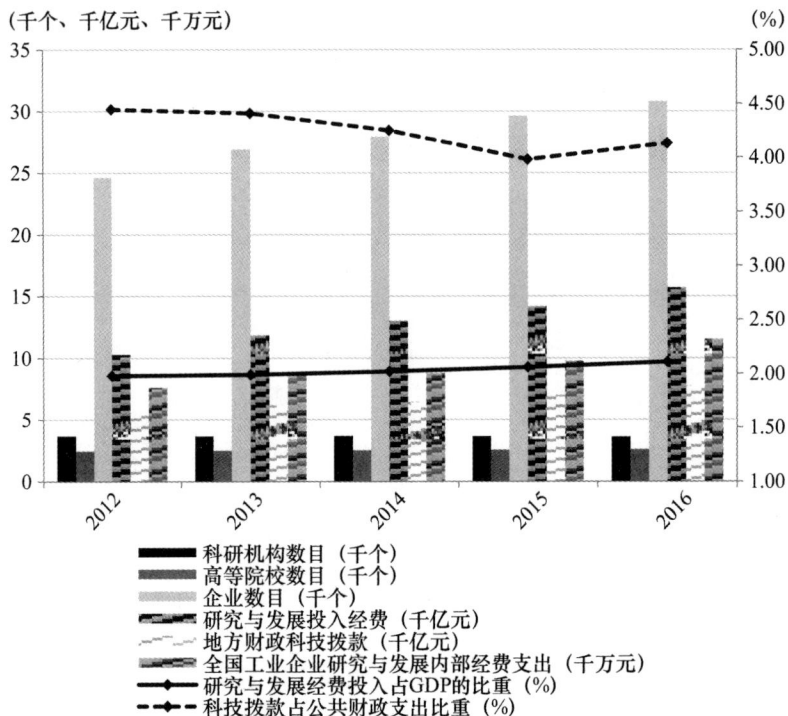

图 4 - 1 - 17　全国科技创新投入支持概况

从科技人员的投入来看，全国研究与发展人员的数量逐渐增长。从 2012 年的 461.71 万人增长至 2016 年的 583.07 万人，县以上部门属科技机构研究与发展人员折合全时当量也从 2012 年的 324.68 万人年增长至 2016 年的 387.81 万人年。总体而言，我国对科技创新的投入呈现上升趋势，通过经济投入和人员投入两方面为全国科技创新活动提供更强的支持，全面加快各个领域的科技创新要素集聚，极大地拓展了科技应用的场景。

（三）成果转化产品情况

地方科技创新成果转化产品产出情况可以从新产品销售收入、企业利润总额和产品出口额三个方面进行研究。全国的高新产业新产品销售收入占总收入比重总体在 30% 左右波动，高新产业新产品销售收入最高的是广东省，高达 15542.82 亿元，其次是江苏省。这两个省份坐拥沿海地区的巨大优势，大力开发高新产业新产品促进城市发展，但同时也存在着占

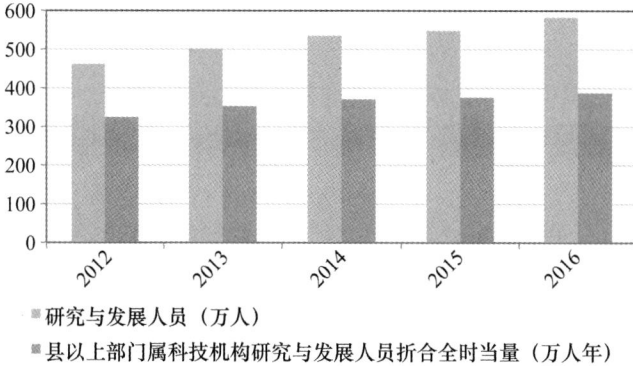

图 4 - 1 - 18　全国科技创新研究与发展人员概况

比较低的省份，如西藏自治区，其销售收入偏低，占主营业务收入的比例几乎为 0。

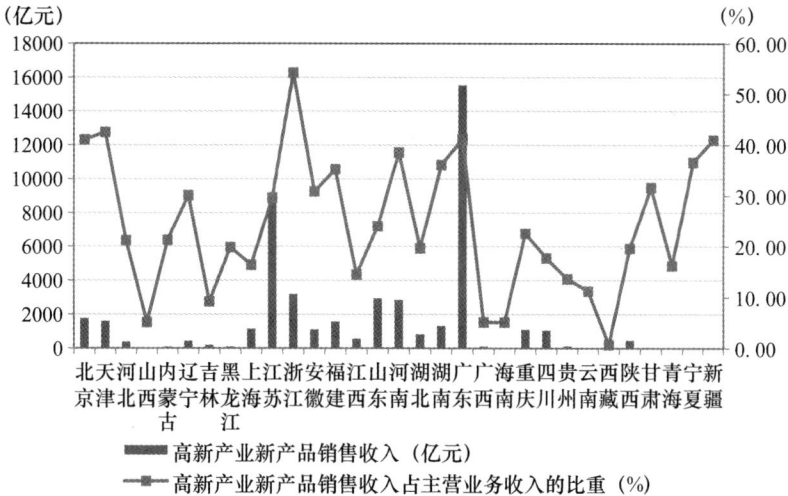

图 4 - 1 - 19　全国各省市高新产业新产品销售收入概况

图 4 - 1 - 20 展示了规模以上高技术制造业的利润总额及其占规模以上工业利润总额的比重。可以看到，规模以上高技术制造业利润总额同新产品销售收入呈现相似的趋势，也是广东省和江苏省排名较为靠前，这两个经济大省的表现不相上下且遥遥领先于其他省市；高技术制造业利润总

额占工业利润总额比重最高的是甘肃省，其高技术制造业在一定程度上带动了本省工业利润总额的提升，云南省和内蒙古自治区的利润总额较少，占利润总额的比重接近于 0。

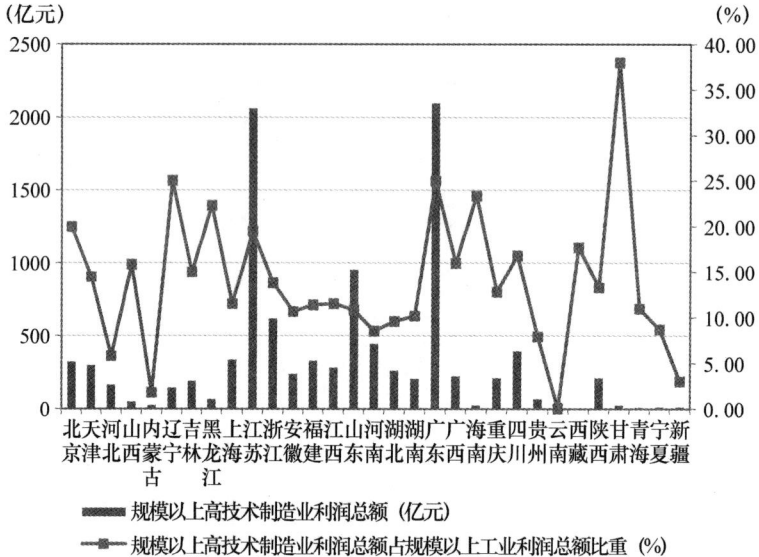

图 4 - 1 - 20　全国各省市规模以上高技术制造业利润总额概况

图 4 - 1 - 21 展示了全国各省市高新技术产品的出口额及其占全省出口额的比重情况，可以看到，全国 31 个省市的表现参差不齐，存在着较大的差距。高新技术产品出口额最高的是广东省，以绝对的优势领先于位居其后的江苏省和上海市。高新技术产品出口额占全省出口额的比重有较大的波动，其中陕西省、河南省、山西省、重庆市排名较为靠前，有些占比较高的省市其出口额体量较少，对这些省份来说，出口产品中高新技术产品占据了较大的比重，高新技术产品是构成出口产品的主要部分。

将高新技术产品占据全省出口额的比重进一步分析，并将比重等级划分为 8 个层次，可以看到，占比较大的省份集中在我国中部，说明高新技术产品对于我国中部省份而言，是重要的出口产品，是带动区域经济和科技发展的重要因素。西部地区由于经济较为匮乏且身居腹地之中，高新技术产品出口额及其所占比重较低。东部地区的高新技术产品当量较大，但

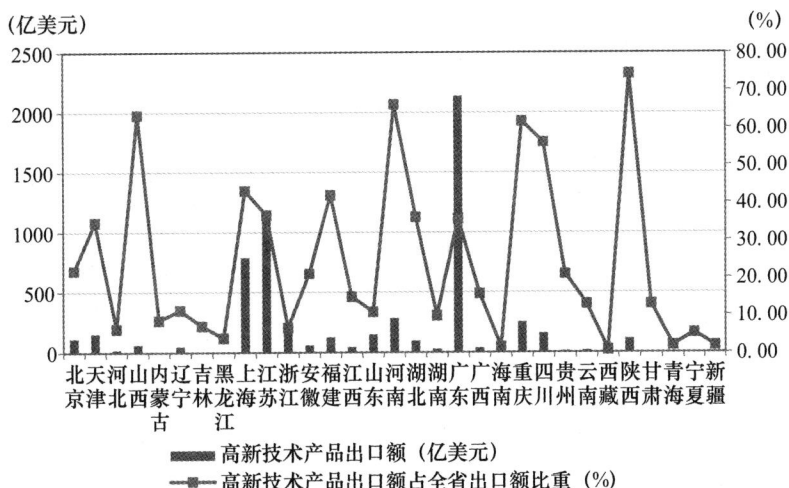

图 4 - 1 - 21　全国各省市高新技术产品出口额概况

其地理优势决定了高新技术产品并非是其出口产品的单一选择，占据其出口比重的产品种类繁多。

全国科技创新成果转化产品产出情况可以从高新产业新产品销售收入、高新技术产品出口额、规模以上高技术制造业利润总额等方面进行研究。全国科技创新成果转化产品中，以高技术产业的指标进行分析，总体情况呈现上升的趋势。规模以上高新产业新产品销售收入从 2012 年的 25571 亿元增长至 2016 年的 47924 亿元，翻了将近一倍，其占主营业务收入的比重也逐年上升，从 2012 年的 25.04% 上升至 2016 年的 31.16%。规模以上高技术制造业利润总额从 2012 年的 6186.3 亿元增长至 2016 年的 10302 亿元，其占规模以上工业利润总额比重同销售收入一样，也是逐年上升，总体比重虽然较低，但仍呈现上升的趋势，从 2012 年的 9.99% 上升至 2016 年的 14.33%。

全国高新技术产品出口额虽然呈现一定的波动趋势，但总体来讲是十分稳定的，由 2012 年的 6011.7 亿美元增长为 2014 年的 6605.4 亿美元，再降低至 2016 年的 6041.7 亿美元，其占全国出口额的比重总体呈下降趋势，从 2012 年的 31.26% 降低至 29.36%。总体而言，我国科技创新活动的成果转化情况逐年变好，科技创新活动取得了一定的成果，而高技术产品出口额的波动，则说明我国经济发展方式逐渐改变，出口

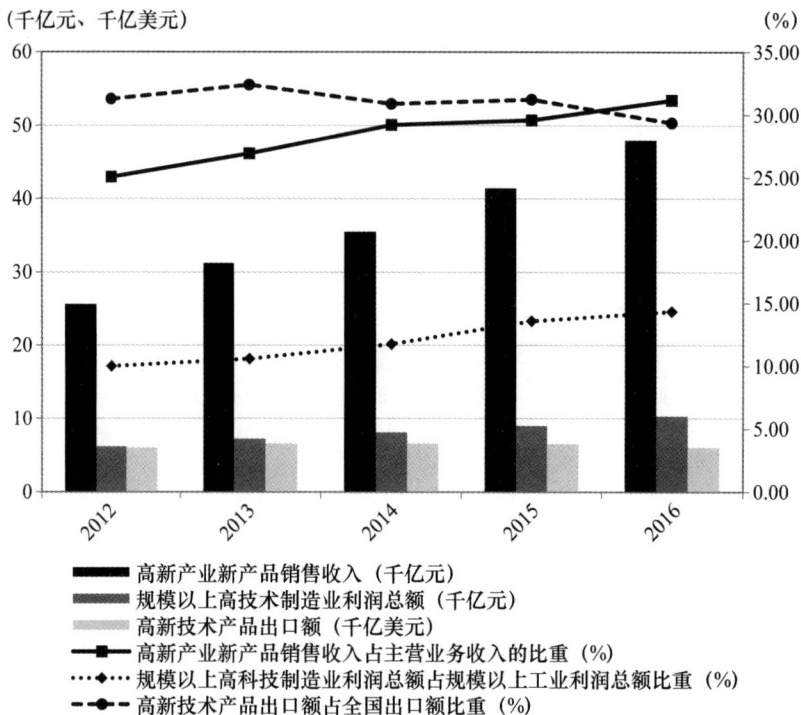

图 4 - 1 - 22　全国科技创新科技成果转化产品概况

额结构逐渐趋向多元化。

（四）无形资产产出情况

无形资产产出即非实物类型的科技创新成果产品产出。在一个地区中，无形资产是十分宝贵的资源，这部分要素虽然看不见摸不着，却是衡量科技创新产出成果的重要标志，对科技活动的开展及规范有着非常重要的作用。国际上知名的跨国公司正是依靠申请专利、知识产权等手段，有效保护了自身的研发资源要素和创新成果。关于无形资产产出的衡量，本书选取了专利授权数、有效发明专利数和技术市场技术输出地域合同成交金额这三个指标进行研究。

地方科技创新无形资产产出可以从各个省份的专利授权数、有效发明专利数和技术市场技术输出地域合同成交金额这三方面进行研究。这部分因缺少西藏自治区的成交金额数据而没有将其纳入统计分析。从图4-1-23可以看到，技术市场技术输出地域合同成交金额最高的是北京市，高达 3940.98 亿元，远远高于其他省份，其无形资产产出经济效益最高；广东省在专利授权数和有效发明专利数上都最为突出，紧随其后的为江苏省和浙江省，其他省份的数据则呈现一定程度的波动。

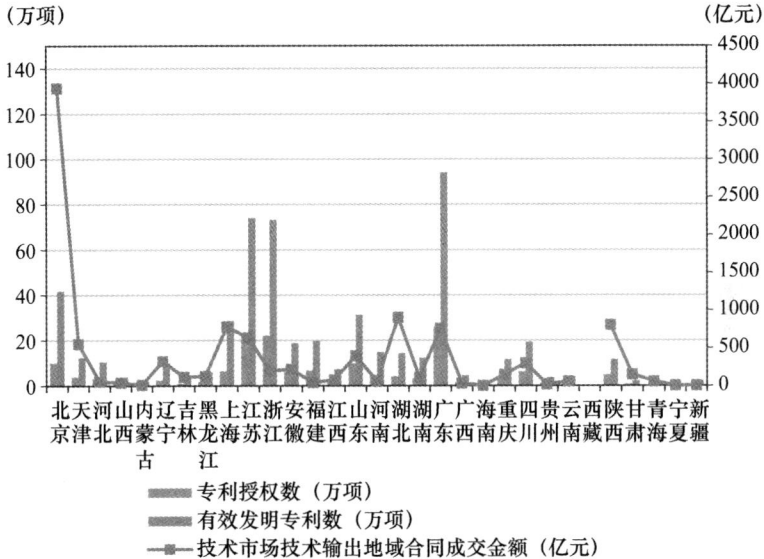

图 4－1－23　全国各省市地方无形资产产出概况

基于技术市场技术输出地域合同成交金额的数据，将其划分为 8 个等级并进一步分析发现，地域合同成交金额在中部腹地和东北地区较高；有效发明专利的数据主要集中在东部和南部沿海地区，分布位置十分密集，其表现明显区别于中部和西部；有效授权数则分布较为分散，没有呈现出一定的规律。

全国专利授权数从 2012 年的 116.32 万项增长到 2016 年的 162.89 万项，有效发明专利数从 2012 年的 300.5 万项增长至 2016 年的 552.72 万项，技术市场技术输出地域合同成交金额从 2012 年的 6437 亿元增长至 2016 年的 11406 亿元。总体来说，无形资产产出情况同科技成果产出一样，呈逐年上升的趋势，为我国科技创新活动进一步开展并转化为经济成果作出了重要贡献。

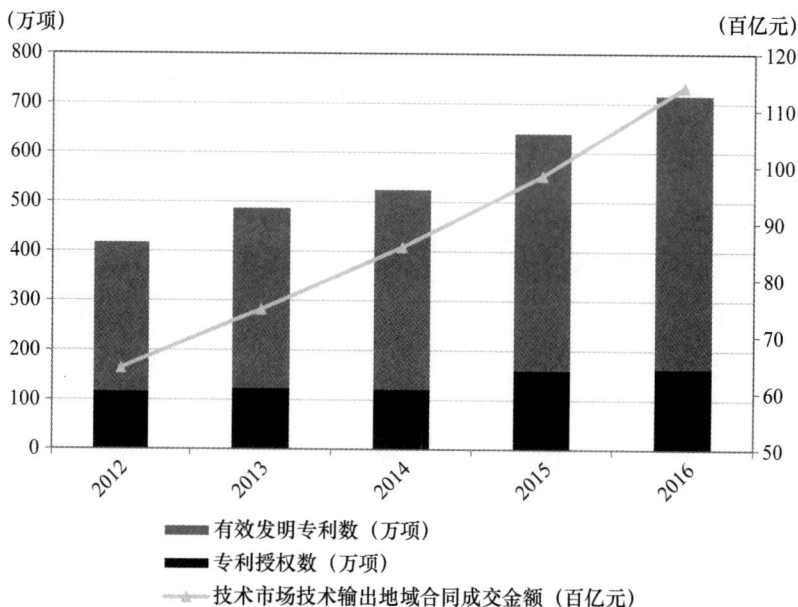

图 4 - 1 - 24　全国科技创新无形资产产出概况

第二节　大学科技创新与科技创新体系的耦合分析

上一节的内容详细论述了关于大学、区域和国家科技创新体系的现状，列举了大学和区域科技创新体系中人员投入、经费投入、创新成果和技术转让的情况以及区域和国家科技创新体系中活动机构支撑、投入支持、成果转化和无形资产产出的表现，并以区域科技创新体系作为连接大学科技创新体系和国家科技创新体系的桥梁，厘清大学科技创新与区域创新体系以及国家创新体系的关联。

本节在上一节的基础上，通过建立耦合模型的方法对大学科技创新与科技创新体系的关联进行实证研究。在这一小节中，首先是对耦合分析这一方法的基本介绍，梳理了耦合度模型的相关原理和内容，包括耦合协调度的模型构建、方法选取、权重设计、数据处理方法等内容，随后选取 2012 年至 2016 年全国大学科技创新的数据样本，分别展开大学科技创新体系与区域创新体系、国家创新体系的耦合度实证分析。

一　科技创新体系的模型构建和方法选择

(一) 科技创新体系的模型构建

大学科技创新与区域科技创新体系、国家科技创新体系之间的关系是十分复杂的,三者在某种程度上是相互影响、交叉作用的,最终影响区域乃至国家整体经济的发展。基于这三个科技创新体系之间的内在关系,本书选取了耦合度模型对其相互影响的程度进行测算,这一模型根据两个子系统之间相互作用、相互影响的程度,建立二者之间的定量关系模型。该模型的关键在于找出一个大系统中两个子系统的关联因素,并为这些因素在两个系统中互相影响寻找依据。

耦合度关联模型反映了两个系统之间相互影响、相互作用的程度大小,最终影响了包含这两个系统的母系统的自身发展,这与本节通过耦合度测量全国省域和大学科技创新协同能力大小的做法是相吻合的。但由于耦合是一个静态概念,考察的是在特定时间点上两个测评指标的相互关系,为了考察两系统的共同演进变化情况,必须加入发展的因素。因此,本节在选用耦合度测量的基础上,引进了耦合协调模型测量大学和区域科技创新能力以及全国大学和区域科技创新能力评价指标在时间上的演进状况。耦合协调模型的设定为:

$$C_n = n \left[(u_1 \cdot u_2 \cdots u_n) / \prod (u_i + u_j) \right]^{1/n}$$

式中 C 为耦合度, u_i ($i = 1, 2, \cdots, m$) 为子系统, n 为子系统的个数。本书利用耦合度可以测量全国大学科技创新能力和区域科技创新能力的耦合性。由于本研究的系统仅有两个,故将模型简化如下:

$$C = 2 \left[(A \cdot B) / \prod (A + B) \right]^{1/2}$$

其中 A 代表全国大学科技创新能力, B 代表全国区域科技创新能力。为了测算两大系统之间的整体协调情况,本书在耦合度的基础上增加了发展的因素,构造出系统之间的整体协调度,即耦合协调模型:

$$D = (C \times T)^{1/2}, T = a \cdot A + b \cdot B$$

式中 T 为科技创新能力,即两个系统的创新能力测量值。 a 、 b 均为待定系数,本书认为两系统具有同等程度的重要性,因此 a 、 b 各取值 0.5。耦合协调发展度在不同的阶段有着不同的表现,经历着从对抗到融合的过程，本研究将其划分为拮抗阶段、磨合阶段和协调阶段，三个阶段共划分为 10 个等级，用以测算大学科技创新体系与区域科技创新体系之间耦合协调程度的具体等级，如表 4 - 2 - 1 所示。

表 4 - 2 - 1　　　　　　　　　耦合协调发展度阶段划分

耦合协调发展阶段	耦合协调发展度	耦合协调发展分级
拮抗阶段	0 - 0.09	I
	0.1 - 0.19	II
	0.2 - 0.29	III
	0.3 - 0.39	IV
磨合阶段	0.4 - 0.49	I
	0.5 - 0.59	II
协调阶段	0.6 - 0.69	I
	0.7 - 0.79	II
	0.8 - 0.89	III
	0.9 - 1	IV

（二）科技创新体系的方法选取

确定了科技协同创新体系采用的模型之后，需要选取具体的方法对模型构建的内容进行测算。本书综合考虑了大学科技创新体系和区域科技创新体系的特点，最终选取了层次分析法对指标进行具体测量。层次分析法简称 AHP，在 20 世纪 70 年代由美国运筹学家托马斯·塞蒂提出，这是一种定性与定量分析相结合的层次化、系统化的决策方法，其主要核心思想是赋予不同的指标层次以不同的权重，把人的思维过程层次化、数量化，并用数学为分析、决策、预报或控制提供定量的依据。

层次分析法计算过程的核心问题是权数的构造，其主要计算过程是：建立对评价对象的综合评价指标体系，并通过每两个指标之间的比较确定各自的相对重要程度，然后通过特征值法、最小二乘法等客观运算来确定各评价指标的权数。这一方法的具体步骤包括构造判断矩阵、计算重要性权数、对判断矩阵进行一次性检验三个方面，具体运算过程如下所示。

1. 构造判断矩阵

在利用层次分析法对指标的相对重要程度进行测量时，引入九分位作为相对重要的比例标度。根据判断矩阵中指标两两比较的特点，把 x_i 对 x_j 的相对重要性记为 a_j，则显然有 $a_{ij} > 0$，$a_{ii} = 1$，$a_{ij} = \dfrac{1}{a_{ji}}$，其中 i，$j = 1$，2，3，$\cdots$，n。因此，判断矩阵是一个正交矩阵。形式如下：

$$\begin{pmatrix} a_{11} & \cdots & a_{1m} \\ \vdots & \ddots & \vdots \\ a_{m1} & \cdots & a_{mm} \end{pmatrix}$$

2. 重要性权数的计算

计算各行的几何平均数后再计算各评价指标的重要性权数，计算公式为：

$$\overline{a}_i = \sqrt[m]{a_{i1} \times a_{i2} \times \cdots a_{im}} = \sqrt[m]{\prod_{j=1}^{m} a_{ij}}, w_i = \frac{\overline{a}_i}{\prod_{k=1}^{m} \overline{a}_k}$$

其中 $i = 1$，2，$\cdots$，m。

3. 对判断矩阵进行一致性检验

计算判断矩阵的最大特征根，计算公式为：

$$\lambda_{\max} = \frac{1}{m} \sum_{i=1}^{m} \frac{(Aw)_i}{w_i}$$

计算判断矩阵的一致性指标，计算公式为：

$$CI = \frac{(\lambda_{\max} - m)}{(m - 1)}$$

计算判断矩阵的随机一致性比率，计算公式为：

$$CR = \frac{CI}{RI}$$

其中 RI 可通过查 AHP 平均随机一致性指标取值表获取，如果 $CR < 0.1$，表明判断矩阵满足一致性要求，计算结果在合理范围内。

二 科技创新体系的权重设计与数据处理

（一）科技创新体系的权重设计

根据科技创新能力评价指标体系中大学指标和区域指标的情况，分别设置大学科技创新体系和区域科技创新体系的第一层次判断矩阵。根据判断矩阵测算出各子系统的权重向量，随后计算 CR 的值，若 CR 通过一致性检验，则继续设置第二层次的判断矩阵，分别设置对应的权重向量并测算 CR 的值，若 CR 的测算值在有效区间内，则说明通过了一致性检验，权重设计和计算结果是有效的，可以进行后续的数据处理程序，以下是大学科技创新体系和区域科技创新体系权重设计的具体流程。

1. 大学科技创新体系权重设计

大学科技创新指标第一层次判断矩阵为：

$$A = \begin{pmatrix} 1 & 2/3 & 2/4 & 3/2 \\ 3/2 & 1 & 3/4 & 3/2 \\ 4/2 & 4/3 & 1 & 4/2 \\ 2/3 & 2/3 & 2/4 & 1 \end{pmatrix}$$

根据判断矩阵，测算得出人员投入、经费投入、科技成果、技术转让的权重向量为 [0.20, 0.27, 0.36, 0.17]；随后计算 CR 的值：

$$CR = \frac{CI}{RI} = \frac{0.007}{0.9} = 0.008 < 0.1$$

所以一致性检验通过，结果合理。

大学科技创新指标第二层次的判断矩阵分别为：

人员投入子系统的判断矩阵：

$$A_1 = \begin{pmatrix} 1 & 1 & 5/3 & 1 & 2/3 & 3/2 \\ 1 & 1 & 3/2 & 7/8 & 2/3 & 7/5 \\ 3/5 & 2/3 & 1 & 5/9 & 2/5 & 1 \\ 1 & 8/7 & 9/5 & 1 & 3/4 & 8/5 \\ 3/2 & 3/2 & 5/2 & 4/3 & 1 & 2/1 \\ 2/3 & 5/7 & 1 & 5/8 & 1/2 & 1 \end{pmatrix}$$

经过计算，得出人员投入子系统中各指标的权重向量为 [0.173, 0.164, 0.105, 0.189, 0.252, 0.116]，同样计算 CR 的值：

$$CR = \frac{CI}{RI} = \frac{0}{1.26} = 0 < 0.1$$

通过一致性检验，结果合理。

经费投入子系统的判断矩阵：

$$
A_2 = \begin{pmatrix}
1 & 10/9 & 5/4 & 2/3 & 7/5 & 5/9 & 5/4 \\
9/10 & 1 & 9/8 & 3/5 & 5/4 & 1/2 & 9/8 \\
4/5 & 8/9 & 1 & 1/2 & 9/8 & 4/9 & 1 \\
3/2 & 5/3 & 2/1 & 1 & 2/1 & 5/6 & 2/1 \\
5/7 & 4/5 & 8/9 & 1/2 & 1 & 2/5 & 8/9 \\
9/5 & 2/1 & 9/4 & 6/5 & 5/2 & 1 & 9/4 \\
4/5 & 8/9 & 1 & 1/2 & 9/8 & 4/9 & 1
\end{pmatrix}
$$

经过计算，得出的权重向量为 ［0.132，0.120，0.108，0.198，0.096，0.239，0.108］；经过计算得出：

$$
CR = \frac{CI}{RI} = \frac{0}{1.36} = 0 < 0.1
$$

通过一致性检验，结果合理。

科技成果子系统的判断矩阵：

$$
A_3 = \begin{pmatrix}
1 & 4/3 & 5/2 & 3/1 & 2/3 \\
3/4 & 1 & 3/2 & 3/1 & 3/3 \\
2/5 & 2/3 & 1 & 2/1 & 2/3 \\
1/3 & 1/3 & 1/2 & 1 & 1/3 \\
3/2 & 3/3 & 3/2 & 3/1 & 1
\end{pmatrix}
$$

经过计算，得出科技成果子系统中各指标的权重向量为 ［0.267，0.233，0.149，0.082，0.268］；随后计算 CR 的取值：

$$
CR = \frac{CI}{RI} = \frac{0.019}{1.12} = 0.017 < 0.1
$$

通过一致性检验，结果合理。

技术转让子系统的判断矩阵：

$$
A_4 = \begin{pmatrix}
1 & 2/2 \\
2/2 & 1
\end{pmatrix}
$$

经过计算，得出技术转让子系统中两个指标的权重向量为 ［0.5，0.5］；经过计算得出：

$$
CR = \frac{CI}{RI} = \frac{0.0}{0.0} = 0 < 0.1
$$

通过一致性检验，结果合理。

2. 区域创新体系指标权重设计

区域科技创新指标第一层次判断矩阵为：

$$B = \begin{pmatrix} 1 & 2/3 & 2/5 & 2/4 \\ 3/2 & 1 & 3/5 & 3/4 \\ 5/2 & 5/3 & 1 & 5/4 \\ 2 & 4/3 & 4/5 & 1 \end{pmatrix}$$

根据判断矩阵，计算出各类型科技活动机构数目、科技投入支持、成果转化产品产出、无形资产产出的权重向量分别为 [0.143，0.214，0.357，0.286]；经过计算得出：

$$CR = \frac{CI}{RI} = \frac{0.0}{0.9} = 0 < 0.1$$

一致性检验通过，结果合理。

地方区域科技机构支撑子系统的判断矩阵为：

$$B_1 = \begin{pmatrix} 1 & 3/2 & 4/3 \\ 2/3 & 1 & 1 \\ 3/4 & 1 & 1 \end{pmatrix}$$

根据判断矩阵，计算出地方区域各类型科技机构支撑子系统中各指标的权重向量为 [0.411，0.287，0.302]；经过计算得出：

$$CR = \frac{CI}{RI} = \frac{0}{0.58} = 0 < 0.1$$

一致性检验通过，结果合理。

地方区域科技投入支持子系统的判断矩阵为：

$$B_2 = \begin{pmatrix} 1 & 8/5 & 1 & 5/4 & 3/4 \\ 5/8 & 1 & 4/7 & 4/5 & 1/2 \\ 1 & 7/4 & 1 & 7/5 & 5/6 \\ 4/5 & 5/4 & 5/7 & 1 & 3/5 \\ 4/3 & 15/7 & 11/9 & 5/3 & 1 \end{pmatrix}$$

经过计算，得出地方区域科技投入支持子系统中各指标的权重向量为 [0.206，0.129，0.226，0.163，0.276]；经过计算得出：

$$CR = \frac{CI}{RI} = \frac{0}{1.12} = 0 < 0.1$$

一致性检验通过，结果合理。

地方区域成果转化产品子系统的判断矩阵为：

$$B_3 = \begin{pmatrix} 1 & 3/2 & 4/3 & 5/2 & 4/3 & 3/5 \\ 2/3 & 1 & 2/3 & 2/2 & 2/3 & 2/5 \\ 3/4 & 3/2 & 1 & 3/2 & 3/3 & 3/5 \\ 2/5 & 2/2 & 2/3 & 1 & 2/3 & 2/5 \\ 3/4 & 3/2 & 3/3 & 3/2 & 1 & 3/5 \\ 5/3 & 5/2 & 5/3 & 5/2 & 5/3 & 1 \end{pmatrix}$$

经过计算，得出地方区域成果转化产品子系统中各指标的权重向量为 [0.198，0.11，0.158，0.101，0.158，0.275]；经过计算得出：

$$CR = \frac{CI}{RI} = \frac{0.005}{1.24} = 0.004 < 0.1$$

一致性检验通过，结果合理。

地方区域无形资产产出子系统的权重向量为：

$$B_4 = \begin{pmatrix} 1 & 5/3 & 1 \\ 3/5 & 1 & 5/9 \\ 1 & 9/5 & 1 \end{pmatrix}$$

经过计算，得出地方区域无形资产产出子系统中各指标的权重向量为 [0.377，0.224，0.399]；经过计算得出：

$$CR = \frac{CI}{RI} = \frac{0}{0.58} = 0 < 0.1$$

一致性检验通过，结果合理。

（二）科技创新体系的数据处理

1. 指标的一致化处理

评价指标的选取应考虑到不同种类、多种方面的类型，尽量选择多种多样的指标内容。根据各个指标期望指向趋势的不同，各个评价指标可分为极大型指标（如利润、产值等越大越好的指标）、极小型指标（如容错率、成本等越小越好的指标）、适中型指标（如基尼系数、恩格尔系数等分等次的指标，期望取值越居中越好）、区间型指标（如身高、体重等居于一个区间内的指标）等。在做指标类型的分析时，为确保各个指标具有可比性，需将指标类型作一致化处理，即将所有指标转化为同一种类型的指标。由于本书中所有指标都是极大型指标，故不再做数据指标量纲的一致化处理。

2. 指标数据的无量纲化处理

量纲即数据的属性、性质，不同指标有着不同的量纲，数据指标的无量纲化是为了使不同量纲指标在同一个体系之下可以相互比较、共同被运算。指标数据的无量纲化有多种多样的方法，如极值法、标准化处理法、线性比例法、归一化处理法等。本书选用极值法进行指标数据的无量纲化处理，极值法是指一个指标的子数据与整个指标最小值的差和这个指标数据的极差之比，即：

$$x_{ij}^* = \frac{x_{ij} - m_j}{M_j - m_j}$$

式中 $M_j = \max_i \{x_{ij}\}$，$m_j = \min_i \{x_{ij}\}$，用极值法即可将所有极大型指标数据无量纲化，从而实现不同量纲指标之间的可比性，便于指标之间进行对比，从而得出相应的优化思路。本书以北京市为例，对北京市大学科技创新能力和北京市科技创新能力进行无量纲化处理，处理后的数据如表4-2-2和表4-2-3所示，对全国大学科技创新能力和全国区域科技创新能力评价指标也进行同样的处理，无量纲化后的数据如表4-2-4和表4-2-5所示。

表4-2-2　　北京市大学科技创新能力评价指标无量纲化数据

二级指标	2012	2013	2014	2015	2016
R&D 人员投入	0.000	0.521	0.689	0.879	1.000
教学与科研人员合计	0.000	0.278	0.534	0.817	1.000
教学与科研人员中科学家与工程师的高级职称占比	0.209	0.000	0.583	0.104	1.000
研究与发展人员合计	0.000	0.442	0.832	1.000	0.529
研究与发展人员中科学家与工程师的高级职称占比	1.000	0.384	0.243	0.000	0.832
折合全时当量	0.000	0.442	0.831	1.000	0.529
科技经费当年拨入	0.000	0.173	0.160	0.764	1.000
科技经费当年内部支出	0.000	0.129	0.390	1.000	0.977
科技经费当年使用占比	0.157	0.000	1.000	0.951	0.087
R&D 项目数	0.000	0.094	0.155	0.205	1.000
R&D 成果应用及科技服务经费	0.408	0.055	0.000	0.209	1.000
科技课题总数	0.000	0.403	0.631	1.000	0.952
科技课题当年支出经费	0.000	0.115	0.463	0.926	1.000

续表

二级指标	2012	2013	2014	2015	2016
专著数量	0.374	0.000	0.008	0.301	1.000
学术论文合计	0.000	0.125	0.261	0.811	1.000
鉴定成果数	1.000	0.600	0.200	0.000	0.360
成果授奖合计	1.000	0.223	0.391	0.335	0.000
成果授奖中的国家级奖占比	0.000	0.241	0.257	0.943	1.000
技术转让签订合同数	0.374	1.000	0.000	0.270	0.904
技术转让当年实际收入	0.210	0.343	0.702	1.000	0.000

表 4 - 2 - 3　　**北京市科技创新能力评价指标无量纲化数据**

二级指标	2012	2013	2014	2015	2016
科研机构数目	0.000	0.059	0.765	0.588	1.000
高等院校数目	0.000	0.000	1.000	0.043	0.043
企业数目	0.000	0.489	1.000	1.000	0.778
研究与发展投入经费	0.000	0.289	0.488	0.761	1.000
研究与发展经费投入占 GDP 的比重	0.000	1.000	0.000	0.462	0.077
地方财政科技拨款	0.000	0.395	0.942	1.000	0.977
科技拨款占公共财政支出比重	0.540	0.650	1.000	0.311	0.000
地区工业企业研究与发展经费支出	0.000	0.130	0.705	0.884	1.000
研究与发展人员	0.000	0.231	0.407	0.555	1.000
县以上部门属科技机构研究与发展人员折合全时当量	0.000	0.374	0.554	0.574	1.000
规模以上高技术制造业工业总产值	0.000	0.490	1.000	0.514	0.824
规模以上高技术制造业工业总产值占规模以上工业总产值的比重	0.000	0.565	1.000	0.387	0.520
规模以上高技术制造业利润总额	0.000	0.665	0.488	0.382	1.000
规模以上高科技制造业利润总额占规模以上工业利润总额比重	0.299	1.000	0.251	0.000	0.528
高新技术产品出口额	0.852	1.000	0.823	0.301	0.000
高新技术产品出口额占全省出口额比重	0.847	1.000	0.643	0.317	0.000
专利授权数	0.000	0.243	0.482	0.869	1.000
有效发明专利数	0.000	0.197	0.421	0.706	1.000
技术市场技术输出地域合同成交金额	0.000	0.265	0.458	0.671	1.000

表4-2-4   全国大学科技创新能力评价指标无量纲化数据

二级指标	2012	2013	2014	2015	2016
R&D 投入人员	0.199	0.000	1.000	0.905	0.976
教学与科研人员合计	0.000	0.178	0.354	0.710	1.000
教学与科研人员中科学家与工程师的高级职称占比	0.000	0.246	0.365	0.543	1.000
研究与发展人员合计	0.000	0.277	0.498	0.765	1.000
研究与发展人员中科学家与工程师的高级职称占比	0.000	0.196	0.218	0.547	1.000
折合全时当量	0.000	0.277	0.500	0.767	1.000
科技经费当年拨入	0.000	0.145	0.180	0.516	1.000
科技经费当年内部支出	0.000	0.223	0.382	0.664	1.000
科技经费当年使用占比	0.303	0.547	1.000	0.633	0.000
R&D 项目数	0.000	0.103	0.712	0.793	1.000
R&D 成果应用及科技服务经费	0.456	0.000	0.296	0.633	1.000
科技课题总数	0.000	0.272	0.474	0.727	1.000
科技课题当年支出经费	0.000	0.355	0.472	0.712	1.000
专著数量	0.000	0.036	0.210	0.662	1.000
学术论文合计	0.000	0.096	0.271	0.607	1.000
鉴定成果数	1.000	0.699	0.408	0.357	0.000
成果授奖合计	1.000	0.747	0.709	0.000	0.024
成果授奖中的国家级奖占比	0.155	0.000	0.045	1.000	0.595
技术转让签订合同数	0.865	1.000	0.991	0.000	0.509
技术转让当年实际收入	1.000	0.919	0.630	0.000	0.793

表4-2-5   全国科技创新能力评价指标无量纲化数据

二级指标	2012	2013	2014	2015	2016
科研机构数目	0.95	0.61	1.00	0.59	0.00
高等院校数目	0.00	0.32	0.56	0.77	1.00
企业数目	0.00	0.37	0.54	0.81	1.00
研究与发展投入经费	0.00	0.29	0.51	0.72	1.00
研究与发展经费投入占 GDP 的比重	0.00	0.08	0.32	0.62	1.00

续表

二级指标	2012	2013	2014	2015	2016
地方财政科技拨款	0.00	0.27	0.40	0.65	1.00
科技拨款占公共财政支出比重	1.00	0.92	0.58	0.00	0.32
地区工业企业研究与发展经费支出	0.00	0.29	0.30	0.55	1.00
研究与发展人员	0.00	0.33	0.61	0.71	1.00
县以上部门属科技机构研究与发展人员折合全时当量	0.00	0.45	0.73	0.81	1.00
规模以上高技术制造业工业总产值	0.00	0.25	0.44	0.71	1.00
规模以上高技术制造业工业总产值占规模以上工业总产值的比重	0.00	0.31	0.68	0.74	1.00
规模以上高技术制造业利润总额	0.00	0.25	0.46	0.68	1.00
规模以上高科技制造业利润总额占规模以上工业利润总额比重	0.00	0.14	0.41	0.83	1.00
高新技术产品出口额	0.00	1.00	1.00	0.91	0.05
高新技术产品出口额占全省出口额比重	0.63	1.00	0.50	0.61	0.00
专利授权数	0.00	0.14	0.10	0.93	1.00
有效发明专利数	0.00	0.25	0.41	0.71	1.00
技术市场技术输出地域合同成交金额	0.00	0.21	0.43	0.68	1.00

3. 大学、区域及国家科技创新体系的测评

采用上述层次分析方法确定不同层次的权重向量，将相关数据进行无量纲化处理后，即可测算出整体科技创新能力的水平，如以下等式所示：

$$I = \lambda \cdot A + \mu \cdot B$$

该等式中，A 和 B 分别为各省份大学和区域科技创新能力指标体系的矩阵，λ 和 μ 分别为两者的权重，将每个指标的数据权重加和即可得到最终的结果。此处以 2012 年至 2016 年的北京市数据为例，测算北京市大学在人员投入、经费投入、科技成果和技术转让四个方面的指标得分，以及北京市在科技机构支撑、科技投入支持、成果转化产品和无形资产产出四个方面的表现，测评后的指标得分整理在表 4 - 2 - 6 和表 4 - 2 - 7 中。

表4-2-6　　　　　　北京市大学科技创新能力指标测评结果

一级指标	2012 年	2013 年	2014 年	2015 年	2016 年
人员投入	0.055	0.073	0.117	0.120	0.163
经费投入	0.015	0.046	0.110	0.195	0.240
科技成果	0.119	0.072	0.070	0.198	0.296
技术转让	0.050	0.114	0.060	0.108	0.077

　　根据指标测评得出来的结果，可以看到，北京市大学四个指标的表现是参差不齐的。从时间维度上来看，投入指标自 2012 年至 2016 年的表现是越来越好的，反之产出指标则在这一阶段有所波动，呈现有升有降的态势。从各个指标的表现来看，科技成果指标在末两年弯道超车，成为评分最高的指标；经费投入指标稳中求进，成为第二名，位居科技成果指标之后；人员投入指标在北京市高校表现良好，总得分位居第三名；技术转让指标的分数与其他指标拉开较大差距，成为唯一一个得分少于 0.1 的指标。

表4-2-7　　　　　　北京市区域科技创新能力指标测评结果

一级指标	2012 年	2013 年	2014 年	2015 年	2016 年
科技机构支撑	0.000	0.025	0.129	0.080	0.094
科技投入支持	0.015	0.086	0.135	0.145	0.167
成果转化产品	0.142	0.285	0.256	0.121	0.154
无形资产产出	0.000	0.069	0.131	0.216	0.286

　　从北京市区域科技创新能力指标的测评结果可以看到，四个指标的得分走向不是特别一致。总体来看，科技投入支持指标和无形资产产出指标均呈现上升的态势，二者在 2014 年有一个短暂的交汇点，随后无形资产产出指标以更高的增速位居测评分数首位，科技投入支持指标紧随其后。科技机构支撑指标和成果转化产品指标的分数发展趋势较为曲折，有所不同的是前者呈现先升后降的态势，而后者则是先降后升。按照上述测算方法，测评全国大学与国家科技创新能力，测评结果如表4-2-8所示。

表4-2-8　　　　全国大学科技创新能力指标测评结果

一级指标	2012 年	2013 年	2014 年	2015 年	2016 年
人员投入	0.007	0.038	0.095	0.140	0.199
经费投入	0.021	0.062	0.138	0.185	0.241
科技成果	0.098	0.071	0.090	0.230	0.238
技术转让	0.159	0.163	0.138	0.000	0.111

表4-2-8展示了全国大学科技创新能力四个指标的测评结果,从表中可以看出,四个指标整体表现良好,在2016年没有指标得分少于0.1。自2012年至2016年间,人员投入指标和经费投入指标每年的增速几乎不变,二者以近乎相同的比例在平稳增长;科技成果指标和技术转让指标在不同的年份有所下降,随后反弹上升,最终科技成果和经费投入指标在2016年交汇,经费投入指标以微弱的优势胜出,科技成果指标紧随其后,排在第三名和第四名的指标是人员投入指标和技术转让指标。

表4-2-9整理了全国科技创新能力四个指标的测评结果,从表中可以看出,除了成果转化产品和无形资产产出指标的年际波动幅度较大之外,其他两个指标的变动幅度较小。无形资产产出指标以较快的增速,超越先升后降的成果转化产品指标成为指标得分第一名;科技投入支持和科技机构支撑指标的波动区间较小,二者的表现在末两年拉开较大差距,前者以上升的态势逼近第二名的成果转化产品指标,后者则以下降的态势成为排名最后的指标,2016年得分再次跌回0.1以下。

表4-2-9　　　　全国科技创新能力指标测评结果

一级指标	2012 年	2013 年	2014 年	2015 年	2016 年
科技机构支撑	0.056	0.065	0.105	0.101	0.084
科技投入支持	0.028	0.083	0.107	0.127	0.195
成果转化产品	0.062	0.204	0.205	0.259	0.205
无形资产产出	0.000	0.055	0.086	0.224	0.286

三　大学科技创新与创新体系的耦合度分析

根据耦合度关联模型和层次分析法的要求,结合上述针对科技协同创新体系开展的权重设计和数据处理,这一部分的内容对全国各省份大学科技创新体系与区域科技创新体系、国家科技创新体系的耦合度进行测算，得出其耦合度水平和协调度水平并呈现各省份的水平展示图，便于不同省份之间的对比以寻找优化思路。其中宁夏回族自治区与西藏自治区因数据不足未进行测算，最终测算结果如表 4-2-10 所示。

（一）大学科技创新与区域创新体系

按照 2012 年到 2016 年的时间序列，对全国各省份大学科技创新能力和区域科技创新能力之间的耦合关系进行分析，发现我国各省市的大学科技创新能力与区域创新能力之间的耦合度基本保持在高度耦合与极高耦合阶段，整体表现较为良好。其中 2012 年耦合度最低，但大部分省份的整体耦合度在 0.8 以上，排名最后的为湖南省，耦合度仅有 0.622，但也在高度耦合的范围之内。

表 4-2-10   全国各省份大学科技创新与区域科技创新耦合度测算结果

省、市、自治区	耦合度					耦合度水平				
年份	2012 年	2013 年	2014 年	2015 年	2016 年	2012 年	2013 年	2014 年	2015 年	2016 年
北京市	0.995	0.945	0.943	0.998	0.997	极高	极高	极高	极高	极高
天津市	0.970	1.000	0.999	0.964	0.999	极高	极高	极高	极高	极高
河北	0.959	0.951	0.997	0.996	0.989	极高	极高	极高	极高	极高
山西	0.990	0.994	0.995	0.989	0.999	极高	极高	极高	极高	极高
内蒙古	0.854	1.000	0.995	0.986	0.993	极高	极高	极高	极高	极高
辽宁	0.996	0.999	0.998	0.999	0.999	极高	极高	极高	极高	极高
吉林	0.772	0.998	0.998	0.999	0.991	高度	极高	极高	极高	极高
黑龙江	0.962	0.986	0.999	1.000	0.995	极高	极高	极高	极高	极高
上海	0.998	0.995	0.989	1.000	1.000	极高	极高	极高	极高	极高
江苏	0.952	0.993	1.000	1.000	0.992	极高	极高	极高	极高	极高
浙江	0.931	0.954	0.992	0.966	0.998	极高	极高	极高	极高	极高
安徽	0.709	0.966	1.000	0.988	0.983	高度	极高	极高	极高	极高
福建	0.971	0.995	0.999	1.000	0.998	极高	极高	极高	极高	极高
江西	0.684	0.839	1.000	1.000	0.978	高度	极高	极高	极高	极高
山东	0.944	0.995	0.986	1.000	0.988	极高	极高	极高	极高	极高
河南	0.653	0.996	1.000	0.985	0.984	高度	极高	极高	极高	极高
湖北	0.795	0.962	1.000	0.996	0.994	高度	极高	极高	极高	极高
湖南	0.622	0.981	0.997	0.886	0.976	高度	极高	极高	极高	极高

续表

省、市、自治区 \ 年份	耦合度					耦合度水平				
	2012年	2013年	2014年	2015年	2016年	2012年	2013年	2014年	2015年	2016年
广东	0.936	0.933	0.969	0.999	1.000	极高	极高	极高	极高	极高
广西	0.814	0.985	0.983	1.000	0.979	极高	极高	极高	极高	极高
海南	0.996	0.827	0.983	0.999	0.996	极高	极高	极高	极高	极高
重庆	0.782	0.998	1.000	0.993	0.996	高度	极高	极高	极高	极高
四川	0.826	0.987	0.986	0.998	0.998	极高	极高	极高	极高	极高
贵州	0.774	0.995	1.000	0.991	0.999	高度	极高	极高	极高	极高
云南	0.835	0.957	0.995	0.995	1.000	极高	极高	极高	极高	极高
陕西	0.761	0.974	0.979	0.999	0.993	高度	极高	极高	极高	极高
甘肃	0.667	0.983	0.992	0.988	1.000	高度	极高	极高	极高	极高
青海	1.000	0.998	0.985	0.980	0.994	极高	极高	极高	极高	极高
新疆	0.977	0.957	0.997	0.993	0.995	极高	极高	极高	极高	极高

以2012年我国各省市的耦合度进行展示，从地域上分析可发现，我国中部省市的耦合度处于高度耦合阶段，之后才发展成极高耦合。我国北京市、上海市、浙江省、江苏省和广东省等科技较为发达的省域，其耦合度五年内均保持在0.9以上，达到极高耦合阶段，说明我国各省市在以大学科技创新能力推动区域科技创新方面有很大的相关性，两大系统之间的互动关系也十分明显。

表4-2-11　全国各省份大学科技创新与区域科技创新耦合协调度测算结果

省、市、自治区 \ 年份	协调度					协调度水平				
	2012年	2013年	2014年	2015年	2016年	2012年	2013年	2014年	2015年	2016年
北京市	0.494	0.557	0.586	0.629	0.669	磨合Ⅰ	磨合Ⅱ	磨合Ⅱ	协调Ⅰ	协调Ⅰ
天津市	0.533	0.619	0.637	0.640	0.639	磨合Ⅱ	协调Ⅰ	协调Ⅰ	协调Ⅰ	协调Ⅰ
河北	0.547	0.580	0.562	0.619	0.649	磨合Ⅱ	磨合Ⅱ	磨合Ⅱ	协调Ⅰ	协调Ⅰ
山西	0.484	0.593	0.605	0.614	0.623	磨合Ⅰ	磨合Ⅱ	协调Ⅰ	协调Ⅰ	协调Ⅰ
内蒙古	0.502	0.534	0.582	0.601	0.652	磨合Ⅱ	磨合Ⅱ	磨合Ⅱ	协调Ⅰ	协调Ⅰ
辽宁	0.550	0.591	0.586	0.570	0.641	磨合Ⅱ	磨合Ⅱ	磨合Ⅱ	磨合Ⅱ	协调Ⅰ
吉林	0.467	0.541	0.598	0.628	0.662	磨合Ⅰ	磨合Ⅱ	磨合Ⅱ	协调Ⅰ	协调Ⅰ
黑龙江	0.560	0.596	0.594	0.621	0.630	磨合Ⅱ	磨合Ⅱ	磨合Ⅱ	协调Ⅰ	协调Ⅰ

年份 省、市、自治区	协调度					协调度水平				
	2012年	2013年	2014年	2015年	2016年	2012年	2013年	2014年	2015年	2016年
上海	0.551	0.551	0.595	0.636	0.666	磨合Ⅱ	磨合Ⅱ	磨合Ⅱ	协调Ⅰ	协调Ⅰ
江苏	0.509	0.570	0.597	0.651	0.666	磨合Ⅱ	磨合Ⅱ	磨合Ⅱ	协调Ⅰ	协调Ⅰ
浙江	0.494	0.526	0.553	0.613	0.686	磨合Ⅰ	磨合Ⅱ	磨合Ⅱ	协调Ⅰ	协调Ⅰ
安徽	0.387	0.544	0.611	0.642	0.670	拮抗Ⅳ	磨合Ⅱ	协调Ⅰ	协调Ⅰ	协调Ⅰ
福建	0.502	0.574	0.575	0.610	0.645	磨合Ⅱ	磨合Ⅱ	磨合Ⅱ	协调Ⅰ	协调Ⅰ
江西	0.407	0.500	0.608	0.646	0.648	磨合Ⅰ	磨合Ⅰ	协调Ⅰ	协调Ⅰ	协调Ⅰ
山东	0.451	0.559	0.623	0.659	0.631	磨合Ⅰ	磨合Ⅱ	协调Ⅰ	协调Ⅰ	协调Ⅰ
河南	0.383	0.535	0.581	0.637	0.678	拮抗Ⅳ	磨合Ⅱ	磨合Ⅱ	协调Ⅰ	协调Ⅰ
湖北	0.454	0.540	0.576	0.639	0.678	磨合Ⅰ	磨合Ⅱ	磨合Ⅱ	协调Ⅰ	协调Ⅰ
湖南	0.413	0.577	0.601	0.590	0.647	磨合Ⅰ	磨合Ⅱ	协调Ⅰ	磨合Ⅱ	协调Ⅰ
广东	0.457	0.518	0.547	0.633	0.673	磨合Ⅰ	磨合Ⅱ	磨合Ⅱ	协调Ⅰ	协调Ⅰ
广西	0.505	0.579	0.558	0.605	0.647	磨合Ⅱ	磨合Ⅱ	磨合Ⅱ	协调Ⅰ	协调Ⅰ
海南	0.551	0.519	0.553	0.597	0.612	磨合Ⅱ	磨合Ⅱ	磨合Ⅱ	磨合Ⅱ	协调Ⅰ
重庆	0.403	0.528	0.602	0.619	0.672	磨合Ⅰ	磨合Ⅱ	协调Ⅰ	协调Ⅰ	协调Ⅰ
四川	0.456	0.498	0.589	0.644	0.679	磨合Ⅰ	磨合Ⅰ	磨合Ⅱ	协调Ⅰ	协调Ⅰ
贵州	0.423	0.490	0.586	0.632	0.675	磨合Ⅰ	磨合Ⅰ	磨合Ⅱ	协调Ⅰ	协调Ⅰ
云南	0.409	0.553	0.584	0.632	0.694	磨合Ⅰ	磨合Ⅱ	磨合Ⅱ	协调Ⅰ	协调Ⅰ
陕西	0.422	0.546	0.574	0.653	0.687	磨合Ⅰ	磨合Ⅱ	磨合Ⅱ	协调Ⅰ	协调Ⅰ
甘肃	0.391	0.517	0.565	0.633	0.693	拮抗Ⅳ	磨合Ⅱ	磨合Ⅱ	协调Ⅰ	协调Ⅰ
青海	0.481	0.556	0.548	0.583	0.658	磨合Ⅰ	磨合Ⅱ	磨合Ⅱ	磨合Ⅱ	协调Ⅰ
新疆	0.491	0.554	0.585	0.621	0.655	磨合Ⅰ	磨合Ⅱ	磨合Ⅱ	协调Ⅰ	协调Ⅰ
全国	0.467	0.552	0.592	0.649	0.676	磨合Ⅰ	磨合Ⅱ	磨合Ⅱ	协调Ⅰ	协调Ⅰ

从协调度的角度来看，我国各省市的耦合协调度逐年上升，整体在0.4—0.7之间稳定上升，在2012年最差的协调度水平为拮抗Ⅳ，在2016年各省市达到协调Ⅰ的水平。将2012年各省市耦合协调度水平进行展示，从地域上分析可发现，我国北部和南部部分省市的耦合协调度在2012年已经达到磨合Ⅱ的水平，在中部的河南省、安徽省和甘肃省的耦合协调度处于拮抗Ⅳ的水平，以上三个省市在2012年的耦合度水平也偏低，说明河南、安徽和甘肃在大学科技创新能力与区域科技创新能力之间的协调作用比较差，未能很好地协调两个系统之间的互动关系。

但相对于耦合度而言，全国各省份大学科技创新能力和区域科技创新能力之间的耦合协调度明显偏低，说明全国大学科技创新能力的提升同区域创新能力的发展有较高的耦合度，在提高创新能力的同时，两者之间有较大的互相拉动效应，但是协调度较低，说明两者的拉动作用没有得到有效的平衡与协调。从我国西部地区和中部部分省份两方面的创新能力关联性较低的现状可以看出，各省份大学科技创新能力和区域科技创新能力若想得到进一步发展，就要深入促进省份间的协调配合，才可起到加深各省份之间关联的作用，从而促进全国的科技创新发展。

（二）大学科技创新与国家创新体系

按照 2012 年到 2016 年的时间序列，对全国大学科技创新能力和国家科技创新能力之间的耦合关系进行分析如表 4 - 2 - 12 所示，两个系统的耦合度均高于 0.9，属于极高耦合的类型。虽然两个系统的耦合度在 2012 年相对较低，但在 2013 年骤然上升至 0.99，在 2015 年有一定的下落，而 2016 年又回升到 0.99，保持在极高耦合的水平。协调度相对于耦合度而言较低，但在 2012 年至 2016 年逐年上升，由 2012—2014 年的磨合阶段上升至 2015—2016 年的协调阶段，不过仍处于协调 I 阶段，协调发展度水平整体而言还是较低的。

表 4 - 2 - 12　　**全国大学科技创新能力与国家创新能力耦合测算结果**

年份	耦合度	耦合度类型	协调度	耦合协调度类型
2012 年	0.92599	极高耦合	0.47215	磨合 I
2013 年	0.99829	极高耦合	0.57399	磨合 II
2014 年	0.99845	极高耦合	0.59819	磨合 II
2015 年	0.98583	极高耦合	0.63727	协调 I
2016 年	0.99999	极高耦合	0.67524	协调 I

总体而言，全国大学科技创新能力和区域科技创新能力呈现高度的耦合性和协调性。在 2013—2016 年间，耦合度接近于 1，说明全国大学和区域创新能力的耦合度极高，即全国大学科技创新能力提高的同时，有效促进了全国区域科技创新能力的发展，两者存在极高的关联性。全国协调度虽然总体偏低，但与全国各省份相对比，变化趋势基本一致，都是逐年增加，说明我国大学科技创新能力和区域创新能力的发展关联性越来越高。

第五章　大学科技创新与产业发展的实证研究

　　《中华人民共和国国民经济和社会发展第十三个五年规划纲要(2016—2020 年)》中明确指出，要深入实施创新驱动发展战略，发挥科技创新在全面创新中的引领作用，加强基础研究，强化原始创新、集成创新和引进消化吸收再创新。同时推进有特色、高水平大学和科研院所建设，实施一批国家重大科技项目，在重大创新领域组建一批国家实验室，积极提出并牵头组织国际大科学计划和大科学工程的开展。由此可见，高校在促进科技创新方面发挥着重要作用，产业创新热潮也为高校开展科技创新提供了转化平台，二者协同合作并互相促进，共同为区域及国家科技创新体系的建设出力。

　　因此，在分析中国大学科技创新与创新体系的关联作用之后，有必要对大学科技创新为地区发展带来的推动作用做进一步的分析，通过剖析大学科技创新与产业发展的关联，分析大学科技创新与特定行业创新的关联度。分析我国产业发展的水平可从多方面进行展开，本研究将从三次产业结构、规模以上工业各行业和高技术产业三个维度，层层分析中国大学科技创新与产业发展的关系，以此研究大学科技创新对产业发展的推动作用。

第一节　大学科技创新与产业创新的关联

　　近年来，大学科技创新得到了大力推行，高校科技创新体系的建设及发展为不同产业的兴起带来了技术支持，提供产业创新所需的技术、人才、信息、设备等资源。同时，产学研发展战略的开展以及技术创新、科技创新成果转化与应用发展理念的推广，进一步将高校科技创新与我国产业发展紧密地联系在一起。大学科技创新不断推动着我国产业的发展，同时各个行业也在增强科技创新体系对区域经济社会发展的支撑力度，强调科技创新在全面创新中的引领作用，不断发挥高等院校、科研院所、企业组织在区域创新体系中的重要作用。

一　大学科技创新对产业创新的推动作用

随着时代的进步和社会的发展，国家、社会对高校的期望越来越高，高等院校作为区域创新系统中的创新源头和人才知识储备库，其重要性不言而喻。大学在承担教书育人职责的同时，更加注重创新能力的培养和科学技术的研发与运用。高校作为我国科技创新活动的主力军，对我国科技创新能力水平的提升以及我国产业的发展发挥着积极的作用，可以大幅度地提高研发创新和技术要求，并提供人力资源、机器设备和专利协作等方面的支持，以此促进产业创新的发展，是推动国家科技创新体系建设进程中的重要力量。

（一）大学科技创新体系的发展概况

为了进一步强化高校科技创新事业的发展，2016 年，教育部印发了《高等学校"十三五"科学和技术发展规划》的通知，确立了到 2020 年高校科技创新建设的发展目标，即在高校科技创新质量和国际学术影响力方面实现新的跃升，服务经济社会发展能力和支撑高质量人才培养的效果显著增强，基本形成开放协同高效的现代大学科研组织机制，并引领支撑国家创新驱动发展，将高校建设成为创新型国家和人才强国的战略支撑力量。该规划要求大学科技创新必须落实以科技创新为核心的全面创新，抢占原始创新的战略制高点。从科技创新的长远发展来看，要大力发展基础研究，聚焦前沿技术和颠覆性技术创新，加快培养一流人才和创新团队，推进科技创新大平台和重大科技基础设施建设，引领高水平的交叉学科研究。大学科技创新主要面向可能催生重大创新和深刻影响未来发展的前沿科学领域，以及可能制约国家发展的重大战略领域，加强对信息、能源、安全、材料、核能、网络、海洋、工程制造、深海、深地、深空等重大基础研究和战略高技术领域的攻关，对契合区域、产业发展需求的基础性、共性关键学科问题进行研究。

完善的大学科技创新体系是培育学术领军人物与优秀学术团队的基础，大学科技创新体系将通过构建创新型高校，广泛吸纳创新人才与学术领军人才，构建人才集聚与培养机制，建立开放有序的学科融通机制，链接全国一流学科，以需求为导向推动协同创新，实现大学科技创新建设。大学科技创新体系可以保障良好的学科生态建设，为高校提供知识创新、技术创新和显示高端科技创新成果的平台，一方面支撑不同学科之间的交融与发展，另一方面形成学科发展的带动机制，刺激科技创新发展，保证高校在激烈的国际竞争中持续不断地发展，促进高校科技创新人才的培养以及高校科技创新能力的提升。

高校创新体系的建设是围绕一定的目标展开的，高校作为国家创新体系的重要组成部分，其作用贯穿于国家创新体系建设的每一个环节，成为经济发展至关重要的现实推动力。处于不同层次的高校，其创新体系的建设有着不同的目标。各高校都应该结合各自的特点，确立自己的创新目标，形成一个符合自己定位的创新体系。研究型大学和教学研究型大学创新体系建设的主要目标是：培育创新型的高等人才；知识创新（创新科学知识及创新基础技术）和技术创新（主要是局部的技术创新）；传播科学和技术知识。它们是知识创新系统、技术创新系统、知识传播系统、创新人才培养系统中的主要力量之一。教学型大学创新体系建设的主要目标是：培养一般高等人才；传播专业基础知识和新知识；根据条件进行一些实用性研究。这类高校也是创新人才培养系统、创新成果传播系统的主要力量之一，与第一类高校不同的是，尽管在这类高校中也有出色的高校进行基础研究，但它们还不能算是知识和技术创新系统的重要力量。此外，承担高等职业技术教育任务的高校主要是以培养应用型专业人才和传播相关知识为目标。

改革开放以来，全国各高校针对创新创业教育改革进行了长期的实践与探索，立项数量逐年上升，项目组织规模越来越大，受益的学生也越来越多。许多大学生科技创新孵化基地孕育了众多创新项目，诞生了许多专利专项，大学生团队在专业导师的带领下，将不同领域的理论付诸实践，同时为产业创新探索带来人员支持和技术支持。根据《2017 年中国大学生就业报告》，2016 届大学生毕业半年后"受雇全职工作"的比例（77.3%）相较于前两年有所下降，"自主创业"的比例（3%）基本持平。虽然政府大力支持大学生进行科技创新创业，但是大学生创业占就业总比例还是较少的，大学生创新创业能力有待提高。因此产业创新与大学科技创新是同步推进的，两者相互支撑相互推动发展。

（二）大学科技创新与产业创新的结合点

国内针对大学科技创新能力内涵的研究有许多不同的观点，有的学者通过研究高校的社会职能来界定高校的科技创新能力（王清等，2011）；或是从高校与企业、科研机构、政府以及社会关系的角度定义大学科技创新能力（陈玉叶等，2018）；有的学者基于科技创新的资源角度，认为高校是创造新知识和新技术并将其转化为新产品、新工艺和新服务的主要场所，将高校科技创新能力看作是由多种要素构成的有机整体（汪彩君等，2003）；有的学者提出创新人才的缺乏是区域协同创新的瓶颈，应加大对高校科学研究的投入（薛二勇，2012）。

大学是知识创新的主体，大学是举办高等教育的机构，但绝不能简单地将大学当作是高等教育，大学是"五大职能"融合而成的新学术共同体。目前我国高校作为重要的创新性理论与学术的发源地，具有学科交叉、渗透与交流的优势，同时在科技创新方面设立了各式孵化基地，不断为国家培养并输送创新型人才，研发高新技术，促进科学技术转化为生产力。高校科技创新体系与企业和科研院所共同构成国家科技创新体系的三大重要组成部分。

过去的高校侧重于科学的基础理论研究，而忽视技术的转化和实际应用。当代高校的综合性职能要求我们在创新的基点上把基础理论研究与应用技术开发内在地结合起来，使二者达成一种交互作用，加速高新技术的孵化以及面向生产力进行转化，形成健康互动的良性运行机制。从高校科技创新的职能来看，高校科技创新包含人才创新、知识创新和技术创新三部分，而学术研究与培养人才只是高校职能的一部分，应将区域科研进步和创新驱动建设作为高校的另一项重要职能。具体来说，高校科技创新体系与产业发展的关联包括以下四个层面。

第一，我国高等院校的数目逐渐增加，学科门类越来越齐全。知识创新是科技创新最核心、最本质的内容，也是高校科技创新的重要组成部分。知识创新通过创立新学说、积累新知识、探索新规律、寻找新方法、产出新专利推动科技进步，促进社会和经济的长远发展。知识创新作为技术创新的基础，不仅包含科学研究创造新知识的过程，还包含新知识和新技术创造社会财富和经济效益的过程。在知识创新的基础上，高校拥有全国一半以上国家重点实验室和国家级重点学科，建有基于科技创新为指导的研究中心、科研教学基地和高端网络服务系统，实验设备配置完善，同时科学研究与技术开发交叉渗透，具备承担国家重大综合课题的实力。

第二，高校聚集了大量高层次人才，人力资源质量不断提高。近年来，高校的科研队伍不断壮大，专家、学科领导人众多，发挥着科研领头人的作用；创新科研团队如雨后春笋般涌现，跨学科人才不断增加，学术思想和知识流动速度加快，庞大的硕博研究生为高校科技创新工作提供了充足的人力资源保障。高校不仅仅传授知识，还为老师和学生提供创新的土壤和平台，将老辈与后辈结合起来，通过讨论学术、共同科研，促进科技创新体系的发展。

人才创新是高校科技创新的基础，其中包括研究型人才、应用型人才、综合型人才和后备型人才。研究型人才拥有较高的科研能力和学术功底，他们对自身的专业知识有充足的储备，并且具有一定的学术研究经验，主要从事技术研发的后台工作；应用型人才主要将技术与实际问题进行结合，基于现实场景的需要提供技术解决方案；综合型人才在研发、运营、生产等多方面都拥有杰出的才能；后备型人才主要以高校的毕业生和在校生为主，如本科生、研究生、博士生等，他们在高等学校的环境下进行学习和实践，协助完成导师的课题或项目，是不可忽视的后备力量。

第三，高校拥有庞大的信息资源，是科技创新的主要基地。通过建立高校科技创新交流平台，可以为国内外高校开展多种类型的学术科研活动和前沿信息的动态交流活动提供平台。高校的科学研究具有前瞻性和长远性，关系着科技创新的发展动向，能够为国家科技政策的制定提供方向性的参考。在高校科技创新政策的带领和推动下，高校科研创新环境越来越优越，创新氛围逐渐浓厚，汇集了一大批科学技术精英进行研发创新合作，为科技人才的交流构建了信息资源共享平台。

第四，高校是推进产学研合作的重要平台。知识经济时代，科技和教育成为推动经济发展的重要因素，产学研合作是促进科技与经济相结合、培育经济发展新增长点的关键举措，是培养创新人才的最佳手段，也是促进高校创新体系建设的有效途径。高校将创新成果运用到企业生产过程中实现技术创新，有组织有目的地开展研究发明、成果转化、专利集成等形式的科技创新活动，通过新产品的开发、生产、销售和售后服务，最终实现新知识、新技术的产业化，在这个过程中，高等学校作为主体开展科技创新活动，不断地将科技创新成果转化为现实生产力。

在国家创新体系建设中，高校为了更好地发挥其人才库、知识源、智慧源和高新技术辐射源的作用，就必须深化自身改革，及时将学校工作的重心转移到大力培养高素质创新人才和加强科技创新方面；直接面对市场，彻底打破大学、科研机构和企业之间的壁垒，集中人才与企业联合进行某些课题的研究，鼓励科研人员将专利和技术成果作为投资带到企业生产中去，以扭转我国长期存在的科研成果难以转化为生产力的现状；形成以科研力量雄厚的高校为中心，以高新技术产业群为基础的教学、科研、生产三位一体的科技基地，既出人才，又出知识、技术、产品，缩短知识信息在国家创新体系中创造、加工、传播、应用的周期。

二　产业创新对大学科技创新的拉动效应

由于高校创新体系是国家创新体系的重要组成部分，因此，高校创新体系的建设也离不开环境的支持。国家科技创新体系的其他主体，如政府、企业、科研机构等必定会对高校创新体系的运行产生一定的影响，尤其是高科技创新企业的发展，对大学科技创新的建设和完善有着至关重要的作用。产业创新的影响因素可以分为技术要素、资本要素、人力要素和外部要素，这些要素的作用发挥不仅造福于企业自身的发展，也对高校科技创新有着显著的拉动作用，可以将各类资源与大学内部的创新创业中心及研发机构共享，推动大学构建更加符合产业需求、具有社会外溢效应的创新研究体系。

（一）产业创新的研究

改革开放以来，中国经济快速增长，我国产业发展与世界先进水平的差距逐渐缩小，产业结构调整取得成效，产业信息化进程加快，整体的竞争力不断增强。具体来看，部分传统产业和国有企业、集体企业的比重呈现持续下降的趋势，高新技术产业比重明显提高，"三资"企业和私营企业已发展成为我国产业的主力军，这表明产业结构的整体调整已经取得了初步成效。同时，产业集中度有一定程度的提高，规模经济具备长足发展的动力，产品出口结构不断优化，制造业生产及出口均保持了多年的快速增长。

创新能力是在内外资源整合的基础上，通过应用新技术或新方法取得预期创新绩效的能力，通常可分为产业创新能力、区域创新能力和国家创新能力。21世纪初，有学者强调了国民经济的发展进步与技术创新的发展进步是相互联系、相互促进的，指出经济发展为技术创新提供更好的环境，反过来，技术进步更有利于产业的转型升级，使经济更加健康、快速地向前发展（薛敬孝、张天宝，2002）。已有的研究文献纷繁复杂、视角多样，本书基于战略高度进行梳理，可以发现学者的研究主要基于过程视角对产业创新能力进行界定，多数研究以高技术产业为例进行观点阐述，但并未形成统一的观点。也有学者通过分析产业创新的影响因素，探讨产业创新发展过程中的内在运作机制。

在产业层面上，学者们根据研究需要，对产业创新能力进行了不同的界定。吴秀娟、吴诗禾和黄和亮（2009）认为产业创新能力是将知识转化为新产品或新工艺并获得经济社会效益、推动产业发展的能力，由创新投入能力、成果产出能力、制造能力和支撑能力等构成。杨楠（2012）认为产业创新能力由实施能力、投入能力、产出能力和核心能力等构成，是产业基于自身经济技术实力以及专利技术的获取，通过强化核心技术获得竞争力的综合能力。包英群（2016）认为产业创新能力由创新投入能力、产出能力和支撑能力等构成，是产业通过技术创新提升产业竞争力的综合能力。

在产业创新能力概念研究的基础上，多数学者以高技术产业为研究对象，对高技术产业创新能力进行界定。廖湘岳和刘敏（2014）基于知识和技术角度，认为高技术产业创新能力由知识创新能力、技术创新能力和市场能力等构成，是产业利用自身的知识和技术优势，将其转化为新工艺或新产品的能力。李丹和王欣（2016）认为高技术产业创新能力由投入能力、获取能力、产出能力和支撑能力等构成，是高技术企业通过与其他创新主体的合作来提高产业竞争力的能力。董慧梅、李月等（2016）认为高技术产业创新能力是以企业自身作为创新主体，通过产业投入创新资源，最终产出所能达到的最大边界的能力。范德成和杜明月（2017）认为高技术产业创新能力由创新投入、创新产出和创新环境等要素构成，是将知识和技术转化为新产品或新工艺，促进自身可持续发展的能力。

此外，也有学者研究产业创新能力的影响因素。包英群（2016）通过对产业创新影响因素相关文献进行归纳分析，总结出影响产业创新能力的七大要素：劳动者素质、市场环境、产业集聚度、产业结构、企业规模、政府支持以及金融环境。其中劳动者素质是劳动者对先进技术的吸收、消化、再创新的能力，契合了高校创新能力中人才创新的能力；政府支持则是指政府在创新过程中发挥的辅助、引导和协调作用。

结合上述文献，可以认为产业创新大致包括了投入能力、产出能力和支撑能力三个方面。创新投入是产业创新的基础，可归纳为资金、物质、信息以及人力资源四大方面。创新投入能力是指在产品研发、成果转化、市场推广等方面投入财力、物力、人力和信息的能力，不仅仅局限于产业内部的投入，也包括产业外部环境的投入。创新产出能力是指经过研发、试验、实验等活动，开发出新产品或新科技原型的能力，以及通过产业化制造或技术蔓延，进而掌握成型的新产品或技术服务，最终在市场上营销获取经济效益的能力，通常用专利、新技术和新产品销售收入来衡量创新产出能力。创新支撑能力是指产业内外部环境为产业创新提供支撑的能力，通常用国家政策、融资渠道、企业规模、市场结构等指标来衡量创新支撑能力。

（二）产业创新与大学科技创新的嵌入形式

自 1995 年始，我国才逐渐将产业发展与技术创新相结合，业内专家学者一致认同，要实现产业结构转型升级这一目标，就必须依靠技术创新的力量。产业创新还可以带动企业形成集聚效应，有学者通过对我国高技术产业的省级面板数据进行研究，发现高技术产业集聚能够促进产业技术创新水平的提高，同时不同区域的聚集水平和创新产出间的关系存在明显差别（杨浩昌等，2016）。因此，产业创新能够通过产业集聚发挥地区科技创新的推动作用，并进一步提高高校科技水平，对高校科技创新能力有着显著的拉动作用。

新时代，科技水平不断发展，技术不断更新换代，对企业来说，这既是挑战，也是机遇。企业必须创新生产工艺，完善产业新技术，应用新型科技手段，采取全新的经营管理理念，才能在新时代中提高产品质量，掌握核心科技，赢得市场份额。在这一过程中，企业需要借助外部资源的力量，为自己的创新体系建设注入强大的活力。高等院校在其中可以发挥重要的助力作用，贡献优渥的人力、设备、信息等资源，为高新技术企业发展提供独特的优势。

在企业与高校协作发展的过程中，产学研合作是其采取的主要方式。企业通过联结"政、产、学、研"形成多主体协同机制，整合科技创新资源，提升区域创新能力，将产业创新要素与其他主体共享，发挥出 1 + 1 > 2 的溢出效益。高等院校、科研院所作为人才培养和科学研究的基地，为产业创新链的构建和完善提供产业竞争的新动能。企业则积极优化产业创新链条上各个环节的内容，促进二者合作内容的深度协同，协助关键技术开发、科技成果集成、技术产出转化，打造有助于开展科技创新活动的聚合池。

近年来，多数企业在大学内部开展产学研协作机制，共同构建科技产业园，或是开设企业大学，设立创投基金，举办创业大赛，开展产学合作协同育人项目，为校内高端人才提供教育基金，搭建科技协同创新的产业链条，构造多主体深度参与的创新版图，紧紧抓住与大学合作共同进行科技创新的潮流。这些实践都取得了不错的效果，推动了企业与大学科技创新的深度融合，提升了企业在严峻态势中的核心竞争力。

企业大学发源于1956年通用电气公司（GE）成立的"克罗顿维尔"（学院）。1993年托罗拉将企业大学的概念首次引入中国，同年春兰创建了自己的企业大学，这是国内成立的第一家企业大学。1999年海尔大学建立，此后各行各业的企业大学犹如雨后春笋般纷纷成立，麦当劳中国汉堡大学、腾讯学院、港铁公司优质服务学院、华润大学、中兴通讯学院、忠良书院（中粮集团企业大学）、宝钢人才开发院等企业大学相继成立。2018年，新华报业传媒集团《培训》杂志从战略承接、组织建构、人才开发、高效运营、知识管理，以及价值创造六大维度进行筛选，发布了"中国企业大学50强"榜单，沃尔玛（中国）零售大学、TCL大学、京东大学、一汽大学等知名企业大学纷纷上榜。

企业大学以一种崭新的管理和运营模式与高校展开产学研协作，企业大学的运作方式是多种多样的，有的企业集合行业特色，与高校共同探讨提升服务标准的做法；有的企业以内部项目实践为核心，为高校人才提供切切实实的操作场景；有的企业通过搭建专门的模拟基地，强化学员的实战训练；还有的企业学以致用，让学员将所学知识应用到产品实践中。一方面，企业借助高校的人力资源为企业提供战略咨询建议和业务流程再造；另一方面，企业也为高校培养了更多的实用型人才，通过各种途径建立人才交流协作机制，提供了一种全新的人才培养模式，如实施借脑工程、引智工程，推进博士后工作站建设或产学研合作，培养和吸引优秀科技人才。

科技产业园起源于20世纪60年代的美国，并以硅谷的成功闻名于全世界。科技产业园是一个集信息、科研、管理等服务为一身的机构平台，由高端人才、创新技术、企业孵化等要素构成，在整合高校与产业资源优势方面表现出无穷的活力。科技产业园为高校应用型人才的培养提供了支撑平台，能有效培养适合企业需求与社会服务的高端人才，使高校师生拥有了应用创新思想、掌握创新轨迹的舞台。同样，高校特有的机械设备、创新政策、研发人员也只有与产业园相结合才能发挥自身独特的优势，将基础研究的成果投入到企业生产与应用的链条中，取得产出成果效益最大化，获得丰富的溢出价值。

与其他产学研合作形式相比，高校科技产业园具有明显的特征和优势。科技产业园是多数高新技术企业的聚集地，一定程度的地理区位集聚促进了企业间的协同研发创新，比普通企业具备更先进的创造性思维。这样的优势也吸引了无数大学与产业园进行合作发展，为高校创新创业教育提供了良好的实训基地，而不仅仅是停留在纸面上的教学与授课。深度参与科技产业园的高校学子能够掌握更多具备应用性的创新思维，更加熟悉科技产业园的管理、融资、市场等实践流程，其创新项目和实践有助于产业园实现从量变到质变的积累，留待日后转化为面向社会需求的实践应用。

2014年，教育部启动产学合作协同育人项目，旨在深化产教融合、校企合作，以产业及技术发展需求推动高校人才培养改革。教育部发布的数据显示，2018年上半年，产学合作协同育人项目共有952所高校与288家企业合作立项7377项，企业提供经费及软硬件支持约42.79亿元。下半年，共有365家企业发布项目1.4万项，提供经费及软硬件支持32.5亿元，全年累计支持75.2亿元。这一项目开启以来，教育部负责搭建平台，由高校和企业作为主体参与实施，在数量和质量上取得了快速的进步，建立了校企合作、产学融合的长效发展机制，为不同主体之间的共同育人计划提供了可供操作的环境。

纵观产学合作协同育人项目的开展，可以看到，现如今的企业已经意识到，企业间的竞争已经不只局限于产品、服务、营销等常规流程的竞争，更在于为企业产品及服务赋予重要思想和意义的人才资源。而提供这一人才资源的主要途径在于高校高端人员和精英人才的引入，只有率先与高校进行协同育人项目，提前参与到高校人才的培育和引流过程中，才能在新一轮企业激烈竞争中占据战略高地，充分发挥自身生产与科学技术的巨大优势，促进企业核心竞争力的提升，为产业创新和服务优化提供充足的动力。

第二节 产业结构及产业发展概况

本书通过将高校科技创新因素引入灰色关联模型，分析中国高校科技创新能力与我国产业发展的关联性，因此，需要在宏观维度上梳理三次产业的结构划分及现状研究，厘清规模以上工业产业和高技术产业的发展概况，以此检验各行业受科技创新因素影响的程度，并找出全国科技创新的优势产业以及各省市的优势产业，为产业与高校协同发展提供优化思路，共同完善区域科技创新体系及国家科技创新体系的建设。

一 我国三次产业发展概况

从广义层面上，我国的产业结构可以划分为第一产业、第二产业和第三产业。第一产业是指农、林、牧、渔业（不含农、林、牧、渔服务业）；第二产业是指采矿业（不含开采辅助活动）、制造业（不含金属制品、机械和设备修理业）、电力、热力、燃气及水生产和供应业、建筑业；第三产业即服务业，是指除第一产业、第二产业以外的其他行业。①本研究将从三次产业出发对需要进行关联性分析的产业展开第一维度的产业结构的分析。

近年来，我国三次产业得到快速的发展，且保持较高的增速，产业结构呈现不断优化的趋势。第一产业的发展趋于平缓，多年来占据的比重没有明显的变化，且与第二产业和第三产业之间的差距在不断拉大。第二产业和第三产业在产业结构中占据了主要的比重，但二者的发展趋势有所不同，近年来第二产业的增速有所减缓，第三产业的增加值呈指数增长趋势，逐渐从第二产业占优转变为第三产业占优。

图 5-2-1 展示了 2015 年至 2019 年间三次产业的构成，即三次产业增加值占国内生产总值的比重情况。从图中可以看出，第一产业增加值占GDP 的比重多年来近乎保持不变，呈现较为稳定的态势；第二产业的增加值近年来以微弱的速度在缓慢下降，呈现产业结构内部的优化调整；反之，第三产业则以较快的增速成为占国内生产总值比重最大的产业类别，2019 年占比达到 53.9%，其增长值占 GDP 半数以上。

---

① 三次产业划分依据来源：国家统计局。

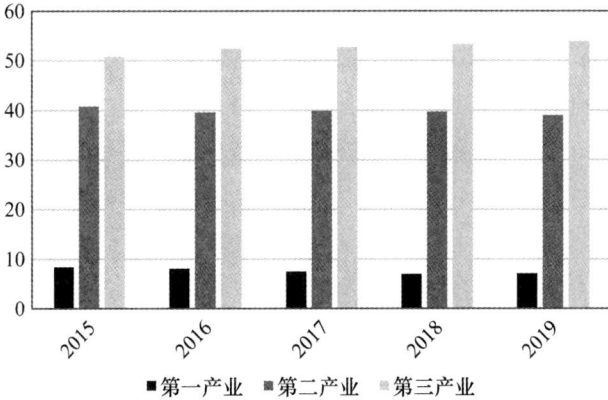

图 5 - 2 - 1　我国 2015—2019 年三次产业的构成情况（%）

数据来源:《中国统计年鉴》, 按当年价格计算。

2014—2018 年我国三次产业对 GDP 的贡献率情况如图 5 - 2 - 2 所示, 贡献率是指三次产业对国内生产总值增长速度贡献幅度的大小, 即三次产业增加值增量与 GDP 增量之比。从图中可以看到, 第一产业对 GDP 的贡献率近年来保持不变的态势; 第二产业则有较明显的下降趋势, 尤其是 2014 年至 2015 年期间, 其贡献率降低了 5 个百分点左右; 第三产业则以较大的涨幅突出对 GDP 的贡献率, 说明第三产业的增加值远超 GDP 的增长速度, 呈现良好发展的趋势。

图 5 - 2 - 3 是我国 2014—2018 年间三次产业对国内生产总值的拉动

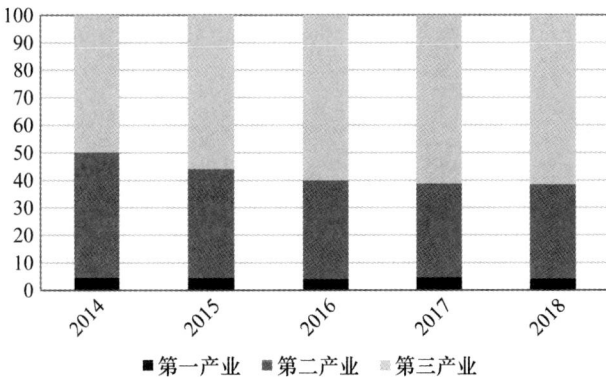

图 5 - 2 - 2　我国 2014—2018 年三次产业对 GDP 的贡献率（%）

数据来源:《中国统计年鉴》, 按当年价格计算。

百分比累积图，这一比值测算的是 GDP 增长速度与三次产业贡献率的乘积，以此计算三次产业对 GDP 增速的贡献程度。从图中可以看到，近年来国内生产总值增长的百分点维持在［6.5，7.5］之间，总体还是比较稳定的。第一产业对国内生产总值的拉动五年来一直保持在 0.3 这一百分点；第二产业对 GDP 的拉动效用则逐年呈递减状态，近年来下降了 1.1 个百分点；第三产业对 GDP 的拉动劲头十分强劲，逐年上升并稳定下来，在 2017 年和 2018 年均维持 4.2 的拉动百分比。

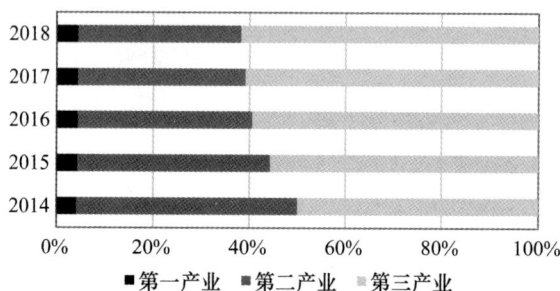

图 5 - 2 - 3　我国 2014—2018 年三次产业对国内生产总值的贡献（百分比）

数据来源：《中国统计年鉴》，按当年价格计算。

二　我国规模以上工业产业发展概况

近年来，企业的创新研发和技术水平有了明显的提升，传统产业逐步向产业转型升级的方向发展，因而有必要对全国规模以上工业企业的科技活动基本情况进行梳理，对相关产业的发展成效进行分析。根据《中国科技统计年鉴》对规模以上工业企业行业的划分，本研究参照其工业企业划分的行业层次和结构，依据所属行业的特征和标准将其划分为 36 个行业大类。①

① 36 个行业分别为：煤炭开采和洗选业；石油和天然气开采业；黑色金属矿采选业；有色金属矿采选业；非金属矿采选业；农副食品加工业；食品制造业；饮料制造业；烟草制品业；纺织业；纺织服装、鞋、帽制造业；皮革、毛皮、羽毛（绒）及其制品业；木材加工及木、竹、藤、棕、草制品业；家具制造业；造纸及纸制品业；印刷和记录媒介复制业；文教、工美、体育和娱乐用品制造业；石油加工、炼焦及核燃料加工业；化学原料及化学制品制造业；医药制造业；化学纤维制造业；橡胶和塑料制品业；非金属矿物制品业；黑色金属冶炼及压延加工业；有色金属冶炼及压延加工业；金属制品业；通用设备制造业；专用设备制造业；交通运输设备制造业；电气机械器材制造业；计算机、通信和其他电子设备制造业；仪器仪表制造业；其他制造业；电力、热力的生产和供应业；燃气生产和供应业；水的生产和供应业。

我国规模以上工业各产业 2012—2016 年新产品销售收入的数据如表 5 - 2 - 1 所示，从表中可以看到，近五年我国规模以上工业新产品销售收入总体上呈上涨趋势，其中新产品销售收入占比较大的产业有交通运输设备制造业、电气机械及器械制造业、化学原料及化学制品制造业和计算机、通信和其他电子设备制造业。通信设备、计算机及其他电子设备制造业 2016 年新产品销售收入最高，达 34838.7 亿元，销售额最低的产业为水的生产和供应业，仅有 25.8 亿元。

表 5 - 2 - 1　　我国 2012—2016 年规模以上工业产业的新产品
销售收入情况（亿元）

规模以上工业产业	2012 年	2013 年	2014 年	2015 年	2016 年
煤炭开采和洗选业	1110.1	1139.3	897.9	584.7	497.9
石油和天然气开采业	16.3	6.1	23.7	61.9	95.3
黑色金属矿采选业	36.0	38.6	52.8	30.7	33.9
有色金属矿采选业	348.0	311.4	128.2	151.7	229.4
非金属矿采选业	52.4	47.6	67.2	88.8	98.3
农副食品加工业	2004.2	2121.6	2465.1	2848.4	3331.9
食品制造业	844.5	1096.8	1158.7	1334.5	1603.9
饮料制造业	1068.6	1133.8	1050.2	1004.8	1133.0
烟草制品业	1383.7	1591.5	1522.3	1650.7	1774.3
纺织业	3371.2	4051.3	4310.7	4742.1	5174.6
纺织服装、鞋、帽制造业	1266.6	1476.6	1707.6	1826.5	2194.5
皮革、毛皮、羽毛（绒）及其制品业	612.8	738.9	814.4	907.6	1085.8
木材加工及木、竹、藤、棕、草制品业	323.3	335.6	472.9	533.7	609.5
家具制造业	290.8	391.1	509.4	601.7	946.6
造纸及纸制品业	1125.5	1382.3	1541.1	1668.8	2092.6
印刷和记录媒介复制业	369.1	436.0	513.3	565.8	648.5
文教、工美、体育和娱乐用品制造业	589.0	872.2	1050.9	1128.5	1362.6
石油加工、炼焦及核燃料加工业	1742.1	2646.9	2864.8	2507.9	2673.7
化学原料及化学制品制造业	7873.1	9137.6	10169.1	10704.1	11762.3
医药制造业	2928.6	3606.2	4301.8	4736.3	5422.8
化学纤维制造业	1439.3	1509.3	1584.5	1713.7	1845.4
橡胶和塑料制品业	2339.6	2931.7	2898.8	2994.3	3748.2

续表

规模以上工业产业	2012 年	2013 年	2014 年	2015 年	2016 年
非金属矿物制品业	1783.7	2410.8	2601.1	2901.0	3395.4
黑色金属冶炼及压延加工业	7591.7	7971.9	8042.9	6629.1	7120.0
有色金属冶炼及压延加工业	3990.6	5191.6	5940.3	5817.1	6976.0
金属制品业	2368.6	2722.0	3205.1	3554.9	3965.6
通用设备制造业	6277.3	7269.4	7640.9	8043.6	8948.5
专用设备制造业	5179.2	5894.7	6112.8	6027.7	6430.0
交通运输设备制造业	18992.0	19840.3	23862.7	25561.3	31921.9
电气机械及器材制造业	11792.2	13860.5	16157.0	16502.6	19409.1
计算机、通信和其他电子设备制造业	19471.5	24163.5	26765.2	30657.7	34838.7
仪器仪表制造业	1384.1	1489.9	1768.0	1873.4	2142.6
其他制造业	173.4	177.9	205.7	267.2	289.6
电力、热力的生产和供应业	197.2	222.2	211.4	249.3	279.3
燃气生产和供应业	58.7	15.8	15.9	26.6	51.0
水的生产和供应业	13.8	13.3	11.1	20.1	25.8

数据来源：《中国科技统计年鉴》。

从各产业的占比上看，可以发现全国规模以上工业新产品销售收入较高的产业主要分布在交通、电气、通信及化学等行业。这些行业具有较高的技术含量，对科技人才、科技资源、设备技术专利等科技创新资源有较高的需求和较高的准入标准，并在高需求严标准的情况下创造了相对较高的收益，表明传统产业积极响应了国家的号召，主动向产业转型升级的方向发展。传统产业为了能够与时俱进，提高核心竞争力，不断创造新的财富，就要加快向"智能制造"转型的步伐，主动推动以创新要素为驱动的发展模式。

表 5-2-2　我国 2015—2018 年规模以上工业企业的科技活动基本情况

指标	2015 年	2016 年	2017 年	2018 年
研究与试验发展活动企业数（个）	73570	86891	102218	104820
研究与试验发展活动企业所占比重（%）	19.2	23	27.4	28

续表

指标	2015 年	2016 年	2017 年	2018 年
研究与试验发展人员全时当量（人年）	2638290	2702489.2	2736244	2981234
研究与试验发展经费支出（万元）	100139329.8	109446585.6	120129588.5	129548263.7
研究与试验发展经费支出与主营业务收入之比（％）	0.9	0.9	1.1	1.3
研究与试验发展项目数（项）	309895	360997	445029	472299
研究与试验发展项目经费支出（亿元）	9146.71	10064.33	11990.23	12333.55
研究与试验发展机构数（个）	62954	72963	82667	83115
研究与试验发展机构人员数（万人）	266.84	292.4	325.42	318.28
研究与试验发展机构经费支出（亿元）	6793.87	7664.48	8955.49	10321.26
新产品开发项目数（项）	326286	391872	477861	558305
新产品开发经费支出（万元）	102708341.9	117662657.9	134978371.2	149872195.7
新产品销售收入（万元）	1508565473	1746041534	1915686889	1970940694
新产品出口销售收入（万元）	291326776.3	327130958.4	349447537.4	361608191.1
专利申请数（件）	638513	715397	817037	957298
发明专利申请数（件）	245688	286987	320626	371569
有效发明专利数（件）	573765	769847	933990	1094200
引进国外技术经费支出（亿元）	414.06	475.42	399.32	465.27
引进技术消化吸收经费支出（亿元）	108.39	109.25	118.54	91.01
购买国内技术经费支出（亿元）	229.94	208	200.87	440.17
技术改造经费支出（亿元）	3147.64	3016.61	3103.38	3233.41

数据来源：《中国统计年鉴》，按当年价格计算。

表5-2-2一共选取了21个有效指标，用于梳理我国2015—2018年间规模以上工业企业的科技活动基本情况，包括开展研究与试验发展活动的企业相关数据、专利数据以及其他相关技术信息。从表中可以看到，近年来，企业不论是在研究与试验发展的经费支出、机构设立还是人员支持方面都呈现出逐年向好的态势。同时，采用新技术应用的新产品开发及其商业价值逐年递增，企业研发活动对应的发明专利数以指数型趋势增长。此外，规模以上工业企业在引进国外技术和购买国内技术方面支出不菲，表明企业越来越重视科技的交流与互相借鉴。

三 我国高技术产业发展概况

近年来高校与企业有越来越多的合作，二者在科技创新与试验研发方面有了更多的技术合作和成果转让空间。尤其是高新技术产业的快速发展，为高校科技创新体系的建设提供了更加便捷的平台，高技术产业借助高校的信息、智力等资源要素获得长足发展，高校的科技创新建设也在与企业的合作中日益进发出新活力。高技术产业具有知识和智力密集、高技术密集、投入研发高等特点，高技术产业的发展促进了经济的变革和持续增长，在带动经济增长、繁荣社会生产、提高资源配置效率等方面具有无可比拟的优势。深入了解高技术产业的特点和作用，对高校科技创新与产业发展关联的研究是十分必要的。

首先，高技术产业促进了经济的发展。高技术产业的发展，改变了以往的劳动工具，使劳动效率得到倍速提升，从而提高了生产能力和生产力水平，是带动经济飞速增长的重要动力之一。从生产角度来讲，一方面，高技术改变了传统的生产方式，对传统生产技术、工艺进行升级，优化了生产过程，提高了生产效率，以高产出的方式促进经济发展；另一方面，高技术提高了产业节能减排的能力，通过技术升级改造、资源再利用系统和排污系统等，达到节约资源减少污染的目的，从生态保护、环境友好和节约资源等多方面实现可持续发展。从国家贸易角度来讲，高技术产业利用科技创新成果生产出更加便捷、多样化的智能产品，提高了产品的竞争力和价值，提高了我国产品在国际产品价值链的位置，同时也扩大了高技术产品的出口量，为我国高技术产品抢占国际市场提供支持，因此高技术产业通过促进出口的方式促进国家经济发展。

其次，高技术产业的发展促进了产业结构的优化升级。随着高技术产业的发展，我国第一产业生产总值占国民生产总值的比重呈现逐步下降的趋势，第二产业生产总值在国民生产总值中的比重也呈现下降趋势，但是下降幅度不明显，而第三产业却得到了迅速的发展。综合来看，高技术产业的发展促进了高技术产业与传统产业的融合，通过产业融合的方式促进了新业态、新模式、新技术、新产业的"四新"经济发展。一方面，高技术产业的发展能够促进地区支柱产业、主导产业的转型升级，从而带动区域关联产业链的转型升级，通过产业结构的逐层优化升级促进经济的发展。另一方面，高技术产业的发展会逐步形成辐射效应，引领科技要素集聚的行业与高技术产业对标发展，带动相关产业的转型升级，进一步延展、升级产业链，不仅促进传统产业生产技艺的转型升级、更新换代，还淘汰了一些技术落后的高污染、高耗能、高排放的企业，从产品升级和环境保护两个方面促进产业结构的优化升级，进而促进经济的发展。

最后，高技术产业的发展促进了产业聚集。高技术产业的发展离不开信息、人才、资金的交流，这些交流使产业内高技术企业得到更好更快的发展，并由此引发企业间的规模扩张与聚集热潮。我国有四大高技术产业聚集区：以北京中关村科技园区为中心的环渤海高新技术产业密集区，以上海高新区为中心的沿长江高新技术产业区，以深圳高新区为中心的东南沿海高技术产业密集区，以西安—杨凌高新区为中心的沿亚欧大陆桥高新技术产业密集区。高技术产业的发展源于科技创新，科技创新的核心力量即为创新型人才、高密集资本以及科技研发的空间载体。高技术产业发展的同时不断集聚着高质量人才、资本和信息，通过本产业的发展吸引着相关产业的集聚，形成高技术产业聚集区，利用规模经济的优势达到资源共享、成本节约、产品价值升级的目的，从而提高聚集区内产业的升级并促进区域经济的发展，并将这种优势辐射到周边地区，从而形成示范效应，促进更多的高技术产业聚集区的形成。

本书整理了高技术产业的具体结构划分，这一分法为世界上大多数国家所认可。按照产业的技术密集度和复杂度作为衡量标准，将高技术产业划分为医药制造业，航空、航天器及设备制造业，电子及通信设备制造业，计算机及办公设备制造业，医疗仪器设备及仪器仪表制造业五大类，每一类别下又包含更为具体的行业，具体如表5-2-3所示。

高技术产业开展科技创新活动中，有很多可作为衡量其发展成熟度和活跃度的参考指标，如研究试验机构及经费支出、专利申请数量、施工项目和固定资产金额等。表5-2-4梳理了近五年来我国高技术产业的发展概况，可以看到，高技术产业对研究与试验发展的经费投入、机构设立和人员支持都是逐年上升的，其研发新产品的经费和专利申请书也是呈现向好的趋势，有效开展的项目数量和固定资产投资金额均实现一定程度的增加，说明我国高技术产业在投入和产出方面同时发力，结构更为优化，效益和效率均有所提升。

表 5 - 2 - 3 高技术产业结构划分

	产业结构	
高技术产业	医药制造业	化学药品制造
		中成药生产
		生物药品制造
	航空、航天器及设备制造业	飞机制造
		航天器制造
	电子及通信设备制造业	通信设备制造
		广播电视设备制造
		雷达及配套设备制造
		视听设备制造
		电子器件制造
		电子元件制造
		其他电子设备制造
	计算机及办公设备制造业	计算机整机制造
		计算机零部件制造
		计算机外围设备制造
		办公设备制造
	医疗仪器设备及仪器仪表制造业	医疗仪器设备及器械制造
		仪器仪表制造

资料来源：《中国统计年鉴》。

表 5 - 2 - 4 我国 2013—2017 年高技术产业的基本概况

指标	2013 年	2014 年	2015 年	2016 年	2017 年
研究与试验发展机构数（个）	4583	4763	5572	6456	7018
研究与试验发展人员全时当量（万人年）	55.9	57.3	59	58.02	59.03
研究与试验发展经费（亿元）	1734.4	1922.2	2219.7	2437.61	2644.65
新产品开发经费（亿元）	2069.5	2350.6	2574.6	3000.36	3421.3
专利申请数（件）	102532	120077	114562	131680	158354
有效发明专利数（件）	115884	147927	199728	257234	306431
施工项目数（个）	17691	18403	20028	23715	27891

续表

指标	2013 年	2014 年	2015 年	2016 年	2017 年
新开工项目数（个）	11637	12039	14122	17498	19270
全部建成或投产项目数（个）	10528	11914	14100	14949	17770
固定资产投资额（亿元）	15557.7	17451.7	19950.65	22786.7	26186.55
新增固定资产（亿元）	9874.3	11790.7	14307.54	13140.3	15608.75

数据来源：《中国统计年鉴》。此处高技术产业均以大中型工业企业口径作为核算标准。

表 5 - 2 - 5 列举了我国 2012—2016 年高技术产业的新产品销售收入，可以看到，近五年来高技术产品的销售收入涨势良好，其中增长最为明显的产业为通信设备制造业，其新产品销售收入从 2012 年的 4910.50 亿元增长到 2016 年的 14993.23 亿元。2016 年，高技术产业新产品销售收入占比较高的产业有通信设备制造、电子器件制造、电子元件制造、计算机整机制造和化学药品制造等产业，主要集中在电子及通信设备制造业。

表 5 - 2 - 5　我国 2012—2016 年高技术产业的新产品销售收入金额（万元）

高技术产业	2012 年	2013 年	2014 年	2015 年	2016 年
化学药品制造	1473.23	1784.19	2084.12	2229.62	2520.02
中成药生产	512.81	646.92	854.07	919.64	1060.66
生物药品制造	179.17	232.41	308.53	367.22	393.53
飞机制造	541.16	652.26	965.36	1087.81	1280.34
航天器制造	33.42	43.46	45.36	57.95	67.29
通信设备制造	4910.50	8929.17	10022.69	13254.05	14993.23
广播电视设备制造	236.54	324.75	246.27	285.86	384.62
雷达及配套设备制造	137.90	108.18	149.89	133.80	188.24
视听设备制造	2294.60	3270.30	2730.85	2892.00	2991.32
电子器件制造	2459.62	2618.30	3789.27	3884.40	4858.58
电子元件制造	1941.21	2013.29	2299.60	2750.18	3377.70
其他电子设备制造	185.57	445.20	876.95	877.48	951.28
计算机整机制造	3462.92	2592.72	2909.52	4165.97	3598.54
计算机零部件制造	2240.46	2201.34	1820.48	247.62	590.32
计算机外围设备制造	562.04	571.10	552.14	551.79	559.11
办公设备制造	104.28	128.45	147.80	160.42	177.64

续表

高技术产业	2012 年	2013 年	2014 年	2015 年	2016 年
医疗仪器设备及器械制造	181.32	213.99	227.93	250.54	305.41
仪器仪表制造	1015.49	1029.78	1240.24	1268.75	1399.08

数据来源：《中国高技术产业统计年鉴》。

此外，医疗仪器设备及仪器仪表制造业和航空、航天器及设备制造业所占份额较小，说明我国的技术投入主要集中在电子及通信设备制造业等方面。电子及通信设备制造业的经济效益较为可观，能够吸引较多的创新人才开展科技创新研发活动，通过技术进步实现产品的不断迭代更新，从而占领国内主要市场，实现经济效益的持续增长。同时，我国有必要引导更多的优秀人才投身医疗、航空等领域，保证我国高技术产业的平衡、有序、稳定的发展。

表5-2-6梳理了我国2014—2017年高技术产业的主营业务收入金额，从表中可以看出，电子及通信设备制造业的主营业务收入近四年来在高技术产业中占据的比重都是最大的，且每一年的涨幅都十分显著。除此之外，电子及通信设备制造业、医药制造业和计算机及办公设备制造业的主营业务收入对总体的贡献度也是十分明显的。多数行业连续多年呈现正增长，但也有一些如计算机整机制造业、中成药生产等行业，呈现有升有降、波动上升的态势。

表5-2-6　　我国2014—2017年高技术产业的主营业务收入（万元）

指标	2014 年	2015 年	2016 年	2017 年
医药制造业	233503300.4	257295341.9	282061137	271165714.2
化学药品制造	105180734.9	114169550.7	126410570.9	128746559.4
中成药生产	57458164.6	62772407.3	67483062.1	55051816.6
生物、生化制品的制造	28013384.8	31608821.2	32855330.3	30317950.6
航空航天器制造业	30275630.6	34125711	38016667.7	
电子及通信设备制造业	675842084.8	783099325.3	873046805.8	934520593.6
通信设备制造业	199599439.5	271083560.8	305779202.5	347800246
雷达及配套设备制造业	4435240.7	4435881.3	4582063.2	
广播电视设备制造业	16190073.6	17187027.5	19859720.2	18222634.2

续表

指标	2014 年	2015 年	2016 年	2017 年
电子器件制造业	148795349.8	158088854.2	176844083.6	190018623.6
电子元件制造业	147173393.4	160122387	170777731.3	177035733.4
家用视听设备制造业	73589130.7	77395310.6	80250934.9	75964603.9
其他电子设备制造	42482148.7	44894551.4	52251669.5	53935894.9
电子计算机及办公设备制造业	234990666.4	194079482.4	197601411.2	206170246
电子计算机整机制造业	137693434.4	112579173.8	113542741	121581748.6
电子计算机外部设备制造业	27746780.6	29021714.8	28890449.9	28864715.1
医疗器械及仪器仪表制造业	99065007.3	104718463.9	116518653.2	120671715.7
医疗仪器设备及器械制造业	21825532.7	24312572.6	28684606.7	28166810.1
仪器仪表制造业	77239474.6	80405891.3	87834046.5	92504905.6

数据来源：《中国统计年鉴》。

第三节　大学科技创新与产业发展灰色关联度分析

高校科技创新指标体系反映了一个地区的高校科技创新水平，指标体系的设置涉及多个维度的内容，通常以互相独立的指标反映测量主体的本质特征。本书用于灰色关联分析的指标体系将沿袭大学科技创新能力与区域科技创新能力的耦合分析，从人员投入、经费投入、科技成果和技术转让四个维度进行评估，并进一步设立具体的指标，力求详尽准确地反映高校科技创新的水平。指标体系的构建与第四章第一节中各省域大学的科技创新指标体系相同，详见表4-1-2。本节高校科技创新指标体系的数据来源于《高等学校科技统计资料汇编》。

在对产业结构的划分以及产业发展状况有了一定的认识之后，这一小节的内容进一步对大学科技创新与产业发展的关系进行剖析，以便更加直观清楚地了解二者的互动关系。本研究采用灰色关联度分析的方法，根据构建的大学科技创新与区域产业发展的指标体系，测算二者的灰色关联度。首先用 SPSS 22.0 统计软件进行因子分析，由各因子的得分系数求出高校科技创新的综合指标表达式，再根据表达式求出各年的综合得分，判断二者的总体关联水平，接着通过 Excel 软件测算各产业发展指标与大学科技创新综合指标的灰色关联度，最后对指标的关联度高低进行排序得出最终结果。

一 大学科技创新指标的因子分析

"因子分析"这一名词最初由 Thurstone 在 1931 年首次提出，其基本理念在于用少数几个因子 F_1，F_2，$\cdots$，F_m 去描述多个变量 X_1，X_2，$\cdots$，X_p 之间的关系，即从研究变量内部的依赖关系出发，将相关度比较密切的几个变量归在同一类中，每一类变量形成为一个因子，以较少的几个因子反映原始数据的大部分信息，被描述的变量为可以观测的随机变量，生成的因子是不可观测的潜在变量。

本节以大学科技创新指标 2012—2016 年的数据为例进行因子分析，对衡量高校科技创新水平设置的 20 个指标进行因子分析，由初始特征值均大于 1 这一特点，可以判断该指标体系中一共能够归纳出三个主因子，并且这三个因子的初始特征值累积贡献率、提取平方和累积贡献率以及旋转后的累积贡献率均在 97.505%，表示这三个主因子可以较好地解释样本数据，据此基本可以确定这三个因子为主成分。解释的总方差如表 5 - 3 - 1 所示。

表 5 - 3 - 1 　　　　　　　　　　三个因子解释的总方差

成份	初始特征值			提取平方和载入			旋转平方和载入		
	合计	方差的%	累积%	合计	方差的%	累积%	合计	方差的%	累积%
1	16.046	80.228	80.228	16.046	80.228	80.228	15.865	79.324	79.324
2	2.023	10.115	90.344	2.023	10.115	90.344	1.828	9.139	88.463
3	1.432	7.161	97.505	1.432	7.161	97.505	1.808	9.042	97.505

注：提取方法为"主成分分析法"。

基于上述解释总方差和累积贡献率的结果，可以确定提取的三个公因子较好地代表了所有指标的信息，解释了指标 97.505% 的内容。随后对提取的三个主因子建立原始因子载荷矩阵，得出方差最大的正交旋转矩阵，使旋转后的因子载荷矩阵中每一个主因子对应几个高载荷的变量。因子分析的结果如表 5 - 3 - 2 所示。

表 5 - 3 - 2　　　　　　　　　旋转成分矩阵

指标名称	X	成分		
		1	2	3
R&D 投入人员	X_1	0.797	- 0.050	- 0.423
教学与科研人员合计	X_2	0.997	- 0.061	0.045
教学与科研人员中科学家与工程师的高级职称占比	X_3	0.983	0.142	0.094
研究与发展人员合计	X_4	0.992	- 0.018	- 0.098
研究与发展人员中科学家与工程师的高级职称占比	X_5	0.970	0.043	0.221
折合全时当量	X_6	0.992	- 0.019	- 0.100
科技经费当年拨入	X_7	0.964	0.040	0.258
科技经费当年内部支出	X_8	0.998	0.011	0.037
科技经费当年使用占比	X_9	- 0.314	- 0.056	- 0.947
R&D 项目数	X_{10}	0.946	0.000	- 0.277
科技课题总数	X_{11}	0.995	0.008	- 0.065
科技课题当年支出经费	X_{12}	0.984	0.051	- 0.055
R&D 成果应用及科技服务经费	X_{13}	0.789	- 0.176	0.401
专著数量	X_{14}	0.978	- 0.116	0.168
学术论文合计	X_{15}	0.989	- 0.023	0.143
鉴定成果数	X_{16}	- 0.973	- 0.167	0.153
成果授奖合计	X_{17}	- 0.931	0.325	- 0.007
成果授奖中的国家级奖占比	X_{18}	0.698	- 0.711	0.086
技术转让签订合同数	X_{19}	- 0.635	0.770	- 0.051
技术转让当年实际收入	X_{20}	- 0.472	0.718	0.508

注：提取方法：主成分；旋转法：具有 Kaiser 标准化的正交旋转法。

根据旋转后的成分矩阵，运用 Bartlett 法计算出因子得分系数矩阵，该矩阵表示各项指标变量与提取的公因子之间的关系，得分较高的公因子表明指标与该公因子的关系越密切。运用软件测算的因子得分系数矩阵的结果如表 5 - 3 - 3 所示。

表 5 - 3 - 3   因子得分系数矩阵

指标名称	X	成分		
		1	2	3
R&D 投入人员	X_1	0.062	0.061	-0.254
教学与科研人员合计	X_2	0.065	0.021	0.009
教学与科研人员中科学家与工程师的高级职称占比	X_3	0.075	0.140	0.018
研究与发展人员合计	X_4	0.070	0.061	-0.076
研究与发展人员中科学家与工程师的高级职称占比	X_5	0.065	0.066	0.101
折合全时当量	X_6	0.070	0.060	-0.077
科技经费当年拨入	X_7	0.064	0.060	0.122
科技经费当年内部支出	X_8	0.069	0.066	-0.002
科技经费当年使用占比	X_9	-0.004	0.037	-0.528
R&D 项目数	X_{10}	0.072	0.087	-0.179
科技课题总数	X_{11}	0.071	0.074	-0.060
科技课题当年支出经费	X_{12}	0.073	0.098	-0.058
R&D 成果应用及科技服务经费	X_{13}	0.035	-0.097	0.228
专著数量	X_{14}	0.057	-0.026	0.085
学术论文合计	X_{15}	0.064	0.034	0.062
鉴定成果数	X_{16}	-0.082	-0.178	0.125
成果授奖合计	X_{17}	-0.044	0.142	-0.015
成果授奖中的国家级奖占比	X_{18}	0.002	-0.401	0.102
技术转让签订合同数	X_{19}	0.005	0.438	-0.090
技术转让当年实际收入	X_{20}	0.001	0.362	0.231

注：提取方法：主成分；旋转法：具有 Kaiser 标准化的正交旋转法。

最后，根据因子得分系数矩阵与原始变量的标准化值计算每个观测值的因子得分。得分表达式可以写成：

$$F_1 = 0.062 \times X_1 + 0.065 \times X_2 + \cdots + 0.001 \times X_{20}$$
$$F_2 = 0.061 \times X_1 + 0.021 \times X_2 + \cdots + 0.362 \times X_{20}$$
$$F_3 = (-0.254) \times X_1 + 0.009 \times X_2 + \cdots + 0.231 \times X_{20}$$

同时用各主因子的方差贡献率作为权重计算每年的综合得分，结果如下所示：

$$F = (0.793 \times F_1 + 0.091 \times F_2 + 0.090 \times F_3)/0.974$$

计算出的高校科技创新综合性指标 EI = ［ - 1.08， - 0.55， - 0.31，0.46，1.49］。

二　大学科技创新与产业发展的灰色关联度计算

（一）灰色关联分析的原理

"灰色系统理论"由我国著名学者邓聚龙在 20 世纪 80 年代首次提出，灰色系统理论提出了对各子系统进行灰色关联分析的观点，即根据各因素变化曲线几何形状的相似程度，分别量化计算出研究对象与待识别对象各影响因素之间贴近程度的关联度，通过比较各关联度的大小来判断待识别对象对研究对象的影响程度。该方法对样本量没有严格的要求，不要求服从任何分布。因此，灰色关联分析对于系统发展变化态势提供了量化的度量方式，非常适合只有少量观测数据的动态分析。其基本计算步骤为：

1. 将评价指标原始观测数进行无量纲化处理[①]

2. 计算关联系数 $\xi(x_i)$

各比较数列与参考数列在各个时刻（即曲线中的各点）的关联系数 $\xi(x_i)$ 可由下列公式算出：

$$\xi_{0i} = \frac{\Delta(min) + \rho\Delta(max)}{\Delta_{0i}(k) + \rho\Delta(max)}$$

其中，ρ 为分辨系数，一般在 0—1 之间，通常取 0.5，引入它是为了减少极值对计算的影响。$\Delta_{0i}(k)$ 为各比较数列 x_i 曲线上的每一个点与参考数列 x_o 曲线上的每一个点的绝对差值，最小差记为 Δmin，最大差记为 Δmax。

3. 计算关联度 r_i

关联系数是比较数列与参考数列在各个时刻的关联程度值，它的数值不止一个，而信息过于分散不便于进行整体比较。因而有必要将各个时刻的关联系数集中为一个值，通常采取的方式是取关联系数的平均值，作为比较数列与参考数列间关联程度的量化值，则绝对关联度 r_i 计算公式如下：

---

① 第四章的内容对无量纲化处理过程进行了详细的介绍，具体操作方法详见第四章第二节的内容。

$$r_i = \frac{1}{N} \sum_{k=1}^{N} \xi_i(k)$$

r_i 值越接近 1，说明相关性越好。

4. 根据关联度的大小对待评价指标进行排序

（二）大学科技创新与产业发展的关联度测算结果

在日常生活中，工业产业、服务业以及高技术产业等产业对人们生产生活的影响越来越大，部分产业发展壮大的同时对科技创新的需求也越来越大。高校作为国家科技创新的重要组成部分，不断地为各行各业的发展提供强有力的支撑，在开展科技创新活动的同时不断强化与各产业的关联效应，增强以高校科技创新为主体的产业协同发展，为工业产业、高新技术产业提供研发支持和技术贡献。

1. 三次产业与大学科技创新综合指标的关联度测算

取分辨系数 $\rho = 0.5$，利用灰色关联法计算三次产业与大学科技创新综合指数（TI）间的关联度。计算出的关联度排序如表 5 – 3 – 4 所示：

表 5 – 3 – 4　　　　　　三次产业与 TI 的关联度测算结果

指标名称	X	绝对关联数	排序
第三产业	X_3	0.685	1
第二产业	X_2	0.675	2
第一产业	X_1	0.607	3

从产业结构来看，第三产业与大学科技创新活动的关联度最高，这是因为近年来随着第三产业的蓬勃发展，第三产业对科技创新的需求逐渐增大，第三产业的发展能够更好地服务于现代社会的发展，为人们的生产生活提供便利。与高校科技创新综合指标的关联度排第二名的是第二产业，其中化学纤维、通信设备等电子设备、专用设备等制造业与高校科技创新的关联度处于较高水平。伴随我国"制造业强国"发展战略的实施，制造业的科技创新、技术进步越来越受到重视，高校科技创新为制造业的智能发展提供了可靠的动力来源。

2. 规模以上工业企业与大学科技创新综合指标的关联度测算

取分辨系数 $\rho = 0.5$，利用灰色关联法计算规模以上工业各行业与大学科技创新综合指数（TI）间的关联度。计算出的关联度排序如表 5 – 3 – 5 所示：

表 5 - 3 - 5　　　　　　**规模以上工业各行业与 TI 的关联度测算结果**

梯度	行业名称	X	关联数
第一梯度	化学纤维制造业	X_{21}	0.9369
	皮革、毛皮、羽毛（绒）及其制品业	X_{12}	0.9357
	食品制造业	X_7	0.9214
	造纸及纸制品业	X_{15}	0.9209
	农副食品加工业	X_6	0.9189
	家具制造业	X_{14}	0.9163
	电力、热力的生产和供应业	X_{34}	0.9113
	纺织服装、鞋、帽制造业	X_{11}	0.9107
第二梯度	计算机、通信和其他电子设备制造业	X_{31}	0.8931
	仪器仪表制造业	X_{32}	0.8926
	交通运输设备制造业	X_{29}	0.8921
	印刷和记录媒介复制业	X_{16}	0.8836
	通用设备制造业	X_{27}	0.8758
	非金属矿物制品业	X_{23}	0.8745
	电气机械及器材制造业	X_{30}	0.8745
	医药制造业	X_{20}	0.8730
	石油和天然气开采业	X_2	0.8699
	其他制造业	X_{33}	0.8689
	化学原料及化学制品制造业	X_{19}	0.8681
	金属制品业	X_{26}	0.8654
	烟草制品业	X_9	0.8623
	文教、工美、体育和娱乐用品制造业	X_{17}	0.8598
	水的生产和供应业	X_{36}	0.8575
	纺织业	X_{10}	0.8566
	橡胶和塑料制品业	X_{22}	0.8512
	木材加工及木、竹、藤、棕、草制品业	X_{13}	0.8447
	非金属矿采选业	X_5	0.8214
	有色金属冶炼及压延加工业	X_{25}	0.8087
第三梯度	专用设备制造业	X_{28}	0.7440
	燃气生产和供应业	X_{35}	0.6344
	石油加工、炼焦及核燃料加工业	X_{18}	0.6260

续表

梯度	行业名称	X	关联数
	饮料制造业	X_8	0.6180
	黑色金属矿采选业	X_3	0.5245
第三梯度	有色金属矿采选业	X_4	0.4934
	煤炭开采和洗选业	X_1	0.4866
	黑色金属冶炼及压延加工业	X_{24}	0.4643

3. 高技术产业与大学科技创新综合指标的关联度测算

同样取分辨系数 $\rho = 0.5$，利用灰色关联法计算高技术产业各行业与大学科技创新综合指数（TI）的关联度。计算出的关联度排序如表5 - 3 - 6所示：

表 5 - 3 - 6 **高技术产业各行业与 TI 的关联度测算结果**

梯度	指标名称	绝对关联
	电子元件制造	0.935427
第一梯度	医疗仪器设备及器械制造	0.929933
	航天器制造	0.918465
	化学药品制造	0.858056
	电子器件制造	0.851289
	办公设备制造	0.843484
第二梯度	仪器仪表制造	0.842475
	飞机制造	0.829878
	中成药生产	0.829157
	通信设备制造	0.824571
	生物药品制造	0.797526
第三梯度	广播电视设备制造	0.759144
	其他电子设备制造	0.75494
	雷达及配套设备制造	0.696009
	视听设备制造	0.69188
第四梯度	计算机整机制造	0.594192
	计算机外围设备制造	0.479718
	计算机零部件制造	0.440407

从高技术产业的发展来看，电子元件制造、医疗仪器设备及器械制造、航天器制造等新兴产业和高技术产业与大学科技创新综合指标的关联性最强。可见，高校科技创新对高技术产业的贡献和支持作用较大，高校科技创新事业主要涉猎高新技术的创造发明以及改进方面。高校利用自身拥有的高质量人才以及先进的仪器设备等优势，对于高新技术的研发和改进具有一定的前瞻性，能够为高新技术产业提供独具竞争优势的技术支持。总之，高校科技创新能够有效地促进高技术产业的发展，为高技术产业的发展提供技术支持。

4. 全国各省市高技术产业与大学科技创新综合指标的关联度

根据全国各省市高技术产业2012—2016年各产业的新产品销售收入，分别将各省市的高校科技创新综合指标体系进行标准化和因子分析，将灰色关联分析的结果进行关联度排序，各取其关联度最高的产业作为科技创新优势产业，计算结果如表5-3-7所示。其中海南省、西藏自治区、青海省和宁夏回族自治区因部分指标数据无法进行因子分析测算，未进行灰色关联分析。

表5-3-7　全国各省市高技术产业与大学科技创新关联度最高的产业结果

高技术产业门类	涵盖省（市）地区
医疗仪器设备及仪器仪表制造业	北京市、天津市、河北省、上海市、福建省、江西省、山东省、湖北省、广东省
电子及通信设备制造业	山西省、吉林省、黑龙江省、安徽省、四川省、贵州省、云南省
医药制造业	内蒙古自治区、浙江省、湖南省、甘肃省、新疆维吾尔自治区
计算机及办公设备制造业	辽宁省、广西壮族自治区、陕西省
航空、航天器及设备制造业	江苏省、河南省、重庆市

资料来源：《中国统计年鉴》。海南、西藏、青海和宁夏未进行灰色关联度测算。

通过划分区域测度省级层面的高技术产业与大学科技创新综合指标的关联度，可以发现，由于各地区的战略定位以及资源禀赋差异等原因，各产业在空间上的分布各有不同。其中医疗仪器设备及仪器仪表制造业产业主要分布在我国东部沿海地区，医疗制造业产业呈带状分布在我国西北部地区，电子及通信设备制造业主要分布于云南省、贵州省、四川省等地区，航空、航天器及设备制造业产业主要分布于中部地区。

将灰色关联分析的研究结果在空间上进行分析，发现我国东部大部分沿海省市的科技创新优势产业为医疗仪器设备及仪器仪表制造业，我国西北地区以医疗制造业为科技创新优势产业，其他高技术产业则分布较为散乱，分布在我国西北地区和东北地区。相邻地区具有相同的或类似的优势产业，可见大学科技创新不但能够促进区域产业发展，还能在一定程度上起到知识传播、技术共享的正向溢出作用，在促进区域自身优势产业发展的同时带动相邻地区同一产业或相关产业的发展。这足以说明大学科技创新活动对区域产业发展的促进作用，并将这种促进作用辐射到周边地区，形成区块化的优势产业集聚的产业发展现状。

第六章　大学科技创新效率实证研究

在 21 世纪，各个国家纷纷将科技创新能力作为一国国际竞争力的核心竞争点之一，科学与技术已经成为一国经济、社会发展的动力源泉，科技创新是衡量一个国家创新能力的重要标准。高校作为我国科技创新队伍中的重要力量，对区域经济的发展具有不可替代的助推作用。随着社会经济的发展，作为集知识创新、生产、传播和应用的载体，高等学校已从社会的边缘走向社会的中心，且已成为科技知识生产的"母机"①，高校作为地方科技、经济发展的服务者，起到了带动区域科技、支撑经济发展的主力军作用。

"十二五"以来，国家将科教兴国确立为科技、教育领域发展的战略方针，地方高等院校的科技创新实现了飞跃式的进步，高校是国家自主创新体系的主体之一。作为国家科技创新体系中不可或缺的部分和国家科技创新的主力军，高校科技创新能力直接影响着国家创新能力的强弱和国家创新体系的完善程度。同时，高校肩负着人才培养、科学研究、社会服务和文化传承创新的职能，每项职能均以高校的科技创新能力作为支撑。因此促进高校科技创新能力不仅是高校自身发展的需要，也是国家科技创新体系不断完善的需要。

因此，本章选取了全国高校与广东省高校的科技人员、经费、课题、专利数量、专利种类等相关数据，分别建立高校科技创新活动的投入与产出指标，同时利用 DEA 模型研究高校科技创新的效率水平及其变化趋势，对高校科技创新效率进行比较、分析和测算，旨在深入分析中国高校科技创新从研发到转化的研究逻辑，测算高校科技创新的实现效率与转化效

---

① 参见吕军、侯俊东《高等学校科技创新激励机制的构建》，《科技进步与对策》2006 年第 11 期。

率，探寻高校科技创新能力低下的根源，提高大学科技创新效率，为进一步优化高校的科研资源配置提供改进思路。

第一节 大学科技创新效率的测量

随着信息技术的快速发展，现代国际经济的竞争日益激烈，科技创新能力逐渐成为各国提升综合国力的决定性因素。自党的十八大提出我国要坚持走中国特色自主创新道路、实施创新驱动发展战略以来，我国高校的科技创新活动如火如荼地开展起来。2016年国务院印发《实施〈中华人民共和国促进科技成果转化法〉若干规定的通知》《促进科技成果转移转化行动方案》等政策文件，强调科研成果转化的重要地位，要求加快实施创新驱动发展战略，提升高校科技创新的效率。

从国际视野来看，我国的创新效率明显低于发达国家，归根结底在于我国科技创新投入有待提升。当前科技创新研发投入占GDP的比重较低，人均可得科学技术和教育事业资源低于发达国家，存在科研人员与经费资源严重不匹配的问题，导致科研人员与资源的"马尔萨斯陷阱"。与此同时，发达国家过去几年里的科研成果远多于我国（张晖，2008），整理相关调查统计资料发现，发达国家高校的科技成果转化率可达到40%，而我国高校仅为10%左右，地方高校的成果转化率更低（权泉、李思伟，2019）。

一 大学科技创新效率的研究现状

国内学者开始针对国内科技创新进行广泛的研究，从政府创新（俞可平，2019）、企业创新（薛庆根，2014）到高校创新（张惠琴、尚甜甜，2017）层面都有涉猎，其中创新效率值可直观地表现我国科研资源配置效率，成为衡量科技创新水平的重要指标。国内学者主要从全国高校（沈能，2013；张惠琴，2015；于志军，2017）、重点高校（田东平，2005；陆根书，2007）、地方高校（薛浩，2015；赵晓萍，2019）、高校院系（王莹，2007；张大伟，2009）分类开展研究，但由于指标体系与研究视角的不同，学者所得研究结论仍然存在分歧。梳理国内学者对于大学科技创新效率的研究，可以从研究对象、研究内容、研究方法和研究视角四个方面予以概述。

研究对象方面，在宏观视角下，国内学者注重创新政策对科技创新发展与国际化的影响。刘云等（2014）从政策文本数据进行量化分析，研究国内科技创新体系不同阶段的政策演进特征，为国内科技创新体系走向国际化提出政策意见。王海成（2016）和叶伟巍（2017）等学者从知识产权制度的角度分析知识产权司法保护水平对企业创新的影响。部分学者从国际外部因素的角度分析国内科技创新水平的受影响程度，梁圣蓉（2019）研究国际研发资本技术溢出对国内绿色技术创新效率的影响，发现国际研发资本技术溢出比国内研发资本有更强的推动作用。总体而言，宏观视角下的研究在创新政策中注重知识产权保护制度，即对科研成果的管理问题。

在中观视角下，国内学者侧重关注各创新主体的创新效率和创新绩效问题。谢子远（2011）以国家高新区作为单元测算创新效率，分析其影响因素。薛庆根（2014）使用 Moran 指数和空间计量模型分析资金投入对高技术产业创新绩效的影响；肖丁丁（2013）和余冬筠（2014）等学者应用随机前沿分析法分别测算创新主体的创新效率，均发现企业与科研机构之间的合作可互补社会缺位，但两者之间的合作模式与企业技术能力的匹配性较低将不利于合作效率的提升，创新主体之间的合作只有在形成有效的供求适应机制后才可促进双方创新效率的同步提高。赵文平（2016）运用 DEA 模型测算西部 11 省区的区域创新网络效率，研究发现高校研究成果转化为经济效益的效率比较低；孟维站（2019）采用三阶段 DEA 模型对我国 12 个高技术产业技术创新效率进行研究，将创新过程划分为研发阶段和转化阶段，结果表明在剔除环境和随机因素后，高技术产业不论是研发阶段还是转化阶段，其综合效率都主要来源于纯技术效率。中观视角下的国内研究，在测算创新效率与创新绩效的过程中，十分重视科技成果的转化效率，同时普遍发现创新主体之间的协同作用对科技创新成果的转化起到关键作用。

在微观视角下，专利作为重要的科研成果受到国内学者的重视，高校科技创新能力可以运用不同的专利指标进行表述，包括专利的市场需求性（霍京华，2016）、专利自身因素（王晓文，2015）、专利实施率（周全等，2016）等，以清晰表述科技创新成果产出；同时专利与商业活动存在紧密联系，可将其视为创新潜在经济价值的标志，作为衡量创新能力的重要指标（孙玉涛等，2019）。所以专利数据在高校创新效率的测算中往往作为重要的中介指标，并且难以找到其他可替代的单独指标，以专利为视角进行研究可更为直观地分析专利成果在高校创新活动中的作用。于志军等（2017）在研究高校科技创新效率问题上，将高校科技创新成果分为学术产出成果和经济产出成果，并运用随机前沿模型对效率进行测算，研究发现高校学术产出由资金投入驱动，各省份间高校的学术产出效率和经济产出效率存在明显差距。

研究内容方面，从全国高校的视角上看，苏涛永、高琦（2012）以2004—2008 年的数据进行测算，发现全国高校平均创新效率低于0.5；钟瑞雯等（2012）测算 2010—2012 年我国高校创新效率，结果显示总体效率平均值在 0.6—0.7 之间；但沈能、宫为天（2013）以 2000—2011 年数据进行测算，结果显示全国高校科技创新效率平均值为 0.815，这个结果高于前两位学者的研究结果。从重点高校的视角上看，田东平等（2005）测算 2003 年 75 所国内重点高校的创新效率，平均效率为 0.920；陆根书等（2007）测算 2004 年 53 所教育部直属高校的科技创新效率，其平均综合效率值为 0.907。

不同高校创新效率测算结果出现差距的原因在于高校科研阶段的划分，高校科研过程中产生了科研学术成果和经济成果，大部分学者往往将这两种成果糅合在一起作为科研产出变量进行研究。但是高校创新过程可划分为科学原创过程和技术创新过程，科技创新的产出效率和经济效率需要进行区分（朱建新，2008；于志军，2017），这种划分方式也适用于企业领域（孟维站，2019）。从以上的测算结果可以发现，一方面，在不同的时间跨度或不同的研究单元上测算的结果将会有较大的差距，同时还需要考虑不同学者采用的研究方法和指标体系；另一方面，国内研究欠缺在创新驱动发展战略提出以后对当前科技创新转型阶段高校科技创新效率的测算。

研究方法方面，高校科技创新效率测算的传统方法有参数方法（SFA）和非参数方法（DEA）。随着效率测算方法的多元化，准确测算高校科技创新效率成为学者研究的重点之一。传统 DEA 模型测算方法虽然符合高校科技创新投入产出的数学模型，但是其未能充分考虑环境因素与随机扰动项的干扰，导致测算结果缺乏准确性，无法解决随机误差干扰和结果的统计性检验等问题（苏涛永、高琦，2012）。近年来学者使用更为多元的方法进行研究，如三阶段超效率 DEA 模型、DEA‑Malmquist 方法、三阶段 DEA 模型等。同时通过 DEA 模型与其他模型结合的方式保证研究结果的严谨性与可操作性，如 DEA – Malmquist 模型可综合静态与动态两方面效率（张惠琴、尚甜甜，2015），三阶段超效率 DEA 模型可区分有效决策单元的效率（王燕等，2016），三阶段 DEA 模型可充分剔除环境因素与随机扰动项对测算结果的影响（杨宏进，2011；史仕新，2016）。

研究视角方面，"三螺旋" 理论将政府、企业和高校三者的社会功能进行划分，认为科技创新离不开三者的协同作用（Leydesdorff，1995：14 – 19）。高校作为科技创新成果研发的主体，不仅为产业提供专利技术，还为社会培养创新型人才；产业以企业作为单元，在专利技术的支撑下，将专利成果转化为现实生产力，创造经济效益，提升国家竞争力；政府通过出台国家发展战略与政策，宏观调控科技创新发展过程，保证高校的人力、财力和物力的投入，建立企业发展的和谐氛围，促进高校与企业之间的合作。反过来看，政企关系形成的政治关联能够帮助企业及时了解政策动向等信息，甚至协助（参与）政府制定和完善相关政策（Ang and Boyer，2007：193 – 215）；若高校将高质量的专利组合通过商业化获取收益，这种专利商业化将促进技术创新绩效，即高校与企业的商业合作对高校的科技创新有正面影响（曹勇等，2012）。

一个完整的科技创新过程包括大学、科研院所以及企业的科技研发过程，和以企业为主体的相关组织将前一个过程的科技成果进行经济转化的过程。[①] 根据创新价值链理论（Hansen 和 Birkinshaw，2007：121 – 135），创新活动可划分为三个阶段：知识创新、研发创新和产品创新。在知识创新阶段，创新主体通过基础研究形成知识原理、规律方法和理论模型；在研发创新阶段通过应用研究研发出科技成果；在产品创新阶段与企业对接，形成最终产品即经济效益。将 "三螺旋" 理论与创新价值链理论结合，可充分展现高校科技创新中的实现过程与转化过程，高校科技创新过程的知识创新与科研创新阶段体现在其科技创新实现阶段，而产品创新要求高校与企业对接，实现科技创新成果的最终产出，体现在转化阶段。

----

① 朱建新：《基于产出效率和转化效率的我国区域科技创新的对策研究》，载中国科学学与科技政策研究会编《第四届中国科学学与科技政策研究会学术年会论文集（Ⅰ）》，中国科学学与科技政策研究会，2008 年，第 13 页。

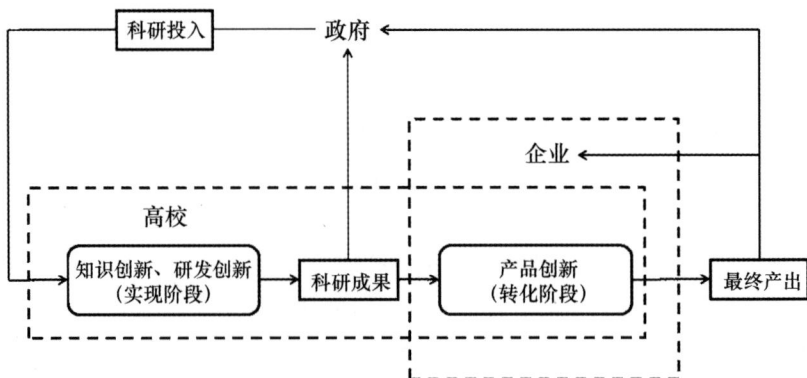

图 6-1-1 创新价值链理论下高校科技创新活动流程图

虽然上述研究都取得了一定的成果，但是依然存在值得探讨的地方：一是在研究对象上，以省为单位分析全国高校科技创新能力的结果过于宏观，针对地方高等院校或专科院校的研究结论缺乏代表性，而教育部直属高校作为高校科技创新活动的中坚力量，其获得的科研投入远高于其他地方高校，针对教育部直属高校科技创新效率的研究将更具有示范性与针对性，但是现阶段这方面的研究相对不足；二是在研究内容上，大部分研究专注于静态效率的分析，未能从较长的时间序列的视角把握动态效率的影响，以致研究结论缺乏科学性；三是在研究视角上，根据创新价值链理论，科技创新可划分为科学原创过程和技术创新过程，科研学术成果与转化成果将分阶段产生，但国内学者往往将高校看作科技创新"黑箱"系统，未能将高校科技创新的整体产出拆分为科研产出与成果转化两个阶段，是误判高校科技创新效率低下的根源（于志军等，2017）。

综合已有的文献研究，本书搜集 2015 年教育部直属高校的科研数据，基于 DEA 模型这一研究方法，剔除环境变量和随机扰动项的干扰以保证测算结果的客观性和科学性，从而测算以创新驱动发展战略为节点的高校创新效率。此外，从专利角度出发，细分专利指标以针对性地对创新效率进行测算，将高校科技创新的科技成果产出和成果转化过程划分为实现阶段和转化阶段，分析我国高校科技创新发展路上从实现到转化的效率演进逻辑。

二　大学科技创新效率的模型构建

近年来，科技创新被提升到国家战略层面，科技创新活动得到大力支持与鼓励。作为财政研发经费投入最高的高校群体，其科技创新效率对整体国家创新体系效能的发挥至关重要。由此，需要构建合适的方法和模型，对大学科技创新效率的测量和实证分析。

（一）DEA 模型

测算创新静态效率的方法十分多元化，DEA 模型方法以方便实用的特点获得了国内外学者的青睐。本书采用 DEA 模型进行大学科技创新效率的测算，一方面是因为该模型可排除环境变量对效率值的影响，而这往往是国内学者在测算高校科技创新效率时忽略的地方；另一方面是因为 DEA 模型多运用于高技术产业创新效率的测算，将其运用于高校科技创新效率的测算将更具有借鉴意义。

任何一个生产过程都可以视为一个单元在一定范围内，基于一定数量的生产要素投入获得了某些数量产出的经济活动。这种经济活动的具体内容和操作方法可能有所不同，但它们有着同样的目的——竭尽全力实现这一活动的效益最大化。数据包络分析（Data Envelope Analyze，DEA）是由 A. Charners、W. W. Cooper 和 E. Rhodes 三位学者[1]于 1978 年提出，通过对数学、管理学和运筹学等相关学科知识的综合运用，构建数学模型对一组已知决策单元的有效程度进行评价。

DEA 方法的具体操作原理是通过分析一组包含输入单位和输出单位的观测值，把观测值投射到生产前沿面上，每个观测值与生产前沿面之间的偏离程度即为观测值的有效程度。观测值在 DEA 方法中被统称为决策单元（Decision Making Unit，DMU），每个 DMU 可以同时包含多个输入单位和输出单位。因此 DEA 方法也是一个在经济学中用于研究"多投入"和"多产出"的有效测量工具，因而成为了人们开展管理与决策分析活动时采用的一种重要方法。

Charnes（1978）提出的 C^2R 模型有效地提升了处理效率问题的可操作性，通过将分式规划转化为等价的线性规划，可以得到 C^2R 模型的对

<hr />

① Charnes, A., Cooper, W. W., Rhodes, E., "Measuring the Efficiency of Decision Making Units", *European Journal of Operational Research*, 1978, 2 (6): 429 –444.

偶模型，利用这个对偶模型就可以对 DEA 进行讨论。C^2R 模型以规模报酬不变为假设前提，由于不充分竞争、市场环境因素的作用，可能导致一个 DMU 无法达到最优规模。基于此，Banker、Charnes 和 Cooper（1984）提出的 BC^2 模型基于规模报酬可变的前提，解答 DMU 是否实现了"技术有效"或者实现了"规模有效"的问题。假设 n 个决策单元对应的输入数据X_j和输出数据Y_j的公式分别为：

$$X_j = (x_{1j}, x_{2j}, \cdots, x_{mj})^T, j = 1, 2, \cdots, n,$$
$$Y_j = (y_{1j}, y_{2j}, \cdots, y_{sj})^T, j = 1, 2, \cdots, n,$$

其中，$x_j \in E^m$，$y_j \in E^s$，$x_j > 0$，$y_j > 0$，$j = 1$，2，$\cdots$，n，则 BC^2 模型如下：

$$(P_{BC^2}) \begin{cases} \max_{\mu, \omega}(\mu^T Y_i - \mu_i) \\ s.\,t. \quad w^T Y_i - \mu^T Y_j + \mu_i \geqslant 0, j = 1, 2, \cdots, n \\ w^T X_i = 1 \\ w, \mu \geqslant 0 \end{cases}$$

其对应的对偶模型如下：

$$(D_{BC^2}) \begin{cases} \max_{\theta, \lambda} \theta \\ s.\,t. \quad X\lambda \leqslant \theta X_i \\ \quad\quad Y\lambda \leqslant Y_i \\ \quad\quad E_n^T \lambda = 1 \\ \quad\quad \lambda \geqslant 0 \end{cases}$$

其中，E_n 为 $n \times 1$ 维单位向量。BC^2 模型的生产可能集合即为下列等式：

$$T_{BC^2} = \left\{ (x, y) \mid \sum_{j=1}^n \lambda_j x_j \leqslant x, \sum_{j=1}^n \lambda_j y_j \leqslant y, \sum_{j=1}^n \lambda_j = 1, \right.$$
$$\left. \lambda_j \geqslant 0, j = 1, 2, \cdots, n \right\}$$

DEA 方法可以分为输入导向型和输出导向型，二者的区别在于输入导向型适合测度为达到一定产出时所需的最少投入，而输出导向型则适合测度拥有一定投入时所能达到的最大产出。本书以广东省高校为例，探寻大学科技创新的效率，更加侧重消耗某一额度的科技资源投入时所创造最多的专利产出，因此本研究选取输出导向的 BC^2 模型衡量高校科技创新的效率，探究一定额度的科技资源投入水平下高校所能创造的专利产出。

在使用 DEA 模型对同类型决策单元进行测度时，有三个基本要求：（1）各决策单元的目标和任务相同；（2）各决策单元的外部环境相同；（3）各决策单元具有相同的输入和输出指标。在现实条件下，高校因为级别或类型的不同，可能会面临不完全一致的创新目标和外部环境，但在创新系统中，各类型、各级别高校产出创新成果所应具备的创新要素基本一致。本书假设广东省各类型高校所创造的专利产品具有相同类型的科技资源投入和专利产出，从而将广东省各类型、各级别的高校放在同一框架下进行对比研究。

（二）三阶段 DEA 模型

DEA 模型在应用中衍生出许多不同的模型，三阶段 DEA 模型便是其中一种衍生形式，由 Fried 等[①]于 2002 年提出。三阶段 DEA 模型与传统的 DEA 模型相比，能剔除环境变量和随机误差对效率值的影响，以保证计算结果的客观性和准确性。三阶段 DEA 模型由以下三阶段构成：

第一阶段：BCC—DEA 分析模型

考虑到高校科技创新的人力投入与资金投入的特点，本书采用以投入为主导的规模报酬可变的 BCC 模型进行分析，由于 BCC 模型已十分成熟，本书也不再赘述。

第二阶段：SFA 模型分解松弛变量

根据三阶段 DEA 模型的原理，第一阶段测算的投入产出松弛变量受到随机变量、环境变量和管理效率的影响，需要通过构建相似 SFA 模型对以上三种变量进行观测，其中主要是对环境变量的影响进行观测，以剔除其影响。第二阶段通过以下三个步骤进行：

第一步，构建相似 SFA 模型。

$$s_{ni,t} = f^n(z_{i,t};\beta^n) + v_{ni,t} + u_{ni,t}$$

式中：$s_{ni,t}$ 为投入松弛变量，$f^n(z_{i,t};\beta^n)$ 为随机函数，以 $z_{i,t}$ 和 β^n 作为变量构建，一般取线性形式，其中 $z_{i,t} = [z_{1i,t},\cdots,z_{ki,t}]$ 为环境影响因素变量，β^n 为未知参数变量，$v_{ni,t}$ 为随机扰动项，服从正态分布 $N(0,\sigma_{iv}^2)$，$u_{ni,t}$ 为管理非效率项，服从阶段正态分布 $N^+(\mu^i,\sigma_{iv}^2)$。

①　Fried H. O. Lovell．C. A. K. Schmidts S．，et al．，"Accounting for Environment Effects and Statistical Noise in Data Envelopment Analysis"，*Journal of Productivity Analysis*，2002（2）：121 – 136.

第二步，计算 γ 值，以验证 SFA 回归。

$$\gamma = \frac{\sigma_{ui}^2}{\sigma_{ui}^2 + \sigma_{vi}^2}$$

若 γ 值越趋近于 1，则说明管理无效率的影响越大，SFA 的回归分析就有必要进行。

第三步，从管理非效率中分离随机扰动项。

$$\widehat{E}\left[\frac{u_{nk}}{v_{nk}+u_{nk}}\right] = \bar{s}_{nk} - z_k\widehat{\beta}_n - \widehat{E}\left[\frac{u_{nk}}{v_{nk}+u_{nk}}\right]$$

运用上述方法对管理非效率中的随机扰动项进行分离后，还需要对投入量进行调整，将各决策变量从不同的环境中调整至相同的环境，调整的方法是：

$$x_{nk}^A = x_{nk} + [Ma\,x_k(z_k\widehat{\beta}_n) - z_k\widehat{\beta}_n] + [Ma\,x_k(\widehat{v_{nk}}) - \widehat{v_{nk}}]$$
$$(n = 1,2,\cdots,N; k = 1,2,\cdots,K)$$

式中，x_{nk}^A 和 x_{nk} 分别为调整后和调整前的投入量，$[Ma\,x_k(z_k\widehat{\beta}_n) - z_k\widehat{\beta}_n]$ 将所有的决策单元调整至相同的环境，$[Ma\,x_k(\widehat{v_{nk}}) - \widehat{v_{nk}}]$ 将所有的决策单元调整至统计误差一致的情况中。

第三阶段：调整后的 BCC—DEA 分析模型

经过第二阶段的调整，将调整后的投入数据重新运用 BCC 模型进行测算，此时测算的结果剔除了环境变量和随机扰动项的干扰，能够客观地反映决策单元的效率值。

第二节 我国高校科技创新的实现与转化效率

一 三阶段 DEA 模型的指标设定

指标的选取遵循系统性和科学性原则，同时考虑相关数据的可获取性。对国内学者的投入产出指标体系进行比较分析，可以发现科研投入指标往往划分为人力投入和资金投入；科研产出指标选取的传统方法则是在授权专利数量和新产品销售收入中选择（薛庆根，2014）。由于需要将高校科技创新活动的实现阶段和转化阶段分开，则产出指标将从学术效益、经济效益和社会效益的角度进行选取，以区分不同阶段的产出成果。

实现阶段的科研投入指标包括人员投入、资金投入与智力投入三方面，分别选取 R&D 人员全时当量、R&D 经费内部支出、课题项目数和主办国际学术会议。R&D 人员全时当量是国际上衡量 R&D 人员实际投入水平的通用指标，表示报告年度 R&D 全时人员加上非全时人员实际工作量折算出的全时人员数总和；R&D 内部经费支出指"高校单位在报告年度用于内部开展 R&D 活动的实际支出"，不包括高校委托校外单位进行 R&D 活动的经费，更能直接体现高校内部科研活动的经费支出；课题项目数和主办国际学术会议数用于表示高校报告年度开展课题数目与国际会议数目，以表示高校科研团队科研水平。

实现阶段的产出指标从专利层面选取专利申请总数、鉴定成果数和专利质量指标，其中专利质量指标根据发明专利、实用新型和外观设计三种类型专利的创新程度高低赋予权重，以其加权平均值作为指标，因为这样的指标更能全面真实地反映各地区的专利产出水平（白俊红、蒋伏心，2011），其中发明专利科技含量更高，真正通过实质性审查，更具有创新价值，即更能体现高校的技术创新能力（顾晓雪等，2015），所以以高校当年发明专利数作为主要的专利成果指标，赋予其相较于实用新型成果和外观设计成果更高的权重。

转化阶段的投入指标基本与实现阶段的产出指标一致，但是专利申请数更多地体现高校科研产出实力，并不能直接体现高校对企业的科研输出能力，所以将专利申请数用专利授权数进行指标替换；转化阶段的产出指标选取技术转让当年实际收入、专利出售当年实际收入和国家级获奖数，分别衡量其经济效益与社会效益。

三阶段 DEA 模型在进行第二阶段的 SFA 分析时，需要加入环境变量以调整投入值。环境变量的选取要求满足"分离假设"，即环境变量对高校科技创新效率有影响，但这种影响是主观上难以加以控制的，且短时间内无法控制和改变。根据"三螺旋"理论，高校科技创新活动是高校、企业、政府三者协同作用的结果，并且有学者在研究中发现政府资助以及高校与企业的合作有利于高校知识生产效率的提升（李向东等，2014），高校的科技创新活动若能够与当地的经济发展形成有机配合，可提升高校的学术产出效率，所以有必要对这些环境因素进行剔除。本书分别从社会、政府和企业三个视角选取地区人均生产总值、科技经费当年拨入政府资金、科技经费当年拨入企事业单位委托金、地区有 R&D 活动的企业数目四个变量，分别代表宏观经济环境、政府资助程度、企业协作程度与企业创新氛围对高校科技创新活动的影响。综合以上，指标体系如表 6 - 2 - 1 所示。

表 6 - 2 - 1　　　　　高校科技创新效率分阶段投入产出指标体系

阶段	指标类别		指标
实现阶段	投入指标	人力投入	R&D 人员全时当量
		资金投入	R&D 经费内部支出
		智力投入	课题项目数
			主办国际学术会议次数
	产出指标	专利成果	专利申请总数
			鉴定成果数
			专利质量指标
转化阶段	投入指标	专利成果	专利授权总数
			鉴定成果数
			专利质量指标
	转化指标	经济效益	技术转让当年实际收入
			专利出售当年实际收入
		社会效益	国家级获奖数
调整阶段	环境变量	宏观经济环境	地区人均生产总值
		政府资助程度	科技经费当年拨入政府资金
		企业协作程度	科技经费当年拨入企事业单位委托金
		企业创新氛围	有 R&D 活动的企业数目

二　高校科技创新实现阶段的效率

第一阶段运用 BCC—DEA 模型对各高校逐年科技创新实现效率进行测算，结果显示样本高校科技创新实现阶段的综合效率偏低。[①] 56 所高校8 年的综合效率均值为 0.544，总体趋势呈现先降后升的趋势。2011 年的最低值仅有 0.379，在 2011—2015 年间逐渐回升至 0.599，大部分高校的综合效率平均值在 0.4—0.6 之间，仅有少部分高于 0.8。将综合效率进行分解可发现规模效率始终保持高位，在 2011 年取最小值 0.666，在 2012—2015 年回升并保持在 0.85 左右，说明样本高校科技创新实现效率低下受制于纯技术效率。在政府与企业外部环境影响的情况下，高校科研

---

① 本部分数据见表 6 - 2 - 3 计算结果。

管理体制在科研投入到科研产出的过程中存在一定的问题，导致科研人员工作效率受到影响。

　　根据第一阶段 BCC—DEA 模型中各高校逐年的投入目标值测算投入松弛变量，以此作为因变量，以环境变量作为自变量进行 SFA 回归分析。根据环境变量指标体系进行 SFA 回归分析所得的结果，从单边 t 检验上看，整体 SFA 回归方程是在 5% 的显著性水平下显著可行的，但是四个环境变量的系数在部分投入松弛变量中未通过 t 检验，结果不显著，说明原设定的环境变量体系是不可行的，需要对其进行调整，调整后进行 SFA 回归分析的结果如表 6 - 2 - 2 所示。四个回归分析结果均通过单边 t 检验，整体方程可行，其 λ 值都大于 0.5，趋近于 1，说明管理无效率的影响要比随机扰动项的影响重要，所以可采用 SFA 模型进行管理因素和随机扰动项的分离，并对投入变量进行调整。两项环境变量的系数结果基本都在 5% 的显著性水平下显著，仅有政府资助程度对课题项目数和企业协作程度对主办国际学术会议次数的影响是不显著的。总体而言，政府资助程度与企业协作程度对高校科技创新实现效率存在正向效应，尤其是对科研资金投入存在正向影响。

表 6 - 2 - 2　　　　实现阶段环境变量调整后 SFA 回归分析结果

	R&D 人员 全时当量	R&D 经费 内部支出	课题项目数	主办国际学术 会议次数
常数项	241.66 **	270878.84 **	201.64 **	7.42 **
	(2.83)	(270878.75)	(4.10)	(3.71)
政府资助程度	1255.02 **	577565.58 **	162.16	34.32 **
	(6.42)	(577565.50)	(1.24)	(26.30)
企业协作程度	768.96 **	606428.24 **	540.07 **	0.26
	(5.42)	(606428.16)	(5.93)	(0.09)
$\sigma2$	323846.76 **	224322880000 **	111573.05 **	327.43 **
	(106379.28)	(224322880000)	(67905.18)	(103.36)
λ	0.69 **	0.62 **	0.59 **	0.64 **
	(30.14)	(22.45)	(19.52)	(29.74)
单边 t 检验	143.82	115.97	85.10	86.46

　　注："＊"表示参数在 5% 的显著性水平下显著，"＊＊"表示参数在 1% 的显著性水平下显著，括号内参数为 t 值。

在对投入变量进行调整后，测算结果如表 6 - 2 - 3 所示，调整后的综合效率值显著降低，其主要制约因素变为规模效率。各高校的纯技术效率均趋近于 1，而规模效率整体下降了一半，综合效率也同步降低，说明环境因素对高校的影响主要作用于规模效率上。政府采用加大科研投入的形式加大高校科技创新规模投入，在产学研协同环境下推动科研产出从而提升高校科技创新实现阶段的规模效率。高校的平均规模效率在 2012 年开始回升，反映高校在创新驱动发展战略的背景下可获得更高的科研投入以满足当前科研规模下的科研活动，但是大部分高校的实现效率未能达到"效率前沿"的位置。虽然高校科研管理体制得到进一步的优化升级，规模效率的停滞不前暴露了高校科研投入配置存在严重问题，进一步说明了样本高校应当根据实际问题调整发展战略，适当地扩大科研规模以推进科研产出的同步提升。

表 6 - 2 - 3　　　　　　　　实现阶段 DEA 测算结果对比分析

年份	综合效率		纯技术效率		规模效率	
	调整前	调整后	调整前	调整后	调整前	调整后
2008	0.669	0.418	0.768	0.998	0.856	0.419
2009	0.496	0.371	0.645	0.997	0.763	0.372
2010	0.458	0.362	0.596	0.995	0.747	0.364
2011	0.379	0.339	0.567	0.994	0.666	0.341
2012	0.537	0.437	0.635	0.995	0.856	0.439
2013	0.658	0.58	0.762	0.997	0.865	0.582
2014	0.554	0.533	0.657	0.995	0.85	0.536
2015	0.599	0.521	0.698	0.996	0.854	0.523

三　高校科技创新转化阶段的效率

第一阶段的测算结果显示高校科技创新转化效率远低于实现效率。[①]样本高校 2008—2015 年间综合效率的均值为 0.375，明显低于实现效率，仅有华东理工大学在转化阶段的综合效率实现最优，但是转化阶段的效率构成与实现阶段基本一致，规模效率仍然是最高的效率值，基本保持在

---

① 本部分数据见表 6 - 2 - 5 计算结果。

0.8 左右，而纯技术效率在 0.5 左右波动。总体而言，转化效率 8 年间的变化幅度不大，但是总体偏低，部分高校存在从实现阶段向转化阶段的较大效率损失值，说明高校科技创新成果的转化面临更大的挑战。

第二阶段对科研成果投入的松弛变量进行调整，原有环境变量的 SFA 回归方程显示企业协作程度对三个投入松弛变量的影响并不显著，且政府资助程度和企业创新氛围也存在不显著的情况，所以有必要对环境变量体系进行调整，调整后的 SFA 回归结果如表 6 - 2 - 4 所示。调整后的 SFA 回归分析显示三个方程均通过单边 t 检验，从 λ 值上看，均大于 0.5，且趋近于 1，所以该 SFA 回归分析结果可用。除企业创新氛围在鉴定成果数中的参数不显著之外，其他参数均在 5% 的显著性水平下显著。相较于实现阶段环境因素的影响，在高校科研成果转化过程中政府资助程度的作用方向由正向影响转为负向影响，企业创新氛围的积极作用要比企业协同作用在科研成果转化中更为显著，说明当前高校科研资源未能实现优化配置。因此，为提升成果转化效率，有必要加强产业集聚与企业创新氛围的营造。

表 6 - 2 - 4　　　　转化阶段环境变量调整后 SFA 回归分析结果

	专利授权总数	鉴定成果数	专利质量指标
常数项	422.59 **	52.80 **	221.20 **
	(8.32)	(16.19)	(9.07)
政府资助程度	- 327.01 *	- 29.81 *	- 144.18 *
	(- 2.64)	(- 2.03)	(- 2.45)
企业创新氛围	535.25 **	3.54	208.09 **
	(7.25)	(1.46)	(5.98)
σ2	101524.16 **	1682.96 **	23199.79 **
	(91757.34)	(1680.33)	(22084.58)
λ	0.57 **	0.77 **	0.59 **
	(17.87)	(102.91)	(19.33)
单边 t 检验	86.15	173.79	93.69

注："＊"表示参数在 5% 的显著性水平下显著，"＊＊"表示参数在 1% 的显著性水平下显著，括号内参数为 t 值。

根据调整后的科研成果投入进行转化效率的测算，调整后的结果如表 6 - 2 - 5 所示，其变化基本同实现阶段一致，综合效率降低并保持在 0.3 左右，而纯技术效率趋近于1，规模效率大幅度降低，说明无论是在实现阶段还是转化阶段，高校创新效率的问题主要在于规模效率，与实现阶段不同的是，其规模效率的变化幅度较小。总体来看，转化阶段的综合效率要比实现阶段低许多，部分高校的效率趋近于0，表明高校科技创新从实现阶段向转化阶段的过渡还存在较大的问题。随着政府对高校资助力度的逐渐加大，高校获得更加齐全完善的科研设备，高校总体的科研规模扩大，但是规模效率的低下说明高校当前的科研工作未能匹配当前的科研规模，高校需要充分实现当前科研规模的创新效率，避免规模不经济的现象，以提升综合效率。

表 6 - 2 - 5 转化阶段 DEA 测算结果对比分析

年份	综合效率		纯技术效率		规模效率	
	调整前	调整后	调整前	调整后	调整前	调整后
2008	0.453	0.234	0.552	0.993	0.771	0.236
2009	0.336	0.316	0.526	0.993	0.697	0.318
2010	0.24	0.395	0.423	0.991	0.635	0.4
2011	0.383	0.338	0.522	0.992	0.771	0.34
2012	0.393	0.355	0.57	0.989	0.746	0.358
2013	0.339	0.335	0.444	0.985	0.791	0.34
2014	0.492	0.346	0.546	0.986	0.896	0.351
2015	0.362	0.289	0.538	0.983	0.694	0.294

总体上转化阶段的综合效率低于实现阶段的综合效率，大部分高校科技创新从实现阶段到转化阶段存在较大的效率损失。根据测算所得的各高校实现阶段综合效率与转化阶段综合效率，可得科技创新综合效率损失值，如图 6 - 2 - 1 所示。从各高校实现效率的平均值上进行观察，各个高校的综合效率参差不齐，大多数分布在 0.2—0.6 之间，也存在综合效率趋近于 0 的高校，而总体的转化综合效率要低于实现阶段综合效率，峰值更少，波动幅度更小，其中清华大学和浙江大学在转化阶段仍保持较高的效率。大部分高校存在较大的效率损失值，尤其是江南大学、吉林大学与东北师范大学，其效率损失值高于 0.6，但也存在部分高校转化效率高于实现效率的情况。总体而言，实现阶段与转化阶段的创新效率存在脱节现象，部分高校在专利成果的转化上存在滞后的情况，未能很好地发挥自身良好的研发实力。

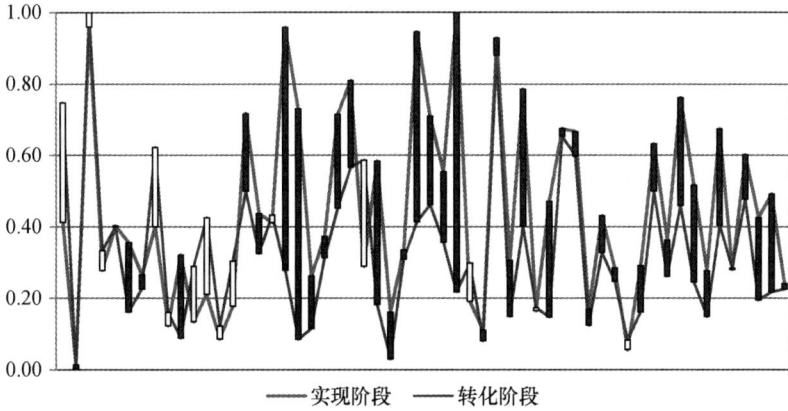

——实现阶段　　——转化阶段

图 6 - 2 - 1　高校 2008—2015 年科技创新综合效率损失值

　　根据高校科技创新从实现阶段到转化阶段效率值的比较，样本高校呈现 4 类组团集群现象。绘制散点图如图 6 - 2 - 2 所示，根据实现效率与转

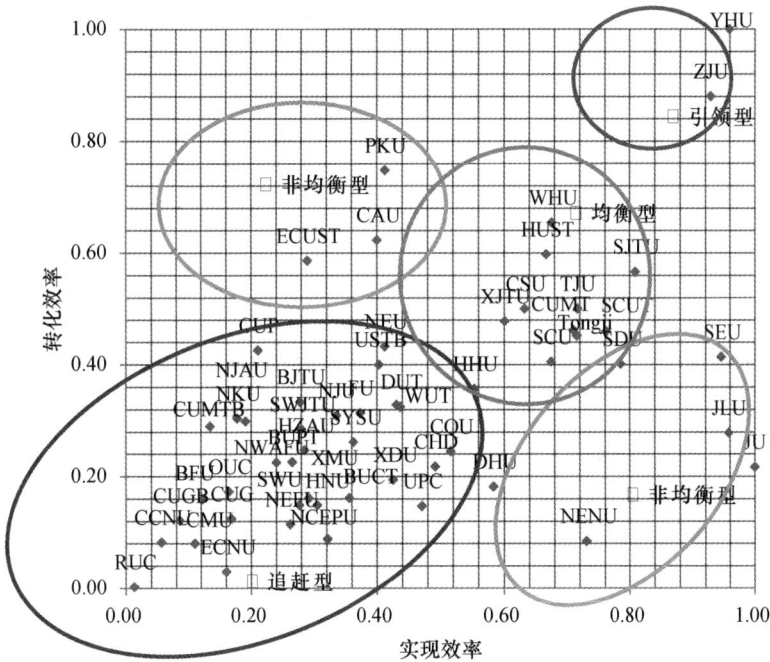

图 6 - 2 - 2　我国高校科技创新实现效率与转化效率散点聚类图

化效率的匹配程度与层次，可将样本高校划分为 4 类组团。右上角的Ⅰ组团为引领型高校，其实现效率与转化效率均趋近于 1 且效率损失值低，有清华大学与浙江大学；中部的Ⅱ组团为均衡型高校，基本保证科技创新过程中实现与转化的高效率运作，但是离真正意义上的高效运作仍有一段距离；左下角的Ⅲ组团是大部分高校所处的状态，即追赶型高校，综合效率值均低于 0.6，在当前创新驱动发展战略下，科技创新效率存在较大发展空间，其中中国人民大学双效率均趋近于 0，原因在于该高校的研究领域主要在社会人文学科方面，专利研发成果通常为 0，所以，部分高校无法从创新效率的角度分析其创新绩效；左右两侧的Ⅳ组团属于非均衡型高校，该组团内高校未能有效协调实现效率与转化效率，导致效率损失值较高，其中吉林大学、江南大学与东南大学的效率损失值最高，表明其产品创新阶段存在较大问题。

第三节　广东省高校科技创新效率分析

广东省作为中国第一经济大省，也是华南地区的教育大省，拥有华南地区最丰富的教育资源，是我国科技创新的重要力量。根据广东省教育厅的统计数据，广东省共有 141 所普通高等学校，其中包括中山大学、华南理工大学 2 所国家原"985 工程"重点建设院校；暨南大学、华南师范大学 2 所国家或省级原"211 工程"重点建设院校；广州中医药大学、华南农业大学、汕头大学 3 所省级原"211 工程"建设院校。

拥有众多优质高校的广东省，其大学科技创新活动为广东省的科技创新建设以及经济的发展提供了动力支持。但从某种程度上来说，广东省的大学科技创新活动是否真正地促进了广东省科技创新的进步，大学科技创新的成果产出与其投入之间的内在深层关系，以及大学科技创新的效率和效益性有何特点，这些问题值得深入的探讨和研究，需要通过对广东省大学科技创新效率进行指标选取和实证测量以得出最终结论。

专利作为最大的技术信息库，涵盖了世界范围内科技信息的 90%—95%。截至 2019 年 6 月，全国高等学校共计 2956 所，全国高校专利申请数从 2000 年的 3448 项增长至 2016 年的 229458 项，专利申请量几乎直线上升，但要实现专利转化为现实的生产力却是一个难题。国内外高校科技创新能力相关研究表明，专利是高校科技创新能力的集中体现。在世界范围内，对高校科技创新能力评价基本上围绕着专利进行。因此，本节从专利视角出发进行广东省高校科技创新的效率测算和结果说明。

专利与科技创新密不可分，是与技术创新和经济发展紧密相关的一类非常重要的技术信息，对当今世界科技创新活动具有重要的影响，是衡量一个国家或地区科技创新能力的重要指标。专利不仅是高校科技创新能力的成果体现，反映了科研成果实用化和商业化的能力，也是高校科技创新能力评价体系中极为重要且具有代表性的指标，综合体现了高校科技创新各类要素的集中程度。因此，在产出指标的设置中把专利作为广东省高校科技创新活动的主要产出指标，能够集中体现其创新效率的具体情况。

一　广东省高校科技创新效率的指标选择

根据美国经济学家 Leontief[①] 提出的投入产出理论，我们可以将经济主体的生产过程抽象成一个投入产出的过程，将消耗的生产要素看作投入要素，将生产成果看作产出要素。根据投入产出理论，高校的科技创新过程可看作多参数投入和多要素产出的开放系统，在研发过程中需要投入人力、财力、物力，专利成果和科研成果在这一过程中产出。在高校科技创新效率的测算中，有必要对投入指标和产出指标进行界定，在投入产出理论基础上考虑高校科技创新实现和转化过程中投入和产出数量之间的依存关系。

投入产出理论旨在从投入产出的数量上系统地对经济实体各部门之间的关系以及生产要素的消耗和产出进行分析。投入产出法源自世界各国之间以及一国各行业之间经济生产活动相互依存的理论，将研究主体从国家或行业层面推导至生产主体各部门之间、各部门内部，以探讨其中生产要素的投入和产出之间的依存关系。对国内学者的投入产出指标体系进行比较分析，可以发现投入指标往往划分为人力投入和资金投入，产出指标传统的选取则在授权专利数量和新产品销售收入中选择。

基于已有的研究和 DEA 模型对决策单元的要求，本章节构建的基于专利视角的广东省高校科技创新效率评价体系如表 6 - 3 - 1 所示。在选取指标时，我们遵循系统性和科学性原则，尽量选取相互独立且最能体现全

---

① Leontief W., "Quantitative Input and Output Relations in the Economic System of the United States", *Review of Economics and Statistics*, 1936 (18): 105 – 125.

貌的指标内容，同时考虑相关数据的可获取性，基于高校科技创新活动投入和产出两个视角，从专利产出、科研课题、科研人力和科研经费四个方面，构建了基于专利视角的高校科技创新效率评价体系。

表6-3-1　　　基于专利视角的广东省高校科技创新效率评价体系

一级指标	二级指标	三级指标	单位	符号
高校科技创新活动投入	科研人力	R&D全时当量人员	人	X_1
	科研经费	各类经费总计	千元	X_2
	科研课题	课题总数	项	X_3
		课题支出经费	千元	X_4
高校科技创新活动产出	专利产出	发明申请数量	项	Y_1
		发明授权数量	项	Y_2
		实用新型数量	项	Y_3
		外观设计数量	项	Y_4

广东省高校科技创新效率评价体系分为投入和产出两个部分。其中投入部分即广东省高校开展科技创新活动的各类资源投入，包括科研人力、科研经费、科研课题的投入。从全国 R&D 经费支出看，研发投入从 2012 年的 10298.41 亿元增长到 2018 年的 19657.00 亿元，平均每年增幅 11.39%。高校作为实施创新驱动发展战略的中坚力量，获得的研发经费最高，但科研投入的增加并非科研产出的充要条件，科技创新能力的提升不仅依靠加大创新投入，更依靠于创新效率的提高。

根据投入资源的类型不同，设置投入指标 X_1 为 R&D 全时当量人员，可反映高校创新人力的投入规模和强度。投入指标 X_2 为各类经费总计，包含政府资金、企事业单位委托资金和其他资金。投入指标 X_3 为课题总数。投入指标 X_4 为课题支出经费。X_3 和 X_4 用于表示高校年度开展的课题数目与经费支出数额，可综合反映当年高校研究的课题数量和课题研究投入的经费情况，衡量高校科研团队的科研水平。

产出部分主要侧重对于专利产出类型和数量的考察。产出指标 Y_1 是发明申请的数量。发明申请的数量是指依据专利法，能够进入专利申请流程的专利数量，虽然这一指标并不代表最终能得到授权的专利数量，但从整体上反映了发明专利的初步规模。产出指标 Y_2 是发明授权的数量。发明授权是指授予了专利权的发明专利，发明创造人或其权利受让人对特定的发明创造在一定期限内依法享有的独占实施权。发明授权的技术含量最高，审核流程最严格，也最能够体现专利的质量和水平，故将其作为衡量高校科技创新能力水平的指标。

产出指标 Y_3 是实用新型数量。实用新型是指对产品的形状、构造或者其结合提出的实用的新型技术方案，其技术水平较发明要低一些，比较注重实用性，容易投入生产和市场使用。产出指标 Y_4 是外观设计数量。外观设计是指对产品的形状、图案或者其结合以及色彩与形状、图案的结合所作出的富有美感并适于工业应用的新设计。随着经济的不断发展以及人们对工作、生活质量的要求不断提高，外观设计的重要性也日趋增强。

二　广东省高校科技创新效率测度

创新效率的测算需要注重科研成果的转化过程，国内大部分高校十分重视知识产出管理对科技创新水平的提升。科研成果在科技创新研究中具有举足轻重的地位，尤其以专利作为科研成果产出的衡量标准，是测量高校科技创新效率的通用角度。本书研究的高校科技创新效率水平以专利成果指标作为指示变量，以区分学术成果与经济效益，更客观准确地描述广东省高校的科技创新水平，实现高校科技创新效率的整体测量和不同高校之间创新效率的差异测量。

（一）广东省高校科技创新效率的整体测量

本书利用 BC^2 模型分别测算 2015 年 35 所广东省高校的科技创新效率[1]，如表 6 - 3 - 2 所示，将广东省高校分为"211"及省部共建学校、其他本科高等学校、部分高等专科院校三种类型，从综合效率、技术效率和规模效率三方面测算广东省 35 所高校的得分和排名。综合效率可以被分解为技术效率和规模效率，一般情况下仅仅实现了技术效率或者规模效率有效的决策单元为 DEA 弱有效。

BC^2 模型所计算出来的效率结果可以作如下解释：若某决策单元的综合效率等于 1，则表明该决策单元综合效率有效，这意味着该学校对当年投入的各类科技创新资源使用实现了最优效益。综合效率为技术效率和规

---

[1]　本部分数据来源：《2015 年高等学校科技统计资料汇编》、中华人民共和国国家知识产权局官方网站、佰腾专利检索系统。根据《2015 年高等学校科技统计资料汇编》的数据，列入统计范围的广东省高校数量每年都有一定的变化，综合历年统计数据，去除没有连续性数据的学校，最终保留了 35 所统计数据完整的广东省高校。

模效率之积，若技术效率等于1，则表明该决策单元技术有效，这意味着该学校利用科学的方法对有限的科技创新资源进行最优分配，使投入的科技创新资源尽可能多的转化为科技创新成果；若规模效率等于1，则表明该决策单元规模有效，这意味着该学校投入的科技创新资源达到了"1 + 1 >2"的效果，科技创新产出的增速超过了科技创新资源投入的增速，形成了规模报酬递增的良好趋势。

表 6 - 3 - 2 　　　　　　　2015 年广东省高校科技创新效率

学校类型	序号	学校名称	综合效率	技术效率	规模效率	规模报酬
"211"及省部共建学校	1	中山大学	0.242	0.737	0.329	drs
	2	暨南大学	0.350	0.382	0.916	drs
	3	华南理工大学	1.000	1.000	1.000	–
	4	华南师范大学	0.939	0.942	0.998	irs
其他本科高等学校	5	汕头大学	0.371	0.575	0.646	drs
	6	华南农业大学	0.913	1.000	0.913	drs
	7	广东海洋大学	0.283	0.586	0.482	drs
	8	广州医科大学（广州医学院）	0.029	0.090	0.327	drs
	9	广东医学院	0.027	0.078	0.345	drs
	10	广州中医药大学	0.053	0.069	0.767	drs
	11	广东药学院	0.212	0.578	0.368	drs
	12	韶关学院	0.268	0.276	0.973	irs
	13	惠州学院	0.184	0.674	0.272	drs
	14	韩山师范学院	0.476	0.591	0.806	drs
	15	湛江师范学院	0.004	0.017	0.218	drs
	16	肇庆学院	0.728	0.809	0.901	irs
	17	嘉应学院	0.384	0.606	0.633	drs
	18	广东技术师范学院	0.521	0.758	0.688	drs
	19	深圳大学	0.613	0.627	0.977	drs
	20	广州大学	0.631	0.632	0.998	irs
	21	仲恺农业技术学院	1.000	1.000	1.000	–
	22	五邑大学	0.314	0.413	0.759	drs
	23	广东石油化工学院（茂名学院）	0.306	1.000	0.306	drs

续表

学校类型	序号	学校名称	综合效率	技术效率	规模效率	规模报酬
其他本科高等学校	24	东莞理工学院	1.000	1.000	1.000	-
	25	广东工业大学	1.000	1.000	1.000	-
	26	佛山科学技术学院	0.143	0.313	0.456	drs
	27	南方医科大学	0.125	0.193	0.650	drs
部分高等专科院校	28	顺德职业技术学院	1.000	1.000	1.000	-
	29	广东轻工职业技术学院	0.427	0.802	0.532	drs
	30	广东交通职业技术学院	0.389	0.665	0.584	drs
	31	广东水利电力职业技术学院	0.382	0.422	0.904	irs
	32	深圳职业技术学院	0.609	1.000	0.609	drs
	33	广州民航职业技术学院	0.186	1.000	0.186	irs
	34	番禺职业技术学院	1.000	1.000	1.000	-
	35	广东食品药品职业学院	0.359	0.444	0.808	drs
平均值			0.471	0.636	0.696	

对 2015 年广东省 35 所高校的科技创新效率进行综合分析，有以下发现：

第一，2015 年广东省高校科技创新效率普遍偏低。从综合效率来看，广东省高校科技创新综合效率平均值较低（0.471），技术效率平均值（0.636）居中，规模效率平均值（0.696）最高，绝大多数高校的科技创新综合效率低于平均值，距离实现效率最优还有很大的提升空间。对 35 所学校按照综合效率进行排序，高于综合效率平均值（0.471）的仅有 14 所，占 40%，21 所学校（占 60%）综合效率低于平均值。2015 年广东省有华南理工大学、仲恺农业技术学院、东莞理工学院、广东工业大学、顺德职业技术学院、番禺职业技术学院 6 所高校的科技创新效率达到了整体综合效率有效，说明这 6 所学校对科研经费的使用、科研人员的分配、科技课题的研究等方面实现了高效运作，使得有限的科技资源能够最大化地转化为专利成果。

图 6-3-1 是 2015 年广东省高校科技创新效率的散点分布图，35 所高校中，绝大多数高校的综合效率聚集在 0.00—0.40 段（20 所，占 57.1%），0.20—0.40 段聚集的学校数量最多，有 12 所高校，占比 34.3%。在综合效率平均值仅为 0.471 的情况下，仍然有 60% 的高校科

技创新效率未达平均值，这说明广东省高校对科技创新资源的使用取得了一定的成效，科技创新产出的增速不断提高，但是未能对科技创新资源进行科学分配，对当年投入的各类科技创新资源使用未能实现最优效益，广东省高校科技创新效率普遍有待提高。

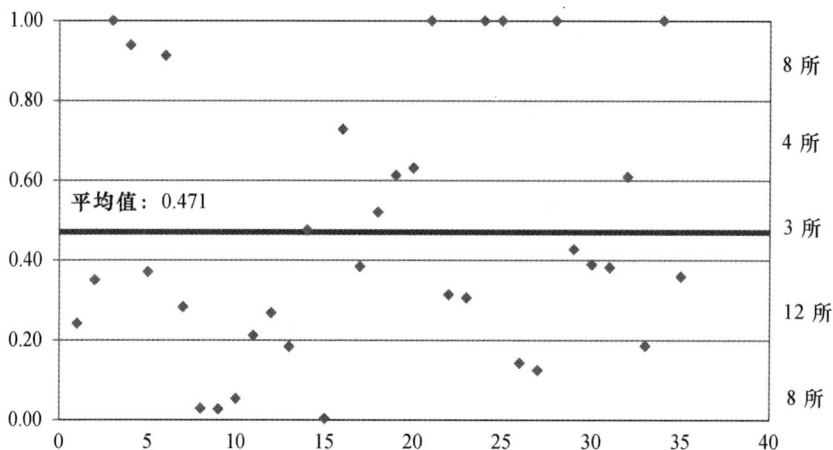

图 6 - 3 - 1　2015 年广东省高校科技创新效率散点分布图

第二，2015 年广东省高校科技创新效率整体差异大。从整体来看，有 6 所高校科技创新效率达到整体有效（综合效率为 1），35 所高校中综合效率最低值仅为 0.004（湛江师范学院）。同时由图 6 - 3 - 1 可知，2015 年广东省高校科技创新综合效率在各段分布不均衡，且两极分化严重。最低段 0.00—0.20 与最高段 0.80—1.00 聚集的高校数量相同，均为 8 所（占比 22.9%），即约四分之一的高校科技创新综合效率处于最高段的同时，有相同数量高校的科技创新综合效率处于最低段。仅有约二分之一数量的高校科技创新综合效率处于中间段，且就中间段而言，各段之间的高校数量分布也存在较大差异。

第三，2015 年广东省不同类型高校的科技创新效率差异大。根据《高等学校科技统计资料汇编》中的分类，将高校分为"'211'及省部共建学校""其他本科高等学校"和"部分高等专科院校"三类。从高校的不同类型来看，不同类型高校的科技创新综合效率存在明显差异。由表 6 - 3 - 2 可知，从平均值和中位数来看，"'211'及省部共建学校"的整体科技创新效率最高，"其他本科高等学校"的整体科技创新效率最低，甚至低于"部分高等专科院校"。另外，为了说明各类型高校之间的效率离散程度，此处引进变异系数进一步测算。

（二）广东省高校科技创新效率的差异测量

变异系数是用来衡量数据离散程度的方法之一，变异系数又被称为"标准差率"，变异系数是样本的标准差和均值的比值，计算的结果是一个相对值，没有单位，可以消除单位和（或）平均数不同对两个或多个指标变异程度比较的影响。变异系数的计算公式见下方等式，其中 x_i 代表每个样本，n 代表样本个数，μ 为样本均值。

$$V = \frac{1}{\mu} \sqrt{\frac{\sum_{i=1}^{n}(x_i - \mu)^2}{n}}$$

变异系数的计算公式为标准差与平均值之商，其优势在于变异系数是一个无量纲数值，不需要参照数据的平均值，非常便于不同指标之间的客观比较。变异系数衡量了分组样本和整体样本之间的差异程度，变异系数越大，说明数据的离散程度越大。表6-3-3展示了"'211'及省部共建学校""其他本科高等学校""部分高等专科院校"的平均值、中位数、极差和变异系数四类描述性统计指标，从横向层面对三类高校的数据进行呈现和对比。

表6-3-3　2015年广东省不同类型高校的科技创新综合效率相关参数

学校类型	平均值	中位数	极差	变异系数
"211"及省部共建学校	0.633	0.645	0.758	0.620
其他本科高等学校	0.417	0.314	0.996	0.791
部分高等专科院校	0.544	0.408	0.814	0.559

综合极差和变异系数的数据情况来看，"其他本科高等学校"的极差（0.996）和变异系数（0.791）均最高，说明此类型的各高校之间科技创新综合效率最为离散，差异最大。"'211'及省部共建学校"极差最小（0.758），变异系数居中（0.620），说明此类型4所高校之间的科技创新综合存在一定的差距，但就极值而言，总体差距小于其他类型的高校。"部分高等专科院校"的极差居中（0.814），变异系数最低（0.559），说明对比其他类型高校，此类型高校之间的科技创新综合效率差异最小，但

本类型内各所高校之间的创新效率仍存在较大差异。

表6－3－4　　　　　2015年各类型高校科技创新效率平均值

学校类型	综合效率平均值	技术效率平均值	规模效率平均值
"211"及省部共建学校	0.633	0.765	0.811
其他本科高等学校	0.417	0.560	0.673
部分高等专科院校	0.544	0.792	0.703
35所高校	0.471	0.636	0.696

由表6－3－4可知，各类型高校中，"'211'及省部共建学校"的综合效率平均值和规模效率平均值最高，说明"'211'及省部共建学校"科技创新产出的增速超过了科技创新资源投入的增速，形成了规模报酬递增的良好趋势。"部分高等专科院校"的技术效率平均值最高，说明专科院校在一定的投入下，对科研资源进行了有效的配置。"其他本科高等学校"的综合效率、技术效率、规模效率平均值在三个类型高校中均处于最末，全部低于广东省35所高校科技创新效率平均值。说明在这三个类型高校中，广东省"其他本科高等学校"投入的科技资源没有发挥最大效益，科技创新技术有待提高，科研资源分配方式有待完善。

由上述分析可知，广东省各高校或多或少地存在着科技创新效率不足的问题。产出不足率指在给定的投入水平下，实际产出与目标产出之差除以实际产出值，产出不足率越大，说明该产出有待改进的程度和空间越大。DEA方法在进行效率评价时可以同时计算出每个决策单元的投入和产出的实际值与目标值之间的差距。本研究所选取的是输出导向的BC^2模型，因此接下来将利用每个决策单元的产出不足额和目标产出额对每个决策单元的产出改进进行举例分析。如表6－3－5所示，表中Y_1代表发明申请的产出不足率、Y_2代表发明授权产出不足率、Y_3代表实用新型的产出不足率、Y_4代表外观设计的产出不足率。

表6－3－5　　　　　2015年广东省高校科技创新的产出不足率

学校类型	序号	学校	Y_1	Y_2	Y_3	Y_4
"211"及省部共建学校	1	中山大学	—	1.24	9.24	2.40
	2	暨南大学	—	0.27	9.15	—

续表

学校类型	序号	学校	Y_1	Y_2	Y_3	Y_4
"211"及省部共建学校	3	华南理工大学	—	—	—	
	4	华南师范大学	—	—	0.87	-
其他本科高等学校	5	汕头大学	0.04	—	2.33	
	6	华南农业大学				
	7	广东海洋大学				
	8	广州医科大学（广州医学院）	—	—	28.77	
	9	广东医学院				
	10	广州中医药大学	—	—	32.87	34.46
	11	广东药学院	—	—	47.17	
	12	韶关学院	0.44	—	0.76	
	13	惠州学院	—	0.23	—	51.97
	14	韩山师范学院	0.51	—	2.03	
	15	湛江师范学院	—	—	—	
	16	肇庆学院	2.68	—	6.34	36.71
	17	嘉应学院	6.78	—	7.13	35.42
	18	广东技术师范学院	0.03	0.09	—	24.68
	19	深圳大学	—	—	0.31	—
	20	广州大学	—	—	7.97	
	21	仲恺农业技术学院	—	—	—	
	22	五邑大学	—	7.47	—	3.20
	23	广东石油化工学院（茂名学院）	—	—	—	
	24	东莞理工学院				
	25	广东工业大学	—	—	—	
	26	佛山科学技术学院	—	-	—	
	27	南方医科大学	—	—	9.98	-
部分高等专科院校	28	顺德职业技术学院				
	29	广东轻工职业技术学院	3.38	—	—	0.31
	30	广东交通职业技术学院	4.12	—	0.55	
	31	广东水利电力职业技术学院	6.13	—	6.83	
	32	深圳职业技术学院				
	33	广州民航职业技术学院				

续表

学校类型	序号	学校	Y_1	Y_2	Y_3	Y_4
部分高等专科院校	34	番禺职业技术学院	—	—	—	—
	35	广东食品药品职业学院	10.47	—	—	-
"211"及省部共建学校			0	0.38	4.82	0.60
其他本科高等学校			0.46	0.34	6.33	8.11
部分高等专科院校			3.01	0	0.92	0.04
总平均值			1.02	0.32	5.01	5.52

从四个产出指标的总平均产出不足率来看，各高校的实用新型和外观设计的产出不足率高达 5.01 和 5.52，发明申请产出不足率为 1.02，发明授权产出不足率最低，为 0.32。说明广东省高校的科技创新效率在四个产出指标上都存在产出不足的情况。其中，实用新型和外观设计产出不足的情况尤为严重，发明申请的实际产出与目标产出也存在一定差距，发明授权产出略有不足。

从不同学校类型来看，"'211'及省部共建学校"的发明申请产出不足率为 0，说明"'211'及省部共建学校"的发明申请数量可观。在发明授权和外观设计指标上，"'211'及省部共建学校"产出不足率也比较低，分别为 0.38 和 0.60，在这两个指标上产出略有不足。但实用新型产出不足率高达 4.82，说明"'211'及省部共建学校"在实用新型方面产出不足的情况尤为严重。"'211'及省部共建学校"应该在发明授权、外观设计和实用新型的研究方向中投入更多的科技资源，尤其是实用新型方面。"其他本科高等学校"发明申请和发明授权产出略有不足，但实用新型和外观设计产出严重不足，产出不足率分别高达 6.33 和 8.11。

"部分高等专科院校"的发明授权产出不足率为 0，外观设计产出不足率也仅为 0.04，说明"部分高等专科院校"在发明授权和外观设计方面投入的科技资源实现了较好的成果转化。四项指标比较来看，发明申请是"部分高等专科院校"的产出弱项，在发明申请方面，该类型高校的产出不足率最高，达到 3.01，说明"部分高等专科院校"应在发明申请环节调整科技资源投入总量和科技资源分配方式。

从全省范围来看，应加强高校实用新型和外观设计上的投入产出转化。从各类型高校的表现来看，"'211'及省部共建学校"的实用新型产出水平、"其他本科高等学校"的实用新型和外观设计产出水平、"部分高等专科院校"的发明申请产出水平均存在很大的提升空间。高校应当充分发挥自身现有优势，提高科技创新水平，从高素质人才的引进与企业创新氛围的营造入手，加强技术进步效率，注重规模效率，提升专利成果的质量与转化价值，构建科研成果转化管理制度，实现转化效率的提升。

第七章 国外大学科技创新政策与实践

世界各国的科技创新体系在适应自身国家发展的过程中，呈现出了多样发展、百花齐放的特征。尽管不存在完全相同的国家创新体系，不同的国家在创新发展环境下选择了符合自身的路径选择，但整体来看，依然存在某些带有共性的成功经验，这为各国创新经验的比较研究、相互借鉴提供了可能。科技创新体系的建设有不同层级之分，国家科技创新体系旨在制定、出台与国家创新竞争力相关的政策和计划，大学科技创新体系是国家科技创新体系的重要承接对象，在创新创业实践教育、服务区域经济社会发展、科技成果转化及应用方面有着不容小觑的作用。

从全球范围来看，美国是国家创新系统发育最为完善且运行较为和谐的典型国家。美国历任总统都十分重视国家科技创新体系的建设，颁布了相关法律文件促进大学科技创新体系的发展，由此催生了众多国际顶尖学府在美国诞生，同时在人才培养、产学研协同发展方面也颇有成效，将美国建设成世界科技创新领先国家。日本是后发国家赶超先进国家，实现"跨越式"发展的典范。这在很大程度上归功于战后日本"技术引进、学习、改良基础上创新"国家创新体系的创建，即所谓"技术立国"政策。日本在引进技术之后，由通产省主导经济结构变革方向，并由政府重点促进大学和企业对技术创新的开发和优化，形成了自己独特的工业技术体系与大学科技创新体系。

综观美国、日本进行创新体系建设的经验，可以看到，这两个国家在R&D资源配置、科技创新人才培养、官产学研等方面表现较好，研究这两个国家科技创新体系的特征和发展情况，有利于我们学习国外经验，拓展优化我国的科技创新体系的思路，可为我国新时代创新体系的建设提供借鉴与启示。基于此，本章在比较美国和日本的国家与大学科技创新体系的基础上，梳理出这两个国家在推动大学科技创新方面的成功经验与做法，着重笔墨研讨大学科技创新体系的建设内容及成效，总结美国、日本的大学科技创新体系政策及实践。

第一节　美国大学科技创新体系政策及实践

综观美国科技创新体系的发展与建设历程，大体可以划分为第二次世界大战前和第二次世界大战后两个不同的阶段。二战前，美国的科技政策主要针对农业领域，将科技应用于农产品的播种、培育及收割方面，并于1862年成立了农业部进行相关科技政策的制定及颁布。这一时期，科技研究一直以民间支持、自由发展为主，在这样的自由框架下，主要由美国个体发明者和小企业主们推动生产方式的创新发展。美国政府大规模投入及支持科技创新方面的活动，要追溯到二战期间在各个国家之间兴起的军事竞赛活动，这一时期，美国着力于军工产业和国防事务的建设，举全国之力将整个国家的研发力量投注在军事战略领域。

从美国科技政策的发展历程中可以看出，20世纪80年代以来，美国政府积极筹措科技创新计划及活动，适当介入科技创新研发活动，推进科技创新体系的建设和发展，美国在国际舞台上日渐活跃并逐渐处于科技创新强国的位置。研究美国科技创新体系的建设历程可以发现，美国的科技创新体系包含了国家科技创新体系和大学科技创新体系两个层面，国家科技创新通常基于国家设立的科技管理机构，开展各种各样的科技创新实践活动；而大学科技创新体系则在国家政策文件的指导和引领下，进行创新人才的吸纳与培育，与相关主体开展产学研协作活动，以此推动所在区域的经济发展和社会繁荣。

一　美国科技创新体系的演化历程

（一）美国科技管理体制沿革

二战前，政府对科技活动的支持仅限于个别领域，并没有形成全面政策性的影响。这一时期成立了国家标准局，提供数据标准、参数及有关数据，这一机构后来成为美国的国家标准与技术研究院。1915年，美国政府成立了第一个军事研究机构——国家航空咨询委员会，同年也成立了海军咨询委员会，用以协调海军事务和海事政策的管理。1933年，罗斯福总统成立了科学顾问委员会，虽然这一机构仅存在两年时间，但在当时，这一委员会对于统筹全国的科学研究起到了重要的作用（徐峰，2006）。

随着二战的爆发，基于军事方面的需要，美国政府大力投资于军事科技，营造了美国国民崇尚以军事实力论输赢的氛围。一系列举措使美国的军事实力取得了突飞猛进的突破，相继完成了原子弹、雷达、无线电引信雷达和固体燃料火箭等项目的研制，整个国家开始形成统一的科技创新系统，使美国在国际科技竞争中处于不败之地。这一时期，美国政府建立了世界上最大的洛斯阿拉莫斯核武器实验室、最大的航天技术研发组织NASA、最大的医学和生物技术中心NIH，以及最有权势的研发管理机构NSF（沈建磊、马林英，2007）。

1940 年，时任总统布什成立了国防研究委员会（National Defense Research Committee，NDRC），这一机构对国防军事实力的发展及繁荣起了非常重要的作用。1941 年，以哈佛大学校长——詹姆斯·科南特（James Conant）、曾任 MIT 副校长和时任华盛顿卡耐基学院院长——万尼瓦尔·布什（Vannever Bush）为首的科技精英，认为应当利用科研的力量助推国家军事实力的发展，发起了游说联邦政府高层的活动。罗斯福总统批准成立了一个由学术专家直接控制的专门机构——科学研究发展办公室（The Office of Scientific Research and Development，OSRD），用科技智力资源助推军事力量的发展并联合科研机构、大学、企业和军事部门进行基础研究和军事国防方面的研究（许长青、金梦，2019）。

1950 年，根据《国家科技基金会法案》的内容，美国成立了国家科学基金会，从某种意义上说，该基金会的设立，标志着美国现代科技管理机构的成型。1957 年，艾森豪威尔总统首次任命直属总统的科技特别助理，并改组了总统科学顾问委员会（PCAST），这一机构的主要职责在于向总统提供科技方面的决策咨询建议。1959 年，联邦科学技术委员会（NSTC）成立，这一机构由在任总统兼任主席，是美国最高的科技管理机构，主要负责全国科研工作和科技事务的领导与协调。1972 年，尼克松政府时期，由于战后经济的滞胀，科学研究资助一直减少，导致政府和科技界的关系一度紧张，这一时期政府成立了美国技术评估办公室，用于科技活动的评价与管理。

1976 年，福特总统上任后着力重振美国的科研事业，意在重塑联邦政府和科学家之间的良好关系，振兴美国科技强劲实力的雄风。这一年，国会通过了《国家科技政策、组织和优先重点法案》，这项法案成为美国

70 年代中期后联邦科学政策的指导性法案。同年福特总统在白宫成立了科技政策办公室（OSTP），并授权科技政策办公室开展跨机构合作以保障有效的科技政策和预算，以及为了达到这个目标而和私人机构、州政府、联邦政府、学术机构以及其他国家开展合作。

1990 年，布什总统成立了国家关键技术委员会，该委员会由白宫科学和技术政策办公室主任牵头，一共有 13 位成员，包括国防部、能源部、商务部等机构代表、企业技术专家和科研院所专家等成员。1993 年克林顿总统执政以来，联邦政府十分重视科学技术的作用，出台了《科学与国家利益》《技术与国家利益》等多项宣言与报告，向美国国民阐释执政党的科技政策思想，并对科技创新管理机构进行大调整，改组了国家科学技术委员会，更充分地发挥科技管理机构的职能。

2009 年，奥巴马就任美国总统，首次设立了首席技术官和首席信息官职位，分别负责制定技术政策和专项经费管理以及信息技术在联邦政府机构中的推广应用。2012 年，首席技术官和首席信息官推出了总统创新学者计划，旨在推动科技繁荣发展，促进中小企业经济革新。此外，奥巴马总统在任期间，还组建了"梦之队"科学团队，充分发挥高层科技咨询与协调机构的潜在作用，完善科技机构的管理职能。

总体而言，美国的科技创新管理机构众多，除了隶属联邦高层政府的白宫科技政策办公室之外，还有农业部、卫生部、能源部、国防部以及国家自然基金会等 16 个政府部门涉及科技管理职能，这些机构下辖 700 余家国家实验室和研究中心，构成了美国国家科技创新体系管理层与执行层的主体（沈建磊、马林英，2007）。这些机构主要负责科技创新政策的出台、实施及咨询，有着明确的行政架构、经费预算和人员编制，承接着与自身职能相符的职责，为国家科技创新体系的建设贡献力量。除此之外，联邦和州还有其他各式各样的管理机构，如联邦小企业管理局（SBA）、小企业发展中心（SBDC）、妇女企业中心和其他分支机构，这些机构负责管理相关的创新研发事项，指引创新创业活动，对推动科技创新与创业潮流起着不可忽视的作用。

（二）美国科技创新实践

基于上述科技管理体制的梳理，接下来的内容主要阐述在国家科技创新机构的指引和带动下，进行的各种创新实践活动。美国上至联邦政府下至地方州政府，均设置了各种科技管理机构，这些机构在指引和规范创新活动、管理科技创新实践方面发挥着重要的作用。由于发起方多是联邦或各级政府，这些活动不可避免地存在着一定的政治色彩。本书基于时间维度，梳理了曼哈顿计划、阿波罗登月计划、信息高速公路计划、国家实验室和创新挑战赛奖 5 个典型的创新实践活动。

1. 曼哈顿计划

1942 年，在德国核武器开发计划"铀计划"的压力下，美国出台了"曼哈顿计划"，要赶在德国之前将原子弹研发出来。时任总统罗斯福将这一计划赋予了至高无上的意义，宣称所有事情都为曼哈顿计划让步，将这一计划置于"一切行动的特别优先权"的位置。这一计划动员了 15 万人，历时 3 年，耗资 20 亿美元，[①] 召集了世界上最优秀的核科学家，并于 1945 年成功制造出两颗原子弹，进行了世界上首次核爆炸。这次计划遗留下来的材料生产工厂和国家实验室，是美国国家科技创新体系建设历程的亲历者和见证者。

2. 阿波罗登月计划

冷战时期，美苏军备竞赛愈演愈烈，阿波罗登月计划即美国与苏联在太空领域进行竞争的产物，是一次载人登月航天和月球实地考察任务。阿波罗登月计划始于 1961 年，终止于 1972 年，历时 11 个年头，耗资 255 亿美元，计划巅峰时期共有 2 万家企业、200 多所大学和 80 多个科研机构参与其中，总人数超过 30 万人。[②] 这一计划直接催生了美国国家航空航天局（NASA）的成立，并在此后引领着美国航空航天事业的发展。

3. 信息高速公路计划

克林顿总统上台后，把科技和经济发展提高到前所未有的高度，将信息高速公路的建设作为美国国家创新战略建设最主要、最紧急的任务。这一计划旨在推动因特网领域的建设与发展，为美国国民提供快速便捷的信息渠道，以此促进信息产业的发展和经济的繁荣。这一计划使美国实现了突发猛进式的发展，劳动生产率 10 年内增长 20%，为私营企业创造 400 万个就业机会，网络经济首次超越其他传统行业，成为美国首屈一指的新兴行业。

---

① 数据来源：百度百科。
② 资料来源：百度百科。

4. 国家实验室

1984 年，美国国会通过《斯蒂文森—怀特法案》（Stevenson – Wydler Act，PL98—620），这一法案授权国家实验室作为技术转移和科学研究的重要基地，将实验室作为推进科学技术发展的主要根据地。实验室通常隶属于重要的政府部门或研究中心，设立在国防部、能源部、健康与人类服务部、农业部和 NASA 等重点部门或单位之下，如闻名世界的洛斯阿拉莫斯国家实验室（Los Alamos）、劳伦斯实验室、阿贡国家实验室、洛斯阿拉莫斯核武器实验室、NASA 喷气动力实验室等，均是美国科技创新体系实践的主要场所。

5. 创新挑战赛奖

在奥巴马政府的倡导及推行下，创新挑战赛奖风靡美国，众多政务部门和机构纷纷将这一赛事作为新型的创新激励工具。《美国创新战略》将这一形式作为政府创新的主要手段，并且将其写入法案，明确各级政府开展赛事的相关职责。从内容上看，这一赛事降低了准入门槛，政府机构设置创新挑战或发布政策需求，对有创新点的回答或方案颁发奖金、授予荣誉，以民间的智慧激励推动政府机构的创新。

美国多年来一直十分注重科技创新体系的建设，根据现实需要和国情的发展情况，适时推出符合国家创新系统建设的政策和制度，致力于推动美国科技创新强国的建立，提升美国国际竞争力。2019 年全球创新指数前 20 位的国家排名中（见表 7 – 1 – 1），美国位列第三，排在瑞士、瑞典之后，但相比 2018 年前进 3 位，领先于国际上多数发达和发展中国家，这不得不说是美国多年来累积的科技创新体系建设发挥了重要作用，为美国创新型国家的建立提供了源源不断的动力。

表 7 – 1 – 1　　　　　2019 年全球创新指数国家排名前 20 位

排名	国家	2018 排名
1	瑞士	1
2	瑞典	3
3	美国	6
4	荷兰	2
5	英国	4

续表

排名	国家	2018 排名
6	芬兰	7
7	丹麦	8
8	新加坡	5
9	德国	9
10	以色列	11
11	韩国	12
12	爱尔兰	10
13	中国香港	14
14	中国	17
15	日本	13
16	法国	16
17	加拿大	18
18	卢森堡	15
19	挪威	19
20	冰岛	23

数据来源：WIPO. Global Innovation Index，2019。

二 美国大学科技创新体系政策与实践

在国家科技创新体系的指引下，各大学纷纷根据自身的特点及定位，出台相关法律法规和科技政策文件，倡导包容多元文化、鼓励自由思考的创新氛围，同时保持研发和教育的高投入，持续为社会创新创业实践活动注入活力，并且与外部主体保持良好的产学研协作状态。从某种程度上说，各类因素的协同作用造就了美国大学科技创新体系的繁荣。美国拥有众多享誉全世界的高等院校，从内在看，这些高校有着鲜明的活力与创造力；从外在看，这些高校所取得的成就与整个国家的大学科技创新体系是分不开的。因而有必要进一步剖析美国大学科技创新体系的政策文件和实践活动，从中一窥美国作为一个拥有众多享誉全球大学的国度，有着怎样的建设历程，又拥有哪些可以借鉴的现实经验。

（一）美国大学科技创新的政策文件

在两个多世纪的进程中，美国的大学科技创新体系并不是在某个时期顷刻造就的，而是跟随着美国的发展，在国家历史的框架下演变而成的。

这些政策的来源是复杂且多维的，既包含联邦层面作出的宏观的、对国家有战略意义的指导，也包含各个政府机关及科研机构在管理方面所应该遵循的规章制度，因而有必要梳理并罗列大学科技创新体系的政策文件，从中透视美国大学科技创新体系的顶层设计。

1862 年颁布的《莫里尔法案》（The Morrill Act）中，联邦政府以赠地的形式为美国高等教育的发展提供支持，要求每个州至少资助一所高等院校（又称"赠地院校"）从事农业和机械工程教育，促进州立大学农业经济与机械技术的发展。其中一种方式为在原有学校的基础上扩建，如康奈尔大学，另一种形式为建立一所全新的大学，如加州大学伯克利分校、俄亥俄州立大学和麻省理工学院等。虽然这一法案制定的初衷是为了提高农业劳动力，让更多农业科技人才投入到"西进运动"不断扩大的土地耕种中，但由于联邦政府的资助，1926 年时赠地院校的在校生接近 40 万人，奠定了美国高等教育的发展（王岩、续润华，1998）。同时，这也加快了美国工业、农业技术革命的进程，使美国成为了世界上最早农业机械化的国家。1887 颁布的《哈奇法案》（The Hatch Act）是赠地院校得以实施的重要法律基础，这一法案要求向每个州支付联邦补助金，以建立起与赠地大学有关的农学实验站（许长青、金梦，2019）。补款数额每年都是浮动的，根据每个州每年的小农户数量确定。这在当时是大学创新体系的一项重大实践，将大学纳入国家创新政策体系的建设大潮中，丰富了大学在这一领域的实践与职能。

战时科研合作体制让美国开始意识到基础研究的重要性，政府在科技活动中的作用急剧扩大。在此背景下，1945 年，美国著名科学家范内瓦·布什组织撰写了科学报告《科学：无尽的前沿》[①]，强调联邦政府要大力支持科研活动，积极促进基础研究和培养科技人才，同时建立联邦层面的科研机构。这份报告全面论述了美国战后科技发展的政策，也被看作是美国第一部联邦科技政策。在同一时期，1947 年《科学与公共政策》（又称《斯蒂尔曼报告》），再次强调了联邦在支持大学研究方面的作用。1958 年，《国防教育法》的颁布开启了研究型大学科研发展的"黄金时代"（王凤玉、寇文淑，2019）。伴随着这一法案的实施，美国联邦政府

---

① 参见 Bush V. Science, *The Endless Frontier*, Washington DC: National Science Foundation, 1945。

投入大学的科研经费开始迅速增加。据统计，1959—1964 年，美国联邦政府对大学科研经费的支出总额达到了历史最高峰。

1980 年《拜杜法案》横空出世，为大学—工业之间建立了强有力的链接。这一法案引导大学与产业活动和经济发展建立多种多样的联系，在大学师生中引发了进入企业进行创新创业活动甚至独立创办企业的热潮。基于这一法案，大学成为独立的所有权人与产业部门合作，开始配备自己的研究园区和孵化设备。同时，各所大学拥有技术转移和专利享有的权利，几乎所有的研究型大学均设立技术转移办公室来管理相关事务，促进了大学从技术研发、专利享有到产业应用一系列的活动。同年，联邦政府1980 年通过《技术创新法》，明确了政府在推动产业创新中的广泛作用，由此技术创新不再是联邦实验室的唯一特属品，产业界也开始了大规模的技术创新，促进了政府同产业界、高校的合作。

1986 年的《联邦技术转移法案》开始允许国家实验室与企业、高校、州政府进行合作研发，由此引发了高校技术研发活动和创新创业的大潮。1992 年，《政府与大学》《更新诺言》两个政策文件的颁布，强调了政府对大学科研的扶持，在注重资助的同时要进行评价；在大学科研项目和政府科研项目中寻找扶持的平衡点；不过分期待研究结果；为科研人员提供最大限度的灵活空间；提供长期稳定的支持；通过对新时期政府与大学关系发展新方向的指引，开创研究型大学发展的新时代。1993 年，克林顿总统在其报告《将技术用于美国境内及增长：构筑美国经济实力的新方向》中勾画了美国国家技术政策和战略蓝图，更进一步向全世界展示了美国对科技创新的态度。科技政策被直接写进宪法，表明了美国联邦政府对科技的发展具有引导和参与的职责，足见美国对科学和技术的重视。

在变革的时代背景下，2004 年美国竞争力委员会发布报告《创新美国：在挑战和变革的世界中达至平衡》。该报告着重强调了美国为维持其在新一轮国际竞争中的领先地位、提高自身创新能力，应将重心调整到三个方面：人才、投资以及创新组织和机制，为大学科技创新体系的建设提供了前瞻性指引。2013 年，在美国 140 多位研究型大学校长的联名推动下，美国商务部发布了《创新与创业型大学：聚焦高等教育创新和创业》报告，该报告旨在推动师生创新创业、加速科技成果转化、促进校企合作和区域经济发展。同年，OSTP 提出"21 世纪挑战计划"，该计划旨在进一步提高美国的创新能力，为维持全球领导地位提供战略支撑，囊括了政府、高校在内的五大实施主体。

奥巴马政府两届任期内连续三次发布支持创新体系建设的文件，包括2009年的《美国创新战略：推动可持续增长和高质量就业》、2011年的《美国创新战略：确保我们的经济增长与繁荣》和2015年的新版《美国创新战略》（包水梅、谢心怡，2018）。其中2015年的创新战略提出要在2018年前让美国99%的学生用上高速宽带，同时强调为保持美国在创新方面的领先地位，大学、联邦国家实验室、工业实验室必须坚持长期研究；鼓励企业、大学以及其他组织加入到识别和追求解决重大挑战的研究中。2016年，奥巴马政府举行"白宫前沿大会"，将触角伸向大脑、精确医疗、智能城市、小型卫星等新兴领域，探讨与人类命运息息相关的5个科技前沿领域在未来50年面临的挑战。这个大会有数百名科学家、企业家与学生参加，为美国高校科技创新的研究领域定下基调。

表7-1-2　　　　美国大学科技创新体系部分政策文件梳理

年份	法案名称	法案主要内容	影响
1862	《莫里尔法案》	联邦政府以赠地的形式为美国高等教育的发展提供支持，用以支持高校发展与农业和机械工程有关的教育事项	这一法案为大学科技成果转化提供了良好的政策基础
1945	《科学：无尽的前沿》	联邦政府的科学政策应该聚焦于大学和学院等非营利机构，加强政府对大学科研活动和基础研究的管理	被视为美国第一部联邦科技政策，拉开了美国联邦政府为大学科研活动提供资金支持的序幕
1947	《科学与公共政策》	基础研究的主要场所是大学，联邦政府在支持高校图书馆、实验室等基础设施方面发挥着重要作用	把知识扩充看作是国家繁荣和发展的重要因素
1958	《国防教育法》	强调应当加强对高等教育的投入，创新人才培养方式，尤为是科学课程教育、研究生教育	研究型大学科研发展的"黄金时代"，美国联邦政府对大学科研经费投入迅速增加
1976	《国家科学技术政策、组织和优先权法案》	成立科技政策办公室（OSTP），负责管理与科技创新有关的政策和计划，着力提升政府、学术机构和私人机构之间的合作	确认了美国国家科技政策的地位，成为美国70年代中期后联邦科学政策的指导性法案

年份	法案名称	法案主要内容	影响
1980	《拜杜法案》	允许高校持有政府资助取得的研发成果的知识产权，并对产业进行技术转移	催生了大量科技成果转化办公室，推动了高校的创新创业活动和科技转移
1992	《政府与大学》《更新诺言》	政府对大学科研的支持要注意寻求平衡点，为研究人员创造宽松的科研环境等	开创了研究型大学发展的新时代，引致了校际之间的良性竞争
2004	《创新美国：在挑战和变革的世界中达至平衡》	阐述创新教育、数学和科学知识、加速学校进步、促进自由和理解等议题	聚焦于高等教育领域，以此刺激高等教育的变革，推动高校科技创新能力的提升
2005	《国家创新法案》	联邦政府应着重加大对基础研究的支持，增加政府对研究生奖学金和培训补贴的资助，完善创新所需的基础设施建设	科技投入大幅度增加，确保美国在创新、研究与开发方面的领先地位
2013	OSTP提出"21世纪挑战计划"	确定了包括政府、高校、风险资本家等在内的五大实施主体，对能源、教育等8大领域提出了具体的创新目标	进一步提高美国的创新能力，为维持全球领导地位提供战略支撑
2015	新版《美国创新战略》	强调大学、联邦国家实验室、工业实验室要坚持长期研究，并鼓励企业、大学以及其他组织加入到识别和解决重大挑战的研究中	确定高校下一阶段的研究方向，促进了不同主体间的产学研协作

（二）美国大学科技创新的政策实践

从不同层级的教育侧重点进行划分，美国的高校体系可以分为本科学院（平民主义）、研究生院（精英主义）和赠地学院（实用主义）（李函颖，2014），不同类型及不同层级院校实行不同的主张。随着科技创新战略在全国普及，奉行不同主义的院校都愈来愈重视应用教育和创新创业。美国的大学科技创新体系旨在吸纳、培养新兴人才，拉动地区经济持续增长，并且与政府、企业、非营利机构等主体保持良好协作关系，共同推动大学科技创新实践。

1. 培养科技创新人才

科技的竞争最终是人才的竞争。一直以来，美国一贯重视教育与人力资源开发,为确保创新发展积极储备动力。科技人才培养投入力度持续加大并且长久稳定,不随执政党的更迭而变化。1980 年后美国一直在不断增加教育投资,随着全民、终身教育的深入发展,美国正迈向群众性知识社会。1994 年时任总统克林顿就科技政策专门做了《科学与国家利益》的报告,积极打造保障科研人员科技创新的软硬件环境,注重创业实践,培育科技人才的创业、创新意识,积极开发和利用全社会创业资源。

表 7 - 1 - 3 罗列了由英国 Quacquarelli Symonds（QS）公司发布的 2020 年排名前 25 位的大学,可以看到,美国入围的高校最多,并且在前五名中就有四所来自美国的高校,国际著名的麻省理工学院、斯坦福大学、哈佛大学等高校赫然在列。事实上,美国高校与世界其他国家的高校相比历来有着不俗的表现。2020 年全球共有 1070 所高校上榜,其中美国占据了 160 所,中国有 68 所,德国和日本均有 47 所高校入围,美国高校在国际上牢牢占据着领头羊的位置。

表 7 - 1 - 3　　　　　　　　2020 年 QS 世界大学排名前 25 位

排名	学校	国家
1	麻省理工学院	美国
2	斯坦福大学	美国
3	哈佛大学	美国
4	牛津大学	英国
5	加利福尼亚理工学院	美国
6	苏黎世联邦学院	瑞士
7	剑桥大学	英国
8	伦敦大学学院	英国
9	帝国理工学院	英国
10	芝加哥大学	美国
11	南洋理工大学	新加坡
11	新加坡国立大学	新加坡
13	普林斯顿大学	美国
14	康纳尔大学	美国
15	宾夕法尼亚大学	美国
16	清华大学	中国

续表

排名	学校	国家
17	耶鲁大学	美国
18	哥伦比亚大学	美国
18	洛桑联邦理工大学	瑞士
20	爱丁堡大学	英国
21	密歇根大学	美国
22	北京大学	中国
23	东京大学	日本
24	约翰霍普金斯大学	美国
25	杜克大学	美国
25	香港大学	中国香港

数据来源：QS World University Rankings，2020。

（1）创新创业教育

在创新创业教育方面，美国各大高校将课堂学习与经验积累结合起来，出台了各式各样的创新创业课程和创新实践体验。创新创业课程方面，美国多所大学设置了涵盖本科、硕士、博士在内的创新创业课程、计划项目和商业比赛，通过多个学院协作或吸纳其他优势学院，以跨学科学习和交叉研究的方法为师生和社会提供丰富多彩的创新课程，世界知名的哈佛大学、普林斯顿大学、麻省理工学院均在其列。

课程的设置大致包括三种方式：一是学校设置的跨学科课程，如普渡大学的跨学科生命科学博士学位项目；二是受众有自主选择权的双专业学位项目，如密歇根州立大学针对师生开放的课程内容；三是根据学生特点开设的针对性跨学科课程，如弗吉尼亚理工学院、蒙大拿大学等院校采取这一种做法（包水梅、谢心怡，2018）。创新创业的风潮风靡了美国各大高校，也逐渐影响了更高一层级的协会组织。2018年，美国公立与赠地大学协会和美国大学经济发展协会宣布为美国所有高等院校提供关于创新创业和经济发展的课程。

创新实践方面，多所大学在校内成立了各种各样的创新创业中心，以创新创业教育为主题的学生俱乐部也在各大高校如火如荼地开展，如芝加哥大学的波尔斯基中心、圣路易斯华盛顿大学的斯堪达拉瑞斯中心

（Skandalaris Center）。密歇根大学有超过 15 个创业中心和计划，超过 30 个学生创业组织（郝杰等，2016）。着力于创新创业活动的高校有可能获得"创新和经济繁荣大学"的称号（王志强，2012）。

与此同时，多所大学成立了创新创业活动的科技园、孵化器、技术转移办公室、概念证明中心等，鼓励在校师生开展创业活动，为新成立公司保驾护航。众多大学通过开展实践操作项目或活动，给予学生创新创业活动真实的体验感，如威斯康星大学麦迪逊分校的"创业食品店"项目和专门成立的威斯康星创业训练基地，促使学生在实践活动中增强自己的创新潜能和商业意识，科罗拉多矿业大学为学生提供集中的创客空间和会议空间，堪萨斯大学的"堪萨斯大学催化剂"（KU Catalyst）项目给学生提供源源不断的商业资源和协助措施。

（2）设置激励措施促进师生创新

近年来，美国高校教师的聘任制度开始逐渐发生转变，高校不再只将标准放置于教师的科研学术水平方面，而是开始着眼于教师所在商业应用领域和创新创业活动的丰富度，弗吉尼亚大学医学院将创新创业活动纳入教师职称评聘和职业晋升就是一项重大的实践。大学对在校教师的时间管理也逐渐变得宽松，学校给老师提供更长的假期制度，以便让教师有空闲的时间与企业洽谈商业合作，或是教师自主开展创业活动，成立新公司进行经营。

同时，大学逐渐为老师提供奖励制度、为学生提供奖助学金，以此作为激励师生开展创新创业活动的措施，如普林斯顿大学、康奈尔大学向国外的优秀高中生发放助学贷款或奖学金，南加州大学的劳埃德·格雷夫创业研究中心设置了"年度教师研究奖"鼓励老师进行创业活动。大学还在教师学习创新创业知识的过程中提供帮助，为教师提供职业指导、商业计划等培训，使教师具备创新意识和创业技能，为教师走向商业之路奠定一定基础。

（3）海外留学生培养

美国拥有多所享誉全球的大学，吸引着世界各地的学生、教师和研究人员慕名前来深造，接受世界高等学府的教育模式，感受美国勇于开拓创新的氛围和文化。每年到美国攻读本科、硕士和博士学位的研究生数量是非常多的，美国可以说是世界上接收留学生总量最多的国家。表 7-1-4 中可以看到，近几年来赴美留学的人数居高不下，同时硕士研究生外出赴美求学的比例稍稍高于本科学生，未取得学位的学生数量呈逐年递减的趋势。

表7－1－4 2014—2019赴美留学生入学趋势

年份 学历	2014—2015	2015—2016	2016—2017	2017—2018	2018—2019
本科	112765	119262	115841	108539	106881
硕士	121637	126516	124888	117960	119828
未取得学位	59364	54965	50107	45239	42674
总计	293766	300743	290836	271738	269383

资料来源：美国国际教育协会（Institute of International Education），International Student Data from The 2019 Open Doors Rerport。

为了吸引世界各国优秀的人才和研究人员到美国开展研究工作和深度学习，美国政府和院校筹措了一笔巨额的费用，通过奖助学金等方式奖励在美学习的优秀学生，给予优渥条件说服高新技术人才留在美国继续开展科学研究和技术研发。近年来，世界高等学府普林斯顿大学、康奈尔大学等高校开始将人才吸引计划的时间前移，通过为优秀的海外高中生发放助学贷款或奖学金，吸引具有非凡潜力的人才在高考结束后，即赴美开展学习深造（沈建磊、马林英，2007）。

2. 促进产学研协同合作

在创新实践中，美国可以说拥有了全世界最为完备的国家创新体系，官产学研各类机构互为补充，各行为主体之间密切互动，彼此之间形成了一个有机整体。大学不断加强与政府、企业和研究机构之间的合作，逐步形成了高校、社区、企业良性互动式发展模式，有效整合了社会各类创新创业资源，形成了多主体协同的合作模式。往内看，产学研活动的开展需要各大高校拥有充足的教育资金和研发资源；往外看，产学研实践的开展离不开大学与各创新行为主体之间的互动与合作，以下内容分别从这两方面对美国高校产学研协作情况作大致的描述。

（1）R&D活动的开展

科学研究和试验发展（R&D）指为增加知识的总量（其中包括增加人类、文化和社会方面的知识），以及运用这些知识去创造新的应用而进行的系统的、创造性的工作。R&D 资源的投入水平是衡量一个国家对于科技创新的重视程度和科技创新规模的重要指标，其投入、执行等配置结构反映了一国科技创新体系运行状况的最主要特征。20 世纪 80 年代到 90 年代前期美国进行了一系列促进商用技术发展的制度创新，旨在促进联邦政府资助 R&D 项目成果的商业化，最终取得了不错的效果。

表 7 - 1 - 5　　**美国 2018—2019 财年研发经费投入规模变化**

研究类型	2017 财年	2018 财年	2019 财年	2018—2019 财年变化	
	实际发生（百万美元）	当年 2 月公开数据（百万美元）	提交审议（百万美元）	增减数量（百万美元）	增长比例（％）
基础研究	34327	34409	27341	−7068	−20.5
应用研究	38148	37559	31648	−5911	−15.7
开发研究	50363	44550	56696	12146	27.3
	(80057)	(79481)	(95417)	(15936)	(20.1)
研发设施设备	2451	2483	2371	−112	−4.5
合计	125289	119001	118056	−945	−0.8
	(154983)	(153932)	(156777)	(2845)	(2.4)

数据来源：美国白宫预算办公室公布的数据，括号内为旧统计口径核算值。

多年来，美国科技创新体系规模非常大，其 R&D 投入总额一直处于世界领先地位，美国在科技研发方面的投入资金一直在持续增加。2018—2019 年期间，美国的研发经费投入存在一定程度的波动，2019 年相较 2018 年整体投入减少了 0.8％，基础研究和应用研究经费投入有了一定程度的减少，分别下降了 20.5％ 和 15.7％，而开发研究经费有了较大幅度的上升，增加了 27.3％。美国的基础研究资金投入主要来源于联邦政府，应用研究则基本上由地方政府进行承担（张绘，2018），从整体来说，相较于其他两项研究，美国在开发研究方面的投入金额总量是最多的。

国际上通常把"R&D 投入强度"定义为一国 R&D 投入总量与本国 GDP 之比，从这一比例可以看出各国在科技创新方面的投入力度。图 7 - 1 - 1 是中美两国 2000—2018 年国内研发总支出与本国 GDP 占比的折线图，可以看到，自 2000 年以来，美国这两者的比例没有很大的起伏，整体在［2.5，3］区间波动，这说明美国一直以来研发投入和 GDP 的关系是比较稳定的，投入比例和基准不受时间推移而改动。反观中国，这一比例从 2000 年始就以稳定的幅度提升，说明我国对研发活动的投入是逐年增加的，二者的关系朝着良性发展的方向前进。

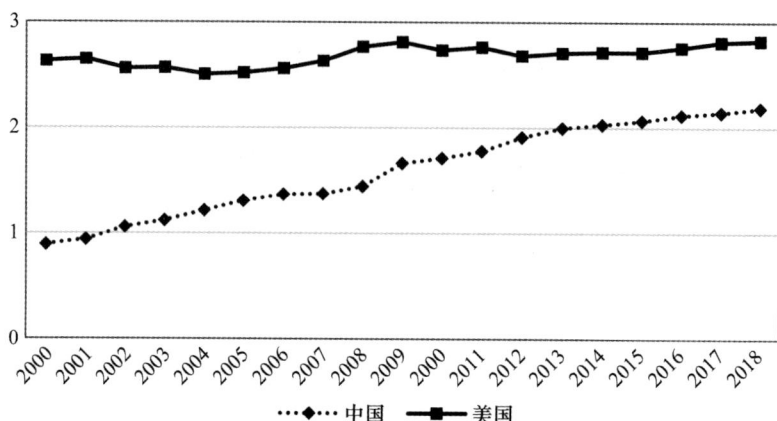

图 7-1-1　2000—2018 年中国、美国国内研发总支出占 GDP 的百分比（%）

数据来源：OECD（2020），Gross Domestic Spending on R&D（Indicator）。

高校是开展基础研究、应用研究和试验发展研究的重要场所，基于高校研究经费投入的数据，可以更直观地看到大学在研究活动方面的支出和重视程度。如图 7-1-2 展示的美国 R&D 高等教育支出，2015 年至 2018 年，高校在基础研究、应用研究、试验发展研究方面的经费投入是逐年递增的，同时，无论联邦政府还是非联邦机构，近几年对高校的 R&D 资金投入也都是逐年增加的。从体量上看，美国高等教育研发经费的主要来源是政府，但近几年来自非联邦政府的资金有了较大幅度的增长，说明美国各界都对高校教育存在一定程度的重视，通过资金支持为高校发展注入源源不断的动力。

（2）大学与其他主体之间的协作

20 世纪 80 年代以来，美国大学和其他主体之间开展了很多产学研活动，包括：在校内建立孵化器和创新中心，与工业企业建立联系，承接政府的委托研究项目，提供企业所需的咨询方案，等等。从大学与其他主体开展的活动来看，大致可以从研究层面、实践层面、咨询层面和创业层面四个方面来看，企业与政府、产业界和社会公众的合作主要也是围绕这几个方向展开。

研究层面。20 世纪初，聚集着大量财富的美国慈善界通过资金捐赠

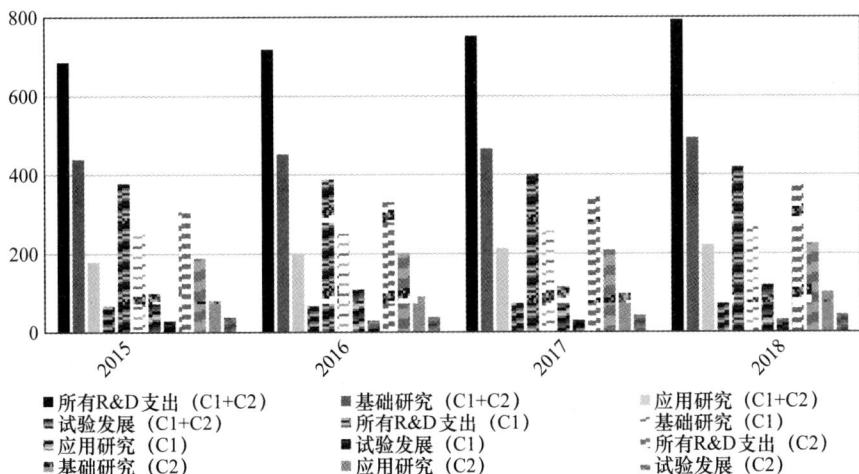

图 7 - 1 - 2　美国按资金来源和 R&D 类型分类的 R&D 高等教育支出：

2015—2018 财年（千美元）

C1 为联邦资助经费，C2 为非联邦资助经费，C1 + C2 为联邦资助经费和非联邦资助经费的总和。

等方式，向多所大学提供开展科学研究所需的材料和设备，协助大学开展研究工作。洛克菲勒基金会在 30 年代向麻省理工学院提供支持，诞生了微分分析仪以及劳伦斯—伯克利实验室回旋加速器项目，为科学研究提供了重要的帮助。大学也积极开放"前门政策"（front - door policies）吸引企业进行合作研究，如哈佛—Monsanto 的合作研究项目、加州理工学院联合项目、密苏里大学的"源链接"（Source Link）网络入口等（赵中建、卓泽林，2015）。

实践层面。美国有很多大学积极深入社会情境，探索与产业界、研究机构、社区组织的合作可能，协助解决现实中非常"难啃"的问题。很多美国大学建立了和 BMW、FedEx、Johnson Controls、IBM 等知名公司的合作伙伴关系，还有一些大学从现实方面出发，开展工业产业亟待解决的问题。如威斯康星大学的食品研究院推出了一系列符合工业需求的方案，芝加哥大学 Tata 发展中心与印度政府建立合作，协助解决污染、城市发展和行业监管等棘手问题，为政府提供了可供参考的方案。

咨询层面。美国大学开始寻求与产业界、政府的多元合作模式，如通过为其他主体提供咨询服务，贡献自己的智力和研究资源。堪萨斯大学多年来一直赞助一个名为"松鸦鹰咨询"（Jayhawk Consulting）的项目，让学生们能为现实中的非营利组织等机构提供咨询服务，耶鲁大学的耶鲁——Texaco 计划项目、麻省理工学院的 MIT 科技公园项目也是通过咨询服务的方式参与企业的经营合作。

创业层面。美国一些大学通过成立企业主体展开与其他主体的合作并拥有法人地位的公司，从某种程度上来说，这对推进双方合作是更加有保障的。威斯康星大学发起了创新网络（Innovate Network）的倡议，从学校到社会为学生们的商业创意保驾护航。杜兰大学则通过"社会创新和创业行动"，鼓励自由人商学院（the AB Freeman School of Business）、建筑学院（School of Architecture）等院系的学生参与到周边的经济和社会环境中，不再局限于校内的课堂，而是通过各种各样的方式走出去，与当地社区和民众互动，为解决当地问题、发展区域经济作贡献。

第二节　日本大学科技创新体系政策及实践

科学技术是推进产业发展与经济繁荣的一把利剑，这在发达国家的发展历程中一次又一次得到验证，正是有了科技的强大推动作用，世界各国的经济才获得了源源不断的动力来源。然而，日本的科技与产业发展，却有着与其他国家不一样的实践历程。日本是一个与科技有着深刻渊源的国家，也是一个"成也科技，败也科技"的国度，有着久远的科技发展历程。

第二次世界大战后，日本确立"加工贸易立国"的基本国策，大举引入欧美的先进技术以实现重大突破，这样的"技术模仿"给日本带来了巨大的经济增长与腾飞，整个国度处于引进技术、改良工艺的辉煌时期，以赶超性增长取得了不凡的经济成就。这个时期的日本虽然在技术方面取得了巨大的飞跃，整体国民经济也由于技术的推动得到了快速增长，但从本质上来说，日本的引进式技术创新并没有达到自主创新研发的水平，这也为日本之后的科技没落埋下了隐患。

20 世纪 80 年代之后，英美国家开始新一轮的科技创新建设时期，日本的技术繁荣却戛然而止，陷入了技术引进过多、技术创新研发不足的困境，加上日本的国家体制是高度集权下的官民一体，科技企业的依赖性比较强，日本的社会氛围比较排斥标新立异、特立独行的行为，导致日本的创新能力与国际竞争力出现断崖式下跌，原本有望于千禧之年赶超英美国家的美梦突然之间破灭了。直到今天，虽然日本政府一再强调科技创新的深刻作用，并将它放置于国家战略体系建设的高度，但日本却难以复现当年的成就。本节通过日本大学科技创新体系的发展历程和创新实践，梳理日本大学在发展过程中的一系列举措和经验。

一　日本大学科技创新体系的演化与发展

2019 年全球创新指数排名前 20 位的国家中，日本赫然在列，排在第13 位。2020 年 QS 世界大学排名，日本一共有 47 所大学上榜，前 25 名中只有东京大学入围。总体而言，与其他国家的竞争中，日本的大学取得了不俗的成绩。日本作为东亚具备科技创新与教育实力的国家，在科技创新体系方面有着深刻的经验，通过梳理日本大学建制的演化发展与改革历程，深入了解日本大学科技创新体系的战略文件，可以深刻洞察日本大学在科技创新体系方面的成效与经验。

（一）日本大学的改革历程

根据设置和管辖主体的不同，可以将日本的大学分为国立大学、公立大学和私立大学三种。国立大学是由日本政府设置的大学，由国家出资筹建，专注于科学研究和高端人才培养，是日本高等教育的重要组成部分。公立大学是由地方政府负责筹办和运营的大学，一般由地方财政负责，公立大学与国立大学相比，学术研究水平稍稍低一点，不过在日本国家的认可度也是比较高的，有着较好的科学研究底蕴。私立大学主要是私人筹办经营的大学，资金来源一般是非政府、非官方的民间资本等，提供比较具有专业性或实践性的特色教育，通常享有大学的自主经营权。

日本国内高校数量繁多，国立大学和公立大学由借鉴德国的大学建制发展而来，且由于筹建主体的特殊性，所占比例较少，私立大学则通过开展特色教育或顺应社会需求办学，院校总数较多。日本旺文社教育信息中心 2017 年 6 月在官网上披露与日本大学有关的信息和数据，发表了他们按照独自标准整理的日本大学最新统计数据。统计的结果为，2017 年度日本共有大学 764 所，其中文部科学省管辖外的大学能够取得学士学位的共有 7 所，国立大学共计 82 所，占比 10.73%；公立大学共计 87 所，占比 11.39%；私立大学为 588 所，占总体的 76.96%，大约达到 8 成左右。①

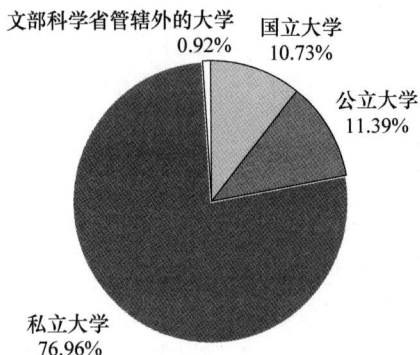

图 7 - 2 - 1   2017 年日本各类大学数量

表 7 - 2 - 1 是 2020 年《泰晤士报》公布的日本国内大学的排名，分别根据教育设施、教育满意度、教育成果和国际性四项指标进行测算，最终得出综合得分。可以看到，排名靠前的学校类型多是国立大学，前 10 名中就有 9 所国立大学，包括著名的东北大学、京都大学、东京大学等，且国立大学在上榜院校中的占比较多，在入围院校中占比 73.7%。事实上，日本国内的大学呈现严格的"金字塔状"排列与分布，具备国家性质的大学牢牢占据着国内一流大学的位置，私立大学只能从办学特色、体制改革等方面出发，实现国立大学重重压力下的突围。

表 7 - 2 - 1   2020《泰晤士报》日本大学排名

大学名称	综合得分	教育设施	教育满足度	教育成果	国际性	性质
东北大学	83	84.1	80.6	96.6	73.9	国立
京都大学	81.5	83.4	78.7	98.4	69.1	国立
东京大学	81.2	86.5	79.8	94.1	64	国立
东京工业大学	81.2	80.1	80.8	92.8	74.5	国立
九州大学	79.7	76.4	79.9	97.4	70.9	国立
北海道大学	79.6	73.8	83.4	94.1	72.3	国立
名古屋大学	79.5	78.2	80.5	96.1	66.9	国立

① 资料来源：旺文社教育信息中心。

续表

大学名称	综合得分	教育设施	教育满足度	教育成果	国际性	性质
大阪大学	78.9	78.0	77.2	97.9	68.1	国立
筑波大学	77.7	74.1	84.9	94.4	59.6	国立
国际教养大学	77.2	52.8	93.0	71.0	100	公立
国际基督教大学	74.3	52.8	90.5	60.6	97.6	私立
早稻田大学	71.5	52.7	79.3	93.0	74.6	私立
庆应义塾大学	70.2	60.8	76.3	93.7	58.2	私立
神户大学	69.5	66.1	75.4	83.4	55.5	国立
一桥大学	67.4	51.3	78.4	76.6	70.9	国立
长冈技术科学大学	67.1	61.4	69.3	68.4	72.1	国立
金泽大学	66.9	65.9	76.5	58.4	61.0	国立
东京农工大学	66.9	69.8	68.5	69.4	57.4	国立
上智大学	66.5	43.4	82.8	66.3	81.3	私立

资料来源：泰晤士高等教育（Times Higher Education），《世界大学排行榜日本版2020》，ht-tps：//link. zhihu. com/？ target = https%3A//japanuniversityrankings. jp/rankings/total – ranking/。

1. 国立大学

日本的国立大学在国内处于顶层教育的位置，如果把日本的大学用金字塔的形状描绘出来，那么国立大学无疑处于金字塔的最顶端位置。日本的国立大学由明治维新时期的帝国大学发展而来，拥有着非常悠久的历史，其改革变迁过程也是非常复杂而漫长的。纵观日本国立大学的改革演化历程，可以看到，国立大学法人化改革和国立大学课程改革是两项重要且越不过去的大事件，这两项改革奠定了国立大学拥有法人化的经营自主权的基础，塑造了国立大学"抑文扬理"的课程设置氛围。

（1）国立大学法人化改革

2000年初，日本由于疲软的经济形势，开始将目光转向高等教育，试图通过教育振兴本国的经济发展。这一年，日本内阁政府出台了《国立大学法人法》，推动国立大学进行法人化改革，完善国立大学的管理和运行制度。2004年，日本正式启动国立大学法人化改革，以六年为一个周期，至今一共开展了三次改革，分别是2004—2009年法人化改革、2010—2015年法人化改革、2016—2021年法人化改革。第一期六年计划结束时，日本国立大学财务中心基于财务标准，根据办学规模的大小，以及校内医科类学部、师范教育类学部、理工科类、人文社科类学科的设置，对大学群进行从 A 组到 H 组的划分，将 86 所国立大学分成了 8 个组别，如表 7 – 2 – 2 所示。

表 7 – 2 – 2　　　　日本国立大学法人财务分析上的分类

类型区分	大学
A组（13 所）	北海道大学、东北大学、筑波大学、千叶大学、东京大学、新鸿大学、名古屋大学、京都大学、大阪大学、神户大学、冈山大学、广岛大学、九州大学
B组（13 所）	室兰工业大学、常广畜产大学、北见工业大学、东京农工大学、东京工业大学、东京海洋大学、电气通信大学、长冈技术科学大学、名古屋工业大学、丰桥技术科学大学、京都工艺纤维大学、九州工业大学、鹿屋体育大学
C组（8 所）	小樽商科大学、福岛大学、筑波技术大学、东京外国语大学、东京艺术大学、一桥大学、滋贺大学、大阪外国语大学
D组（4 所）	旭川医科大学、东京医科齿科大学、滨松医科大学、滋贺医科大学
E组（11 所）	北海道教育大学、宫城教育大学、东京学艺大学、上越教育大学、爱知教育大学、京都教育大学、大阪教育大学、兵库教育大学、奈良教育大学、鸣门教育大学、福冈教育大学
F组（4 所）	北陆先端科学技术大学院大学、奈良先端科学技术大学院大学、综合研究大学院大学、政策研究大学院大学
G组（25 所）	弘前大学、秋田大学、山形大学、群马大学、富山大学、金泽大学、福井大学、山梨大学、信州大学、岐阜大学、三重大学、鸟取大学、岛根大学、山口大学、德岛大学、香川大学、爱媛大学、高知大学、佐贺大学、长崎大学、熊本大学、大分大学、宫崎大学、鹿儿岛大学、琉球大学
H组（9 所）	岩手大学、茨城大学、宇都宫大学、埼玉大学、御茶水女子大学、横滨国立大学、静冈大学、奈良女子大学、和歌山大学

资料来源：根据文部科学省网页，高等教育局高等教育企划课资料整理。

2016 年，基于日本大学发展同质化、单一化的困境，以及借鉴美国大学结构科学性的需求，日本开启了第三次（2016—2021 年）国立大学法人化改革的历程，试图打散日本国内大学的层次结构，破解不同等级院校划分带来的优势不明显、发展机会不公平的现象，打造具有不同类型结构的大学。根据"世界卓越、特色优秀、地域贡献"三个不同方向，日本文部省通过考查各所学校自身的特色和优势，对 86 所国立大学的功能定位重新进行划分（如表7－2－3所示），并提供相应的财政补助。

表7－2－3　　　　日本国立大学法人化改革的组别划分

组别	类型	大学分布
1组	世界卓越研究型大学	东京大学、京都大学、大阪大学、九州大学、东北大学、北海道大学、名古屋大学、筑波大学、一桥大学、东京工业大学、东京农工大学、千叶大学、金泽大学、神户大学、广岛大学、冈山大学（16所大学）
2组	有优势与特色的教育研究型大学	筑波技术大学、东京医科齿科大学、东京外国语大学、东京学艺大学、东京艺术大学、东京海洋大学、御茶水女子大学、电器通信大学、奈良女子大学、九州工业大学、鹿屋体育大学、政策研究大学院大学、综合研究大学院大学、北陆先端科学技术大学院大学、奈良先端科学技术大学院大学（15所大学）
3组	地域贡献型大学	岩手大学、秋田大学、山形大学、福岛大学、茨城大学、宇都宫大学、群马大学、埼玉大学、横滨国立大学、新鸿大学、富山大学、福井大学、山梨大学、信州大学、岐阜大学、静冈大学、三重大学、滋贺大学、和歌山大学、鸟取大学、岛根大学、山口大学、德岛大学、香川大学、爱媛大学、高知大学、佐贺大学、长崎大学、熊本大学、大分大学、官崎大学、鹿岛大学、琉球大学……（55所大学）

可以看到，东京大学、京都大学、名古屋大学等16所知名高校位列第一组，旨在打造"有世界一流水准的卓越教育研究"大学，开展严谨的科学研究；筑波技术大学、东京医科齿科大学、东京外国语大学等15所大学处于第二组梯队，旨在建设"特色专业领域的优秀教育研究"大学，实现不同高校间的优势错位发展；余下的55所大学则处于第三组，致力于地区产业发展与难题解决，为"地域发展作贡献"（王晓燕，2016）。这样，不同类型的大学都得到了相等程度的发展机会，可以根据学校特点获得生存和发展的空间，避免高校之间发生同质化恶劣竞争的状况。

目前，基于响应国家改革口号和校内发展变革的需求，多数大学已经开始着手内部组织重塑、院系结构调整等工作。从2016年起，已经有半数（43所）国立大学都实施了院系重组，其中有26所大学重组了人文社会科学院系。处于第一梯队的东京工业大学，将学部与研究生院一体化，成立"学院"；处于第二梯队的东京海洋大学，着力发展独特的水产和海事专业，2017年新设海洋资源环境学部；处于第三梯队的爱媛大学创设了社会共创学部，旨在促进学生深入参与当地产业实践，提升学生的就业体验，培养地域发展引领型人才（张成，2010）。

（2）国立大学课程改革

2004 年颁布的《国立大学法人法》和随后展开的国立大学法人化改革，为国立大学的课程改革埋下了伏笔。国立大学实现独立法人化后，学校的运营和管理不再由国家承担，而转由各高校进行具有自由裁量权的操作。随之而来的还有日本政府财政拨款的减少、国内经济形势的低迷、国民少子化趋势的加强以及日本在海外竞争力的下降。这些因素汇总在一起，形势不容乐观。日本政府由此开启新一轮国立大学课程改革的步伐，力图拯救颓势，实现日本真正意义上的高等教育发展和繁荣。

2013 年，日本文部省推出了《国立大学改革方案》，将国立大学改革提上政策文件规范的日程。方案指出日本呈现国内人口数量减少、产业发展出现颓势的现象，科技人才不足和高等教育缺乏是重要原因，日本大学要基于自身的优势学科和特色专业，在下一阶段将重点放在符合自身校情的三大方向之一上：其一是世界性教研据点的科研创新，其二是全国性教研据点的科学研究和对外交流活动，其三是地域性发展据点的人才培养和社会服务（王晓燕，2016）。大学分别根据自身的特点和优势，选择适合长远发展的内容，将目光瞄向海外全球化，或是基于全国性高等教育或地区特色发展性质进行定位，找准适合自身的位置。

2014 年，日本财务省公布《文教·科学技术相关资料》，指出政府将通过"倾斜配给"的方式为国立大学课程改革提供援助资金，经费将为具有办学特色、优势专业的院校提供资金补贴，协助这些院校成功实现突破和改革，这一举措从某种意义上也促进了日本国立大学进行结构调整和体制转型，推动大学进行"弱势专业"改造或调整。同时，该文件责令大学应该努力拓展资金来源渠道，通过知名校友、社会募资、产业合作、项目承接等形式，增加学校的资金总量，减少资金方面对政府的依赖。

2015 年，由于少子化、经济表现不佳的压力，日本政府秉承着实用性的教育思想，通过文部省颁布了《国立大学法人等组织及业务全面检讨通知》，开启新一轮的国立大学课程改革。通知中要求各大学"重新定义自身使命与职能"，在此基础上"全盘修正国立大学法人的运行机制"，进行适当的组织结构调整，整改大学内部的院系、专业等学科分配情况，将法学、教育学、文学等人文社科领域的专业适当转向更加符合社会需求、实用性更强的理工科专业，通过调整、改组，甚至必要时候撤除，促使国立大学由综合化转向专业化和特色化，并将部分人文社科领域教育功能转向私立大学。

根据通知的要求，众多国立大学纷纷开启了专业转型与调整之路，部分大学着重调整法学、教育学等文科专业设置，培养国家需要的实用性人才。日本东京大学文科领域方向较细，于是将现行文学系中的四个专业合并为一个专业；山口大学将"教育学"与"经济学"整合为文理融合的新型专业，命名为"国际综合专业"；宇都宫大学将"教育学院"与"工学院"重组为预防灾害、减少灾害的专业学院；爱媛大学将现有的法学、教育学、医学、理学、工学和农学这6大专业中的"法学"和"教育学"合编为"社会共创学"专业；长崎大学将人文社科专业进行了整合，重新合并为"多元文化社会专业"。

此外，还有一些大学侧重从理工科领域出发，通过增设专业性、实用性较强的专业，改革原有的课程设置。岩手大学从2016年起减少人文社科专业的招生人数100多名，并新设"水产系统学"等农林地方课程；滋贺大学开设文理融合的"数据科学系"，学习"大数据统计分析"及"应用方法"等知识；广岛大学为顺应全球化潮流，增设"人类工程学研究中心"，开发方便生活的产品和材料；和歌山大学从2016年开始实行课程改革，新增"金融"及"税务"等6门课程；德岛大学新设"生物资源专业"，以支持地方农林产业发展；弘前大学于2016年4月大规模强化理科专业，减少150名文科生招生名额，增加90名理科生招生名额，新增8个专业，大力培养农学、理工科方面的专业人才（李文英等，2016）。

2. 私立大学

1918年颁布的《大学令》中，将私立大学定义为"远离国家需要，主要在于职业教育"的大学类型，故私立大学自产生之初，就具有反国家反体制的特点，国家一方面大力扶持国立大学的发展，另一方面则压制私立大学的快速增长。私立大学秉承着独立办学的教育方针，可以自主地设置自己的办学理念和教育体系，相较于国立大学"服务于国家需要"的特点，私立大学明显处于从属、补充性的地位，国立大学在高等教育方面收获颇丰，私立大学则在大众化普及、职业教育等方面表现较好。

表7-2-4罗列了2000—2016年日本大学、短期大学的学校和在校

学生数量，可以看到的是，经历了前期的快速扩张，日本的整体大学数量
自 2012 年开始趋于稳定。其中，国立大学和公立大学的数量一直是比较
稳定的，私立大学则经历了较明显的扩张期，学校数量和招收的学生都是
最多的，2016 年分别占比 77.2% 和 73.5%。短期大学的学校和学生数量
相比日本大学则少得多，2016 年短期大学的院校和学生数量是日本大学
的一半，其中私立短期大学数量众多、表现优异，2016 年私立短期大学
和学生的数量在整体短期大学和学生中分别占比 95.0% 和 94.7%。不论
是日本大学还是短期大学，私立大学都是占比最多的学校类型。

表 7-2-4　　　　　日本大学、短期大学数及在校学生数比例

单位：所（大学）、人（学生）

类型\时间	合计		国立		公立		私立		私立大学占比%	
	大学	学生	大学	学生	大学	学生	大学	学生	大学	学生
2000 年	649	2740023	99	624082	72	107198	478	2008743	73.7	73.3
2005 年	726	2865051	87	627850	86	124910	553	2112291	76.2	73.7
2010 年	778	2887414	86	625048	95	142523	597	2119843	76.7	73.4
2012 年	783	2876134	86	618134	92	145578	605	2112422	77.3	73.4
2013 年	782	2868872	86	614783	90	146160	606	2107929	77.5	73.5
2014 年	781	2855529	86	612509	92	148042	603	2094978	77.2	73.4
2015 年	779	2860210	86	610802	89	148766	604	2100642	77.5	73.4
2016 年	777	2873624	86	610401	91	150513	600	2112710	77.2	73.5

类型\时间	合计		国立		公立		私立		私立短期大学占比%	
	短期大学	学生	短期大学	学生	短期大学	学生	短期大学	学生	短期大学	学生
2000 年	572	327680	20	7772	55	21061	497	298847	86.9	91.2
2005 年	488	219355	10	1643	42	14347	436	203365	89.3	92.7
2010 年	395	155273	—	—	26	9128	369	146145	93.4	94.1
2012 年	372	141970	—	—	22	7917	350	134053	94.1	94.4
2013 年	359	138260	—	—	19	7649	340	130611	94.7	94.5
2014 年	352	136534	—	—	18	7388	334	129146	94.9	94.6
2015 年	346	132681	—	—	18	6956	328	125725	94.8	94.8
2016 年	341	128460	—	—	17	6750	324	121710	95.0	94.7

资料来源：转引自张国娟《"2018 年问题"与日本私立大学发展困境》，《日本研究》2017 年第 4 期。

2016 年起，日本文部省宣布成立"私立大学研究品牌事业"项目，用以支持私立大学开展独特的科学研究。项目里有两种类型的定位，其一是"社会展开型"，用以鼓励私立大学开展有益于当地社会的科学项目，服务地区经济的繁荣与发展；其二为"世界展开型"，激励私立大学对标国际需求与海外项目，开展有益于世界经济发展与交流的项目。2016 年共有 40 所私立大学入围该项目，2017 年政府为这一项目投入 79 亿日元（闫效鹏，2002）。

2017 年，日本重新修订的《学校教育法》对私立大学有着重要的意义，这次修订从法律层面将开展实践型职业教育的新型高等教育机构予以确认，以培养专业人才为目标的高等教育机构将被正式纳入日本大学制度。在日本，日本大学、短期大学、高等专门学校、专门学校这四类学校是开展职业教育的院校，致力于将理论与实践相结合，探索实地参与、企业实习、现实演练等教育方式，通常还配备 40% 的实战型教师和 20% 的研究型教师，为日本培养高质量的实用性人才（牟海涛，2018）。

针对政府出台的法律和日本国内的环境，多数私立大学采取了相应措施，进行学校招生、课程设置、专业内容和运营实践方面的改革，如开展补习授课教育，建立大学联合、学分互换体系，开设短期的企业业务体验课程等（史秋衡、闫飞龙，2008）。很多大学将原本建在郊区的院校迁回东京都中心，甚至开设附属中学扩招生源，以确保自身在私立大学竞争中立于不败之地。还有一些大学通过开展特色研究，增强学校的研究实力和知名度，如近畿大学在世界首次成功实现人工量产养殖黑金枪鱼，提高其国际知名度和招生吸引力度；吉备国际大学的地域创成农学部通过开展生态农业的相关研究，助力当地的农业发展和经济复苏。

（二）日本大学科技创新的政策文件

自技术引进策略失败后，日本政府开始深刻反省，提出了众多科技创新战略，出台了各种各样的创新激励政策文件，颁布了促进科学研究与技术研发的针对性计划，同时将文部省与科学厅合并为文部科学省，并推动国有高校及科研机构的独立行政法人化教育，推进科技体制的改革。大学作为国家科技创新体系的重要组成部分，在日本的科技创新建设历程中发挥着深刻的作用，可以说，大学是日本科技创新能力的重要依托载体，与其他国家相比，日本大学科技创新体系与国家科技创新体系的结合度和参与度是最高的。

表 7 - 2 - 5　　90 年代以来日本大学科技创新体系部分政策文件

时间	法律名称	发布机构	主要内容及特点
1995.11	科学技术基本法	国会	明确日本在科技发展方面的基本国策，强调要增强高校和其他产学研主体之间的协作，推进基础研究、应用研究和开发研究
1998.4	大学技术转移促进法（TLO 法）	经济产业省、文部科学省	促进大学及国立研究机构技术成果向企业转移，免除 TLO 专利申请和维持费用，中小企业支援中心为中小企业与高校之间的合作提供资金支持，允许国立大学教员在具有私营公司性质的 TLO 从事兼职工作等
1999.8	产业活力再生特别措施法	经济产业省	鼓励开展科研活动，提高由日本政府支持的科研成果的利用程度，同时促进高校科技成果转化，修改了大学发明专利权的归属原则
2000.8	产业技术竞争力强化法	经济产业省	在一定条件下，大学教员可以将自己的技术发明商品化，在企业兼职并接受顾问咨询费用，获得政府认定的 TLO 可以免费使用国立大学的设施等
2002.11	知识产权基本法	国会	制定有关知识产权的创造、保护、运用、人才资源开发基本目标及实现目标的基本原则，明确国家、地方公共团体、大学、企事业单位的职责
2003.10	国立大学法人法	国会	使国立大学法人化，确保大学的自主性，允许引入民间经营管理方式，设置董事会、教育研究评议会等内部组织
2006.12	教育基本法修正案	国会	明确大学应当通过广泛利用科研成果推动社会发展
2019.4	提高研究能力改革报告	文部科学省	实施与"大学改革"相结合的"研究人员""资金"及"环境"改革

　　资料来源：转引自曹勇、邢燕菊、赵莉《日本推进产学研合作创新的立法效果及启示》，《情报杂志》2009 年第 10 期。

　　1886 年，日本内阁政府颁布《帝国大学令》，开启了近代国立大学的序幕。这一时期，日本的国立大学被称为帝国大学，这是在仿照、学习德国大学建制的基础上发展而来，日本将帝国大学的使命定义为"适应国家需要"，帝国大学日常活动的开展就是为了顺应国家的需要，没有独立的自主经营权，而是附属于国家整体的建设，当国家与其他主体或事项发生冲突时，国家必须被放置于第一位，优先考虑其发展和建设需求。这一时期，大学的主要任务在于教育教学和技术研发，一方面为国家培养出适合社会的创新人才和研究人员，另一方面着力开展技术研发工作，为国家技术引入和科技创新提供力所能及的帮助，协助国家科技活动和创新体系建设的开展（施雨丹，2016）。

1956 年，日本经营者团体联盟发表了《关于适应新时代的技术教育的意见》，将一些与高等教育有关的诉求反映给政府，要求政府培养一批适应社会发展和经济增长的创新人才和工人，适当减少文科教育的人数，增加理科教育的招生名额，同时政府要加大教育拨款力度，改革高校专业结构。1957 年，日本内阁制定了《新长期经济计划（1958—1962）》，这是日本第一次将教育计划编入国民经济发展计划中。同一年，日本民间创办了"学生科学奖"这一奖项，旨在鼓励本国国民发挥创新潜能与创造力，2002 年这一奖项的举办方由掌管科技创新的国家机构——科学技术振兴事业团接任，获奖候选人的奖励金额由此大幅上调，名次最高的"内阁总理大臣奖"由 5 万日元上升至 50 万日元（刘洪亮，2014）。

1960 年，日本内阁提出《国民收入倍增计划（1960—1970）》，计划提出科学技术对经济发展的促进作用必须振兴科学技术教育，要提升技术教育的内涵，拓展科技发展的职业机构，着重增加大学中理工科学生的招生名额。作为对这一计划的回应，文部省制定了在 1961—1964 年四年间，每年招收两万名理工科大学生的规划。1962 年，文部省发表《日本的成长和教育》白皮书，书中阐述了科学技术对经济发展起着重要的促进作用，教育在其中处于非常关键的位置，同时，教育具有消费和投资的双重属性，为了使科学技术对经济发展发挥出更显著的作用，必须将教育视为不可或缺的要素，重视教育的投资价值。

1991 年，日本大学教育审议会提交了一份关于改革高等教育的报告。同年，文部省出台《大学设置基准》，首次提出大学通识教育课程应当富有个性化和自由化，赋予大学本科课程独立设置的自由裁量权，允许各高校根据实际情况进行自由调整，被称为"大纲化"改革。1996 年，日本科学技术会议制定了 1996—2000 年间的《科学技术基本计划》，提出要建设一批世界一流的大学和研究所，以提升日本的大学和国立研究机构在国家科技创新体系中的地位和作用，同时，要着力增加年轻研究人员的数量，发挥创新活力和创造力，推动产学官各行为主体之间的交流和协作。这一计划还提出要支援 1 万名博士的研究计划经费，这一预设目标于 1999 年就已达成，比计划完成时间提前了一年。

2002 年，由日本内阁总理大臣主持的"知识产权战略会议"顺利召开，基于这一会议的主张和内容，同年颁布了《知识产权战略大纲》，提出"知识产权立国"的战略口号。这一战略文件提出要强化政府对知识产权的保护，促进大学等高等院校群体、企业创新机构对知识产权的重视与创造，提升关键群体的知识版权意识与可操作性。同年，日本推出"240 万科技人才开发综合推进计划"，计划在 2002—2006 年五年时间内，培养精通信息技术、纳米材料等高精尖行业人才 240 万，改变大学已有的教育体制和主攻专业，确保为企业输送源源不断的实用型人才（陈劲、张学文，2008）。

2005 年，鉴于日本民众对高等教育机构的大众化、普及化需求，以及受众层次参差不齐的现状，中央教育审议会颁布了《日本高等教育未来展望》报告。该报告指出，二战后，日本高校数量得到了很大程度的扩充，看似实现了受众广泛的大众化需求，但实际上这个时期大学急于拓展，其质量是不太过关的。同时，这一报告提出实现特色化与多样化是这一阶段高等教育机构的当务之急，每所大学相较于其他高校，都有属于自身的特点和优势，如何从功能和定位上将自身与其他大学区分开来，是每所大学都要思考的内容。若每所大学都倾注全力打造自己的优势专业和特色研究，那么高校同质化、质量堪忧的现象将不复存在。

2006 年，日本内阁公布了《第三期科学技术基本计划（2006—2010）》，这是日本自 1996 年发布第一期科学技术基本计划之后推行的系列政策文件。这一计划再次强调了知识产权战略的重要性，同时倡导"产学官"三大主体之间的合作，突出大学在其中发挥的重要作用，大学要基于自身的研究成果和技术研发，深入参与到企业的共同研究中，为多主体协同合作和社会发展贡献自身的力量。同年，安倍政府内阁首次设立了创新主管大臣职务和"创新 25 推进室"，并成立了创新 2025 战略会议，申明了新一届政府班子的科技创新战略思想（陈劲、张学文，

2008）。

2007 年开始，日本政府响应全球化大潮，推出了面向海外的"全球 COE 计划"（Global Centers of Excellence Program，即全球卓越研究基地计划）。这一计划旨在支持国际上实力显著的教育研究基地建设，通过与这些基地的合作与交流，将日本的大学建设成为具有国际影响力的世界高水平大学，提高日本高校在世界舞台上的享誉度。2008 年，日本政府又在高等教育领域持续发力，推出并实施了"特色大学教育支持计划"和"促进高质量大学教育计划"两项计划，这两项计划对于大学质量提升、特色挖掘和定位调整有着明显的指引与支持作用。

2012 年，安倍内阁发布"日本再兴战略"，这一战略文件提到了一些关于大学改革的内容，包括：大学的体制设置和专业内容应该从产业发展方面出发，以助推科技提升和经济增长为主要内容；应该紧跟全球化潮流，培养一批对标世界顶尖大学的日本高校，建设可以与欧美等知名大学一较高下的"超级全球化大学"，实现 10 所大学入围世界顶尖大学前 100 名的目标；加强官产学协同合作，创新人才培养方式，发挥青年学者的创新潜力与研发创造力，为国家创新战略提供力所能及的智力协助（刘国军，2016）。

2013 年，日本政府推出并实施了"大学作为地域知识据点，促进地域振兴"计划，阐述大学应当承担起促进当地经济发展、推动区域科技振兴的职责（胡建华，2016）。2014 年，日本政府又推出了一项新的计划——超级国际化大学计划（Top Global University Project），在日本国内遴选出 37 所大学作为首批超级国际化大学，在 2014—2024 年十年内提供充足的资金援助，帮助这些大学成为世界超一流大学。这一计划既是日本教育全球化普及的产物，适当提高了日本在国际高校中的知名度，同时也给予了吸纳海外优秀人才和创造性学者的机会，将日本培养为高智力人群的集萃地，既满足了日本大学处于转型时期的建设需求，又为世界不同大学和研究机构之间的交流协作提供了契机。

2015 年，日本政府公布了《科学技术创新综合战略 2015》，提出了"推动连锁创新的环境整顿工作"与"解决经济、社会问题的重要举措"两大措施。同时根据这两大措施，日本政府出台了配套的改革举措，着重强调了大学改革与研究资金改革要实现一体化，政府只为高校的研究项目间接提供 30% 的竞争性资金，大学必须从其他渠道获取资金来源，通过从社会获取募捐收入、与其他研究机构开展共同研究等方式获得资金，以此加强国立大学管理的自主性。2016 年，内阁政府审议通过了《第五期科学技术基本计划（2016—2020）》。该计划提出在 10 年内，通过集聚政府、大学、企业和公众的多方力量，共同参与科学技术战略规划的建设，力求将日本打造成"世界上最适宜创新的国家"（薛亮，2017）。

二 日本大学科技创新体系实践

回顾日本过去在科技方面的历程和表现，可以看到，日本的大学科技创新环境建设有所改善，R&D 活动火热开展，研究人员和科技人才配备与其他国家相比处于高位，研究成果虽然表现疲软但在世界舞台上也较为瞩目。此外，日本大学在科技创新体系实践方面也表现优异，培养了一大批实用性人才，着手大学体制机制改革以提供更好的创新环境，同时加强与其他主体的官产学协作活动，开展了视野宏大的跨国度交流项目，与海外大学和科研机构深度合作。种种举措无不证明，大学这一载体在日本科技创新体系建设中承担着重要的角色，科技创新环境的完善和科技实践活动的开展，助推日本的产业经济、社会繁荣乃至各方面的发展更上一层楼。

（一）日本大学科技创新环境

1. R&D 活动

基础研究、应用研究、试验研究等 R&D 活动是大学开展科学研究的主要内容和途径，通过这些活动的开展，可以有效保持大学进行科研产出的动力体系。近年来，由少子化带来的日本招生生源的减少，日本大学的经费情况受到了很大的波动，同时，由于政府对国立大学和私立大学的财政拨款减少，致使日本大学的经费状况逐渐呈现出恶化的趋势，在此背景下，日本大学的研发活动经费来源也遭受了很大程度的影响。

我们通过 2000—2018 年日本与中国国内研发总支出占 GDP 的比重，来看日本大学开展 R&D 活动所处的大环境。高校是开展基础研究、应用研究和开发研究的重要场所，日本的大学受国家管控比较严格，从日本的科技研发投入力度我们可以看出大学科技创新研发活动的开展情况如何。图 7 - 2 - 2 显示，日本的研发投入占 GDP 的比重逐年稳步提升，整体情况较为稳定，这与日本多年来对科技建设十分重视这一国家背景是吻合的；中国的占比曲线则逐年上升，表明中国在 GDP 逐年上升的基本背景

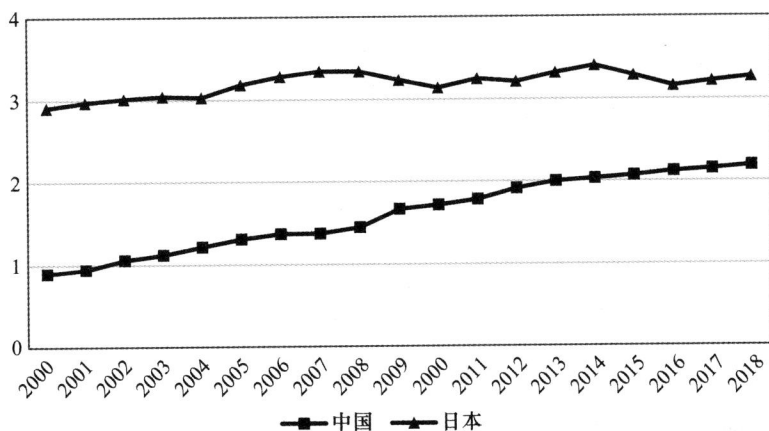

图 7 - 2 - 2 2000—2018 年中国、日本国内研发总支出占 GDP 的百分比（%）

数据来源：OECD（2020），Gross Domestic Spending on R&D（Indicator）。

下，对科技投入的研发经费是不断递增的。截至 2018 年，中国研发总支出占 GDP 的比重远远小于日本。

2. 研究人员数量

科技活动的开展需要研发人员的深度参与，研发人员作为研究活动的技术性人才，往往提供了至关重要的实用性见解。大学是开展科技创新的重要场所，是研究人员发挥重要作用的根据地，只有科技人才将智力资源充分应用于大学建设中，大学科技创新体系的环境建设才能更进一步。这部分内容通过每 1000 名雇员中的研究人员总数和各组织类型参与 R&D 活动的机构和人员数量，阐述日本在研究人员方面的建设情况。

大学每 1000 名雇员中的研究人员总数描述的是技术人员在总体雇员中所占的比例，该数值体现了科学研究活动中技术人员的覆盖度。图 7 - 2 - 3 描述了中国、德国、日本、美国四个国家每千名雇员中研究人员所占的比重，可以看到，除中国这一比值较低之外，其他三个国家的曲线都是较高的，在 ［6，12］ 的区间内波动。其中，日本的表现是比较抢眼的，多年来与其他国家相比一直稳定处于较高的位置；美国这一比例则稍低于日本，自 2000 年至 2018 年处于缓慢增长的状态；德国的增长幅度稍快于美国，且于 2015 年赶超日本，有着与日本持平甚至赶超日本的趋势。

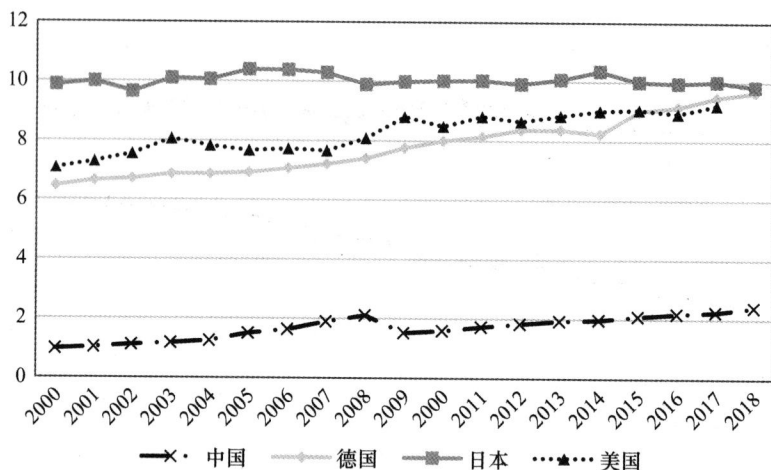

图7-2-3 中国、德国、日本、美国每1000名雇员中的研究人员总数（%）

数据来源：OECD（2020），Researchers（indicator）。

　　大学只是参与研究与开发的主体之一，除此之外，还有企业、非营利机构和公共组织等多重主体参与到这一活动中来。通过对比这三者的机构数量和研究人员数量，可以看出不同主体在研发活动方面的建设情况，以及研究人员在不同类型机构当中的分布。表7-2-6描述了按组织类型划分的R&D机构和研究人员，可以看到，企业无论是在机构数量还是研究人员总数方面，都远远高于高校、非营利机构和公共组织的数量，占据了非常大的比重；高校的机构和研究人员数量处于中间水平，呈现逐年递增的趋势，以较多研究机构吸引、容纳了大量研究人员；非营利机构和公共组织的机构数和人员数量最少，多年来呈现逐渐下降的态势。

表7-2-6　按组织类型划分的日本R&D执行机构和研究人员的数量

年份	总计		企业		非营利机构和公共组织		高校	
	研究机构	研究人员	研究机构	研究人员	研究机构	研究人员	研究机构	研究人员
2001	27061	728215	22789	421363	1245	47093	3027	259759
2002	22056	756336	17903	430688	1138	44938	3015	280710
2003	18468	757339	14258	431190	1119	44845	3091	281304
2004	29663	787264	25440	458845	1103	44089	3120	284330
2005	28608	790932	24290	455868	1089	43917	3229	291147

续表

年份	总计		企业		非营利机构和公共组织		高校	
	研究机构	研究人员	研究机构	研究人员	研究机构	研究人员	研究机构	研究人员
2006	22201	819931	17764	481496	1109	42959	3328	295476
2007	23204	826565	18737	483339	1057	42033	3410	301193
2008	26908	827291	22370	483728	1040	41071	3498	302492
2009	21558	838974	17029	492805	1008	40322	3521	305847
2010	18572	840293	14003	490494	994	40812	3575	308987
2011	19223	842868	14666	490538	953	40231	3604	312099
2012	16248	844430	11677	490920	940	39598	3631	313912
2013	17276	835701	12673	481425	965	39032	3638	315244

资料来源：日本文部科学省。

3. 研究成果

基于基础研究、实用研究和试验开发研究等活动的开展，以及与之深度结合、在其中贡献知识的研究人员，日本的科技创新活动取得了不错的研究成果。大学是产出学术成果、发表期刊论文的主体，同时也是诱发专利创造的重要场所。以下将从多年来日本发表科技期刊文章的数量和近年来日本的专利申请量出发，总结日本在科研成果方面取得的成就。

图7-2-4描绘了2000—2018年各国的科技文章发刊情况，从图中可以明显看出，中国在2000年处于最低点，多年来以明显的幅度快速增加，于2015年下半年成功超越美国的文章发表数量，到2018年时已遥遥领先，成为科技文章发表数量最多的国家；美国多年来的科技文章数量均保持在30万篇以上，呈现较高水平的持续稳定增长；日本和德国在这方面的表现不尽如人意，二者均在10万篇左右浮动，日本一开始的表现稍高于德国，但近几年来增速基本持平，与缓慢增长的德国曲线逐渐重合。

从表7-2-7呈现的中国、日本、美国、德国四国的专利申请量来看，中国在2017—2018年期间，实现了专利申请量较大幅度的增长，增幅达11.61%，明显高于其他三个国家；美国在这一期间，专利申请量减少了1.62%；日本的专利申请数量总量居于第三位，2018年有313567件，相较2017年有1.54%的减少；德国虽然申请数量是最少的，但在

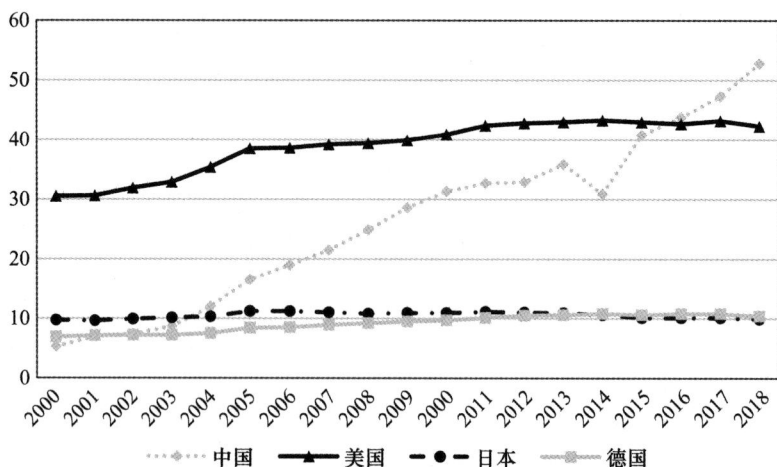

图 7 - 2 - 4　2000—2018 年各国科技期刊文章（篇）

数据来源：世界银行数据库。科技期刊的文章参见国家科学基金会的科学工程指标，是指在下述领域出版的科学和工程类文章：物理、生物、化学、数学、临床医学、生物医学研究、工程和技术，以及地球和空间科学。

2018 年实现了 2.74% 的增幅。此外，全球专利申请量的总趋势是增加的，2018 年增幅为 5.19%，表明全球的科技研究成果态势是向好的，总量是增加的。

表 7 - 2 - 7　　　　　　　　**各国专利申请量**

专利	2017	2018	年增长率
全球总量	3162300	3326300	5.19%
中国	1381594	1542002	11.61%
美国	606956	597141	- 1.62%
日本	318479	313567	- 1.54%
德国	67712	67898	2.74%

数据来源：世界知识产权组织（WIPO），《世界知识产权指标 2019》（World Intellectual Property Indicators 2019），https：//www. wipo. int/edocs/pubdocs/en/wipo_ pub_ 941_ 2019. pdf。

（二）日本大学科技创新实践

日本政府一直以来都对大学科技创新体系的建设十分重视，一方面缘于日本早先开展科技引进与科技创新的国情，另一方面也与日本政府对大学的严格管制有关，日本大学的发展历程中"行政化"痕迹十分明显，总体而言，日本政府对大学科技创新投入的关注度是十分显著的。大学在科技创新实践方面也收获颇丰，日本大学基于对校内体制机制的改革和完善，培养了一系列实用性的科技人才和研究人员，同时积极开展产学官协同合作，深度参与其他主体的科技创新实践，在国际上吸引了大批留学生赴日求学深造，积极促成日本的全球拓展计划和人才培养基地建设。

1. 人才培养

为了提升人才培养力度，日本政府出台了一系列公共计划：如21世纪卓越研究基地计划、240万科技人才开发综合推进计划、COE计划（研究据点形成计划）等，从而逐步建立起良性互动的人才培养、筛选、交流与竞争机制。从日本对科技人才的重视程度和培养方式来看，日本实施人才培养战略的方式主要从两个方面进行，一个是通过国内的大学和高等教育机构培养人才，一个是通过人才"走出去"与"引进来"，吸引国际留学生到日本深造，实现人才之间的流动和合作。

（1）基于国内大学的人才培育

1988年日本文部省设立了终生学习局，并于两年后制订了《终身学习振兴法》，可以说日本是一个特别重视教育普及化与全民学习的国度。特别是二战后日本引入欧美技术以来，依托于大学应用型人才的科学技术发展，需要大量的人才与研究人员投身于科技创新事业，由此开启了日本大学人才培养的征程。2002年，日本启动21世纪卓越研究教育基地计划（21COE Program），致力于打造人才培养基地，培养国际顶尖研究人员，在《第二期科学技术基本规划》中日本更是立下了"50年内培养30位诺贝尔奖获得者"的人才目标。

日本大学基于国家科技研发和建设的需要，开设了大量实用型课程与专业，从理论和知识角度予以技术性普及，培养适应国家发展需要的人才。现实的需要不仅催生了大学应用型专业的开办，同时也引发了实践型活动的开展。日本帝国数据银行2018年发布了一份调查报告，报告显示，截至2018年2月，日本共有大学创业公司1002家，许多企业集中在软件开发、人工智能、机器人、医疗健康等科技创新领域，东京大学、京都大学、东北大学、大阪大学等日本知名高校是科技创新应用实践的重要依托（陈绍延，2002）。

在高校内除了从学生层面打造人才，日本还着手从教师方面进行人才培养工作的开展。如在大学人员聘用和考核方面，针对大学高级研究人员采用年薪制，增加了面向青年研究人员的终身制岗位，增加10%的大学青年教员（40岁以下），力图使青年教员的比例达到30%，为教师和研究人员营造攻克高精尖技术的环境，为国家培养适应时代需要的高端技术人才和研究人员，同时，提供高校与产业界、政务界的互动条件，营造青年人才适宜创新和技术突破的平台，引发高校知识分子的创意涌现和人才集聚。

（2）面向海外的留学生人才培育

纵观日本多年来的发展历程，可以看到，日本十分青睐以留学生交流与合作的人才培养模式，尤其是近年来由于少子化趋势的盛行，日本国内大学的生源越发减少，日本政府着力于开展留学生计划，企图通过到东亚等地招收、吸纳人才，弥补国内人口较少、人才培养不足的窘境，为国内社会经济发展提供所需人才。除此之外，赴日学习交流的学生一方面在资金方面增加了大学的经费来源，改善其日渐恶化的财务状况；另一方面各类高端人才和知识分子集聚日本，也提升了日本教育在国际上的知名度和竞争力。

自1984年日本文部省公布"留学生10万人计划"以来，留学生政策就一直是日本海外人才吸纳与培养的重要方向。2007年，日本经产省与文部省共同推出"亚洲人才基金"构想，邀请优秀留学生赴日参加专门训练，开展学科教育与实践学习。同年，日本内阁提出"亚洲门户构想"理念，致力于建设"创造开放且富有魅力的日本""共创开放的亚洲""尊重彼此，共荣共生"的环境，吸引亚洲留学生到日本进行深造和交流，打造跨国度的人才网络（刘国军，2016）。

2008年，日本政府发起了一项由文部省、外务省、经产省等部门共同推出的"留学生30万人计划"，计划截至2020年从国际上招收留学生30万名，推动日本成为更加开放的国家，积极与海外各国在人才、经济、信息方面加强合作共荣。同时，对于赴日的外来留学生，日本从课程学习、生活服务、就业辅导多个方面进行跟进，使留学生在日本能够安心学习与生活，吸引多国学生赴日进行深造求学。同年7月，日本推出政策要求各大学使用英语进行授课，并采用英语作为学生上课演讲、交流的语言，全面适应全球化背景下的国际交流水平。

2009 年，日本为了招募更多高质量的海外人才，巩固科技创新强国的地位，提高日本在国际舞台上的竞争力，推出了享誉世界的国际化据点整备事业（Global 30）项目，简称 G30 项目，旨在选取国内顶尖大学作为接受海外留学生的据点，吸引全球 30 万名留学生赴日进行深造，建设国际化的核心大学。该计划预计实施 5 年，第一批担任接收点并获批补助的有包括东北大学、筑波大学、东京大学、名古屋大学、京都大学在内的 13 所学校，这些院校全部课程采用英文授课以提高国际化标准。京都大学推出了"京都大学培养未来国际领袖项目"（Kyoto University Programs for Future International Leaders），并开设了一系列采用英语教学的 KU 项目，2013 年，京都大学成立了"国际高等教育院"，主要负责全校通识教育和课程管理事务（史媛媛，2018）。

表 7 - 2 - 8　　　　　　　　日本留学生专业选择与分布

时间 专业选择	留学生数（人）		构成比	
	2018	2017	2018	2017
人文科学	140200	124305	46.9%	46.50%
社会科学	74037	67664	24.8%	25.30%
理学	3981	3452	1.3%	1.30%
工学	35463	30804	11.9%	11.50%
农学	3984	3739	1.3%	1.40%
保健	5027	4356	1.7%	1.60%
家政	5083	4787	1.7%	1.80%
教育	3541	3221	1.2%	1.20%
艺术	10219	8432	3.4%	3.20%
其他	17445	16282	5.8%	6.15%
总计	298980	267042	100.0%	100.0%

资料来源：日本学生支援机构（JASSO）。

近年来，赴日深造求学的留学生数量庞大，且呈现越来越多的趋势，2018 年留学生总人数达 298980 人，相较于 2017 年增加了 31938 人，增幅达 11.96%。从留学生的专业选择和分布情况来看，选择人文科学进行深造的海外留学生是最多的，2018 年有 140200 人，占总人数比例接近一半，高达 46.9%；选择社会科学方向的留学生人数也较多，有 74037 人，占总人数的 24.8%；选择工学的留学生有 35463 人，占比达 11.9%。从留学生专业选择来看，赴日本深造的留学生选择的方向多为人文社科领域，较少选择理科和其他方向。

2. 大学体制机制改革

大学进行科技创新的主要环境是高校内的创业园、孵化器及其科研机构，科技创新活动开展的顺利与否也要依托周围的体制环境，即大学的体制机制运行状态如何。大学在发展过程中开展的体制机制改革，有利于体制结构和管理组织的运营和完善。日本大学在开展科学研究和教学活动的过程中，主要开展了两类体制机制改革活动，一类是针对学术制度环境方面的改革，一类是研究资金方面的改革。

学术制度环境方面，日本大学旨在推进学术研究和基础研究相关制度改革，强化战略性和技术性基础研究，加强不同学科和不同领域之间的交流融合，推进国际间不同国家的共同研究，推进技术和战略性基地的共同建立，同时推进研究生院的教育体制改革，培养更加适应社会需求的技术性人才。研究资金方面，众多大学开展基础性经费和公募型资金的改革，提高研究经费的使用效率，对竞争性项目资金的使用流程进行严格规范，促进研究设备和仪器的使用和共享，推进国立大学改革和研究资金制度改革。

3. 产学官合作创新

日本大学、政府与企业之间的合作是非常紧密的，并由此催生了产—学—官这一名词及合作模式。根据文部省的文件内容，产学官的合作形式包括共同研究、委托研究、委托研究员、讲学捐助金、捐助讲座等（陈劲、张学文，2008）。1996 年颁布的第一期《科学技术基本计划》，以及1998 年文部省推出的《21 世纪的大学和今后改革的对策》，均对如何促进产学官之间的合作作了若干对策与建议。总体而言，日本产学官之间的协作经历了自由主义、分工协作和合作共生三个阶段。

前期时段，企业与大学的交流和合作是比较频繁的，由此在大学内催生了以应用为主要特点的工学系统学部，东京帝国大学的工学部便是通过这样的方式成立的。当时大学教授到企业兼职开展研究是十分普遍的现象，由此催生了东芝、丰田等知名公司。从 2000 年开始，大学的"知识价值"在产业界迅速提升，企业也及时转变理念，与大学进行联合型协作以促进知识密集型产业的打造。企业与大学的合作可以促进大学内部的信息、设备和人才资源集聚，因此企业积极与大学开展研究活动、信息交流以及奖学金捐赠，由此深入推进了产学官之间的合作。

为了推动三者之间的联系，日本政府组建了一批专门的职能机构，包括：新技术事业团、筑波研究联合体、日本学术振兴会、神奈川科学技术园、国际超导产业技术研究中心等，这些职能部门推动了开发与应用一体化，促进了创新技术的普及、推广与传播。具体措施如：第一，提高产业竞争程度；第二，提升区域技术创新水平，营造良好的知识创新环境；第三，改革人才培养与科技教育的培养体系，力推"产官学研"合作项目，集中优势进行项目攻关，使日本保持在世界经济舞台的地位和影响。

日本政府作为推进科技创新的强有力抓手，致力于为产学官各方带来最优质的服务与政策，消除人才、信息、资金等各方面的桎梏，实现官产学合作机制的顺利推进，积极营造开放创新的氛围，深化科技创新与社会之间的良好协作关系，积极吸纳不同主体对于推进科技创新的意见和需求，关注利益攸关方对于科技政策运行、伦理和制度方面的诉求，并出台相关的政策文件和法律制度，对无益于产学官的科技创新活动予以限制和规范，推动产学官多方主体之间的良好合作。

4. 境外大学科技交流与合作

日本大学的国际化历程始于20世纪80年代，从教育体系和课程内容出发，逐步推动日本教育制度的对外普及，形成了跨国研究、课程共享、师生交流、学分互换等一系列的合作交流机制。2011年，日本开启了新一轮的大学全球发展路线——"大学全球拓展力强化事业"计划，响应安倍政府提出的"俯瞰地球仪"，推动日本大学"走出去"，将宝贵的教育、科技、信息资源与世界知名大学和研究机构共享，促进人文协同交流与科技成果产出，由教育资源驱动转向教育成果驱动，助推日本政府全球拓展计划的顺利实施，促进海外科技交流产出带动的经济合作和产业发展。

在这一计划中，最备受瞩目的是2017年的专项支持计划——"构建日俄、日印大学合作研究与交流机制"重点计划，通过开展与俄罗斯、印度两国的大学境外合作计划，以提升科研成果共同研发和境外转化，加深两国在经济、政治、文化、外交等方面的交流和联系。2015年，日本首相安倍晋三到访印度，签订了《通过校际合作进一步增强两国大学的协力关系》的共同声明，强化日本大学在教育领域方面的协作，并且举办"日印大学校长会议"，加强双方合作事项的共识，以大学为依托推进两国在人才培养、就业协同方面的合作。东京大学与印度高等教育最高学府的印度理工大学（IIT）等学校签订了合作协议，引进印度高端人才来日学习交流，从政府、产业、高校等多方面进行协同合作。2016 年，日本政府访问俄罗斯，签署"引进日本最先进医疗管理技术""引进日本尖端技术开发极寒区住宅建设"等技术计划，推动人才合作交流与技术引进。①

第三节　美国、日本大学科技创新
体系的经验与启示

在当今社会，不论是在发达国家还是在发展中国家，大学科技政策在国家科技创新政策中的地位日渐上升，大学成为科技创新发展的载体，也是一国科技创新与他国进行交流学习的窗口。对内，大学科技创新政策主要用于调配创新资源的分配，实现创新资源的有效整合，激发大学科技创新的热情；对外，大学科技创新政策主要用于保障国内大学与国外大学科技创新项目的合作和交流学习等交互活动的有效进行。一方面给政府科技创新政策的选择预留了可以影响大学科技创新活动的空间；另一方面不断调整科技创新政策，以适应国际科技创新的新形势和新变化。

美国是当今世界中科技创新实力最为突出的一个国家，这与美国对科技创新的重视程度密切相关。联邦政府在科技创新方面的投入力度、美国高校在人才方面的培养、企业在技术创新方面的实践都体现了美国的创新精神和综合竞争力，是其他国家借鉴和学习的主要对象。日本是一个经历了技术引进到技术创新的国家，多年来日本政府十分重视技术教育在国家科技创新体系当中发挥的重要作用，注重实用型创新人才的培养、产学官主体之间的协作、与海外教育研究机构的人文交流，这些特点让日本成为在特殊国情下开展科技创新的国度。

当前，从我国技术创新政策的执行状况来看，科技研发活动经费支出、国际科技论文的发表和被引用数、专利申请和授权量、科技人力资源的投入等方面已有快速增长，但在 R&D 经费投入强度、关键技术和核心

---

① 转引自王博《新时期日本大学教育改革及其启示》，《理论导刊》2014 年第 7 期。

技术的对外依存度、科技论文质量、专利的技术复杂程度、培养科技领军及创业人才、国家综合创新能力等方面，距离建成高效的国家创新体系、实现创新型国家的目标还有很长一段路要走（冯毅梅、李兆友，2015）。因而有必要梳理美国科技创新的管理机制与实践活动，厘清美国跻身世界科技强国的助力因素；同时深入探讨日本在科技创新方面的演化与发展，剖析日本大学在这个过程中作出的一系列举措及实践，为中国乃至其他国家提供一些教训和启示。

本节将探讨美国和日本在科技创新方面所作出的一系列举措及实践，从大学科技创新政策的设计和出台、人才培养机制、R&D 经费投入、多元主体的产学研合作网络和全球化科技交流协作这五个方面出发，深入分析美国和日本两国在科技创新体系方面的建设成效，从而在比较中得出对我国高校科技创新的重要启示，助推我国的国家科技创新体系和大学科技创新体系建设。

一　完善的大学科技创新政策

无论是政府层面出台的大学科技创新政策，还是大学内部出台的大学科技创新规范与指引文件，都有利于大学内部的科技创新体制循着国家顶层的指引方向发展，为国内高校的科技创新活动提供严格的方向指引和内容规范。在美国和日本的创新实践中，其国家政策善于将视角集中在国家整体的科技创新体系谋划，将多个重点领域涵盖到国家科技创新体系的建设大纲中，在各个领域的建设历程中，常常以关键领域为突破口整合创新资源，开展科技创新的建设活动。

美国科技创新体系的发展很大程度上来自于政府的大力支持，美国多年来秉承着鼓励创新的文化传统，有着与自由市场经济相适应的政治体制，历届政府都十分注重创新战略的出台与颁布，从联邦政府层面、地方州政府层面到大学管理层面，均成立相关机构出台科技创新政策、管理科技创新活动，设置了多样的科技创新体系配套政策文件，同时基于政策文件的指导，积极开展曼哈顿计划、国家实验室等创新实践活动，为科学研究和技术研发工作带来重要的指引。

纵观日本整个国家的发展历程，可以看到政府在其中扮演的角色是非常重要而明显的，在各类活动中通常处于主导的、统领的地位。在大学科技创新体系的建设过程中也是如此，通过制定相关的法律法规及政策，给予引导和倾斜，促使企业、高校和科研机构在各个领域积极创新。日本国立大学、公立大学、私立大学有着明显的等级界限，国家为大学科技创新体系的建设出台了很多法律制度和政策文件，大学内部也在发展过程中进行了多次法人化和课程改革，致力于将日本大学发展成"适应国家需要"的教育根据地。

二　全面的人才培养机制

美国的教育十分注重知识与能力的标新立异，在课堂上允许学生进行有逻辑、有理由的怀疑、反驳、否定，敢于对现有知识进行大胆的猜想。[①] 敢于质疑、打破常规，在很大程度上促进了美国高校科技创新。另外，美国高校十分强调思维的个性化，通过个性化的培养方法，充分调动学生的积极性，让每个人从不同视角、不同维度进行思考和探索，进而培养创新意识、创新思维、创新能力，这种培养方式为美国科技创新体系的形成和完善提供了良好的社会心理环境。

日本的大学虽然在国际上排名不是特别靠前，但其教育模式在东亚领域独树一帜，对其他国家具有非常深刻的启示作用。日本的大学有着明确的等级和功能划分，国立大学和公立大学立足于地域性特色发展、全国性通识教育、全球性交流合作这三个方面，为国家提供源源不断的研究人员和科技人才。此外，日本大学的定位和教育分布十分明显，国立大学和公立大学主要致力于与基础研究有关的通识教育，培育具有实用性和创新性的技术人才，私立大学则针对特色领域和职业教育，为区域经济和社会服务作出贡献。

三　充足的 R&D 经费投入

科学研究活动是国家科学技术发展的重要组成部分，关系到国家安全、经济和社会的长远发展。大国崛起的背后必然有强大的科学研究支撑，如果缺乏对科学研究的突破和有效的管理，那么就很难摆脱落后的命运。同时，大学是进行科学研究活动尤其是基础研究的重要地点，大学R&D 经费投入对个人、设备、实验室等的资助，有助于校内的创新创业

---

① 转引自［美］詹姆斯·杜德斯达《21 世纪的大学》，北京大学出版社 2005 年版，第 34、35、74 页。

中心、孵化器、研究机构等依托经费持续产出有效的成果，由此推动科学研究向前发展，同时也有助于产业活动和政府委托研究的开展。

美国把科学研究大体分为基础研究、应用研究和开发研究。基础研究并不单独作为一项申报计划，是与应用研究和开发研究共同合成一个计划，每年的基础研究、应用研究和开发研究的比率在联邦政府、部门机构中变化不大。美国注重并支持对基础研究的拨款和帮助，政府通过对高等院校的资助，购买个人或学校的科研成果和专利产出，是双方互利互惠的一项活动。日本曾经在 20 世纪 70 年代忽视了对基础研究的投入，满足于引进美国等西方发达国家基础研究的成果，成为美国基础研究成果的产业化国家，虽然短期内经济取得了较快增长，但也使其经济出现疲软之后，很长时间不能复苏。

四 多元的产学研合作网络

大学是开展科学研究和社会服务的重要载体，同时也是与社会各界进行产学研协作的主体。从美国的发展历程来看，政府对高等院校的研究项目是很重视的，经常通过财政拨款和政策指引等方式进行支持，通常包括对个人、实验室等软硬件设备的援助，以及利用高校科研成果或专利产出实现双方的互利互惠。美国的产业集群和企业集聚现象非常普遍，科技园、高新技术区等设施遍布各州，是参与产学研合作的一大重要主体。除此之外，美国的私立机构、非营利组织等主体在与大学进行协同合作方面也是非常活跃的。

日本的产学官协作活动拥有非常悠久的历史，并且经历了自由主义、协作主义到集体合作主义等复杂而深刻的时期。企业是微观经济的基础，是开发高新产品的主体，是参与国内和国际市场竞争的主力军，企业在开展知识密集型等产业时十分热衷于与高校合作；日本政府的政治化色彩比较强，常常基于国内实际情况出台相关的管理规范或政策指引，促进并加强日本大学与其他主体之间的合作，力求最大程度发挥大学在产学官协作系统中的智力要素、信息资源和教育方面的优势。

五 全球化科技交流与合作

进入 21 世纪，全球在竞争日益激烈的同时联系更加紧密，创新来源、创新方式、创新路径都在发生变化。这些变化带来了经济和社会的深刻变革，大学也需要在这样的全球化背景下寻求突破，谋求更适合长远发展的教育方针和举措。基于此，美国大学积极拓展与海外科学研究机构的合作，以助学贷款和奖学金等方式，吸引全球各地的优秀学子慕名而来，在美国这一以创新氛围著称的高等学府中求学深造。美国拥有世界上最发达的高等教育，在世界前 100 强大学排名当中，美国的大学占了半数以上，这是美国科技领先于世界的重要原因。

伴随着全球化大潮的兴起，以及日本开展科技创新交流活动的需要，日本在新时期将国内大学与海外高校的科技合作交流作为提升科技实力、增强国际科技竞争力的重要突破口，开展了一系列诸如"大学全球拓展力强化事业""构建日俄、日印大学合作研究与交流机制"重点计划等项目，建设一批有利于拓展日本国际影响力的教育据点和科研协作平台，以教育科研作为主要途径，增强与海外研究机构的人文交流，带动日本与国外大学和研究机构的科技合作和经济产能挖掘，发展教育在经济、政治、文化发展方面的强劲推动力。

第八章　我国大学科技创新政策与实践

　　随着时代的发展，科技创新能力已经成为衡量一个国家综合竞争力和综合实力的重要标志。在知识全球化的知识经济时代，科技创新已经成为推动一国经济发展的主要推动力，科技创新事业的发展已经成为国家经济发展的重要环节。当前，我国正处于实施创新驱动发展战略的阶段，实现由"科技大国"向"科技强国"转变的重要历史时期，国家科技要寻求长期高质量发展，实现科技创新从跟踪、并行为主向并行、领跑为主的转变。高校作为国家科技创新的主力军和国家对外开展科技交流的主窗口，拥有众多高层次的科研人员并掌握了较为前沿的技术和知识，以及尖端的科学设备和仪器，具有进行科技创新活动的天然优势。

　　高校科技创新政策的制定，为我国高校科技创新活动的开展提供了行动指南、行为规范以及行为准则，优化了高校科技创新环境，提升了高校科技创新的创新氛围，也推动了我国科技创新事业的发展，为我国发展成为"科技强国"贡献了力量。在高校科技创新政策的执行过程中，还存在许多急需改进的地方，科技创新政策的执行力度还不足以满足新时代对科技创新事业发展的要求。受要素流动、发展目标、发展要求等各种因素的影响，大学科技创新政策总是在不断变化。由此，需要进一步梳理大学科技创新体系的发展历程和实践内容，针对其政策困境提出相应的改进措施，推动政策与创新实践活动朝着更加适用、匹配的方向发展，全面提升大学科技创新政策的指引和规范作用。

第一节　中国大学的科技创新政策及实践探索

　　随着国家对高校科技创新活动的重视，高校科技创新的地位也随之提高。高校科技创新活动高效、有序的开展，离不开高校科技创新政策的支持与鼓励。高校科技创新政策是一个综合的概念，可以理解为是国家政府及相关部门制定的，包含高校科技创新水平的提升以及科技成果转化的相关政策，或是高校自身出台的加强自身科技创新水平的政策。大学科技政策具有广泛的内涵，不仅是处理大学科技创新事务的行事准则，还是促进大学科技创新活动的激励机制和运行机制，其直接目标是高校科技创新资源的整合、效率的提升以及潜能的挖掘。大学作为具体的科技创新执行机构，是地方原始创新、技术传播和科技成果转化的重要载体和平台。纵观近年来的大学科技创新成果，大学科技创新政策对大学科技创新的发展以及国家科技创新水平的提高起着至关重要的作用。改革开放以来，我国大学科技创新实力从无到有，从有到强，大学科技创新政策也随着大学科技创新能力水平、发展模式等因素的变化进行了多次调整。

（一）大学科技创新政策的演化历程

我国高校的科技创新建设工作始于中华人民共和国成立初期，一直到20世纪70年代中期都未有重大发展。50年代初期，由于借鉴苏联的政府主导科技创新模式，高校并没有被作为国家创新主体，仅作为承担教学工作的主体，科学技术研究几乎未能开展；从1950年到1968年间，政府发布了一系列科学发展的报告。其中，周恩来总理在政府工作报告中提出，要让高校积极参与到科研工作中来，政府出台了《1956—1967年全国科学技术发展远景规划（草案）》，高校的科研定位与发展方向有了基本的规定，但由于高校科研基础薄弱、科研人员组织分散、研究目标脱离实际等客观条件制约，我国高校的科技创新仍处于低谷，科研职能和创新活力未能发挥出来（苑广增、高筱苏、向青，1992：2—5）。

1977年到1985年，党中央和国家开始重视我国高校的科研职能，基础研究、应用研究取得了初步进展。1977年，邓小平同志着重强调高校的人才优势，提出要重视高校在科学研究方面的发展潜力（邓小平，1994：53）；1978年全国科技大会上，邓小平同志作出"科学技术是第一生产力"的论断，提出要依靠"科技—人才—教育"的模式培养高层次创新人才，同年启动的改革开放是我国高等教育改革的开端，随后几年间我国高等教育发展势头迅猛，高校科技创新政策从无到有，从少变多，开启了高校科技创新政策的快速发展时期；党的十一届三中全会召开以后，"学科学、办科学"的风潮席卷全国，国家科教体制随之改革调整，这一时期恢复了全国高考，为高校科研打下重要基础；1984 年至 1985 年间，中共中央关于经济体制、科学技术体制和教育体制的"三大改革决定"，提出通过体制改革提高高校科技创新的能力建设，充分发挥高校在教育和人才方面的科研优势，提升高校在国家创新体系中的地位（曾学刚，2010）。

1985 年以后，高校逐步成为技术创新的承担者，开始与政府、科研机构和企业展开合作，注重科技创新成果的转化。1987 年，党中央要求高校实行教育、科研、生产三结合，注重创新能力培养；1988 年，科学技术部制订了"火炬计划"促进高新技术的商品化；1991 年，国务院提出要将高校视为国家科技创新的骨干力量[①]；1994 年颁布的《关于高等学校发展科技产业的若干意见》，推动高校走上产学研的具体道路，标志着我国的"政府—高校—产业"协同关系正式建立（叶志明等，2012）；1995 年国务院再次强调高校的社会服务职能和创新职能，提出要深化高校科技体制改革，强化高校在落实国家创新规划和科技工程中的重要角色。

2002 年到 2012 年，高校在科技创新中的主体作用地位越来越重要，科技创新能力显著提高且获得了较大突破。2002 年首次提出了"高等学校科技创新"一词，同年 4 月，在教育部的支持下，高校参与实施了多项科技攻关计划和科研发展建设方案，高校科技创新的地位进一步向前迈进。但这一阶段高校科研水平还不够高，相比国际高校的科研能力和科研水平还有较大差距，高校科研团队的数量还不够多，科研团队的科技创新能力还不够强，科研经费还不能满足高校开展科技创新活动的需求。

为了进一步扩大对高校科技创新活动的支持与投入，全面推动高校科技创新活动的开展，国家制定了下一步促进高校科技创新活动顺利开展的政策。2006 年，"十三五"规划的发布以及配套设施的建设，对高校向产学研方向发展提出更加明确的要求。同年，在全国科技大会上明确提出科学研究与高等教育机构有机结合的高校创新体系是强化国家创新体系的建设工作的一部分，从而确立了高校创新体系的基本框架，由此，高校科技创新政策逐渐浮现（刘新竹，2016）。

---

① 国务院：《国务院批转国家教委、国家科委关于加强高等学校科学技术工作意见的通知》，1991 年 9 月 30 日。

历经 2008 年的国际金融危机之后，我国意识到科技创新对一国经济的支撑作用是至关重要的。因此，在市场机制的推动与科技创新发展的紧迫需求下，我国于 2009 年启动了大学科技园建设，科技园为大学科技创新活动提供载体和发展平台，有利于大学科技创新政策的贯彻落实。2010年，国家颁布了《大学科技园认定和管理办法》，进一步深化了大学科技创新政策。随后的《国家大学科技园"十三五"发展规划纲要》（以下简称《纲要》）进一步融合了大学与市场的功能，将大学科技创新环境与校外各种资源相结合，开展创新创业工作。《纲要》要求在提高高校科技创新能力的基础上，提高科技成果转化率，推动高技术产业的良性发展，为实现科技兴国的目标奠定基础。

2012 年 5 月，教育部、财政部启动"2011 计划"，大力提升高等学校的创新能力。2012 年，党中央在深化科技创新体制改革的相关文件中提出，要提高高校科研工作的基础作用，明确高校在国家科技创新发展中的地位，这标志着高校科技创新制度与体制迈向深化改革的新阶段。2015年 11 月，国务院发布《统筹推进世界一流大学和一流学科建设总体方案》，这是继"985 工程""211 工程"后我国高等教育领域的又一国家重点建设工程，致力于建设具有一流师资队伍、一流创新人才、顶尖创新能力的高校，并助力科技成果的转化。

我国在设计大学科技创新政策时侧重从一流高校到一流学科、从单个高校向多个高校、从单个学科到多个学科协同发展的转变，为高校科技创新体制的发展注入强大的力量。自党的十八届五中全会以来，我国将创新摆在国家发展全局的重要位置，国家创新体系逐步形成，高校科技创新政策的出台也越来越频繁，高校作为提高国家科技创新能力的主力军，具有提升国家综合国力、国际竞争力和国际创新水平的作用。因此，高校不仅仅作为教书育人的基地，更承担着科技创新、服务国家经济和社会发展的重要职责。

在党中央和国家政策引导下，我国的高校科技创新已经进入了一个全新的发展阶段，高校成为国家基础研究、应用研究和高新技术创新的源泉。十八大以来，党和国家更是将创新放到了国家战略发展的地位，高校的科研地位得到了前所未有的提升。政府通过政策调控有效地优化创新资源的配置，提高创新资源的配置效率，培育科技创新主体。大学科技创新政策不但影响科技创新的进程，还引领着我国科技创新的价值取向，好的政策有助于推进科技创新事业的发展，并加快我国建设科技创新强国的步伐。

大学科技创新政策的重要性与大学属于国家创新体系是息息相关的，或者说，大学科技政策本身就是国家科技公共政策的一部分（马廷奇，2008）。从本质意义上来讲，大学科技政策的目标是使大学更好地融入国家科技创新体系，优化科技创新资源的配置，实现大学科技创新资源的充分整合和应用。知识经济时代的本质是科技创新，大学作为科技创新的研发地并处于科技创新的知识前沿，有助于把握科技创新的发展方向，推动我国科技创新事业的发展。

（二）大学科技创新政策的分类

大学科技创新政策可以理解为一国实现国家科技发展战略或大学发展任务而制定的高校开展科技活动的行为准则。就目前而言，关于高校科技创新活动中的财政补贴政策、税收减免政策、创新投入政策、知识产权保护政策等在高校科技创新政策中占比较大，同时这些政策也是构成高校科技创新政策的主要组成部分。对高校科技创新政策的概述不仅包括对高校科技创新政策发展历程的概述，还包括对政策制定部门及其评价政策内容实施及其执行情况的概述。

1. 指导性政策

高校科技创新政策的制定主体繁多，包括国务院、国家部委、省级部门和市级部门，以及高校科技创新活动的管理部门和科研机构的管理部门。高校科技创新政策的内容和类型较为繁杂，包括对高校科技创新人员的管理政策、对高校科技创新活动的激励政策、对科技活动成果的保障政策以及区域协调发展的协同发展政策等等。指导性政策主要是由国务院及国家部委、省级制定的纲领性政策文件，对科技创新活动开展的方向、目标、要求进行总结和指导。纲领性政策文件属于顶层设计的一环，保障我国科技创新活动的高效进行，防止高校科技创新活动走偏，使高校科技创新活动符合我国科技创新事业发展的总规划和总要求。

2. 投入性政策

高校进行科技创新活动离不开科技创新资源的使用，制定高校科技创新投入政策，有助于提高科技创新资源的整合性和凝聚力，体现我国"集中力量办大事"的作风。对高校科技创新资源进行投入，主要包括对科研型人才的投入，对科技创新活动的基础设施的投入，对硬件、高密设备的投入以及资金的投入。科技创新人才的投入体现在培育具有科技创新意识和潜力的科研人员，通过打造一支具备专业能力的科研团队并引进具有高端科技创新能力的人才，实现科技创新政策中人才引进政策的目标。

基础设施投入政策从硬件设备出发，印证了"要想富，先修路"的老话。高校开展科技创新活动要想取得一定进展，就必须配备相应的仪器、设备和基础设施，只有在基础设施完备的情况下，才能够有效推进高校科技创新活动的开展。高校科技创新基础设施的投入政策包含了对高校科技创新环境的投入，创新环境的建设、创新气氛的营造有利于激发高校科研工作人员的创新热情，提高高校科研工作者创新的积极性。高校科技创新政策对环境和基础设施的建设作出了规划，指明了发展方向，并以协同发展为导向构建高校科技创新环境。高校科技创新资金投入政策主要是为了让高校能够有充足的资金开展科技创新活动，前沿的科技创新活动通常需要较大的资金投入。资金投入政策通过对高校科技创新资金以供给、管理、审批、监管等方式进行实施，对资金的使用情况进行监管，提高创新资源的使用效率。

3. 生成性政策

高校在建立科技创新平台、打造科技创新团队的同时要匹配相应的管理政策、奖励政策以及评价政策等，各类有助于高校科技创新平台的建立、高校科研团队创建的政策统称为高校科技创新的生成性政策。此类政策的出台，表明了高校管理部门对科技创新活动的重视，体现了对国家科技创新事业发展的支持，是对国家出台的促进高校科技创新发展政策的深入理解和贯彻实施。高校建立科研创新平台以及科研创新团队时必然要确立相应的规则、要求以及管理政策，科技创新管理部门出台的相关管理政策，从源头提高了大学开展各项科技创新活动的门槛，促进了高校科技创新活动申请、立项工作的开展，保障了创新工作是"有法可依"、合理开展的，符合高校科技创新活动的开展程序。

建立科技奖励政策有助于提高科研工作者的科研热情，提高科研工作者申请、开展科技创新活动的积极性，进一步促进高校科研团队的建设，有利于营造高校的科技创新环境和气氛。学术评价政策作为高校科研工作者的考核政策，提高了高校科研工作者的工作效率，在一定程度上督促并端正了科研工作者的工作态度，有助于科技创新活动质量的提升。高校在创建科技创新平台和团队时制定的生成性政策，对高校科技创新活动的开展起到组织、协调、促进的作用，通过制度的建设和政策的执行，规范科技创新活动，鼓励高校师生积极参与到科技事业中，为高校科技创新事业和我国科技创新事业的发展出一份力。

4. 协同创新政策

高校开展科技创新活动的过程中，如果仅仅依靠高校自身，则难以形成区域科技创新的大气候，独自创新难免造成闭门造车的现象，不利于高校科技创新活动的开展，也不利于区域经济的发展以及国家科技创新事业的发展。高校科技创新协同政策的出台，一方面指的是高校科技创新资源的协同；另一方面指的是科技创新主体之间的协同发展。科技创新资源的整合、协同主要指高校建立大学科技园，将科技创新团队、高层次科技创新人才、科技创新管理体制以及科技创新设备和基础设施在一定范围内集聚，降低知识传播和扩散的成本，提高创新资源的利用效率，使各个科技创新团队形成相互弥补、相互借鉴的协同发展新局面，促进创新活动的高效开展和创新效率的显著提升。

科技创新主体之间的协同发展指的是高校团队与企业、科研机构、政府等协同开展科技创新活动。各创新主体开展的协同创新活动，有助于完善科技创新视角，使科技创新活动能够深入到经济、社会等多个方面，提高科技创新活动的市场适用性，提升科技创新成果的可操作性、应用性和转化效率。通过形成区域内科技创新活动的集聚，发挥各个主体在创新上的优势，共同营造科技创新氛围和环境，提高区域科技创新的联动性，进一步推动区域科技创新活动的协同发展。

5. 保障性政策

这类政策设立的目的在于对科技创新活动以及科技创新成果提供保障服务，包括对科研人员福利待遇的保障以及对科技成果、知识产权的保障。这类政策主要以激励政策、税收政策和知识产权保障政策为主。其中，激励政策主要针对从事科技创新活动的科研工作人员而言。通过对科研工作人员的待遇、职称评比、成果保护等方面的内容制定相关政策，为科研工作人员免除后顾之忧，使其专心科研工作，提高高校科研工作者的工作热情和积极性。同时，将科技创新活动的参与度与高校科研工作人员的职称评比挂钩，端正高校科研工作人员的工作态度，提高科研工作人员立项、申请的积极性。

设立税收政策的目的在于降低科研工作人员因科技创新活动购买设

备、经费支出等项目产生的税费。高校科技创新活动的管理部门常常通过制定贷款贴息政策，给高校科技创新团队发放一定的经费补贴，增强科研工作人员的信心。国务院及国家部委出台税收减免政策，从政策出发缩减高校科技创新活动的成本，鼓励和支持高校开展科技创新活动。同时，税收政策的实施也鼓励高校开展科技创新咨询活动、科技创新成果的转化培训等活动，为高校科技创新活动的经费和资金的使用提供引导作用。

知识产权保障政策的实施主要以立法的形式出现，出台各类知识产权保护法，提高高校科研工作者的法律意识，给予高校科技创新活动参与者和机构知识产权保护，是尊重法律、尊重人权、尊重劳动的体现。高校通过设立知识产权转化资金，鼓励高校科研工作者用科技成果申请专利，并以正当的手段参与到市场竞争中。对科技成果知识产权的保护，提高了科技创新活动的从业人员安全感、自信心和成就感，一定程度上鼓励了高校科研人员多参与科研项目，多进行自主研发活动，获得自我荣誉感的满足并推动科技创新事业的发展。

6. 支持性政策

高校科技创新活动的支持性政策主要包括高校进行科技创新活动时需要的配套型、服务型政策措施，例如：相关产业支持政策、金融融资政策、金融贷款政策、财务征税政策、财务审计政策等服务于高校科技创新活动的政策。这类政策出台的目的在于简化高校科研工作人员在融资、会计、审计等业务的工作冗杂程度，减少科研工作人员从事除科研之外事务的压力，给科研工作人员足够的精力开展科研创新工作，促进高校科技创新工作的高效进行。

高校不仅仅为科技创新活动的开展提供场所和硬件服务，还为科技创新活动提供相应的软件服务。高校科技创新活动的开展，离不开相应支持型、服务型政策的出台和执行。另外，需要设置专门的外事部门，协助高校科技创新活动的参与者应对与高校外部进行交涉的事宜，减少高校科研工作者的工作压力，促进高校科研工作的顺利开展。通过制定和出台高校科技创新活动配套的支持性政策，形成和完善高校科技创新政策体系，促进高校科技创新活动的顺利开展，给予高校科研工作人员相应的配套支持措施，为高校开展科技创新活动打造良好的创新环境和创新氛围。

7. 成果转化政策

科技创新成果转化政策是高校科技创新政策中的重要一环，创新成果转化政策的实施，指明了高校开展科技创新活动的目的在于将科技成果转化为现实生产力，有利于提高科技成果的转化率，鼓励高校科技创新活动向产、学、研的发展模式靠拢。成果转化政策采用科技创新成果转化的专项资金、交易会、成果转化财税支持等手段，鼓励高校科研工作者积极参与到成果转化环节中，提高科技创新成果的经济价值，将科技创新成果运用到生产、生活各个方面，从实际出发为我国的科技创新事业的发展出一份力。

高校出台科技创新成果转化政策，有助于提升科研工作者对科技成果质量的重视程度，逐渐改变高校科研工作人员只追求科技创新成果的数量而不注重质量的观念，同时促进科技创新成果的实践性和应用性，鼓励科技创新人员多研发一些对社会发展、经济提升有帮助的科技创新成果，必要时将科技成果向产业链条投放，将科技创新成果转化为社会效益和经济效益。科技创新成果转化率的提高在一定程度上赋予了高校科研工作者的荣誉感和自豪感，减少了科技资源的浪费，提高了科技创新资源的利用率。

二　中国大学科技创新政策的实践

当前，从我国技术创新政策的执行状况来看，科技研发活动经费支出、国际科技论文的发表和被引用数、专利申请和授权量、科技人力资源的投入等方面已有快速增长，但在 R&D 经费投入强度、关键技术和核心技术的对外依存度、科技论文质量、专利的技术复杂程度、培养科技领军及创业人才、国家综合创新能力等方面，距离建成高效的国家创新体系、实现创新型国家的目标还有很长一段路要走。尤其是技术创新政策一旦达不到预期目的，或者不能有效推行，就会导致创新效率不高，使我国陷入技术创新政策执行的困境。由此，需要梳理大学科技创新政策的内容和实践，从而助推我国科技创新体系更好地发展。

（一）大学科技创新政策的内容

在出台的高校科技创新政策文本中，强调要加强对地方高校科研活动的投入和支持，提高对科技创新活动的支持和保障力度。从 2015 年起，省级财政每年拨款用于支持高校内涵式发展的各项资金不低于 2 亿元，并随着地方财政收入的增加同比例增加。政府按规定的程序审定后，省科技厅对已经获得国家科技财政拨款的重大项目给予 50% 的国家拨款额，但最高不超过 1000 万元。同时，给予高校符合自身发展需求的相应配套经费支持，不断拓展财政科技投入方式，对高校代表学科方向、体现前瞻布局的自主选题研究给予稳定支持，对高校等大型科研仪器设备管理单位给予开展共享服务的经费补助。积极争取国家各类专项资金支持，用好各项优惠政策、资金支持政策，争取加大高校内涵建设经费投入。

1. 推进高校科技创新体制改革

政府支持和鼓励地方高校科技创新管理体制机制的改进和优化，在出台的相关政策文本中，明确提出全面推进高等院校积极探索面向社会的科研管理机制体制，建设与人才培养相配套的、能够促进多学科共同发展的具有激发科研热情和活力的体制机制。该机制以引导高校与科研机构、政府、企业各创新主体之间的高效合作为发展目标，支持高校与政府、企业、科研机构和地方政府建立产业技术创新和战略发展联盟，深化高校科技创新体制机制改革。

高校的科技创新政策鼓励并支持高校开展科技创新活动满足实际需求，本着精简成本和提高效能的原则，根据高校自身科技创新中心、大学科技园区等科研机构设置的标准，给予高校自主决定科研活动人员等科技创新资源配置的权力，在相关部门备案的前提下，高校教学、教辅、科研机构的设置也交由高校自行处置。高校科技创新政策体系鼓励高校以内设机构取代行政级别的设置，给予高校充分的自主决定权，通过职员招聘制度自主招聘科研工作的管理人，除了相关规定的职务需征求相关主管部门和有关部门的意见之外，其他职位由高校自行选拔聘用。除此之外，地方政府下放高校的教师职称评审权，鼓励并支持高校自行开展教师职称的评审工作，鼓励高校制定科研机构的管理机制和高级人才的任用机制。

国家一直以来都在推行分类改革，鼓励和支持高校对科研人员进行分类评价改革。政府出台的政策文本中均提出要鼓励和支持地方高校健全科研评价机制，其中特别指出要构建科研人员分类评价标准，以便于更好地评估科研人员的科研水平，有助于对科研人员的管理和为科研人员提供有效的激励。建立科研人员分类评价体系的目的在于对教师职称评审、科研人员分类评价进行深化改革，有助于深化高校科研评审评价制度的改革工作，提高科研成果的创造性、实用性、高价值性和普遍适用性。通过建立有效的分类评价体系"对症下药"，有针对性地激励科研人员的科研热情，提高科研人员的科研能力。

在高校科技创新环境下，积极营造潜心育人，追求学术真理的科技创新环境氛围，改变注重科技成果数量而忽视科技成果质量和成果转化效率的分类评价体系；避免建立简单、单一的不具有普适性的、重形式轻内容、重短期轻长期、以功利主义行事为准则的科研人员分类评价体系。科技创新政策的制定，鼓励和支持高校进行科研人员福利待遇的改革，建立单独责任制，单人单项负责专项事务，落实科研人员的工作职责和工作业绩，建立以知识价值为导向的分配激励制度，激发科研人员的创新热情。

除此之外，高校科技创新政策鼓励并支持高校进行教师职称评审制度的改革，建立有针对性的、分层次的、分学科的、分类别的、分领域的评价标准，以基础性研究和应用性研究为类别，建立分类评价体系，完善同专业专家评价机制，建立以"代表性成果"和科研贡献为主要内容的评价方式，鼓励和支持高校建立有利于科技管理人才和队伍发展的考核评价与激励机制，建设一支高素质、专业化的科技管理队伍。

2. 规范科研经费使用管理制度

在出台的高校科技创新政策文件中，政府逐步下放了高校科研经费管理自主权，鼓励和支持高校建立健全更加规范的科研经费管理制度。第一，不断改进和优化财政科研项目的经费管理制度。以简化预算编制程序为导向，下放预算调整的权限；不断提高间接费用的比重，取消以绩效为导向的支出比例限制门槛；明确规定劳务费用的具体开支和去向，取消劳务费用的使用比例限制；优化和改进结项项目的资金结转和留用的处置方式；给予高校充分的权利自主决定横向经费的管理。第二，近年来，许多高校开始改善用于差旅会议的支出管理以及采购科研设备和科研活动基础建设的项目管理体制。最大程度地下放差旅费、会议费用的管理权限；逐渐完善高校和科研院所对开展科技创新活动所需的科研仪器设备采购管理制度；逐步完善高校以及科研院所对基本科研项目的管理制度。第三，不断规范高校科研活动的管理，为校内科研活动的开展提供便利服务。强化法人责任制意识，建立并完善科研经费财务制度；修改和完善财务报销管理办法；精简检查审批程序；拓展符合新时代发展要求的科研融资方式。

此外，还有一些高校着手强化制度建设和工作督查。由高校组织制定并落实各项科研项目管理部门出台的具有较强操作性的管理办法细则；加强对科研活动的督查工作，及时提醒、调整和督促科研工作高效有序地进行；各科研项目管理部门出台操作性强的实施办法，按项目类别分类，各项目主管负责人制定该类项目的实施细则，项目承担单位持有制定或修改科研项目资金内部管理办法和报销规定的权利。除此之外，高校科技创新政策注重高校科研人员的收入保障，强调高校科研人员依法取得科技成果转化带来的收益以奖励的形式纳入科研人员的收入，不再算入绩效工资。另外，高端人才的劳务协议工资和项目盈余，以及专项人员获得的市场科技服务报酬和科研经费的绩效奖励单独成项列入单位绩效工资总额。

3. 完善科研人才和队伍建设

高校科技创新政策鼓励和支持高等学校制定科研工作计划，培育和引领具有创新潜力的科研人才开展科技创新活动，探索科研人才的新型培养机制，积极鼓励高校的本科生和研究生参与科研工作，培养具有创新能力的创新型人才；通过开展高校互相学习和学生交流活动，促进高校间科技创新知识和技术的传播与交流，把科技资源和科技创新成果引入课堂，进行现场教学，推动学生创新的热情；探索并建立新型联合培养机制，完善和改进导师负责制和科研项目导师负责制，充分激发高校科技创新的热情，培养学生的创新思维和创新意识，提高学生的创新能力；通过建立高校科研团队和学术小组，强化高校青年教师的培养，加快建设已有科研人才培养、高层次科研人才引进以及科研人员培育等项目，以福利待遇与科研绩效挂钩为导向，采用标准合同制引进高端人才。

高校科技创新政策强调了高校建设科研队伍的重要性，通过建立和完善高校科研团队体制机制，鼓励和支持处于不同发展水平的高校建立属于自己的科研团队和学术小组，并出台了相应的政策措施，加强创新型科研人才团队的建设，为高校科研团队的建设保驾护航。同时要求为高层次科研人员的配偶提供安置，保障科研人员家属的生活，简化各种入驻程序，缩短办事结算时限，为高端科研人员提供绿色通道。部分高校深入贯彻落实各省域发布的"百千万人才"引进计划，将省内企事业单位人才的引进和地区高层次创新创业人才引进相结合，共同纳入"百千万人才"选拔范围，深入实施省级层面高层次人才服务绿卡制度，给予符合安置条件的高端科研创新人才落户的优惠政策，在科研人员职称评定、科研人员专项技术岗位聘用、居留和出入境、医疗待遇、科研、创业培训、社会保险办理、购置汽车优惠、配偶安置、子女入学等方面提供便捷通道。

4. 促进科技创新成果转化

科技创新政策支持地方高等院校科技成果向产业化方向转移，提高产学研科技创新模式的运行效率，将科技创新成果最大程度地转化为社会生产力。在出台地方法规和高校科技创新政策文件中，政府进一步推进地方高等院校科技创新成果的转移、传播和转化。高校掌握了本校科技创新成果的处置权，达到免责标准的高校在科技创新活动中造成的亏损可免除其决策责任，高校科技人员以及管理科技项目实施的行政领导人与科技人员均按比例享有科技创新成果转化带来的收益。

政策还支持高等院校将科技成果运用到教育和教学中去，为人才的培养提供服务。高校肩负着教书育人的职责，高校对科技创新成果的转化相较于科研机构而言，更加重视高校人才的培育工作。正因如此，高校科技成果不仅仅可以直接转化为产品服务企业和社会，更重要的是向教育教学转化，服务于高质量的人才培养。高校科技创新政策明确提出，要加快科技成果向教育教学转化，鼓励和支持高等学校制定科研成果向教育教学转化的管理制度和实施细则，引导、激励科研人员教书育人，注重知识扩散和转移，及时将科研成果转化为教育教学、学科专业发展资源①；建立健全教材体系和上课体系的更新机制，加快科技创新成果走进大学课堂，提高科技创新成果向教书育人转化的效率，丰富课堂教学方法和授课技术；建立远程学习平台并长期面向学生开放，建立高校创新平台并将学生的想法付诸实践。

高校科技创新政策鼓励和支持高等院校将自行研发的科技创新成果转化到高校内部的科研团队和科研机构中。高校科技成果在自身团队和科研机构的运用方面基本上由该科研项目的科研人员自行决定、自主开展，没有形成规范和标准，没有专门的制度和机制激励或约束科研人员将科技成果在科研团队内部进行转化，缺乏专门的管理机构、专职岗位人员以及相关负责人员。因此，近年来出台的高校科技创新政策强调，高校应当将科技创新成果向高校内部科研团队和科研机构进行转移和转化，并鼓励高校成立专门负责科技创新成果内部转化的科研机构和管理机构，设立专项工作经费的管理岗位，建成一支精通技术、法律、管理、经营的高校科技创

① 转引自文治瑞、杨立昌《地方本科院校科技创新支持政策研究——基于贵州省科技创新政策文本分析》，《黔南民族师范学院学报》2019 年第 5 期。

新团队，全面落实科技成果转移转化的专门机构、专职岗位和专职队伍，便于高校科技创新成果在高校内部和外部的转化。

（二）大学科技创新政策的实践

高校科技创新政策的实施，对我国高校科技创新工作的发展提供了良好的发展机遇和政策指导。高校科技创新政策的执行是高校科技创新政策效果全面发挥的重要环节。高校科技创新政策的实践涵盖了从国家层面到省级层面再到具体高校层面，涉及企业、政府、科技机构等执行主体，通过开展多种多样的科技创新活动推动大学科技创新。

1. 大学科技创新政策的制定主体

影响高校科技创新的科技政策按其制定主体可分为：国务院及国家部委、省委及省厅局、地市（区域）、高校和机构制定的决定、规章等政策，不同制定主体出台的政策的侧重点、权威性和紧迫性不同（陶耘、张秋华，2014）。

国务院及国家部委基于宏观视角，从省级层面和市县级层面出发，为省级和市级的高校科技创新活动提供总指导和总方针，出台的高校科技创新政策一般通过法律法规、规章制度等形式出现，具有权威性、强制性、纲领性的特征。

省委及省厅级在对国务院出台的纲领性文件进行深度剖析、解读的基础上，进一步领悟国家对高校科技创新政策的总思想和总目标，在纲领性文件的基础之上，拓展纲领性文件的各项条文，制定出更具象化的、更为详尽的、使本省高校科技创新活动高效开展的一些"计划""办法"等政策文件，使得国务院出台的政策更有实际操作性和应用性。

市级和地方相关部门对国务院和省级部门制定的关于高校科技创新政策活动的规范性文件进行研读，对满足自身需要的但还不够细化的政策条文进行拓展。拓展的目的在于颁布一些具有针对性的，能够实际应用到本市地区高校科技创新活动中的条文，使得政策文件能够起到促进地区经济发展的目的，提高高校科技创新活动对区域经济的服务功能。

高校和机构主要指一些参与高校科技创新活动的管理部门，例如高校自身的科技管理部门、科研机构的管理部门、科技创新行业协会、科技活动的监管部门以及科技创新活动的实施部门。这些部门在接收到省级、市级层面颁布的科技创新活动的政策文件时，结合自己管辖范围内的高校、科研机构等开展科技创新活动的组织，制定具有针对性的管理和服务政策，提升高校科技创新活动的规范性，降低管理的难度，优化对高校科技创新活动提供的服务。

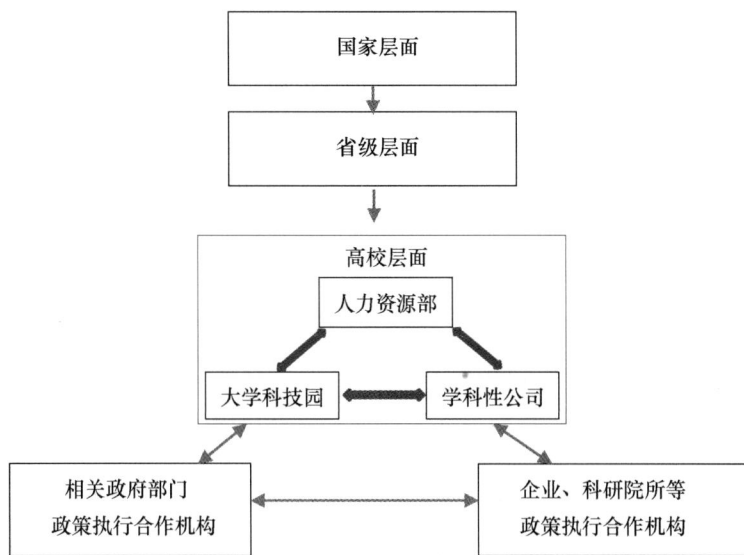

图 8-1-1 高校科技创新政策执行过程流程图

资料来源：参见黄文娟《高校科技创新政策执行差距研究——基于"过程—结构—结果"政策执行分析框架》，南京工业大学，2018 年。

高校科技创新政策的执行过程如图 8-1-1 所示，总体而言，高校科技创新政策在国家层面制定并出台，并且提出相应的政策总目标及要求，省级层面是政策执行的第一个步骤。省政府及相关部门在国家相关政策提出之后，对政策文件进行解读，并且根据目标的要求，结合省级自身的发展状况及发展环境，将政策目标分解，对下一层级的政策执行机构提出更为详细和具体的要求。到了高校层面，主要是高校科技创新政策的具体执行，将高校内部的人才资源、大学生科技园、学科性公司结合起来，互相配合，与相关政府部门、企业及科研院所等执行主体一起，开展产学研活动，将高校科技创新政策执行要求落实到具体操作层面。

2. 大学科技创新政策的多主体协同实践

高校作为科技创新政策的执行主体，只有在政府机构、科研机构以及企业的分工协作下，才能够将高校科技创新政策落实到位，贯彻执行政策提出的具体要求，实现政策提出的具体目标。在高校、政府、企业进行跨部门合作时，高校、政府、企业在高校科技创新政策执行过程中扮演着不同的角色，有不同的定位和组织机构关系。

高校是科技创新政策执行过程中的支持机构、创新人才的输送机构以及创新环境的供应机构。高校作为科技创新政策的执行主体，具有输送创新人才，提供研究的专业场地，并产出最新基础研究成果供市场进行科技成果转化的作用，为高校跨部门合作以及政策执行提供原动力和润滑剂。高校聚集了各式各样的创新灵感和创新理念，是创新意识迸发的重要平台。作为科教资源占有率高、专业性强、研究领域最前沿以及信息获取最快捷的科技创新主体部门，高校具有科技创新的绝对优势。

根据国家创新要求的规定，高校应积极与企业合作，实现产学研的高速发展，以加快高校科技成果的转化。目前，许多高校已经将企业研发中心纳入高校科技创新的一环，加快促进高校科技成果的转化，推动高校、城市、区域的科技创新水平提升。高校与企业专门科研机构的协作将提高知识产权、创新成果的转化效益，不断吸引着更加优质的人才聚集在高校开展科技创新活动。同时，高校对于资金、设备、人才的需求也是非常大的，但高校拥有的资源相对有限，在资金投入、实施效率、成果转化的推动上力量不足，因此，高校可以与企业、政府部门合作，将需要落地的资源嫁接到科研院所和企业，共同执行高校科技创新政策所提出的内容及目标。

企业在科技创新政策执行过程中扮演着资本的供给者、科技创新活动的直接推动者和参与者、政策受益群体的服务者等角色。科技创新活动离不开企业的扶持与推动，企业作为创造经济效益的重要主体，担负着推动中华民族科技进步、国力增强的使命，是国家前进的不竭动力。企业开展科技创新活动，拥有实力雄厚的经济资源，拥有并培训高效的执行团队，占据优质充沛的客户群体。企业为高校进一步培养创新人才、实施科技创新的基础研究带来资金补给与动力，为科技创新政策的执行建构了牢固持久的机制。

有时候资金不足会大大限制创新型企业科技创新能力的发挥，而培育新的创新团队或建设新的科技创新中心需要巨额的资金支持，这不仅仅增加了企业的投入成本，造成大量的资源浪费，还承担着巨大的赋税压力，不利于企业创新活动的良性开展。企业与高校的协同发展，刚好可以有效地解决这方面问题。将企业的研发机构落座在高校，可以充分利用高校的人力、物力资源，不仅提高了创新资源的利用效率，还能够实现创新资源的循环使用，给源源不断的科技创新成果以落地机会并营造科技创新氛围，提高科技创新活力。

十八届三中全会提出全面深化改革，其核心问题是处理好市场和政府的关系，使市场在资源配置中发挥决定性作用。当前我国实施创新驱动发展战略，将科技创新作为促进经济结构调整和要素升级的重要一环，发挥市场在科技资源配置中的决定性作用（胡伟，2016）。政府作为国家的权力机关，拥有调动资源的职权，对资源的调配具有得天独厚的先天优势，所以政府在执行科技创新政策的过程中，应该尽可能地统筹协调政策资源、人才资源、物力资源在高校与企业及科研机构间的分配，最大限度地提高创新资源的利用效率，尽可能地提供更多优质创新资源给各个科研机构。

政府是科技创新政策的制定机构和决策机构，决定了科技创新政策执行的大体方针，能够引导和指导各层级政策执行机构科学开展科技创新活动。政府在科技创新政策执行过程中扮演着指引政策执行方向、提供创新要素资源以及协调各部门各机构利益冲突的角色。即是说，政府在科技创新政策的执行过程中更多地扮演着命令、指派的角色，不直接参与科技创新政策的执行活动，而是直接把执行任务以及实现目标以通知、命令等书面形式派发到各个执行部门。另外，在多个机构跨部门合作进行科技创新政策执行时，必然会出现一系列的困难、矛盾与冲突，政府在此时应该利用其特殊的身份和特有的权力，从中做好沟通工作，以便确保维持政策持续、平稳、有效地开展。

高校科技创新政策落实到高校时，高校主要负责人力资源和前期投入的服务工作、科技成果的转化服务工作以及大学科技园的跨部门合作工作。首先，高校的人力资源部要对政策执行的环境进行服务和铺垫。例如，学校为了吸引高级人才的聚集，营造良好的科技创新氛围，在制度层面制定人才引进、人事管理、职称评聘等政策，提高优质人才的福利待遇，以便于形成口碑效应，招纳更多高层次的科技创新人才参与高校科学技术的研发活动和学校的教学活动。

其次，高校为了提高科技创新成果的转化效率，科技创新中心或科技园负责人应主动洽谈企业，组织询问科技创新活动项目的负责老师是否有兴趣参与企业管理，是否想成为公司股东等高级挂职人员。学校为了深入贯彻高校科技创新政策的执行，也会出台一系列与教学、科研相适应的更加具体、细化的具有激励作用的科技创新政策执行文件，鼓励并支持有想法和有创新理念的老师进行创业。

最后，大学科技园作为高校科技创新活动的聚集地，采用多部门合作的创新研发模式，促进产学研合作，加速科技成果的转化。在与园区各部门进行合作的同时，注重科研技术的传播以及科技成果的转化，加大科技创新政策的执行力度，提高政策的执行效果。大学科技园普遍遵循政府引导、市场运作、资源共享、服务开放的原则，依托学校学科、科研、人才优势，运用社会资源，开展产学研合作活动，建立众创空间等形式的大学生创业园作为大学生科技园的雏形，进一步发展成为大学科技园，最后实现在产业园内部以及产业园之间的技术转移、扩散与传播。

第二节 中国大学科技创新政策的优化思路

世界创新型国家的形成离不开创新型大学的发展，更离不开大学科技创新政策的支持。在国家创新体系建设的过程中，人们对高等学校的期待与功能定位随国家基本国情、发展目标和发展阶段的不同而有所不同，大学科技政策也随之不断调整，在适应时代发展需求的同时促进高校科技创新的发展。在我国建设创新型国家的过程中，涉及创新要素、创新主体、大学科技改革和发展等多方面的问题。有的属于各国科技发展在共同发展规律下普遍会出现的问题，有的则属于我国大学科技体制、基础、文化传统等实际情况所决定的特殊问题，反映了我国大学科技发展的特殊矛盾。

当前我国大学科技自主创新能力还不够高、科技成果转化率较低、科技资源分散与重复设置等问题大多可归因于我国大学科技创新政策的发展障碍，是大学科技创新政策缺失的必然结果。当前我国大学科技创新政策存在问题的实质就是政策不完善、不充分供给与大学科技活动无序开展而引发的对科技创新政策大量需求之间的矛盾。高校科技创新政策体系的不完善、法律政策的相对缺失、创新氛围还不够浓烈等问题，都会阻碍高校科技创新活动的开展。

随着市场经济和经济全球化的发展，知识经济、科技兴国时代的发展扩大了对科技创新的需求，面对科技兴国发展理念贯彻落实的要求，现有大学科技创新政策还远不能满足新时代大学科技创新发展的需要。未来的高校科技创新政策的发展过程中，还面临着诸多挑战。由此，亟须在厘清现有困境的基础上，梳理大学科技创新政策的改进思路，更有针对性地从当前科技创新体系存在的痼疾方面完善大学科技创新政策的内容体系。

一　完善科技创新政策体系

尽管科技创新活动开展的相关法律法规不断完善，用于提高我国高校科技创新能力的政策已有很多，但针对高校科技创新活动的法律法规相对比较少，仍然存在政策无法服务于现有高校科技创新活动需求的现象。党的十七届五中全会指出，要"深化科技管理体制改革，优化科技资源配置，完善鼓励技术创新和科技成果产业化的法制保障、政策体系、激励机制、市场环境"[①]。立法专门化有助于科技创新活动的科学开展，高校科技创新政策体系需要通过政府立法程序和手段来建立健全，以实现有法可依。

就我国现有的科技创新政策而言，指导高校进行科技创新活动仍以政府的政策性文件为主，大多数科技创新政策从国家的宏观角度出发，内容有关科研机构和具有自主创新能力的企业，并且这些高校科技创新政策往往来自不同的部门，各个地方、各个行业都有自己的科技创新政策。从科技创新的发展历程来看，我国经济、科技体制改革滞后，科技创新工作缺乏统一明确的管理机构，科技创新政策从多方机构涌出。针对科技创新政策，科技部设置了高新技术发展产业化司，工业和信息化部设有科技司，国家发展和改革委员会设有高技术产业司等，尽管这样设置有助于提高政策的协同性，但也容易造成政策间的冲突，削弱科技创新政策的权威性和一致性。

另外，在已形成的科技创新政策的立法中，立法内容庞杂，立法部门还没有将高校科技创新纳入立法的规划之中，还没建成高校科技创新活动的基本法，科技创新活动还未以专门化的工作纳入法制化体系。这使得高校科技创新活动的开展无法做到有法可依，极大地降低了高校科研工作人员的创新热情，没有为高校科研工作人员提供有效的保障。高校科技创新政策的成熟体系尚未形成，致力于高校科技创新活动的政策还不够全面，很少有高校或地方政府将高校科技创新活动的政策制定提上日程。

由于高校科技创新政策相对缺乏和不够完善，导致地方高校自行开展

---

① 参见《中国共产党第十七届中央委员会第五次全体会议报告》。

的科技创新活动没有政策依据和行为指导，创新活动出现无序甚至混乱的现象。创新资源缺乏政策规范，造成资源浪费、过度消耗和无效使用，阻碍了科技创新政策效果的发挥，不利于高校科技创新活动的长远发展。高校科技创新体系的不完整，造成了各种科技创新活动开展的不规范，科研力量和科研资源不能得到有效的整合和高效的应用，各种科技创新要素和科技创新主体不能协调发展，不利于高校科技创新活动形成聚集的局面，对科技前沿领域的突破带来一定难度，给我国科技创新事业的发展带来了一定程度的消极影响。

要解决我国现有的科技创新政策在政策工具的应用方面过溢和缺失等问题，都离不开对科技创新政策的协同发展、协同管理和政策优化。在市场经济的作用下，政策需求拉动的作用比政策供给推动的作用更为直接、有效，是引导技术创新发展和提升科技创新发展的重要工具。提高大学自主创新能力，营造大学科技创新氛围，是大学科技变革的动因。但我国后发优势的发展模式以及创新资源的有限性，决定了科技创新在一段期间内呈现"有所为、有所不为"的发展特征，这也在一定程度上决定了政府主导对科技创新政策发展的决定性作用。政府从宏观上对大学科技创新政策进行建构，引导大学科技创新行为，提供科技创新资助，对科技创新活动进行监控和评估，通过政策引导和政策调节影响大学科技创新活动。

金融市场的成熟和资本市场的开放，对政府宏观调控能力的要求越来越高，仅仅靠单项政策工具很难应对复杂的经济和社会事务。科技创新氛围提升的环境政策略显单一，限制了高校科技创新政策工具组合效应的发挥。在设计高校科技创新政策的同时，应适当降低行政管制工具的使用频率。现阶段，我国高校科技创新能力还有待提高，科技创新氛围还需加强。尽管行政命令式手段的作用效果直接、明显，但仅靠被动约束难以激发高校技术研发和产品研发的热情。因此，政策制定部门应当适当减少单项行政管制政策的应用，建立起综合、多元的资金支持政策、金融支持政策和税收优惠政策，提高与行政管制政策的对象——科技创新政策的协同作用，才能最大程度地发挥高校科技创新政策的作用。

高校科技创新不仅仅需要创新资源的投入，更需要稳定的、具有积极预期的市场环境。因此，高校科技创新政策的转变应向政策供给和需求均衡或需求拉动的方向发展，亟须建立健全高校科技创新的政策体系，通过法制建设明确高校科技创新工作的权、责、利的内在配置，与此同时，需要对高校内外的创新资源进行整合，集中解决高校科技创新政策体系建立所面临的一系列问题，实现高校科技创新活动有法可依，全面提升高校科技创新政策体系的整体效力。

二　健全科技创新政策配套机制

我国通过环境型政策工具的使用，构建包含财税、金融、法规管制等有利于科技创新氛围提升的政策体系，鼓励高校进行技术创新和产品研发，致力于解决创新动力不足的问题。但是，有关部门在实际制定政策的过程中只关注法规管制，例如运用政策类工具，通过金融和税收优惠政策来满足高校科技研发的资金需求，引导高校主动进行科技创新活动。现行科技创新政策体系没有着重政策工具的运用，相关条款所占比例不高，政策执行落实不到位，削弱了科技创新政策工具的功效。尽管相关部门意识到鼓励高校创新要更注重政策的执行与落实，但忽略具体操作层面的落实，也没有制定相应的配套措施，政策针对的群体没有明确划分，政策针对性不强，导致高校科技创新政策的实施效果还不够强。

我国科技创新政策涉及促进高校科技创新活动开展方面的政策繁多，但还未形成完备的政策体系，体系中的配套机制也相对较为缺乏。科技创新体系、制度与科技政策息息相关，科技政策是科学技术与国家发展的有机结合（樊春良，2005）。我国从科技政策转变为科技创新政策，或从科技创新政策转向具有针对性的高校科技创新政策经历了较长的一段时间，并取得了一些成绩，企业、高校、个人的创新意识和能力也发生了重大转变，但高校科技创新政策还未形成完整的配套机制，没有形成推动高校科技创新水平提升的综合力。高校科技创新政策的配套机制不健全体现在高校对科技创新活动的监管制度不完善、科技创新成果的评价体系不完善、科技创新法律保障体系不完善、科技创新活动激励政策不健全等方面。

（一）监管机制

目前高校科技创新的监管机制还不够完善，需要进一步着手建立更为完备的监管体系，促进高校科技创新"有所为"和"有所不为"。高等院校科研制度的不完善，对科研工作效率的提升和科技创新工作的科学开展、科技成果的质量等多方面带来一定冲击（郑罡，2014）。高等院校在科技创新政策的制定和实施的过程中，忽略了自身科技创新政策运行过程中出现的问题，没有及时对具体问题进行研究和探讨，以至于无法有效地将学校自身的科技创新政策与上级发布的科技创新政策进行对接。

通常而言，高校科技创新政策的制定部门要在理解和吸收上级部门制定的政策的前提下，对高校内部具体实施的科技创新政策进行优化和改进，以确保高校科技创新工作的正常展开，保证科技创新工作的监管力度和运行效率。高等院校出台的科技创新政策不仅要符合高等教育事业的发展，还要满足我国科技事业发展的需求，为高校科技创新政策的运行提供规范标准，在人员、基础建设和公共费用的支出等方面的经费分配比例结构按照专人负责的制度，实现高校管理者对科技创新工作的支持与监管。

（二）评价机制

高校对科技创新评价体系的建设相对较为缺失。目前，我国高校的科技评价指标体系更注重科技成果的数量而忽略科技成果的质量，科技评价指标体系的建立较为单一，还未建立能够满足新时代科技创新要求的评价体系和指数。高校科技创新成果的评价往往与教师的职称、岗位挂钩，导致课题研究的目的"变味"。高校具有自身开展教学活动、科技创新活动和服务社会活动的专门属性，因此，高校科技创新成果的评价往往与这几个属性相挂钩，尤其注重科研项目论文的发表篇数和科技成果的专利数，忽略了科技成果能否转化以及转化的收益、为经济所作的贡献的大小。

高校技术成果的考核标准、评价指标体系的建立以及高校经费的运用和管理方面都缺乏相应的政策指导，不利于高校科技创新活动高效、有序地开展。教师不得不把科技创新项目的最终成果瞄准论文，其科技创新的结果主要是发表学术论文，不重视科技成果的应用价值和社会价值，与科技创新活动立项的目的与目标不一致，不利于科技创新成果质量的提升。

高校应提高自身科技创新成果的质量，依据国家制定的高校科技创新政策的总体要求，建立多元的、科学的、客观的，能对全国高校科技创新成果质量进行评价的具有普适性的评价体系。总而言之，高校科技创新活动只有建立准确的、普适性高的科技评价体系，才能够更好地发挥科技创新评价的效果和作用，打破重"量"轻"质"的现象。

（三）激励机制

高校科技创新政策配套体系不健全和不完善还体现在高校科技创新激励政策的缺失。从专利授权的角度来看，多数高校出台了相关政策文件，详尽规定了对高校科技创新成果进行专利授权的鼓励政策，但并未规定已经授权了的专利被规定为无效时该如何处理，造成高校科技创新活动的参与者在获得专利的授权之后就"完事大吉",就认为自己已经完成了任务。因此,高校在出台相应的专利授权鼓励政策的同时,也要考虑高校科研人员以授权专利数为导向开展科技创新活动。

在高校内,职务发明的非私有化以及高校科研工作人员发表论著的功利性意图,都将阻碍高校科技创新政策对科研工作开展的激励作用。根据《专利法》的规定,① 高校科技创新活动中职务发明者的科技创新成果的所有权将归工作单位所有,科研工作人员对科研成果的所有权缺失会给科研工作人员带来强大的不公平感,使科研工作人员失去了从科技创新成果中获得声誉和收益的权利,不利于鼓励高校科研工作人员积极开展科技创新活动。由于科技创新成果不属于科研工作者,就会出现应付了事、消极怠工、不利于高校科技创新活动开展的现象。

另外,政策性的创新动力促进不足,导致高校科技创新活动缺乏政策激励和政策指导,高校科技创新团队的创新能力疲软,较难完成重大科研课题和科研项目,不利于科技创新意识的培养以及科技创新能力的提升。就高校科研人员对完成著作有功利性的倾向来看,高校教师完成科研工作后,多数情况下是将科研成果转化为著作和论文。高校在对教师和科研工作人员进行考评时将论文的数量纳入考评的标准,客观上激发了高校科技创新活动的参与人员增加论文成果的产出,导致教师撰写论文偏向功利性。著作的功利性还体现在,科技成果申请专利的工作繁重,周期较长,申请到的专利的所有权也许并不是自己所有,因此,高校科研工作人员偏向于选择较为轻松的论著的发表。

随着高校科技创新事业的发展,国家出台了一系列促进高校开展科技创新活动的政策。高校科技创新政策的设置,提高了高校参与科技创新活动的热情和活力,但对于高校科技创新活动的激励政策还存在许多不足。因此,在设计高校科技创新政策体系的时候,要考虑到提升科研工作人员对科研工作热情的激励,并且要平衡这种激励政策,否则会导致高校科技创新活动朝着私有性、功利性的方向发展,不利于高校科技创新体系和区域创新体系的建设。

---

① 《专利法》第6条第1款规定:"执行本单位的任务或者主要是利用本单位的物质技术条件所完成的发明创造为职务发明创造。职务发明创造申请专利的权利属于该单位;申请被批准后,该单位为专利权人。"

三　建设高校科技创新团队

高校的科技创新政策鼓励高校建立自己的科技创新团队，但没有制定专门的政策指导高校科技创新团队的建立，缺乏专门的机构对科技创新团队进行管理。随着时代的发展，一国经济发展面临着更大的科技进步压力，科研工作人员的科研压力和科研任务也越来越繁重，科研人员承担着数量较多的科研任务，仅由一个人承担科研压力不利于科技创新活动的高效进行，压力过大将降低科研工作人员的创造性和积极性。高校科技创新人才的培养目标是"建设一支富有创新精神、敢于承担风险的创新型人才队伍"，其对应的政策要求是，不仅要激励现有的科技创新人才，推动现有创新人才开展科技创新活动，还要培养一批新的、具有复合能力的科技创新人才，政策的目标重点在于"吸引和培育科技创新人才"，而目前大多数高校所做的工作大多集中在招纳现有的科技创新人才而忽略了培育新型科技创新人才。

但就目前存在的科技创新团队而言，普遍存在科技创新团队的临时拼凑。比如，高校为争取某个项目，往往临时组建科研团队，但团队缺少长期合作的默契，稳定性差，对长期科研工作抱以不认真的态度对待，注重短期的行为，不利于科技创新工作的开展。另外，针对高校科技创新团队的科技创新能力评估还没有一个科学完整的体系。一般而言，对科研团队的科技创新能力评价是通过科研团队中学术带头人的科研成果来衡量的，比如学术带头人发表的学术论文的层次、数量，科技成果的转化以及科技成果的收益。在论文发表时第一作者是学术带头人，而其他团队成员的名字往往不被写入作者栏，对团队成员的考虑较少，不利于团队的团结发展，打击了团队成员科研的积极性。

高校花费高昂的资金、提供完备的实验设施给海外及国内高端科技人才，但给在校本科生、研究生的科技创新补贴却少之又少。虽然一些学生能够获得难得的机会跟着导师参加各种专业会议或者国际交流活动，但这种机会仅局限于少数拥有资源的导师。相比较而言，真正拥有科研创新想法的其他学生只能占用极少的政策资源，且对于这批"稚嫩"却不失活力与想法的年轻学生群体来说，高校并未给予他们过多的试错的机会，高校给予具有潜在科技创新能力的学生的培养力度还远远不够。

除此之外，目前我国没有出台一些专门的政策为高校科技创新团队的管理提供指导意见，没有设立专门的科技创新团队管理制度，科研团队的管理体系较为缺失。很多高校科研团队只注重科研项目的立项、成果的申报和获取，没有建立相应的团队支持体系，缺乏科学的团队管理制度，管理责任不明确。团队负责人集科研、财务等一切权力于一身，奖励机制过分强调学术带头人的作用，对团队其他成员的贡献重视不够，忽视对承担不同职责人员的分类评价，缺少团队民主气氛。团队成员待遇的差别会影响现有激励政策的落实，采用现有的团队科技创新能力评价体系不免造成成员内部心里不平衡的现象，认为"主角"的科研能力水平相对于"配角"来说处于较高水平的位置，不利于团队成员科技创新的积极性，不利于科研团队的长期发展。

因此，建立具有专业技能的科研团队协助科技创新活动的开展是很有必要的，优秀的科研团队建设在科研活动中的作用愈来愈重要，建设高质量的科研团队为创新体系的建设助力颇多。首先，建立一支专业性强的科研团队将利于学科的建设和发展。现代科技发展更加依赖学科的融合、专业的融合和技术的集成，取得重大突破的科技创新成果往往发生在学科交叉领域。高校可依据国家经济、社会发展的方向和目标作为科技创新研究的切入点，通过组建多学科团队的方式，共同应对和解决国家重大项目的科技创新发展难题，形成专业性高、专业领域广泛的科学研究团队和具有鲜明特色和优势的学科。通过团队内部思想的碰撞、学科的交叉、见解的分享、知识的共享等方式弥补单打独斗带来的信息闭塞、知识的缺失等问题，有助于知识结构的不断完善。其次，构建科技创新团队有助于拔尖人才的培养以及优秀学术风气的传承。以高校具有较高科技创新素养的教授为团队的带头人，建立起一支具有科学素养和创新素养的科技创新团队，有助于科技创新团队全体成员创新意识的培养以及成员创新能力、科研能力的提升。最后，建设科技创新团队有助于参与国际间的科技创新合作活动，密切团队与企业的关系，促进科技创新活动产、学、研相结合的研究模式的发展。此外，将与国际优质高校科技创新中心和科技园区保持友好密切联系的人员纳入科技创新团队，有助于团队走出高校，与国际优秀团队洽谈合作，也有助于团队与企业之间合作工作的开展。

四　纠正科技创新政策偏差

从现实操作来看，政策本身与政策受众存在着一定程度的偏差，目前我国高校科技创新政策的合力程度还有待提高，高校内部成员对政策的理解可能会与政策制定者本身的目标发生一定偏离，在政策传达和执行过程中也可能出现"上有政策，下有对策"的现象。政策理解和执行力度的疲软给高校科技创新政策的实施效果带来一定冲击，这大大降低了高校科技创新政策的实施效果。高校科技创新政策是高校科技创新政策体系中的核心内容，科技创新体系的建立对于推动我国高校科技创新事业和国家创新体系的发展具有重要意义。

（一）目标偏差

高校科技创新政策的执行主要依靠高校科技创新活动的管理人员以及科研人员共同参与执行，因此，高校科技创新活动的管理人员以及科研人员是高校科技创新政策的执行主体，高校科技创新政策执行力度与科技创新活动的管理人员和科研人员紧密相关。高校科技工作者如果能够完全理解科技创新政策的深层次内涵，在政策的引导和指引下，通过对创新资源的利用，促进符合政策期待的科技成果的研发，使科技政策的制定达到事半功倍的效果，从而放大科技创新政策的实施效果。高校科技工作者对政策感知水平的提高，会发挥政策设立的积极效应。

现实情况下，高校科研工作者对高校科技创新政策的敏感度、理解能力有所差别，高校科研工作者自身的知识体系、情感经验、认知水平等因素影响着科研人员对科技创新政策的感知能力，科研工作者对政策的内涵、目标等理解得不到位或存在理解偏差，会影响科技创新政策的实施效果。政策理解程度通常受限于管理人员的科技创新意识薄弱，政策执行的管理人员和科研人员可能囿于自身的知识水平、知识结构、眼界大小、"短视"思维等因素，无法灵活地运用政策条文，或是无法正确、深入地理解高校科技创新政策的涵义以及政策出台的目的和预期实现的目标，在实际操作过程中，对高校科技创新政策的理解存在偏差，误解了政策的内涵，浪费了创新资源、管理资源，从而影响科技创新政策的执行。

另外，科技工作者对自身工作的认知以及与政策要求的契合方面没有做到位，不利于激发科研工作者的创新意识和创新行为的产生。错误理解政策的内涵而进行的科技创新活动，会导致科研工作者自身工作和科研成果不符合科技创新政策的要求以及国家社会经济发展的期待，带来科技创新资源的浪费。科技政策的制定达不到预期的效果，反过来又会给科技工作者的创新精神、拼搏精神带来打击，形成非良性循环，成为高校科技创新政策实施的绊脚石。对高校科技创新政策外界环境的较高感知能力是政策执行人员对政策进行正确理解的前提，否则将导致其对高校科技创新政策理解得不透彻，难以把握政策的深层次涵义，使得政策实施达不到预期的效果。

高校作为重要的科研创新活动的场所，是国家的知识储备中心和智能储备中心。教师作为培养下一代优秀人才的工作者，要引导学生们加强对政策的感知能力和理解能力。因此，教师应具备灵敏的政策感知能力，包括对自身工作的理解、对自我的认知以及对外部环境变化的敏感程度，才能够正确、全面、深入地理解政府出台的高校科技创新政策，并将理解到的政策的内涵有效地传达给科研团队的成员以及学生群体，营造科技创新的氛围，展现出更多的创新思想和创新行为。事实上，良好的制度、政策等外界保障环境会对创新思想的产生和创新行为的促成具有积极的影响。[1] 创新政策对于创新行为一般具有正面的激励措施，比如使得创新行为获得资金支持、税收优惠，这会使师生产生更多创新的想法（崔祥民、杨东涛，2015）。

（二）执行偏差

通常情况下，高校科技创新政策的执行落实情况与政策目标之间存在一定程度的差距。在政策执行过程中，执行机构虽然已经有了对开展科技创新研究工作者的内容加以保护的认知和意识，并且相继出台了高校相关的管理规定与管理办法，但仅限于在高校范围内的章程规定，没有形成确定的国家层面的法律规制，导致科技创新活动不能得到有效的保护。在法律缺失的前提下单纯依靠高校内部人员的自律意识执行创新政策是不太可行的，一定程度上影响了科技创新政策执行目标的实现。

高校对科技创新政策的象征性执行一方面体现在科研人员对科研的管理工作方面，政策往往注重科研人员的自主创新，鼓励为科研人员营造较为宽松的科研环境，并且要求高校给予科研人员较高的薪金待遇，以便于科研人员可以专心地进行创新活动而无后顾之忧。但在实际的科技创新政策执行中，执行的主体机构高校管理制度冗杂，按照制度规定严格执行，没有考虑到科研人员的实际情况，未能建成具有特色的规章制度。繁杂的

---

① Busenitz L., Gomez C, Spencer J., "Country Institutional Profiles: Unlocking Entrepreneurial Phenomena", *Academy of Management Journal*, 2000, 43 (4): 994 – 1003.

制度程序给科研人员带来很多工作，降低科研效率的同时给科研人员带来更大的压力，反而导致了他们对高校科技创新政策采取消极的执行态度。

另一方面，对政策的象征性执行还表现在对科研人才的鼓励政策方面。政府鼓励高校科研人员在校外兼职或参与公司股份，并且专门出台了鼓励高校科技创新人才开展科技成果转化的相关政策，党的十八大强调要"充分开发利用国内国际人才资源，积极引进和用好海外人才"。但在实际的政策执行过程中，高校注重教育质量的提升而不鼓励高校老师在校外兼职，一方面学校给予的科研经费相对较少，另一方面老师自身收入主要来源于所接的横向课题，将自身的收入用于科研，忽视了对科研人员的资金投入，降低了激励效应。目前并未出台针对普通的高校科研人员及教师的激励制度，且对高校科研工作者教学任务规定了较多的达标项，这在一定程度上挫伤了科研人员的科研激情，科研人员以"消极怠工"来应对上级对教师分派的科研任务，存在象征性执行的现象，高校科技创新政策的执行落实情况存在一定的差距。

此外，政府的行为也会影响高校科技创新政策的执行效果。政府制定高校科技创新政策一方面是为了鼓励和推动地区高校科技创新活动的开展，另一方面是为了完成自己的政绩任务。在制定政策之后，政府疏于对政策执行情况的监督和管理，放任政策的实施，不利于高校科技创新政策的有效传达和高效执行。地方政府容易以提高政绩为导向，盲目地"复制粘贴"其他地区的高校科技创新政策，没有考虑本地区高校的实际发展状况，只注重短期利益而忽视了长远利益，不仅不利于激发高校科研工作者的科研热情和积极性，还冲击了高校科技创新政策的执行效果。

最后，科技创新活动执行效果的考量没有标准化的考察依据，不利于激发开展科技创新活动的热情，削弱了科技创新的政策效果。政策制定的过程中，强调要重视高校研究活动的考核，但到目前为止，还并没有形成一套科学、客观、公正的高校科技创新活动的考核系统，考核机制严重缺失。高校科技园承办的项目较多，但项目的划分和归类以及成果的考察和管理缺乏科学的理论依据，导致科技创新活动的管理较为混乱，这就造成了没有发展压力，不能对高校科技创新政策的执行成果进行客观反馈，不利于科技创新活动持续循环开展，不利于国家对高校科技创新政策进行进一步修改和调整，同时也会影响到科技创新政策执行目标的实现。

五　提升高校科技协同创新

在科技创新实践中，高校科技活动的管理、经费的使用等方面缺乏具有实际操作性的政策措施，科技协同创新机构和高校科技创新联盟的合作机制、管理机制缺乏相应的政策规范，导致高校科技创新活动不规范、混乱地进行，出现不利于高校科技创新能力水平提高的"浑水摸鱼"现象。因此，需要提升科技政策部门之间的协同创新水平，以及高校与政府、企业等科技创新主体的协同程度，不断完善大学科技创新协同体系的建设。

（一）科技创新部门协同

我国科技创新政策政出多门现象严重，缺乏专门机构进行统一管理，各部门协同性还不够强，难以形成合力，弱化了高校科技创新政策的实施效果。科技部虽然是我国科技管理的主要部门，但对市场和经济的运行情况以及高校的发展状况掌握得还不够全面，无论是科技创新政策的颁布和实施，还是科技创新主体的影响都没有特定的专门机构的影响力度大。因此，科技部虽然在总体决策上和发展大方针上能够提供决策建议，但具体到各个科技创新主体的发展细则和发展方向上，仍需各个部门对科技创新政策进行协商和修改。

高等学校的科研管理部门和经费管理部门往往不是一个部门，缺乏有效的协作机制和信息传输机制，会造成实际工作中经费使用的无效率，进而导致高等学校科技创新工作无法顺利开展（董鹏、胡咏君，2015）。有效的科研财务管理需要财务部门与科研部门相互协作，实际工作中，科研业务部门和财务部门缺乏及时、有效的信息传输机制，科研项目管理与科研经费管理出现分离，造成对科研开支的无序管理（齐书宇等，2013）。高校的行政管理部门和高级管理层缺乏对经费使用效益性问题的关注，相应地，也忽视了健全的财务管理制度对高校科研工作以及科技创新活动效益提升的作用。

高校科技创新政策对科技成果的消化吸收能力和传播能力的作用力还比较小，在加强科技创新政策对创新资源的协调上，高校与机构的协同发展还没有形成成熟的发展机制，不利于提高科技资源的整合力度以及科技网络的形成，抑制了科技人员的交流和创新技术的传播推广。科学与社会的融合，要求将科技创新成果最终运用到社会生产中。基于这种现状，进行深入的科技体制改革是很有必要的，强化各部门创新政策制定的主体地

位，明确科技部调度科技资源、制定科技创新政策、协调各部门的职责和
权力，提高高校科技创新政策的可实施性和可执行性，促进高校科技创新
能力的提升。

（二）科技创新主体协同

创新型国家的建设主体包括政府、企业、大学、科研机构和个人，必
须全方位调动各主体共同进行科技创新，激发科技创新热情。虽然高校是
科技创新的主力军，但高校同样需要同盟的参与协助。高校闭门造车，只
依靠自身力量进行科技创新，会导致科技创新的速度较慢、效率较低、成
果滞后，研究出的科技创新成果不符合时代发展的要求，或科技创新成果
不具备创新点，无法形成超越国际力量的科技创新成果，造成创新资源的
浪费。

从现实来看，执行主体的各自为政现象给科技创新政策的执行带来很
多弊端，影响政策效果的发挥。一方面，科技创新政策要求产学研相结
合，高校与企业协作共赢发展，但在实际的执行过程中，高校、政府、企
业三方各自为政，各自制定对己方有利的规章制度，各自向着自己的政策
目标努力，三方主体欠缺沟通和交流，追求自身利益偏好，合作目标不一
致，导致合作过程不流畅，甚至出现矛盾和冲突，从而不利于项目的进行
甚至影响成果的转化。

从大学科技创新资源的供应角度来看，长期发展过程中，我国已形成
了较为固定的大学科技"供应模式"。供应模式由单一主体向多元主体迈
进，在这种模式下，大学科技经费主要来自政府，取得成果后再寻找渠道
将成果提供给企业，大学与企业的合作是以成果为中介的合作。但成果能
否最终转化为生产力还有赖于许多中间环节的检验。我国市场机制还不够
健全，大学科技活动的成果转化率还不够高，需要利用科技创新政策进行
调节，而科技创新政策的调节始终离不开政府的支持。我国大学科技创新
政策的发展与变革不只针对一个部门或一个主体，而是实现科技创新型国
家、科技强国的追求。

从高校科技创新政策的需求角度来看，高校的科技创新需求一部分依
赖于政府和企业的需要，受制于制度市场的有效性。高校与企业的联系有
所加强，但也形成一定的竞争局势，这实际上削弱了高校科技创新政策的
实施力度，降低了高校科技创新政策的实施效果。由于我国发展初期阶段
的科技创新水平较低，科技创新基础薄弱，国家通过直接管制和扩大技术

供给的方式来促进科技创新相关要素的取得，使得高校科研机构在一段时间内实现了飞跃式的进步，并取得显著成果。但随后科技发展管理部门受到"成功模式"的影响，在之后的政策制定过程中呈现路径依赖的发展模式。

目前，大多数高校都已经认识到高校、企业、科研机构三体协同发展对区域科技创新活动的促进作用。在知识就是力量的新时代，创新与整合是科技发展的核心要义，要不断推动高校科学技术的创新以及创新资源的整合和创新主体的联盟，才能够加快高校科技创新成果的研发，促进高校科技创新成果的转化，将科技创新成果最大程度地转化为生产力。政府对创新活动具有导向性的作用，当政府对于创新创业类的行为给予更多的资金、贷款、税收等激励措施时，个体更加能够增强创新的决心和信心，强化创新能力，甚至对于创新风险的承受能力也有了较强的预期。

大学作为科技创新人才的聚集地，为了能够更大程度地发挥科技创新的自身优势和政策带动作用，应加强大学与各主体之间的合作，发挥协调作用。现阶段关于大学科技创新和各个科技创新机构的资源整合平台还比较缺乏，开展合作的有效机制还不够健全。创新资源整合平台以及科技创新基础研究设施的缺乏使得研究基础无法得到保障。制度保障是促进基础研究设施建设的有效手段，通过有效的政策制度保障，确保在技术设施投资方面有足够的投入，推动科技创新活动稳定、有序地进行。同时，高校与高校之间、高校与机构之间协同合作机制的完善，对复合型人才的培养以及跨专业、跨学科的学习与交流具有积极影响。学习与交流活动能够形成头脑风暴，激发创新活力，结合不同领域、不同学科的知识，较为全面地把握研究的本质和研究目标，形成科学的研究思路，结合科学的研究方法，推动科技创新活动的进行。

第九章 结论

科技创新作为创新驱动的核心内容是经济增长的持久引擎，科学进步不仅影响着一国的经济发展和国际地位，而且影响着国家在全球经济结构中的地位，科技创新对于一个国家综合实力的提升以及国际竞争力的提升起着越来越重要的作用。面对世界科技创新发展及创新型国家建设潮流的席卷，为了在世界之林立于不败之地，获得长久的国际综合竞争力，我国将科技创新列为国家发展的基本战略，将创新视为国家发展的第一动力和民族进步的助推器，并在长期的发展中不断强化科技创新能力，加大对科技创新活动的培育和支持力度。

在科技创新迅猛发展的大背景下，高校作为国家科技创新发展的主要载体和动能来源，肩负着提高国家科技创新能力水平、促进社会生产、生活进步的使命，是国家科技创新系统的重要组成部分。高校开展的科技创新活动以其特有的基础设施、研发平台和智力资源，不断推动着国家的产业发展和经济繁荣，发挥人才培养、科学研究和社会服务的职能。研究高校科技创新对我国产业发展的促进作用具有重要的现实意义，有助于厘清高校推进产业经济发展的内部运行机制，剖析科技创新与经济发展和产业发展的内在关联，了解高校科技创新成果的转化效率，进而得到高校促进我国产业发展的优化思路。

本书将我国高校科技创新对产业发展促进作用的研究划分为九个章节，分层次、有条理地阐述了高校科技创新对产业发展的促进效应。第一章主要阐述了高校科技创新对产业发展促进作用的研究背景、意义以及本书采用的主要研究框架和研究方法；第二章剖析了科技创新体系的组成及内在运行机制，详细阐述了科技创新体系的内涵和组成结构；在此基础上，第三章论述了科技创新与经济发展的关系，解释科技创新是如何推动经济发展的；第四章依托科技创新体系引入高校科技创新，并通过耦合效应分析厘清大学科技创新与科技创新体系的关联；第五章以大学科技创新为研究主体，采用灰色关联度这一方法详尽地研究大学科技创新活动对产业发展的促进作用；第六章以全国高校和广东省高校为研究对象，利用BC^2模型研究了专利视角下的高校科技创新效率；第七章分别介绍了国外主要发达国家大学科技创新体系的政策、功能以及实践，剖析美国和日本在大学科技创新体系实践方面的启示与经验；第八章先对我国高校科技创新政策进行概述，随后阐述大学科技创新政策发展的困境及改进思路。

一 科技创新体系：从国家到高校

基于高校科技创新的背景、研究方法、相关概念和理论的深刻阐述，本书首先对科技创新体系的组成及其运作机制进行规范性分析，深入分析了我国科技创新体系的内涵、演化及研究现状，并从内在要素和运行机制出发阐述科技创新体系的运作机制。我国科技创新系统经历了形成阶段（1949—1977 年）、发展阶段（1978—1995 年）、国家技术创新系统阶段（1995—1998 年）、国家创新系统阶段（1998 年至今）四个阶段，并在不断发展的过程中逐渐细分，逐步形成科技创新体系的内涵。学界对科技创新体系的研究十分丰富，大致包括体系组成维度、机制演化角度、长期发展层面和政策演变角度四个方面。基于国内学者的已有研究及国家相关政策文件，本书对国家科技创新体系及大学科技创新体系的内涵作了相应界定，国家科技创新体系涵盖了政府、企业、高校、中介机构等主体多方协同开展的创新活动；高校创新体系则是指为了从总体上增强高校的创新功能、全面提高高校的办学水平、充分发挥高校在国家创新体系中的作用而形成的由学校及相关单位组成的网络系统，其作用是优化配置高校的各类创新资源，在推动国家创新体系高速持续发展的同时使高校自身得到发展和壮大。

科技创新体系的组成结构可以从要素构成和分层运行机制两个方面进行探析，从而更进一步探讨高校科技创新体系的运作机制。科技创新系统包含创新行为主体、创新基础设施、创新资源等要素，其中创新行为主体包含企业、高校、科研机构、科技中介机构和政府。通过各要素之间的协同配合和相互合作，科技创新体系可以划分为创新主体层、创新要素层、创新环境层三个层面，其中创新要素层又包含了知识创新体系、技术创新体系、体制创新体系、中介服务体系，创新环境层可以具体分为内部环境和外部环境。高校科技创新体系由四大体系组成，核心体系产出研发创新成果，支撑体系为核心体系提供平台、人才等环境支撑，动力体系则从主动力和被动力两方面刺激高校的科技创新能力，保障体系为整个高校科技创新体系提供政策和后勤保障。

高校科技创新体系的建设具有显著的功能，能够有效地优化自然资源配置效率、促进社会生产全过程并提高社会智能化治理水平。科技创新体系的内在运行机制可以分为企业运行机制、政府运行机制、市场运行机制和社会运行机制四个方面。伴随高校科技创新体系的高度融合性、效益强外部性、跨国际接轨性以及多层次互动性的四大特性，大学科技创新体系呈现微观、中观、宏观三个层次的运行机制。从微观上看，主要包括大学自身开展学术科研为目标的"目标导向"动力机制以及灵活积极的反馈协调机制；从中观上看，包含高校之间资源共享的开放机制以及实现双赢的协调机制；从宏观上看，主要是高校进行科技创新所处的科研环境，深入阐述高校科技创新的外部运行机制。

二　经济增长：科技创新的扩散与溢出

在论证科技创新与经济进步的关联后，本书又深入地剖析了科技创新是如何促进经济发展的。通过科技创新体系的理论研究，可以发现对于科技创新推动经济持续增长的原因分析已经有了一套成熟的理论逻辑，科技创新对经济高质量增长起到了非常重要的作用，既能推动经济稳定增长，促进经济增长方式转变，同时还能改善社会整体福利水平，为经济"绿色"增长提供根本动力。科技创新在专利申请和授权、促进经济增长稳定性方面表现良好，"十一五"规划以来，中国专利申请和授权量都迅速增长，并逐渐跃居世界前列，成绩可人，这是国家科技创新水平和核心竞争力提高的重要体现。此外，科技创新推动经济发展还体现在促进社会福利水平的改善，推动绿色生产、绿色生态和绿色生活的发展。

经研究发现，创新驱动呈现扩散性的发展路径，创新成果通过成果转化投入生产，在转化的过程中形成梯次扩散和多方辐射的状态，转化往往伴随着一定的时滞性且涉及多主体、多阶段和多方面。在我国，科技创新的扩散是一个链式耦合过程，即不同的创新群落之间是相互促进的耦合协同关系。科技创新涉及知识创新、技术孵化以及产品应用和推广，这是科技创新的扩散机制，也是其发挥连锁作用的主要机制，这个过程是高校、科研机构、创新型企业、高技术企业以及政府之间协同合作的过程，科研机构通过创新平台实现知识创新，创新型企业基于市场导向向创新平台提供技术产出。

由于不同群落自身构成要素的特殊性和具体性，创新活动具有实践和空间的形态，以及明显的地域化特征。科技创新对本地区的经济产生促进作用的同时，也能够突破地域限制把科技创新效益向外输出，通过跨国贸易、外商直接投资、城市群协同发展等发挥溢出效应。溢出效应的发挥受空间地理距离、人均 GDP、人力资本投入和本土创新能力等方面影响，空间距离越短，越能加快扩散速度，越有利于技术创新扩散；地区经济实力越雄厚越容易将外来的科技创新成果转化为自身发展所需要的技术成果并加以运用；另外，区域自身创新型人才的多少以及创新能力的大小在很大程度上能够影响科技创新外溢的效率。从这四个方面进一步促进科技创新溢出作用发挥，可以实现科技创新对经济增长的推动作用。

三 耦合与关联：大学科技创新的实证分析

在分析了科技创新体系的内在运行机制和科技创新推动经济发展之后，本书将研究的着眼点放在高校科技创新的实证分析上，测算高校科技创新体系的整体表现和效率水平。首先，剖析大学科技创新和创新体系关联的实证研究，展开大学科技创新体系与区域科技创新体系、大学科技创新体系与国家科技创新体系的耦合度分析；其次，深入探讨大学科技创新与产业发展的内在关联，重点研究大学科技创新对产业发展的促进效应并开展二者的灰色关联度分析；最后，基于三阶段 DEA 模型测算了全国高校科技创新实现与转化的效率，并基于专利视角开展广东省高校的科技创新效率研究。

高校科技创新体系是区域创新体系和国家创新体系的重要组成部分，本书在介绍大学科技创新与创新体系的关联时，基于投入和产出两种视角，分别从大学科技创新与区域创新体系、国家创新体系两个角度阐述，通过人员投入情况、经费投入情况、创新成果情况、技术转让情况四个方面概述大学科技创新的现状，从科技机构支撑情况、科技投入支持情况、成果转化产品情况、无形资产产出情况四个方面探讨区域科技创新体系和国家科技创新体系的现状。随后通过模型构建、方法选取、权重设计和数据处理四个步骤，对大学科技创新与创新体系的耦合关系进行测度，分别测算大学科技创新体系与区域创新体系、国家创新体系的耦合协调程度，经过实证研究论证可以得出以下结论：

（一）高校科技创新的省域差异

第一，以省域为单位，通过研究不同省域的大学科技创新人员投入、经费投入、科技成果以及技术转让情况可以发现，我国高校科技创新水平较高的地区是北京市、江苏省、广东省和上海市，在人员投入和科技经费方面，以上四个省份都具有较高的支撑能力，而科技成果与技术转让方面，北京市和江苏省保持领先的优势，而广东省和上海市相对力不从心，存在未能高效转化高校科技能力的问题。大学科技创新水平较弱的地区主要是内蒙古自治区、青海省、西藏自治区、宁夏回族自治区、新疆维吾尔自治区和海南省。从全国范围来看，我国大学科技创新能力存在地区发展不平衡的现象，创新能力存在较大的差距，人员投入与经费支持等跟不上创新发展的速度。

第二，从各省域科技创新的现状来看，全国高等院校主要分布在我国中部，各个省份的高等院校数目较为平均；企业数目最为突出的是广东省，其次是江苏省，企业主要分布在我国东部和南部沿海地区；广东省和上海市的科技投入表现在全国是领先的，全国地方财政科技拨款集中在我国东部沿海地区，可见东部沿海地区的省份为科技投入提供了更大的经济支持，另外，高新技术产品出口额最高的是广东省，其次是江苏省、上海市，高新技术产品出口额占全省出口额的比重有较大的波动，占比较大的省份集中在我国中部，说明高新技术产品对于我国中部省份而言，是重要的出口产品，是带动区域经济和科技发展的重要因素。除此之外，广东省在专利授权数和有效发明专利数上都最为突出，有效发明专利主要集中在东部和南部沿海地区，其表现明显区别于中部和西部。

第三，通过耦合协调度模型的设计，论证了不同省域大学科技创新与创新体系的耦合关系。研究表明我国各省市的大学科技创新能力与区域创新能力水平之间的耦合度基本保持在高度耦合与极高耦合阶段，我国北京市、上海市、浙江省、江苏省和广东省等科技大省，其耦合度五年保持在0.9以上，达到极高耦合阶段，说明我国各省市在以大学科技创新能力推动区域科技创新方面有很大的相关性，两大系统之间的互动关系也十分明显。从协调度的角度上来看，我国各省市的耦合协调度逐年上升，整体在0.4—0.7之间稳定上升，但相对于耦合度而言，全国各省份大学科技创新能力和区域科技创新能力之间的耦合协调度明显偏低，说明全国大学科技创新能力的提升同区域创新能力的发展有较高的耦合度。在提高创新能力的同时，两者之间有较大的互相拉动效应，但是协调度较低，两者的拉动作用没有得到有效的平衡与协调。

（二）高校科技创新与产业发展的关联

在分析中国大学科技创新与全国创新能力之间的关联作用之后，将目光聚焦在大学科技创新与产业发展上，剖析大学科技创新与产业发展的内在关联。首先分别从大学科技创新体系和产业创新的研究现状出发，论述二者的发展概况及结合点，深刻阐述大学科技创新对产业创新的推动作用和产业创新对大学科技创新的拉动作用。随后，对大学科技创新与产业发展研究从三次产业结构、规模以上工业各行业和高技术产业三个维度，层层分析中国大学科技创新与全国产业发展关联性最强的产业，以此探究大学科技创新对产业发展的推动作用。最后，采用灰色关联度的分析方法，在构建高校科技创新与区域产业发展的指标体系的基础上测算了二者的关联度，通过因子分析、高校科技创新综合指数表达式测算、综合指数测算等方法得到各产业发展指标与大学科技创新综合指标的灰色关联度，最后对各指标的关联度进行排序。

截至目前，我国三次产业在改革开放以来获得了极大的发展，且保持了较快的增速。从各产业的占比上看，可以发现全国规模以上工业新产品销售收入较高的产业主要分布在交通、电气、通信及化学等行业，这些行业具有较高的技术含量，对科技人才、科技资源、设备技术专利等有较高的要求，但创造的收益也相对较高，这呼应了我国要求的传统产业转型升级的战略安排。传统产业要创造新的财富，就需要加快"智能制造"的脚步，推动以创新要素为驱动的发展模式，尤其是通信设备制造、电子器件制造、电子元件制造、计算机整机制造和化学药品制造领域。

大学科技创新可以大幅度地提高技术要求并提供人力资源，以此推动产业创新。同时，由于我国产业发展与世界先进水平的差距逐渐缩小，整体的竞争力不断增强；结构调整取得成效，产业信息化进程加快，部分传统产业比重持续下降，高新技术产业比重明显提高；产品出口结构不断优化，制造业生产及出口均保持了多年的快速增长；产业集中度有所提高，规模经济有了长足发展；国有和集体企业比重下降，"三资"和私营企业已发展成为我国产业的主力军。我国已经逐渐将产业发展与技术创新相结合，要实现产业结构转型升级这一目标，必须依靠技术创新的力量。

进一步测算三次产业、规模以上工业、高技术产业以及不同省域高技术产业与大学科技创新的灰色关联度，可以发现工业产业、服务业以及高技术产业对人们生产生活的影响越来越大，产业发展壮大的同时对科技创新的需求也越来越大。从产业结构来看，第三产业对大学科技创新活动的关联度最高，其次是第二产业，其中化学纤维制造业、通信设备等电子设备制造业、专用设备制造业等与高校科技创新的关联度处于较高水平。伴随我国"制造业强国"发展战略的实施，智能制造、先进制造、技术进步越来越受到重视，高校科技创新对制造业的智能发展提供了可靠的动力来源。从高技术产业的发展来看，电子元件制造、医疗仪器制造、机械制造、航天器制造等新兴产业和高技术产业与大学科技创新综合指标的关联性最强。划分区域测度省级层面的高技术产业与大学科技创新综合指标的关联度，可以发现医疗仪器设备及仪器仪表制造业产业主要分布在我国东部沿海地区，医疗制造业产业呈带状分布在我国西北部地区，电子及通信设备制造业主要分布于云南省、贵州省、四川省等地区，航空、航天器及设备制造业产业主要分布于我国中部地区。

（三）高校科技创新效率的测度

在厘清大学科技创新与产业发展的关联之后，本书又对专利视角下的高校科技创新效率进行研究。首先，从研究对象、研究内容、研究方法和研究视角四个方面，详细论述了大学科技创新效率的研究现状，并采用DEA 模型和三阶段 DEA 模型作为实证研究的模型测算方法。随后，基于三阶段 DEA 模型设置了相应的指标体系，对高校科技创新在实现阶段、转化阶段和调整阶段的效率进行测算，第一阶段运用 BCC—DEA 模型对各高校逐年的科技创新实现效率进行测算；第二阶段对科研成果投入的松弛变量进行调整，从而实现转化阶段的效率测算；最后，以专利为主要的产出指标，对广东省高校科技创新效率进行比较和分析，利用 DEA 模型探索广东省高校科技创新的效率水平及其变化趋势。

我国高校科技创新效率从实现阶段、转化阶段和调整阶段设置了投入产出指标。实现阶段的科研投入指标从人员投入、资金投入与智力投入三方面，分别选取 R&D 人员全时当量、R&D 经费内部支出、课题项目数和主办国际学术会议；产出指标从专利入手，选取专利申请总数、鉴定成果数和专利质量指标，其中专利质量指标包括发明专利、实用新型和外观设计三种类型专利；转化阶段的投入指标基本与实现阶段的产出指标一致，只将专利申请数用专利授权数进行指标替换，产出指标选取技术转让当年实际收入、专利出售当年实际收入和国家级获奖数，分别表述其经济效益与社会效益。实证结果表明：高校科技创新实现阶段的综合效率偏低。56所高校 8 年的综合效率均值为 0.544，总体呈现先降后升的趋势；高校科技创新转化效率远低于实现效率，转化阶段的效率构成与实现阶段基本一致，规模效率仍然是最高的效率值，基本保持在 0.8 左右，而纯技术效率在 0.5 左右波动。总体上转化阶段效率低于实现阶段效率，大部分高校科技创新从实现到转化存在较大的效率损失。

广东省高校的科技创新效率研究基于投入和产出两个角度，从科研人力、科研经费以及科研课题三个方面描述高校科技创新活动的投入，采用发明专利的申请数量、授权数量、实用新型数量以及外观设计数量四个指标来描述高校科技创新活动的产出，并运用 BC^2 模型测算 2015 年 35 所广东省高校的科技创新效率，可以发现：第一，2015 年广东省高校科技创新效率普遍偏低。对 35 所学校按照综合效率进行排序，高于综合效率平均值（0.471）的仅有 14 所，占 40%，21 所学校（占 60%）的综合效率低于平均值。第二，2015 年广东省高校科技创新效率整体差异大，两极分化严重。从整体来看，有 6 所高校科技创新效率达到整体有效（综合效率为 1），约四分之一的高校科技创新综合效率处于最高段（0.80—1.00），有相同数量高校的科技创新综合效率处于最低段（0.00—0.20），仅有约二分之一数量的高校的科技创新综合效率处于中间段。第三，2015年广东省不同类型高校的科技创新效率差异大，"'211'及省部共建学校""其他本科高等学校"和"部分高等专科院校"的表现差异较大。另外，通过对综合极差和变异系数的测算结果来看，"'211'及省部共建学校"之间的科技创新综合效率存在一定的差距，但总体差距小于其他类型的高校，且科技创新产出的增速超过了科技创新资源投入的增速，形成了规模报酬递增的良好趋势；"部分高等专科院校"之间的科技创新综合效率差异最小且技术效率平均值最高，能够实现科研资源的有效配置，但各所高校之间的创新效率仍存在较大差异；"其他本科高等学校"的综合效率平均值、技术效率平均值、规模效率平均值在三个类型高校中均最低，即广东省"其他本科高等学校"投入的科技资源没有发挥最大效益，科技创新技术能力有待提高，科研资源分配方式还需继续完善。

四 大学科技创新的实践与优化对策

结合对大学科技创新与创新体系、产业发展的关联以及高校科技创新效率的研究后，本书最后将研究视角转向大学科技创新政策以及大学科技创新政策的发展路径，对国内外高校的科技创新政策进行详尽的介绍，阐述了高校科技创新政策的主要内容、政策实践以及科技创新政策在发展过程中面临的困境与经验。本书先从国外大学科技创新政策与实践出发，分别梳理美国和日本科技创新体系的演化和改革历程，阐述这两个国家在促进大学科技创新体系的政策文件和有效做法，最终从大学科技创新政策、人才培养机制、R&D 投入、产学研协作和全球化科技交流这五个方面，总结美国和日本在大学科技创新体系建设方面的启示和经验。紧接着，通过概述我国大学科技创新政策的分类、内容、演化历程和政策实践，从科技创新政策体系、科技创新政策配套机制、高校科技创新团队、科技创新政策偏差、高校科技协同创新五个方面阐述大学科技创新政策在发展过程中面临的困境和挑战，并提出相应的改进思路，使我国高校的科技创新建设更上一层楼。

国家对高校科技创新活动越来越重视，高校科技创新政策的地位也随之提高。高校科技创新活动高效、有序地开展，离不开高校科技创新政策的支持与鼓励。大学科技创新政策为我国高校科技创新活动的开展提供了行动指南、行为规范以及行为准则，优化了高校科技创新环境，提升了高校科技创新的创新氛围，促进了高校科技创新事业的发展，也推动了我国科技创新事业的发展，为我国发展成为"科技强国"奉献力量。我国高校科技创新政策的制定主体一般为国务院及国家部委、省委及省厅局、地市（区域）、高校和机构等，主要包含高校科技创新活动中的财政补贴政策、税收减免政策、创新投入政策、知识产权保护政策、协同创新政策、成果转化政策等政策的制定。

我国高校科技创新政策随着高校科技创新能力水平的变化而不断调整，高校科技创新政策的制定始于中华人民共和国成立初期，并随着国家对科技创新的重视而逐渐庞大和丰富起来。时至今日，高校科技创新政策还在不断地发展壮大，为实现大学科技创新资源的充分整合和应用、发挥创新资源的最佳效应提供政策支持。大学科技创新政策的制定一般旨在鼓励地方建设高校科技创新发展的政策体系，提高高校科技创新投入的保障，完善科研经费的使用和管理，促进高校科研团队的建设以及促进科技创新成果的转化。为了实现这些目的，高校科技创新政策的执行和实施一般要经过国家层面向省级层面再向高校层面逐层渗透的过程，并在地方政府和科研机构的共同协作中才能够得到落实。

现阶段，高校科技创新政策还存在许多不足，高校科技创新政策对科技创新资源的配置引领作用还有待提高，科技创新政策的需求与供给的矛盾还未完全消失，虽然高校科技创新政策的"针对性"有所提升，但仍缺乏相关的实施细则，不利于高校科技创新政策的落实，在一定程度上阻碍了高校协同创新及创新联盟的建设和发展，影响高校科技创新政策实施的效果。另外，高校科技创新政策还未形成完整的体系，相关配套机制还未落成，使得高校科技创新政策的落实存在难度，出现象征性执行、政策悬挂等现象，不利于政策的实施和执行，进一步冲击了高校科技创新对区域经济发展的支持和促进作用。除此之外，高校科技创新政策中在高校科研团队的建设方面的政策还比较缺失，对科研团队建设的指导性作用还不够强，造成高校科研团队人员鱼龙混杂，不利于高校科技创新活动的开展。

当前，国际格局发生了巨大变革，知识经济、科技兴国时代的发展扩大了对科技创新的需求，面对科技兴国发展理念的贯彻落实，现有大学科技创新政策还远不能满足新时代大学科技创新发展的需要。未来高校科技创新政策在发展过程中，还面临着诸多挑战。目前，高校科技创新资源的配置以行政性政策的指导为主，在一定程度上削弱了高校开展独特的科技创新活动，造成高校创新资源的浪费以及创新成果的趋同。另外，科技创新氛围不足、政府带头作用发挥不到位较大程度地影响了高校科技创新政策的实施效果，不能够有效地提升高校科技创新成果的转化。其次，高校科技创新政策的供给和需求发展不均衡是未来高校科技创新政策急需改善的地方，政策的供需不平衡将导致创新政策工具的过溢、缺失以及创新资源的浪费，使得高校科技创新政策的实施效果大打折扣。除此之外，高校科技创新政策体系的不完善以及高校科研工作者对政策的敏感度不足也会使得高校科技创新政策的发展面临挑战。高校科技创新体系的不完善不健全往往导致政策执行机构象征性执行的现象，从根本上阻碍了政策效果的发挥。加之高校科研人员对科技创新政策的感知能力较弱，对高校科技创新政策目标的理解存在偏差，不仅不能有效地发挥政策效果，造成创新资源的浪费，还进一步阻碍了高校科技创新政策的实施。

总之，本书通过对大学科技创新与创新体系、产业发展的关联分析，以及创新效率的研究和创新政策的梳理，对高校科技创新与产业发展的内在关系进行了比较详尽的阐述和分析，能够在一定程度上厘清高校科技创新体系的内外部运作机制，深刻理解大学科技创新体系对产业发展的促进作用。这一研究对未来高校科技创新政策的发展提供了相应的参考和借鉴意义，有利于促进高校自身科技创新能力的提升，为政府进行资源配置提供相关理论依据，进一步促进我国科技创新政策体系的充实和完善。

参考文献

一 中文文献

白俊红、蒋伏心：《考虑环境因素的区域创新效率研究——基于三阶段 DEA 方法》，《财贸经济》2011 年第 10 期。

包海波、盛世豪：《20 世纪 80 年代以来美国专利制度创新及其绩效》，《科技与法律》2002 年第 4 期。

包水梅、谢心怡：《美国研究型大学博士生跨学科培养的基本路径与支撑机制研究——以普林斯顿大学为例》，《江苏高教》2018 年第 3 期。

包英群：《中国平板显示产业创新能力研究》，博士学位论文，电子科技大学，2016 年。

曹勇、邢燕菊、赵莉：《日本推进产学研合作创新的立法效果及启示》，《情报杂志》2009 年第 10 期。

曹勇、赵莉、张阳、罗楚郡：《高新技术企业专利管理与技术创新绩效关联的实证研究》，《管理世界》2012 年第 6 期。

钞小静、任保平：《中国经济增长质量的时序变化与地区差异分析》，《经济研究》2011 年第 4 期。

陈傲、柳卸林、程鹏：《知识溢出空间扩散过程的实证检验——以追踪一类专利扩散为线索》，《科学学与科学技术管理》2010 年第 12 期。

陈德余、汤勇刚、张绍合：《产业结构转型升级、金融科技创新与区域经济发展实证分析》，《科技管理研究》2018 年第 15 期。

陈凤娣：《论科技创新的运行机制》，博士学位论文，福建师范大学，2008 年。

陈广汉、谭颖：《构建粤港澳大湾区产业科技协调创新体系研究》，《亚太经济》2018 年第 6 期。

陈海英：《地方高校科技创新政策环境的若干思考》，《长春工业大学学报》（高教研究版）2004 年第 2 期。

陈劲、张学文：《日本型产学官合作创新研究——历史、模式、战略与制度的多元化视角》，《科学学研究》2008 年第 4 期。

陈柳、刘志彪：《本土创新能力 FDI 技术外溢与经济增长》，《南开经济研究》2006 年第 3 期。

陈露、凌端新、孙雨亭：《基于三阶段 DEA 模型的江苏高等学校人文社会科学科研效率研究》，《科技与经济》2018 年第 3 期。

陈清泰：《创新与产业升级》，中信出版社 2018 年版。

陈绍延：《日本高校创业方兴未艾》，《中国高新区》2002 年第 10 期。

陈文化、黄跃森：《技术创新——技术与经济之间的中间环节》，《科学技术与辩证法》1997 年第 1 期。

陈永昌：《日本经济沉浮给我国带来的警示和启发》，《北方经贸》2006 年第 6 期。

陈玉叶、王新庆、李战国、徐婳：《基于高校学科建设视角下的高校科技创新的定位及改革举措》，《智库时代》2018 年第 49 期。

崔祥民、杨东涛：《生态价值观、政策感知与绿色创业意向关系》，《中国科技论坛》2015 年第 6 期。

戴军、穆养民、李兴鑫、吴锋、王晓君：《高校科技创新体系的内涵结构与建设思路》，《西北农林科技大学学报》（社会科学版）2003 第 5 期。

邓小平：《邓小平文选》（第 2 卷），人民出版社 1994 年版。

丁明磊、杨芳、王云峰：《试析创业自我效能感及其对创业意向的影响》，《外国经济与管理》2009 年第 5 期。

董慧梅、李月、汪建苇、侯卫真：《高新技术产业创新能力的前沿型分析法》，《管理现代化》2016 年第 5 期。

董鹏、胡咏君：《高等学校实施科技创新面临的问题与策略建议》，《浙江交通职业技术学院学报》2015 年第 2 期。

樊春良：《全球化时代的科技政策》，北京理工大学出版社 2005 年版。

樊杰、刘汉初：《"十三五"时期科技创新驱动对我国区域发展格局变化的影响与适应》，《经济地理》2016 年第 1 期。

范德成、杜明月：《基于 TOPSIS 灰色关联投影法的高技术产业技术创新能力动态综合评价——以京津冀一体化为视角》，《运筹与管理》2017

年第 7 期。

范英：《论高校科技创新的动力机制》，《黑龙江高教研究》2004 年第
6 期。

方希桦、包群、赖明勇：《国际技术溢出：基于进口传导机制的实证研
究》，《中国软科学》2004 年第 7 期。

冯毅梅、李兆友：《技术创新政策执行困境及其破解》，《人民论坛》2015
年第 23 期。

高强、顾云华：《论高校科技体制改革的目标、内容与措施》，《科技进步
与对策》2000 年第 11 期。

谷慎、汪淑娟：《中国科技金融投入的经济增长质量效应——基于时空异
质性视角的研究》，《财经科学》2018 年第 8 期。

顾晓雪、王涛、陈卓：《基于 DEA 方法的我国产学研专利技术转移效率研
究——以四川省为例》，《决策咨询》2015 年第 4 期。

郭淑芬、张俊：《中国 31 个省市科技创新效率及投入冗余比较》，《科研
管理》2018 年第 4 期。

郭文伟、王文启：《粤港澳大湾区金融集聚对科技创新的空间溢出效应及
行业异质性》，《广东财经大学学报》2018 年第 2 期。

郝杰、吴爱华、侯永峰：《美国创新创业教育体系的建设与启示》，《高等
工程教育研究》2016 年第 2 期。

何满雄：《新常态下公众参与社会治理研究》，硕士学位论文，中共广东
省委党校，2015 年。

洪银兴：《论创新驱动经济发展战略》，《经济学家》2013 年第 1 期。

胡建华：《日本世界一流大学建设新动向》，《华东师范大学学报》（教育
科学版）2016 年第 3 期。

胡伟：《科技创新必须推进国家科技治理现代化》，《人民论坛》2016 年
第 17 期。

黄建、余为：《高校科技创新体系建设研究》，《中国高校科技与产业化》
2009 年第 9 期。

黄静波：《国际技术转移》，清华大学出版社 2005 年版。

黄娟：《科技创新与绿色发展的关系——兼论中国特色绿色科技创新之
路》，《新疆师范大学学报》（哲学社会科学版）2017 年第 2 期。

黄文娟：《高校科技创新政策执行差距研究——基于"过程—结构—结

果"政策执行分析框架》，硕士学位论文，南京工业大学，2018 年。

霍京华：《对高校专利实施现状的若干思考》，《中国高校科技》2016 年
　　第 12 期。

纪占武、卢锡超：《产业技术扩散的知识重构研究》，《科学学与科学技术
　　管理》2010 年第 8 期。

寇文淑：《二战后美国联邦科技政策导引下研究型大学科研发展研究》，
　　硕士学位论文，沈阳师范大学，2017 年。

雷宇、赵晓丽：《科技管理创新与经济可持续发展关系探究》，《产业与科
　　技论坛》2013 年第 23 期。

李必强、姜军、武兰芬：《我国政府在国家创新体系中的作用》，《科学学
　　与科学技术管理》2004 年第 2 期。

李丹、王欣：《辽宁省高技术产业创新能力评价研究》，《科技管理研究》
　　2016 年第 7 期。

李函颖：《美国 STEM 教育的困境与走向——＜美国竞争力与创新力＞报
　　告述评》，《比较教育研究》2014 年第 5 期。

李恒：《区域创新能力的空间特征及其对经济增长的作用》，《河南大学学
　　报》（社会科学版）2012 年第 4 期。

李俊兰：《邓小平人才思想研究》，硕士学位论文，西南大学，2005 年。

李莉、党兴华、张首魁：《基于知识位势的技术创新合作中的知识扩散研
　　究》，《科学学与科学技术管理》2007 年第 4 期。

李良寿：《科技创新体系概念探析及其建设思考》，《中国机电工业》2006
　　年第 8 期。

李平、黎艳：《科技基础设施投入对技术创新的贡献度研究——基于中国
　　地区面板数据的实证分析》，《研究与发展管理》2013 年第 6 期。

李文英、陈元元：《抑文扬理：日本国立大学课程改革新动向》，《比较教
　　育研究》2016 年第 10 期。

李向东、刘东皇、季庆庆：《基于三阶段 DEA 的中国地区高校知识生产效
　　率研究》，《生态经济》2014 年第 1 期。

李瑛、崔宇威：《地方高校科技创新效率评价研究——基于超效率的三阶
　　段 DEA 分析》，《东北师大学报》（哲学社会科学版）2011 年第 2 期。

李元元：《若干创新型国家的发展经验及其对我国的启示》，《华南理工大
　　学学报》（社会科学版）2006 年第 6 期。

李珍：《社会保障理论》（第四版），中国劳动社会保障出版社 2017 年版。

李志仁、方勇、杨雅文：《高等教育与国家创新体系建设》，大象出版社
2005 年版。

连燕华：《国家创新系统的一种新的分析框架》，《科学学研究》2000 第
4 期。

梁圣蓉、罗良文：《国际研发资本技术溢出对绿色技术创新效率的动态效
应》，《科研管理》2019 年第 3 期。

廖湘岳、刘敏：《高技术产业创新能力评价与提升研究》，《科技风》2014
年第 2 期。

刘凤朝、孙玉涛：《我国科技政策向创新政策演变的过程、趋势与建
议——基于我国 289 项创新政策的实证分析》，《中国软科学》2007 年
第 5 期。

刘国军：《日本大学教师发展的经验及其启示》，《长春师范大学学报》
2016 年第 4 期。

刘洪亮：《日本为何近年来频频折桂诺奖》，《人民文摘》2014 年第
11 期。

刘湘云、韦施威、刘兆庆：《群体动力学视角下科技创新与金融创新耦合
机制研究——以广东省为例》，《科技管理研究》2018 年第 15 期。

刘新竹：《我国高校科技创新促进经济发展方式转变的作用研究》，博士
学位论文，辽宁大学，2016 年。

刘秀萍、陈淮：《投资美国的未来——奥巴马政府的科技创新计划》，《中
国科学基金》2009 年第 2 期。

刘云、叶选挺、杨芳娟、谭龙、刘文澜：《中国国家创新体系国际化政策
概念、分类及演进特征——基于政策文本的量化分析》，《管理世界》
2014 年第 12 期。

刘志铭、郭惠武：《创新、创造性破坏与内生经济变迁——熊彼特主义经
济理论的发展》，《财经研究》2008 年第 2 期。

柳卸林、马驰、汤世国：《什么是国家创新体系》，《数量经济技术经济研
究》1999 年第 5 期。

卢超、尤建新、郑海鳌：《创新驱动发展的城市建设路径——以上海创新
型城市建设为例》，《科技进步与对策》2016 年第 23 期。

陆根书、席酉民、梁磊、刘蕾、顾丽娜：《建立基于效率的高校科研管理

体系与运行机制》，《研究与发展管理》2007 年第 2 期。

吕军、侯俊东：《高等学校科技创新激励机制的构建》，《科技进步与对策》2006 年第 11 期。

罗平、潘荣翠、尚晓慧：《我国国家创新体系探讨》，《经济问题探索》2006 年第 6 期。

马廷奇：《创新型国家建设与大学科技政策创新》，《教育与现代化》2008 年第 1 期。

孟维站、李春艳、石晓冬：《中国高技术产业创新效率分阶段分析——基于三阶段 DEA 模型》，《宏观经济研究》2019 年第 2 期。

牟海涛：《日本职业教育改革新举措的经验及借鉴——以新设"专门职业大学"为例》，《太原城市职业技术学院学报》2018 年第 10 期。

齐建国、梁晶晶：《论创新驱动发展的社会福利效应》，《经济纵横》2013 年第 8 期。

齐书宇、曲绍卫、褚洪：《高校科技创新政策执行偏差问题及对策》，《中国行政管理》2013 年第 6 期。

秦洁、王亚：《科技中介机构在科技成果转化中的定位》，《中国高校科技》2015 第 4 期。

权泉、李思伟：《地方高校科研成果转化现状与对策研究》，《黑龙江高教研究》2019 年第 6 期。

任保平：《新时代中国经济从高速增长转向高质量发展：理论阐释与实践取向》，《学术月刊》2018 年第 3 期。

任仲文：《学习习近平总书记系列讲话精神》，人民日报出版社 2014 年版。

沈建磊、马林英：《美国建设创新型国家的主要优势和特征》，《全球科技经济瞭望》2007 年第 10 期。

沈能、宫为天：《我国省区高校科技创新效率评价实证分析——基于三阶段 DEA 模型》，《科研管理》2013 年第 S1 期。

施雨丹：《使命再定义：日本高等教育发展进程中的国立大学改革》，《高等教育研究》2016 年第 3 期。

史秋衡、闫飞龙：《日本私立高校面临倒闭危机》，《教育发展研究》2008 年第 2 期。

史仕新、李博：《基于三阶段 DEA 的产学研合作效率评价》，《中国高等教育》2016 年第 18 期。

史媛媛：《日本国立大学通识教育改革动向与争议》，《比较教育研究》
　　2018 年第 4 期。

孙玉涛、刘凤朝、李滨：《基于专利的中欧国家创新能力与发展模式比
　　较》，《科学学研究》2009 年第 3 期。

谭贤楚：《对美国国家创新系统的分析与思考》，《技术与创新管理》2005
　　年第 2 期。

唐未兵、傅元海、王展祥：《技术创新、技术引进与经济增长方式转变》，
　　《经济研究》2014 年第 7 期。

陶耘、张秋华：《科技政策因素对高校科技创新的影响——以安徽省为中
　　心》，《池州学院学报》2014 年第 3 期。

田东平、苗玉凤、崔瑞锋：《我国重点高校科研效率的 DEA 分析》，《科
　　技管理研究》2005 年第 8 期。

汪彩君、周邦瑶：《高校科技创新资源的内涵及特点分析》，《科技进步与
　　对策》2003 年第 17 期。

王博：《新时期日本大学教育改革及其启示》，《理论导刊》2014 年第
　　7 期。

王春法：《关于国家创新体系理论的思考》，《中国软科学》2003 年第
　　五期。

王凤玉、寇文淑：《研究型大学科技创新能力提升的政策变量——以美国
　　科技政策为中心的考察》，《湖南师范大学教育科学学报》2019 年第
　　2 期。

王海成、吕铁：《知识产权司法保护与企业创新——基于广东省知识产权
　　案件"三审合一"的准自然试验》，《管理世界》2016 年第 10 期。

王浩、朱长艳：《论我国国家创新体系的建设与发展思路》，《特区经济》
　　2007 年第 3 期。

王卷乐、彭洁、陈冬生、赵辉、赵伟：《科技创新能力及其与科技基础设
　　施投入关系的研究》，《中国基础科学》2007 年第 6 期。

王清、丁可可：《把握基本内涵和主要特点 科学推进高校科技创新》，
　　《科技管理研究》2011 年第 1 期。

王全、周肇峰：《企业技术创新体系运行机制的构建研究》，《企业科技与
　　发展》2015 年第 2 期。

王珊珊、王宏起：《技术创新扩散的影响因素综述》，《情报杂志》2012年第6期。

王晓文：《论专利实施转化的影响因素及其对策》，《科教文汇（上旬刊）》2015年第12期。

王晓燕：《日本推进国立大学功能分类改革的动向研究》，《中国高教研究》2016年第10期。

王岩、续润华：《美国的"赠地学院"是如何为当地经济建设和社会发展服务的》，《河北师范大学学报》1998年第3期。

王燕、吴蒙、李想：《我国高校人才培养、科学研究与社会服务效率研究——基于超效率的三阶段DEA模型》，《教育发展研究》2016年第1期。

王莹、刘延平：《基于DEA方法的高校管理学院科研效率评价实证研究》，《北京交通大学学报》（社会科学版）2007年第4期。

王志强：《研究型大学与美国国家创新系统的演进》，博士学位论文，华东师范大学，2012年。

韦玉潇：《科技创新为社会治理体系提质增效》，《学习时报》2020年第7期。

温小霓、李俊霞：《科技创新与经济增长之间的关系研究》，《西安电子科技大学学报》（社会科学版）2015年第6期。

文治瑞、杨立昌：《地方本科院校科技创新支持政策研究——基于贵州省科技创新政策文本分析》，《黔南民族师范学院学报》2019年第5期。

吴建南、赵志华：《目标设置至关重要吗？来自专利喜与忧的证据》，《科学学研究》2018年第9期。

吴建南、郑烨、徐萌萌：《创新驱动经济发展：美国四个城市的多案例研究》，《科学学与科学技术管理》2015年第9期。

吴江：《知识创新运行论》，新华出版社2000年版。

吴晓波：《论科技创新对企业核心竞争力的提升》，《科技与企业》2014年第1期。

吴秀娟、吴诗禾、黄和亮：《浆造纸产业创新能力的评价指标体系研究》，《林业经济问题》2009年第6期。

肖丁丁、朱桂龙：《产学研合作创新效率及其影响因素的实证研究》，《科研管理》2013年第1期。

谢子远：《国家高新区技术创新效率影响因素研究》，《科研管理》2011
　　年第 11 期。

徐大可、陈劲：《创新政策设计的理念和框架》，《国家行政学院学报》
　　2004 年第 4 期。

徐峰：《美国科技管理体制的形成与发展研究》，《科技管理研究》2006
　　年第 6 期。

徐喆、李春艳：《我国科技政策演变与创新绩效研究——基于政策相互作
　　用视角》，《经济问题》2017 年第 1 期。

许长青、金梦：《美国大学技术转移促进中小企业创新发展的路径分析及
　　其启示》，《河北师范大学学报》（教育科学版）2019 年第 1 期。

许培源、吴贵华：《粤港澳大湾区知识创新网络的空间演化——兼论深圳
　　科技创新中心地位》，《中国软科学》2019 年第 5 期。

玄兆辉：《中国创新型国家建设进程评价研究》，《科技管理研究》2019
　　年第 19 期。

薛二勇：《协同创新与高校创新人才培养政策分析》，《中国高教研究》
　　2012 年第 12 期。

薛浩、陈万明：《高校教育投入与办学效益——基于三阶段 DEA 和
　　Malmquist 指数分析》，《南通大学学报》（社会科学版）2015 年第 1 期。

薛敬孝、张天宝：《技术进步促进产业结构变化的一般方式和现代特点》，
　　《世界经济与政治论坛》2002 年第 4 期。

薛亮：《日本第五期科学技术基本计划推动实现超智能社会"社会 5.
　　0"》，《上海人大月刊》2017 年第 2 期。

薛庆根：《高技术产业创新、空间依赖与研发投入渠道——基于空间面板
　　数据的估计》，《管理世界》2014 年第 12 期。

闫效鹏：《日本私立大学管理的特点及启示》，《高教研究与实践》2002
　　年第 1 期。

闫绪娴、侯光明、闫绪奇：《美国政府在科技发展中的作用及其对我国的
　　启示》，《中国科技论坛》2004 年第 3 期。

严雄飞、谭穗枫：《论国家创新体系中的创新主体定位问题》，《科技管理
　　研究》2006 年第 7 期。

杨东昌：《试论科技创新的内涵及其系统构成要素》，《科技信息》（科学
　　教研）2007 年第 24 期。

杨浩昌、李廉水、刘军：《高技术产业聚集对技术创新的影响及区域比较》，《科学学研究》2016 年第 2 期。

杨宏进、刘立群：《基于三阶段 DEA 的高校科技创新绩效研究》，《科技管理研究》2011 年第 9 期。

杨路、侯锡林：《试论我国高校创新体系内涵》，《高等工程教育研究》2007 年第 6 期。

杨楠：《河南省高新技术产业自主创新能力评价》，《科学管理研究》2012 年第 1 期。

叶伟巍：《激励众包网络化创新的知识产权制度研究》，《管理世界》2017 年第 6 期。

叶志明、张旺清、黄韬：《建国后我国高等学校"后发"模仿与超越的理念嬗变》，《广东第二师范学院学报》2012 年第 1 期。

于学梅、李克周、韩汝军等：《区域科技创新体系建设若干问题浅析》，《科技成果管理与研究》2012 年第 11 期。

于洋、黄忠德、于淼：《高校科技创新团队建设的思考及政策建议》，《研究与发展管理》2014 年第 2 期。

于志军、杨昌辉、白羽、彭张林：《成果类型视角下高校创新效率及影响因素研究》，《科研管理》2017 年第 5 期。

余冬筠、金祥荣：《创新主体的创新效率区域比较研究》，《科研管理》2014 年第 3 期。

余泳泽、刘大勇：《我国区域创新效率的空间外溢效应与价值链外溢效应——创新价值链视角下的多维空间面板模型研究》，《管理世界》2013 年第 7 期。

俞可平：《中国地方政府创新的可持续性（2000—2015）——以"中国地方政府创新奖"获奖项目为例》，《公共管理学报》2019 年第 1 期。

游小珺、杜德斌、张斌丰、李恒：《高校在国家知识创新体系中的作用评价——基于部分创新型国家和中国的比较研究》，《科学学与科学技术管理》2014 年第 7 期。

袁望冬：《科技创新与社会发展》，湖南大学出版社 2010 年版。

苑广增、高筱苏、向青等：《中国科学技术发展规划与计划》，国防工业出版社 1992 年版。

曾学刚：《中国科技法制建设现状与完善研究》，《探索与争鸣》2010 年第 8 期。

朱建新、冯志军：《基于产出效率和转化效率的我国区域科技创新的对策研究》，载《第四届中国科学学与科技政策研究会学术年会论文集（Ⅰ）》，中国科学学与科技政策研究会。

张宝建、张丽波、孙国强：《中国科技创新扩散的链式耦合评价研究》，《软科学》2018 年第 9 期。

张成：《美日新大学通识教育课程改革比较研究——以哈佛大学、东京大学、新加坡国立大学为例》，《和田师范专科学校学报》2010 年第 5 期。

张诚、林晓：《技术创新扩散中的动态竞争：基于百度和谷歌（中国）的实证研究》，《中国软科学》2009 年第 12 期。

张大伟、薛惠锋、吴介军：《基于 DEA 方法的高校学院科研管理效率评价研究》，《科技管理研究》2009 年第 3 期。

张国娟：《"2018 年问题"与日本私立大学发展困境》，《日本研究》2017 年第 4 期。

张晖：《效率与效益：创新的内在机理分析》，《社会科学论坛》（学术研究卷）2008 年第 9 期。

张绘：《美国研发经费投入及战略调整的启示与借鉴》，《财会研究》2018 年第 2 期。

张惠琴、尚甜甜：《高校科研创新效率对比分析——基于全国 30 个省份的面板数据》，《科研管理》2015 年第 S1 期。

张建鹏：《中国科技创新体系运行效率研究与体系重构》，硕士学位论文，重庆大学，2012 年。

张经强：《我国区域技术扩散效应：基于面板数据的实证研究》，《科学学研究》2009 年第 11 期。

张来武：《科技创新驱动经济发展方式转变》，《中国软科学》2011 年第 12 期。

张林、曾昭智：《高校科技创新体系建设的核心问题与战略措施》，《技术与创新管理》2004 第 1 期。

赵峰：《新古典主义经济增长理论：批评性回顾》，《当代经济研究》2009 年第 8 期。

赵辉：《新古典经济增长理论的发展脉络及评论》，《生产力研究》2010 年第 12 期。

赵黎明、冷晓明：《城市创新系统》，天津大学出版社 2002 年版。

赵文平、杨海珍：《基于 DEA 的西部区域创新网络效率评价》，《科研管理》2016 年第 S1 期。

赵晓萍、刘隽、古天龙、蔡翔：《"双一流"建设背景下地方高校内部院系三阶段 DEA 效率评价》，《数学的实践与认识》2019 年第 14 期。

赵中建、卓泽林：《美国研究型大学在国家创新创业系统中的路径探究——基于美国商务部〈创新与创业型大学〉报告的解读与分析》，《全球教育展望》2015 年第 8 期。

郑罡：《高校科研管理存在的问题与对策研究》，《科技视界》2014 年第 25 期。

钟灿涛、李强、王伟：《科研质量管理体系建设与高校科技创新能力：冲突及解决方法》，《科学学与科学技术管理》2008 年第 3 期。

《中国共产党第十九次全国代表大会文件汇编》，人民出版社 2017 年版。

钟瑞雯、苏涛永、高琦：《基于随机前沿分析的高校创新效率及差异研究》，《预测》2012 年第 6 期。

周密：《非均质后发大国技术空间扩散的影响因素——基于扩散系统的分析框架》，《科学学与科学技术管理》2009 年第 6 期。

周全、顾新、曾莉、李健：《组织合作创新、专利实施及其关系研究》，《科学管理研究》2016 年第 1 期。

［德］马克思：《资本论》（第一卷），人民出版社 1975 年版。

［美］G·多西等编：《技术进步与经济理论》，钟学义、沈利生、陈平等译，经济科学出版社 1991 年版。

［美］德鲁克：《创新与创业精神》，张炜译，上海人民出版社 2002 年版。

［美］熊彼特：《经济发展理论》，何畏、易家详译，商务印书馆 1990 年版。

［美］熊彼特：《资本主义、社会主义和民主主义》，绛枫译，商务印书馆 1979 年版。

［美］詹姆斯·杜德斯达：《21 世纪的大学》，北京大学出版社 2005 年版。

［美］詹姆斯·史伯斯：《朝霞似火》，李燕妹等译，中国社会科学出版社 2007 年版。

二 英文文献

Aghion P. , Howitt P. , "A Model of Growth Through Creative Destruction", *Econometrica*, *Vol.* 60, 1992.

Aghion P. , Howitt P. , *Endogenous Growth Theory*, Cambridge: Mit Press 1998.

Ang J. and Boyer C. , "Finance and Politics: The Wealth Effects of Special Interest Group Influence During the Nationalisation and Privatisation of Conrail", *Cambridge Journal of Economics*, Vol. 31, No. 2, 2007.

Arrow, Kenneth J. , "The Economic Implications of Learning by Doing", *The Review of Economic Studies*, No. 3, 1962.

Bengt – Ake Lundvall, *National System of Innovation: Towards a Theory of Innovation and Interactive Learning*, London: Pinter, 1992.

Borensztein, E. Gregorio, Lee, "How Does Foreign Direct Investment Affect Economic Growth?", *Journal of International Economics*, No. 45, 1998.

Busenitz, Lowell, W. , et al, "Country Institutional Profiles: Unlocking Entrepreneurial Phenomena", *Academy of Management Journal*, Vol. 43, No. 5, 2000.

Bush V. , Science, *The Endless Frontier*, Washington DC: National Science Foundation, 1945.

Charnes, A. Cooper, W. W. , Rhodes E. , "Measuring the Efficiency of Decision Making Units", *European Journal of Operational Research*, No. 6, 1978.

ChrisFreeman, *Technology Policy and Economic Performance: Lessons from Japan*, London: Frances Pinter Publishers, 1987.

Coe, David T. , Helpman E. , "International R&D Spillovers", *Europran Economic Review*, Vol. 39, 1995.

Etzkowitz Henry, LoetLeydesdorff, "The Triple Helix of University, Industry, Government Relations: A Laboratory for Knowledge Based Economic Development", *EASST Review*, Vol. 14, No. 1, 1995.

Fried H. O. , Lovell C. , Schmictts S. S. , et al, "Accounting for Environment

Effects and Statistical Noise in Data Envelopment Analysis", *Journal of Productivity Analysis*, No. 2, 2002.

Golder, P. N. G. J. Tellis, "Pioneering Advantage: Marketing Logic or Marketing Legend", *Journal of Marketing Research*, Vol. 30, No. 2, 1993.

Grossman, G. M., Elhanan Helpman, "Endogenous Innovation in the Theory of Growth", *Journal of Economic Perspectitives*, 1994.

Hansen, M. T. and Birkinshaw, J., "The Innovation Value Chain", *Harvard Business Review*, Vol. 85, 2007.

King, Robert G & Rebelo, Sergio, "Public Policy and Economic Growth: Developing Neoclassical Implications", *Journal of Political Economy*, No. 5, 1990.

Leontief W., "Quantitative Input and Output Relations in the Economic System of the United States", *Review of Economics and Statistics*, No. 18, 1936.

Lucas, R. E., Jr, "On the Mechanics of Economic Development", *Journal of Monetary Economics*, No. 1, 1988.

Michael E. Porter, *The Competitive Advantage of Nations*, New York: Free Press, 1990.

Nelson R., *National Innovation System*, Cambridge: Oxford University Press, 1993.

Nelson R. R. Winter S., *An Evolutionary Theory of Economic Change*, Cambridge: Harvard University Press, 1982.

OECD, *Innovative Networks: Cooperation in National Innovation Systems*, Paris: OECD, 2001.

OECD, *National Innovation System*, Paris: OECD, 1997.

Porter M, *The Competitive Advantage of Nations*, New York: The Free Press, 2002.

Romer, P. M., "Endogenous Technological Change", *Journal of Political Economy*, 1990.

Romer, P. M., "Growth Based on Increasing Returns Due to Specialization", *American Economic Review*, 1987.

Solow, R. M., "A Contribution to the Theory of Economic Growth", *Quarterly Journal of Economics*, No. 70, 1956.

后　记

本书是全国教育科学规划办资助的国家社会科学基金教育学一般项目"我国高校科技创新促进产业发展研究"成果，同时也是华南理工大学"双一流"高校建设和公共管理学院优秀著作出版基金资助的系列成果之一。在本书的撰写过程中，课题组全体成员和有关指导及管理部门都作出了重要贡献，其中具体的工作有：

第一章由李胜会、朱绍棠撰写；第二章由李胜会、夏敏撰写；第三章由邝焕君撰写；第四章由朱绍棠、徐文燕撰写；第五章由朱绍棠、陈霄撰写；第六章由朱绍棠撰写；第七章由徐文燕撰写；第八章由戎芳毅撰写；第九章由戎芳毅、杨瑶撰写。全书由李胜会负责统稿，徐文燕、陈霄、夏敏在统稿过程中做了大量细致的工作。衷心感谢课题组成员和撰写书稿的同仁付出的辛勤劳动！

在课题的研究过程中，我们还得到了许多专家的指导和支持，其中有麦均洪、李石勇、谢天祯、赵庆年、丁焕峰等；同时，肖洒、刘金程、蓝满榆、李鹏飞等也为本书的出版做了大量的工作。在此，一并表示由衷的感谢！

在课题的研究过程和书稿的撰写中，我们查阅了大量的国内外文献资料和数据资料，并部分参考和借鉴了他人的优秀研究成果，为本课题研究和本书撰写奠定了重要的基础，我们认真梳理反复核查，力图在文献引用和标注上穷尽所用，但是，由于工作疏漏和判断不当等因素也可能存在对引用文献未能标注之处。在此，我们对所有文献作者表示诚挚的感谢，同时也对疏漏引用的文献作者表示深深的歉意！

本课题研究得到了华南理工大学社科处的大力支持，书稿出版纳入《华南理工大学社科文库》系列成果；在出版的过程中，得到了中国社会科学出版社的大力支持。对以上部门及单位出色的工作表示由衷的感谢！

由于作者水平有限及时间仓促，书中肯定还有不少缺陷、纰漏甚至是错误之处，敬请读者批评指正！

作者

2021 年 5 月